C'est un privilège de travailler avec des gens aussi agréables que vous. Merci beaucoup.

Daniela

RÉDUISEZ VOS IMPÔTS

ANNÉE
D'IMPOSITION
2008

**Catalogage avant publication
de Bibliothèque et Archives Canada**

© 2009, Les Éditions Quebecor,
Une compagnie de Quebecor Media
7, chemin Bates
Montréal (Québec) Canada
H2V 4V7

ISBN 978-2-7640-1418-9

DISTRIBUTEUR EXCLUSIF:
MESSAGERIES ADP*
2315, rue de la Province
Longueuil (Québec) J4G 1G4
Tél.: 450 640-1237
Télécopieur: 450 674-6237
* Une division du Groupe Sogides inc.,
filiale du Groupe Livre Quebecor Média inc.

Tous droits réservés

Dépôt légal: 2008
Bibliothèque et Archives nationales du Québec

Pour en savoir davantage sur nos publications,
visitez notre site: www.quebecoreditions.com

Éditeur: Jacques Simard
Conception de la couverture: Bernard Langlois
Illustration de la couverture: Veer
Infographie: Claude Bergeron

Imprimé au Canada

Gouvernement du Québec – Programme de crédit d'impôt pour l'édition
de livres – Gestion SODEC.

L'Éditeur bénéficie du soutien de la Société de développement des entreprises culturelles du Québec pour son programme d'édition.

Nous reconnaissons l'aide financière du gouvernement du Canada par
l'entremise du Programme d'aide au développement de l'industrie de
l'édition (PADIÉ) pour nos activités d'édition.

RÉDUISEZ VOS IMPÔTS

**Le complément essentiel
aux logiciels informatiques**

ANNÉE
D'IMPOSITION
2008

Danièle Boucher
CGA, D. Fisc.

André Boulais
CGA, D. Fisc.

LES ÉDITIONS
Quebecor
Une compagnie de Quebecor Media

Note des auteurs

Ce livre est un guide pratique qui vous permet d'avoir une vue d'ensemble de la fiscalité fédérale et québécoise applicable aux individus. Il tient compte, entre autres, du budget présenté le 26 février 2008 par le gouvernement fédéral et du budget présenté le 13 mars 2008 par le gouvernement du Québec. De plus, le texte considère les changements relatifs à la fiscalité des individus apportés par tous les communiqués et annonces rendus publics par les gouvernements du Canada et du Québec jusqu'au 31 octobre 2008.

Aucun des commentaires contenus dans ce livre ne constitue un avis juridique ou un avis fiscal. Par conséquent, aucune planification fiscale ou successorale ne devrait être entreprise sans l'aide d'un expert, d'une part, pour avoir la certitude que les lois fiscales n'ont pas été modifiées depuis la date de la mise sous presse de ce volume et, d'autre part, pour s'assurer que cette planification convient bien à vos besoins.

Table des matières

Chapitre 3

Gagnez-vous un revenu d'entreprise ou de profession?

Chapitre 5

Avez-vous réalisé des gains ou des pertes en capital?

Chapitre 6

Possédez-vous un immeuble locatif?

Chapitre 7
Profitez-vous de tous les avantages du REER ?

Chapitre 8
Êtes-vous retraité? 227

Chapitre 9

Êtes-vous étudiant ou les personnes à votre charge le sont-elles?

Chapitre 10

Avez-vous oublié des déductions ou des crédits d'impôt?

Chapitre 13

Aurez-vous un remboursement d'impôts ou un solde à payer ?

Introduction

Les lois fiscales sont modifiées chaque année !

La perception des impôts sur le revenu des particuliers constitue pour nos gouvernements une source de revenus importante. En effet, ces revenus servent à financer les dépenses publiques telles que l'éducation, les soins de santé, les différents programmes sociaux, etc.

Étant donné que les besoins financiers des gouvernements sont révisés chaque année, **la Loi de l'impôt sur le revenu du Canada et la Loi sur les impôts du Québec sont modifiées régulièrement.** Par conséquent, ce qui s'appliquait l'année dernière n'est peut-être plus valable aujourd'hui. Il faut donc être extrêmement prudent en matière de planification fiscale et s'assurer avant et durant l'existence d'une telle planification qu'elle ne va pas à l'encontre de la loi.

Chaque discours annuel sur le budget contient toujours de nouvelles mesures fiscales convenant à la situation économique de l'heure. Généralement, les lois ne sont pas modifiées de façon rétroactive, c'est-à-dire que les modifications annoncées en 2008 n'ont pas d'effet sur les années antérieures. Il arrive souvent que les changements proposés prennent effet dès le lendemain du discours sur le budget.

Pour mieux simplifier le processus, et bien que le discours sur le budget du Québec soit généralement présenté quelques semaines après celui du fédéral, les dates d'application des modifications fédérales que le Québec décide d'adopter seront les mêmes que celles prévues au fédéral, à moins d'une mention contraire.

Bien que la Loi de l'impôt sur le revenu du Canada et la Loi sur les impôts du Québec ne soient pas identiques, la majorité de leurs dispositions sont semblables. Dans ce livre, **lorsque nous utiliserons l'expression «la loi», vous pourrez conclure que les dispositions fiscales fédérales et québécoises sont harmonisées en tous points.** Dans le cas contraire, nous indiquerons «au fédéral» ou «au Québec» pour spécifier l'application d'une disposition particulière. Nous ferons également référence à l'Agence du revenu du Canada (ARC) et à Revenu Québec pour désigner les autorités chargées respectivement d'administrer la Loi de l'impôt sur le revenu du Canada et la Loi sur les impôts du Québec.

Le contenu de ce livre tient compte de la loi applicable et des changements annoncés jusqu'au 31 octobre 2008 aux fins de la préparation des déclarations de revenus de l'année d'imposition 2008.

Quelques notions de base

Le revenu mondial est assujetti à l'impôt

Le principe de base du régime fiscal canadien et de celui des provinces repose sur la notion de **résidence**. Celle-ci n'est pas définie dans les lois fiscales. Ce sont donc les tribunaux qui lui ont trouvé une interprétation. La résidence d'un individu est généralement l'endroit où il vit de façon régulière, normale ou habituelle. Avoir une maison ou une habitation au Canada, conserver des liens familiaux, sociaux ou économiques avec le Canada sont aussi des facteurs à analyser pour déterminer le statut de résidence d'un individu. Notez que le fait d'être citoyen canadien ne signifie pas que vous êtes résident canadien.

Un résident du Canada doit inclure dans ses déclarations de revenus la totalité de ses revenus, peu importe leur source. On dit alors que tout résident canadien est imposé sur une base mondiale. Ce principe est également applicable au Québec; ainsi, un résident du Québec doit inclure dans sa déclaration de revenus québécoise tous ses revenus, quelle qu'en soit leur provenance.

Afin de contrôler les revenus provenant de l'extérieur du pays, l'ARC exige qu'un formulaire distinct soit rempli par tout individu qui possède des biens à l'étranger dont le coût total dépasse 100 000 $. Consultez le chapitre 4 pour plus de détails.

Les revenus d'un particulier doivent être indiqués dans les déclarations sur la base de l'année civile, soit du 1er janvier au 31 décembre. Nous verrons au chapitre 3 que les revenus provenant d'une entreprise peuvent être déclarés sur une autre période, au choix du contribuable.

Nous dirons que l'année civile est **l'année d'imposition** d'un particulier, et lorsque nous parlerons des déclarations de l'année 2008, il s'agira des déclarations qui doivent être produites au plus tard le 30 avril ou le 15 juin 2009, s'il y a lieu, à l'égard de l'année civile 2008.

Une ou deux déclarations

Toute personne résidente du Québec au 31 décembre d'une année donnée doit produire deux déclarations de revenus pour l'année, soit une déclaration fédérale et une déclaration provinciale. Le Québec est la seule province à exiger une déclaration distincte, car toutes les autres provinces perçoivent leur impôt par l'entremise du gouvernement fédéral. En pratique, les résidents des autres provinces et territoires ne produisent qu'une seule déclaration de revenus fédérale assortie d'une annexe distincte calculant l'impôt provincial selon la province de résidence. Contrairement au Québec, les autres provinces et territoires ont la même définition du revenu imposable que celle retenue par le gouvernement fédéral.

Si vous avez déménagé du Québec pour vous installer dans une autre province durant l'année 2008, vous n'avez pas à faire de déclaration de revenus au Québec pour l'année 2008. Vous ferez une déclaration fédérale. Celle-ci contiendra une annexe pour calculer l'impôt de votre nouvelle province de résidence.

Si vous quittez le Québec et devenez un non-résident canadien, vous devrez alors produire des déclarations de revenus fédérale et québécoise pour l'année de votre départ. Celles-ci couvriront la période du 1er janvier jusqu'à la date de votre départ du Canada.

Un régime d'autocotisation

Le régime fiscal canadien, de même que celui des provinces, est basé sur le principe d'autocotisation. Afin de faire respecter ce principe, de lourdes pénalités sont prévues pour les contribuables qui, volontairement, font de fausses déclarations ou omettent de déclarer certains revenus. Même si vous faites préparer vos déclarations de revenus par un expert-comptable, il n'en reste pas moins que votre signature constitue l'approbation de celles-ci. Ainsi, si vous n'avez pas transmis tous les renseignements, et qu'il est démontré que vous avez agi volontairement ou en faisant preuve de négligence flagrante, des pénalités pourront vous être imposées. Consultez le chapitre 14 à ce sujet.

Tout résident du Canada doit soumettre une déclaration de revenus fédérale (et une déclaration de revenus du Québec s'il en est résident) indiquant tous ses revenus imposables et tenant compte de certaines déductions ou de certains crédits prévus par la loi. Les **autorités fiscales,** c'est-à-dire les représentants autorisés de l'Agence du revenu du Canada (ARC) et du ministère du Revenu du Québec, ont par la suite un certain délai pour demander des renseignements supplémentaires, s'il y a lieu, et corriger les déclarations présentées (voir le chapitre 14).

Conjoints mariés, conjoints de fait et conjoints de même sexe

Nos lois fiscales se sont adaptées à l'évolution de la société concernant les conjoints.

Un conjoint peut être la personne de sexe opposé avec laquelle vous êtes **légalement marié.**

Un conjoint peut être **un conjoint de fait,** soit une personne **de sexe opposé ou de même sexe,** qui vit avec vous en **union conjugale** depuis une période de 12 mois. Si vous avez commencé à vivre en union de fait en mars 2008, les diverses dispositions de la loi faisant référence à des conjoints ne s'appliquent pas à vous pour l'année 2008, puisque la période de cohabitation de 12 mois n'était pas complétée au 31 décembre 2008. Par exception, si deux personnes vivent en union conjugale depuis moins de 12 mois mais sont les parents d'un enfant issu de leur union, ils sont considérés comme des conjoints.

Vivre en union conjugale, qu'il s'agisse de conjoints de fait de même sexe ou de sexe opposé, n'est pas défini dans la loi. C'est plutôt une question de faits. Habiter dans une même habitation, se comporter publiquement comme un couple, s'identifier comme un couple aux fins d'un régime de pension ou d'assurance-maladie sont tous des éléments permettant d'établir l'existence d'une union conjugale. D'autres facteurs sont aussi à considérer : l'attitude vis-à-vis des enfants, les relations sexuelles et interpersonnelles entre les conjoints, l'assistance mutuelle qu'ils se portent en cas de maladie, les arrangements financiers conclus entre eux, les services mutuellement rendus que ce soit en matière d'entretien du domicile, de préparation des repas et de toute autre tâche domestique. Certaines opinions émises par l'ARC sur la notion d'union conjugale font référence à des causes en matière de droit de la famille. Il en ressort clairement qu'il n'y a aucun facteur prédominant permettant de confirmer l'existence d'une union conjugale et qu'il n'est pas nécessaire que chaque critère énoncé précédemment soit présent dans l'évaluation d'une situation donnée.

Lorsque les conjoints de fait (de sexe opposé ou de même sexe) vivent séparés pendant une période d'au moins 90 jours, ils ne sont plus des conjoints à compter de la première journée où ils ont commencé à vivre séparés. S'ils reprennent la vie commune, une autre période de 12 mois devra s'écouler avant qu'ils soient considérés à nouveau comme des conjoints (sauf s'ils sont parents d'un enfant issu de leur union).

En juin 2002, le Québec a adopté la Loi instituant l'union civile et établissant de nouvelles règles de filiation. Cette loi introduit la notion de **conjoints unis civilement**, c'est-à-dire des couples de sexe différent ou de même sexe qui souhaitent s'engager publiquement à faire vie commune. À quelques différences près, les droits et les obligations qui découlent de l'union civile sont les mêmes que ceux résultant du mariage. À cette fin, la Loi sur les impôts du Québec a été modifiée pour reconnaître une troisième catégorie de conjoints, c'est-à-dire les conjoints unis civilement. Depuis juin 2004, les conjoints de même sexe qui se sont unis civilement peuvent choisir de poursuivre leur vie commune sous le régime du mariage, ce qui a pour effet d'annuler l'union civile et de reconnaître leur mariage à compter de la date de célébration de l'union civile.

Dans ce livre, nous utilisons le mot «conjoint» pour désigner à la fois les conjoints mariés, les conjoints de fait et les conjoints unis civilement.

Retenez que si vous avez un conjoint (marié, civil ou de fait), votre famille s'élargit. Ainsi, les frères et les sœurs de votre conjoint deviennent, sur le plan fiscal, vos frères et vos sœurs. Il en est de même avec les parents et les grands-parents, les neveux et les nièces de votre conjoint qui deviennent vos parents et vos grands-parents, vos neveux et vos nièces. Vous pouvez donc réclamer des crédits personnels pour ces personnes dans la mesure où la loi le permet.

Qu'est-ce que le taux marginal d'impôt?

Le taux marginal d'impôt se définit comme le taux applicable sur le prochain dollar de revenu. Comme vous le savez, les taux d'impôt augmentent au fur et à mesure que le revenu imposable augmente.

Toutefois, ce n'est pas l'ensemble du revenu qui est imposé à un seul taux. **L'impôt total est plutôt une combinaison de plusieurs tranches de revenu imposées à des taux différents.** Par exemple, si votre revenu imposable est de 38 000 $, votre impôt de

2008 (fédéral et Québec), compte tenu du crédit d'impôt personnel de base seulement, sera calculé de la façon suivante:

les premiers	37 500 $	vous coûteront		7 451 $
plus	385 $	× 32,5 %	=	125 $
plus	115 $	× 38,4 %	=	45 $
	38 000 $			7 621 $

Dans l'exemple ci-dessus, votre taux marginal est de 38,4 %.
Cela veut dire que si vous recevez un revenu supplémentaire de
100 $, vous aurez à payer 38,40 $ d'impôt sur ce revenu. Le taux marginal combiné (fédéral-Québec) le plus élevé est de 48,2 % pour 2008.
Consultez l'appendice D pour connaître votre taux marginal compte
tenu de votre revenu imposable.

**Le taux marginal sert aussi à calculer l'économie d'impôt
réalisée sur un montant vous donnant droit à une déduction
dans le calcul de votre revenu.** Par exemple, vous vous demandez quelle sera l'économie d'impôt à la suite d'une contribution de
4 000 $ à un régime enregistré d'épargne-retraite (REER) si votre
revenu imposable s'établit à 42 000 $ avant cette déduction. En con-
sultant l'appendice D, vous constatez que le taux marginal est de
38,4 % lorsque le revenu imposable se situe entre 38 000 $ et 42 000 $.
Par conséquent, votre économie sera de 1 536 $, soit 4 000 $ × 38,4 %.

Déduction ou crédit d'impôt

Une déduction est un montant qui réduit le revenu sur lequel votre
impôt est calculé. Comme nous l'avons vu précédemment dans
l'exemple du REER, il est possible d'évaluer une déduction en fonction des impôts économisés si vous connaissez votre taux marginal. Reprenons l'exemple des 4 000 $ investis dans un REER. Si votre
taux marginal est de 28,5 %, vous économiserez 1 140 $ alors que
si votre taux marginal est de 38,4 %, vous économiserez 1 536 $.
**Par conséquent, une déduction n'a pas la même valeur pour
tous; sa valeur dépend du taux marginal.**

**Le crédit d'impôt est un montant qui diminue l'impôt à
payer.** Il ne varie pas en fonction du taux marginal; sa valeur est
la même pour tous.

Crédits remboursables et non remboursables

Les crédits d'impôt se divisent en deux catégories, soit les crédits remboursables et non remboursables. Les crédits d'impôt non remboursables servent à réduire l'impôt à payer. **Si vos crédits non remboursables sont plus élevés que votre impôt à payer, votre impôt sera nul. Les crédits d'impôt non remboursables ne peuvent servir à augmenter ou à créer un remboursement.**

Les crédits d'impôt non remboursables sont calculés à un taux de 15 % au fédéral et de 20 % au Québec, et sont les mêmes pour tous. Par exemple, une personne atteinte d'une déficience mentale ou physique bénéficie d'un crédit fédéral de 1 053 $ (7 021 $ × 15 %) et d'un crédit de 465 $ au Québec, soit 2 325 $ × 20 %.

Les crédits d'impôt non remboursables comprennent, entre autres, les crédits pour conjoint et enfants à charge, pour personne âgée de 65 ans ou plus, pour personne vivant seule, etc. Dans ce livre, nous exprimerons souvent **les crédits non remboursables selon leur montant de base, c'est-à-dire selon le montant qui doit être multiplié par 15 % (au fédéral) et 20 % (au Québec).** Vous trouverez à la fin du chapitre 11 deux tableaux indiquant les principaux montants personnels et leur valeur exprimée en crédit d'impôt.

Plusieurs autres éléments sont transformés en crédits non remboursables, notamment les frais de scolarité, les frais médicaux et les dons de bienfaisance, les cotisations à l'assurance-emploi et au Régime de rentes du Québec.

Depuis 2003, le Québec permet le transfert de crédits d'impôt non remboursables entre conjoints. Cette mesure remplace le crédit pour conjoint à charge et fait en sorte que ces crédits ne soient pas perdus lorsqu'un des conjoints n'a pas suffisamment d'impôt à payer.

Les **crédits d'impôt remboursables** sont généralement associés à des mesures favorisant certains contribuables à faible revenu. Il en est ainsi au fédéral pour le crédit pour la taxe sur les produits et services (TPS) et la prestation fiscale pour le revenu de travail (PFRT). Au Québec, les principaux crédits remboursables sont les crédits remboursables pour les impôts fonciers, pour la taxe de vente, pour les frais de garde d'enfants, pour la prime au travail et pour le maintien à domicile. Tous ces crédits varient en fonction du revenu familial. Au fur et à mesure que le revenu augmente, les crédits diminuent.

Les principales étapes de calcul

Lorsque vous devez inclure une somme dans le calcul de votre revenu, nous dirons qu'il s'agit d'un **montant imposable**. De même, lorsque vous pourrez réduire votre revenu par une déduction, nous dirons qu'il s'agit d'un **montant déductible**. Nous ferons référence, lorsque c'est nécessaire, au **revenu net** ou au **revenu imposable**. À cette fin, vous pouvez consulter **l'appendice A, à la fin de ce livre**, pour avoir une vue d'ensemble des étapes de calcul qui servent à établir le revenu imposable.

Les revenus suivants ne sont pas imposables: les prestations fiscales pour enfants du gouvernement fédéral (à l'exception de la PUGE), les paiements de soutien aux enfants du gouvernement du Québec, les crédits remboursables pour la TPS et la TVQ (sauf les remboursements de la TPS et de la TVQ dont il est question à la page 67), la prestation fiscale pour le revenu de travail (PFRT), la prime au travail du Québec, le crédit remboursable pour le maintien à domicile, les gains de loterie, les biens reçus en héritage, le produit d'une assurance-vie.

Certains revenus sont ajoutés dans le calcul du revenu net, puis déduits dans le calcul du revenu imposable, notamment les indemnités pour les accidents du travail, l'allocation au conjoint et le supplément de revenu garanti. Il n'y a donc pas d'impôt à payer sur ces revenus, sous réserve d'une réduction possible du montant personnel de base au Québec pour les bénéficiaires de certaines prestations payées par la Commission de la santé et de la sécurité du travail (CSST) tel qu'indiqué à la page 295. De plus, ces divers revenus sont pris en compte dans le calcul de certains crédits d'impôt remboursables tels que les crédits pour la TPS et la TVQ ainsi que le remboursement d'impôts fonciers. Aussi, les crédits pour personnes à charge à l'égard de bénéficiaires de telles sommes seront réduits même si ces revenus sont non imposables pour eux. Par exemple, si l'unique revenu de votre conjoint est de 4 000 $ à titre d'allocation au conjoint versé par le programme de sécurité de la vieillesse, il est entendu que votre conjoint n'aura pas d'impôt à payer. Par ailleurs, le montant que vous pourrez réclamer pour conjoint à charge au fédéral devra être calculé en fonction de son revenu de 4 000 $.

Les indemnités reçues de la Société de l'assurance-automobile du Québec (SAAQ) ne sont pas imposables au fédéral; au Québec, vous devez les ajouter dans le calcul du revenu net et les déduire dans le calcul du revenu imposable. Aussi, certaines prestations de la SAAQ peuvent réduire le montant personnel de base au Québec tel qu'indiqué à la page 295.

Les prestations de sécurité du revenu (aide sociale) sont ajoutées dans le calcul du revenu net au fédéral et au Québec, et sont déductibles dans le calcul du revenu imposable au fédéral seulement; ces prestations sont donc assujetties à l'impôt au Québec.

Publications, guides et formulaires

N'hésitez pas à consulter le site Internet de l'ARC et de Revenu Québec. Vous y trouverez tous les formulaires dont vous avez besoin pour remplir vos déclarations ainsi qu'une multitude de guides et de dépliants sur divers sujets. Voici les adresses des sites:

* ARC: www.cra-arc.gc.ca
* Revenu Québec: www.revenu.gouv.qc.ca

Chapitre 2

Quels sont vos revenus d'emploi?

Êtes-vous employé ou travailleur autonome?

Les employés sont soit salariés, soit rémunérés à commission. Les travailleurs autonomes peuvent être aussi rémunérés à commission, quoique l'on trouve le plus fréquemment dans cette catégorie des gens dont le revenu provient d'honoraires. Les travailleurs autonomes sont considérés du point de vue fiscal comme des gens qui exploitent une entreprise. Le chapitre 3 sera entièrement consacré au calcul du revenu d'entreprise.

La distinction entre employé et travailleur autonome est importante dans le contexte fiscal. Pensons, entre autres, au fait que des retenues d'impôt à la source sont effectuées pour les employés, alors que tel n'est pas le cas pour les travailleurs autonomes. Le revenu d'un emploi est inclus dans les déclarations de revenus selon l'année civile, du 1er janvier au 31 décembre, alors que le revenu provenant d'un travail autonome peut être inclus selon une année fiscale différente de l'année civile. Comme nous le verrons dans le présent chapitre, les déductions qu'un employé peut réclamer pour réduire son revenu d'emploi sont assez limitées comparativement à ce qui est permis pour les travailleurs autonomes.

La loi ne contient pas de définition du travailleur autonome. Ce sont les tribunaux qui ont élaboré au fil des années des critères qui doivent être considérés dans leur ensemble pour évaluer le statut d'un travailleur. Notamment, l'existence d'un contrôle pouvant être exercé par l'employeur sur la planification et l'exécution

du travail favorise la relation employé-employeur. La réalité économique du travailleur est aussi un critère déterminant de l'existence
d'un travail autonome, c'est-à-dire : le travailleur doit-il assumer un
risque financier, est-il responsable des dommages ou des erreurs
qui surviennent dans le cadre de son travail ?

Les faits suivants sont souvent des indices positifs dans la détermination du statut de travailleur autonome :

- le travailleur ne bénéficie pas du régime d'avantages collectifs
  de l'employeur tels que l'assurance-salaire, le régime de pension ou autres assurances ;

- le travailleur possède son propre bureau ou établissement ;

- le travailleur rend des services à plus d'un « employeur » ;

- le travailleur peut au besoin et à ses frais se faire remplacer
  par une autre personne pour effectuer le travail ;

- le travailleur assume lui-même les coûts des séances de formation et de perfectionnement.

Aucun des éléments mentionnés n'est décisif lorsqu'il faut établir si une personne est employée ou travailleur autonome. Chaque
cas est unique.

Revenus d'emploi : salaire, commissions et avantages imposables

Les revenus d'emploi sont inclus dans vos déclarations de revenus
de l'année 2008 si vous les avez reçus durant cette année : c'est ce
que l'on appelle la méthode de caisse. Si votre employeur vous
accorde une prime en raison de votre bonne performance pour
l'année 2008 et qu'il vous la verse en janvier 2009, cette somme
devra être incluse dans vos déclarations de l'année 2009 et non
dans celles de 2008.

En plus du salaire, des primes et des commissions reçus, un
employé doit inclure dans son revenu la valeur des avantages qui
lui sont accordés en vertu de son emploi. C'est à l'employeur que
revient la responsabilité d'évaluer les avantages et de les déclarer
sur les feuillets T4 et relevé 1.

Nous discuterons un peu plus loin de façon détaillée des avantages relatifs à une automobile fournie et à des prêts consentis
par l'employeur.

Pour l'instant, voyons quels sont les principaux avantages qui
doivent être inclus dans le revenu d'emploi.

Logement

Lorsque l'employeur fournit gratuitement ou à faible coût un logement, une maison ou une autre habitation à un employé, l'avantage est égal à ce qu'aurait dû payer l'employé pour un logement semblable moins ce qu'il a effectivement payé. Des cas d'exception sont prévus pour les employés travaillant temporairement sur des chantiers éloignés.

Cadeaux et récompenses

Un **cadeau** est généralement offert pour souligner une occasion spéciale telle qu'un anniversaire, une naissance, un mariage, une remise de diplôme, la fête de Noël, etc. Une **récompense** est associée au travail de l'employé; par exemple, un prix d'excellence, un prix pour une innovation ou encore pour de nombreuses années de service sont des récompenses.

Selon l'ARC, un employé peut recevoir annuellement, sans avoir à payer d'impôt, **deux cadeaux autres qu'en argent dont le coût total, taxes incluses, ne dépasse pas 500 $.** Si le coût dépasse 500 $, le montant **total** est imposable. Par exemple, si vous recevez un seul cadeau de 600 $, c'est tout le montant qui est imposable et non 100 $. Si vous recevez deux cadeaux pendant l'année dont le coût total dépasse 500 $, par exemple un cadeau de 350 $ et un autre de 200 $, celui de 350 $ ne sera pas imposable et le second le sera. **L'ARC considère les chèques-cadeaux et les cartes à puces comme des cadeaux en argent. Par conséquent, de tels cadeaux sont imposables peu importe leur valeur.**

La politique décrite ci-dessus s'applique de la même manière mais distinctement aux récompenses. Il est donc possible qu'un employé reçoive pendant l'année deux cadeaux ne dépassant pas 500 $ et deux récompenses ne dépassant pas 500 $ sans impôts.

Revenu Québec adopte une politique beaucoup plus clémente à l'égard des cadeaux et récompenses. **Ainsi, au Québec, la valeur des cadeaux reçus n'est pas imposable jusqu'à concurrence de 500 $.** Il en va de même pour les récompenses. On peut donc dire que le Québec accorde une exemption de 500 $ pour les cadeaux et une autre exemption de 500 $ pour les récompenses. Par exemple, un employé qui reçoit un seul cadeau d'une valeur de 600 $ aura un avantage imposable de 100 $. Revenu Québec ne limite pas le nombre de cadeaux et de récompenses.

Revenu Québec, tout comme l'ARC, considère également que tous les cadeaux et récompenses en argent sont totalement imposables. **Toutefois, les chèques-cadeaux et les cartes à puces ne sont pas considérés au Québec comme des cadeaux en argent**

et sont donc visés par l'exemption de 500 $ applicable aux cadeaux et récompenses.

Tant au fédéral qu'au Québec, l'employeur peut déduire le coût des cadeaux et récompenses, même si une partie ou la totalité de ceux-ci n'est pas imposable pour l'employé.

Si votre employeur organise une soirée ou toute autre activité mondaine à laquelle les employés sont conviés gratuitement, l'ARC considère qu'il peut en résulter un avantage imposable si le coût dépasse 100 $ par personne. Les frais de transport à la maison ainsi que les frais d'hébergement augmentent la limite de 100 $. Par exemple, si votre employeur organise une réception pour Noël dans un grand hôtel et offre gratuitement aux employés le repas et les boissons, un avantage imposable pourrait être ajouté à votre revenu d'emploi si tous ces bénéfices coûtent plus de 100 $ par personne et sont payés par l'employeur.

Voyages

Lorsqu'un employeur paie les vacances d'un employé, de sa famille ou des deux, il s'agit d'un avantage imposable. Si un voyage d'affaires est prolongé pour permettre à l'employé de prendre des vacances, celui-ci bénéficie d'un avantage imposable égal au coût supplémentaire assumé par l'employeur pour offrir cette prolongation. Lorsqu'un voyage est attribué à titre de prix pour souligner une bonne performance, situation fréquente dans le cas de vendeurs à commission, la valeur de ce prix doit être incluse dans le revenu.

Frais de voyage du conjoint

Lorsqu'un employé est accompagné de son conjoint au cours d'un voyage d'affaires, les frais payés par l'employeur relativement à la présence du conjoint sont considérés comme un avantage imposable. Dans le cas où l'employeur requiert la présence du conjoint et que ce dernier participe réellement à la réalisation des objectifs du voyage d'affaires, aucun avantage n'en résulte.

Programme passagers assidus

Lorsqu'un employé accumule des points auprès d'une compagnie aérienne dans le cadre de voyages d'affaires payés par son employeur, l'utilisation de ces points à des fins personnelles représente un avantage imposable. Contrairement aux autres avantages imposables, l'employeur n'a pas la responsabilité d'inclure sur les feuillets T4 et relevé 1 la valeur de cet avantage lorsqu'il ne contrôle pas le nombre de points que l'employé accumule. C'est alors à l'em-

ployé d'ajouter lui-même dans le calcul de son revenu la valeur
des points utilisés.

Primes payées à un régime d'assurance-salaire

Lorsque l'employeur paie au nom de l'employé les primes exigées
par un **régime non collectif** d'assurance-salaire, les primes en
question sont considérées comme un avantage imposable pour
l'employé. Sont associés aux régimes d'assurance-salaire, les régimes d'assurance-invalidité ou d'assurance contre la maladie ou
les accidents qui prévoient des versements périodiques en remplacement de la perte de revenu d'emploi causée par la maladie ou
l'invalidité. Les primes payées par l'employeur pour une assurance-
maladie grave dont vous bénéficiez sont imposables.

Assurance pour frais médicaux

Les régimes d'avantages sociaux offerts par la plupart des employeurs comprennent des régimes d'assurance pour frais médicaux. Ces régimes prévoient le remboursement total ou partiel
des frais médicaux, incluant les frais dentaires, ainsi que les frais
d'hospitalisation.

**Au fédéral, les primes payées par l'employeur à un régime
d'assurance pour frais médicaux ne constituent pas un avantage imposable pour l'employé.**

Au Québec, la part payée par l'employeur à un régime d'assurance pour frais médicaux doit être incluse dans le calcul du
revenu d'emploi. Cet avantage doit être indiqué sur le relevé 1 et
pourra être inclus dans le total des frais médicaux payés aux fins
du calcul du crédit pour frais médicaux du Québec seulement.
Consultez le chapitre 10 pour plus de détails.

Assurance-vie

Lorsqu'un employeur verse des primes pour un régime d'assurance sur la vie pour un employé, il en résulte un avantage imposable.

Cotisations professionnelles

Une cotisation professionnelle remboursée ou payée par votre
employeur en votre nom ne sera pas incluse sur votre T4 au fédéral si l'adhésion à l'association est une condition d'emploi. Sinon,
la cotisation payée par l'employeur est généralement imposable.

Au Québec, les cotisations professionnelles remboursées ou
payées par l'employeur (incluant les taxes) doivent généralement
être incluses sur le relevé 1.

Un employé peut demander une déduction (au fédéral) ou un crédit d'impôt (au Québec) pour les cotisations professionnelles incluses dans le calcul de son revenu à titre d'avantage imposable. Voyez les détails à la page 71.

L'avantage lié à la TPS et à la TVQ

Les avantages imposables dont bénéficie un employé peuvent être augmentés d'un montant relatif aux taxes à la consommation (TPS et TVQ). Une telle augmentation s'applique si on répond affirmativement à la question suivante: «Aurait-il fallu payer la TPS et la TVQ si le service ou le bien visé par l'avantage imposable avait été acquis directement par l'employé?»

Quels sont les avantages non imposables?

Uniformes

Un uniforme fourni à un employé pour exercer son emploi ou pour assurer sa sécurité ne représente pas un avantage imposable. Il en est de même des frais de nettoyage de l'uniforme payés par l'employeur ou remboursés à l'employé. De plus, une allocation raisonnable versée à un employé pour l'achat ou l'entretien de vêtements distinctifs requis dans l'exercice de ses fonctions n'est pas imposable.

Frais de déménagement

Les frais de déménagement occasionnés par un changement de lieu d'emploi et payés par l'employeur ou remboursés à l'employé ne sont généralement pas imposables. Pour plus de détails, consultez le chapitre 10 à la rubrique «Frais de déménagement».

Rabais

Il arrive fréquemment que l'employeur accorde à ses employés un rabais à l'achat de ses produits. Ce privilège n'est généralement pas imposable. Toutefois, l'avantage est imposable si l'employeur conclut un arrangement avec un ou des employés pour acheter des marchandises au rabais. Il y a également un avantage lorsqu'un employé achète des biens (ni désuets ni défraîchis) à un prix inférieur au prix coûtant pour l'employeur. Les employés qui reçoivent des commissions pour des produits achetés pour leur propre usage ne doivent pas inclure ces commissions dans leur revenu. Par exemple, lorsqu'un vendeur d'assurance-vie acquiert une police d'assurance-vie et qu'il touche une commission sur cette police,

celle-ci n'est pas imposable, pourvu que le vendeur soit propriétaire de la police et qu'il soit tenu de verser les primes exigées.

Contributions de l'employeur à certains régimes

Les contributions de l'employeur versées à un régime de pension
agréé (RPA), à un régime de prestations supplémentaires de chômage, à un régime de participation différée aux bénéfices (RPDB)
ou à un régime collectif d'assurance-salaire ne sont pas imposables.

Club sportif ou autre

Lorsqu'un employeur verse une cotisation afin qu'un employé
soit membre d'un club sportif ou d'une autre association dont le
but principal est de fournir des repas ou des loisirs, aucun avantage n'est ajouté au revenu de l'employé si c'est l'employeur qui
bénéficie principalement de cette situation.

Services d'aide

Les services de conseils fournis ou payés par l'employeur concernant la santé physique ou mentale d'un employé ou de l'un des
membres de sa famille ne sont pas des avantages imposables. Ces
services peuvent comprendre la gestion du stress, les conseils
d'orientation en matière d'usage de tabac, de drogues ou d'alcool.

Services de conseils financiers

Les services de conseils financiers ou de production de déclarations de revenus fournis ou payés par un employeur sont généralement des avantages imposables. Toutefois, si ces services sont
fournis dans le cadre de la retraite d'un employé ou pour lui permettre de se trouver un nouvel emploi, ils ne seront pas imposables.

Frais de formation

Il n'y a pas d'avantage imposable lorsque les frais de formation,
incluant les frais connexes tels que les livres, les repas et les déplacements, sont payés par l'employeur et sont **directement liés** aux
activités de ce dernier, peu importe que les frais payés mènent à
l'obtention d'un diplôme ou non. Il est également admis que des
frais payés pour des cours sur la gestion du stress, sur l'équité en
matière d'emploi, sur les premiers soins sont non imposables même
s'ils ne concernent pas directement l'entreprise de l'employeur.
Seuls les frais payés pour des cours sur des sujets d'intérêt personnel qui n'ont aucun rapport avec l'entreprise demeurent imposables.

Stationnement à l'établissement de l'employeur

Une place de stationnement fournie par un employeur représente généralement un avantage imposable pour l'employé. L'avantage est équivalent à la valeur marchande du stationnement moins tout montant payé par l'employé. Il n'y a pas d'avantage imposable lorsqu'un stationnement est fourni à un employé qui accomplit la majeure partie de ses fonctions à l'extérieur de l'établissement de l'employeur où il doit quand même se rendre à l'occasion.

Aussi, il n'y a pas d'avantage imposable lorsque l'espace de stationnement fait partie intégrante de l'établissement de l'employeur ou est situé dans un centre commercial ou lorsque les places de stationnement sont utilisées selon le principe du «premier arrivé, premier servi».

Frais de repas et de transport pour heures supplémentaires

Le remboursement de frais raisonnables engagés pour des repas consommés par un employé qui doit faire au moins trois heures supplémentaires de travail n'est pas imposable lorsque cette situation n'est pas fréquente (soit deux fois par semaine tout au plus). Dans les mêmes conditions, le remboursement de frais de transport par taxi n'est pas imposable s'il n'y a pas de service de transport en commun disponible ou s'il est plus sécuritaire d'utiliser un taxi compte tenu de l'heure à laquelle s'effectue le trajet.

Le gouvernement du Québec encourage **l'utilisation du transport en commun** pour se rendre au travail. Les employeurs peuvent ainsi obtenir une déduction fiscale au Québec qui équivaut au double du montant payé pour les laissez-passer alors qu'**aucun avantage imposable n'est inclus dans le calcul du revenu de l'employé au Québec**. Sont visés : les laissez-passer **mensuels** et tout laissez-passer (mensuel ou non) pour du transport adapté remboursés par l'employeur. Tout type de laissez-passer (mensuel ou non) **fourni directement** par l'employeur est également non imposable. **Au fédéral**, l'employeur qui fournit ou rembourse les laissez-passer devra inclure un avantage imposable à ce titre sur le feuillet T4 de l'employé. Toutefois, l'employé pourra bénéficier d'un crédit d'impôt non remboursable au fédéral pour les laissez-passer. Consultez le chapitre 10 pour plus de détails.

Bénévole auprès d'un service d'urgence

Les premiers 1 000 $ reçus d'un gouvernement, d'une municipalité ou d'une administration publique, à titre de bénévole auprès d'un service d'urgence, ne sont pas imposables. Sont visés : les pompiers volontaires, les techniciens ambulanciers volontaires ou les volontaires participant à des activités de sauvetage. Une personne qui agit occasionnellement comme volontaire alors qu'elle est employée auprès de la même administration pour des fonctions semblables n'est pas admissible à l'exemption.

Votre employeur vous fournit-il une voiture?

La voiture fournie par l'employeur est sans contredit l'avantage le plus répandu en matière de rémunération. Toutefois, en connaissez-vous bien toutes les conséquences fiscales? **Votre employeur doit ajouter à votre revenu imposable deux montants liés à l'usage d'une voiture, soit une somme que l'on appelle le droit d'usage et un second montant lié aux frais de fonctionnement.**

Le droit d'usage

Le droit d'usage est calculé différemment selon que la voiture est achetée par l'employeur ou louée. **Dans le cas d'une voiture achetée, le droit d'usage est égal au coût de la voiture (incluant TPS et TVQ) multiplié par 2 % pour chaque mois durant lequel la voiture est à la disposition de l'employé.** Supposons que Marie ait eu à sa disposition, durant toute l'année 2008, une voiture que l'employeur a payée 28 000 $ (taxes incluses). Marie aura un droit d'usage indiqué sur ses feuillets T4 et relevé 1 égal à 6 720 $, soit 28 000 $ × 2 % × 12 mois.

Dans le cas d'une voiture louée, le droit d'usage est établi aux deux tiers du coût de location annuel (incluant TPS et TVQ). Si l'employeur de Marie a payé en 2008 une somme de 5 200 $ pour la location de la voiture, Marie aura alors un droit d'usage de 3 467 $, soit 5 200 $ × ⅔.

Comme vous pouvez le constater, le droit d'usage ne tient pas compte du kilométrage parcouru par l'employé. Toutefois, il existe une exception permettant d'en tenir compte afin de réduire le droit d'usage lorsque l'employé utilise la voiture pour **plus de 50 %** pour les déplacements requis dans le cadre de son emploi. À cette fin, les déplacements entre votre domicile et votre lieu principal de travail ne sont pas considérés comme des déplacements requis dans le cadre de votre emploi. Si cette condition est respectée, le droit d'usage est multiplié par le nombre de kilomètres parcourus pour des fins personnelles (sans excéder 20 004 kilomètres), par rapport à un maximum de 20 004 (soit 1 667 kilomètres pour chacun des mois où la voiture est à la disposition de l'employé). Autrement dit, si le kilométrage annuel parcouru pour un usage personnel est de 20 004 kilomètres et plus, le droit d'usage ne peut pas être réduit. Prenons le cas de Marie et supposons qu'elle ait parcouru 35 000 km en 2008, dont 14 000 km pour son usage personnel. Puisque Marie a utilisé la voiture dans une proportion de plus de 50 % dans le cadre de son emploi (21 000 / 35 000 = 60 %), le calcul du droit d'usage est le suivant, si la voiture est achetée :

$$\frac{14\ 000}{20\ 004} \times 28\ 000\ \$ \times 2\ \% \times 12\ \text{mois} = \underline{4\ 703\ \$}$$

ou si la voiture est louée :

$$\frac{14\ 000}{20\ 004} \times \frac{2}{3} \times 5\ 200\ \$ = \underline{2\ 426\ \$}$$

Si votre emploi consiste à vendre ou à louer des automobiles et que votre employeur vous fournit une voiture, le droit d'usage est calculé en remplaçant 2 % par 1 ½ % et en utilisant le coût d'achat moyen des voitures acquises par l'employeur durant l'année.

Le droit d'usage est évidemment réduit des sommes remboursées par l'employé à l'employeur dans la mesure où il ne s'agit pas de remboursements de frais de fonctionnement.

L'avantage lié aux frais de fonctionnement

Le second avantage lié à une voiture fournie par l'employeur tient compte des dépenses de fonctionnement payées par l'employeur et qui se rapportent à l'usage personnel que vous faites de la voiture. Les frais de fonctionnement comprennent l'essence, l'entretien, les réparations, les assurances et les frais d'immatriculation.

L'avantage lié aux frais de fonctionnement peut être déterminé de deux façons. Dans les deux cas, l'employeur n'a pas besoin de connaître les dépenses réelles applicables à la voiture fournie pour déterminer l'avantage.

Une première méthode consiste à déterminer que l'avantage lié aux frais de fonctionnement est égal à la moitié du droit d'usage. Seuls les employés qui respectent les deux conditions suivantes peuvent se prévaloir de cette méthode :

- la voiture doit être utilisée pour plus de 50 % dans l'exécution des fonctions liées à l'emploi ;

- l'employé doit aviser l'employeur par écrit avant la fin de l'année qu'il désire l'application de cette méthode.

La seconde méthode concerne tous les employés qui ne peuvent utiliser la première méthode ou qui ne l'ont pas choisie. Par exemple, un employé qui utilise la voiture fournie par son employeur dans une proportion de 50 % et plus pour son usage personnel ne peut se prévaloir de la première méthode. Dans ces cas, **l'avantage lié aux frais de fonctionnement est calculé selon un taux fixe de 0,24 $ par kilomètre parcouru à des fins personnelles**. L'employé doit donc tenir un registre du kilométrage parcouru durant l'année, afin de distinguer son utilisation personnelle de son usage pour l'emploi. Le taux de 0,24 $ par kilomètre est remplacé par 0,21 $ pour les employés dont l'emploi consiste à vendre ou à louer des automobiles.

L'avantage lié aux frais de fonctionnement est réputé inclure les taxes à la consommation applicables. Donc, aucun autre montant n'est ajouté à cet égard.

Les employés qui peuvent utiliser l'une des deux méthodes doivent évaluer celle qui est la moins coûteuse. Reprenons le cas de Marie :

Kilométrage personnel :	14 000 km
Kilométrage total :	35 000 km
Avantage pour droit d'usage :	4 703 $

L'avantage lié aux frais de fonctionnement déterminé selon la première méthode est de 2 352 $, soit la moitié du droit d'usage. Si Marie ne choisit pas l'application de cette méthode, son avantage lié aux frais de fonctionnement sera automatiquement déterminé en utilisant le taux fixe de 0,24 $ par kilomètre pour un total de 3 360 $ (14 000 km × 0,24 $).

Si elle avait parcouru 20 000 km pour son usage personnel au lieu de 14 000 km, l'avantage lié aux frais de fonctionnement serait alors de 4 800 $ (20 000 km × 0,24 $), soit l'application automatique du taux de 0,24 $/km lorsque l'usage personnel est de 50 % et plus.

Si vous remboursez à votre employeur une partie des frais liés à l'utilisation de la voiture dans l'année courante ou dans les 45 jours qui suivent la fin de l'année, ces remboursements réduiront l'avantage imposable lié aux frais de fonctionnement.

Registre des déplacements

Revenu Québec exige qu'un employé utilisant une voiture fournie par son employeur remplisse un registre dans lequel doivent être inscrits les renseignements suivants :

- le nombre total de jours de l'année au cours desquels la voiture était mise à sa disposition ;

- sur une base quotidienne, hebdomadaire ou mensuelle, le nombre total de kilomètres parcourus ;

- sur une base quotidienne, pour chaque déplacement effectué dans le cadre de son emploi, le lieu de départ et le lieu de destination, le nombre de kilomètres parcourus entre ces lieux, ainsi que toute information permettant d'établir que le déplacement a été fait en relation avec l'emploi, en nommant le client visité ou l'entreprise visitée.

Ce registre doit être remis à l'employeur dans les 10 jours suivant la fin de l'année, soit au plus tard le 10 janvier 2009 à l'égard de l'année 2008. Si vos fonctions changent au cours de l'année et que votre employeur cesse de vous fournir une voiture, vous devez alors lui remettre le registre dans les dix jours qui suivent.

L'employé qui ne remet pas à son employeur, dans le délai prévu, le registre des déplacements d'une automobile mise à sa disposition devra payer une pénalité de 200 $.

Votre employeur vous a-t-il consenti un prêt?

Les employés d'institutions financières peuvent parfois bénéficier d'une réduction de taux d'intérêt sur des emprunts effectués auprès de leur employeur. Même si vous ne faites pas partie de ce groupe d'employés, il peut arriver que votre employeur vous consente un prêt soit pour vous acheter une voiture ou un ordinateur, soit pour toute autre raison. Si vous êtes actionnaire de la société qui vous prête, vous devriez consulter un fiscaliste, car vous pourriez être dans l'obligation d'inclure le montant total du prêt reçu dans votre revenu.

Les prêts consentis à des employés peuvent donner lieu à un avantage imposable. En effet, la loi présume que des intérêts calculés selon un taux prescrit doivent être payés. Si, durant l'année ou durant les 30 jours qui suivent, vous payez moins d'intérêt que ce qui est calculé ou si vous n'en payez pas du tout, un avantage imposable sera inclus sur vos feuillets T4 et relevé 1. Le taux d'intérêt prescrit par la loi varie à tous les trimestres en fonction des fluctuations du taux du marché. Voici un tableau des taux applicables durant les trois dernières années.

	2006	2007	2008
Du 1er janvier au 31 mars	3 %	5 %	4 %
Du 1er avril au 30 juin	4 %	5 %	4 %
Du 1er juillet au 30 septembre	4 %	5 %	3 %
Du 1er octobre au 31 décembre	5 %	5 %	3 %

Exemple

Philippe a emprunté de son employeur le 1er octobre 2008 une somme de 10 000 $ pour s'acheter une voiture. Son employeur lui a consenti ce prêt sans intérêt, remboursable en deux versements de 5 000 $ chacun les 1er octobre 2009 et 2010. L'avantage imposable inscrit en 2008 sur les feuillets T4 et relevé 1 de Philippe relativement à ce prêt est calculé comme suit :

Du 1er octobre au 31 décembre : $10\ 000\ \$ \times 3\ \% \times \dfrac{92}{366} = \underline{\underline{75\ \$}}$

Supposons que le prêt porte intérêt à 2 % et que Philippe ait payé le 15 janvier 2009 des intérêts de 50 $ pour la période du 1er octobre 2008 au 31 décembre 2008. L'avantage imposable de 75 $ serait alors diminué du montant de 50 $, puisque le paiement a été effectué dans un délai de 30 jours après la fin de l'année 2008.

Aucun avantage n'est calculé lorsque le prêt est consenti au taux du marché qui existait au moment du prêt et que les intérêts sont payés dans le délai requis. Par exemple, si votre employeur vous a consenti un prêt en août 2007 au taux de 5 %, vous n'aurez aucun avantage inclus dans votre revenu pour toute la durée de ce prêt, si le taux d'intérêt consenti est celui qui prévalait sur le marché à l'époque. Même si les taux prescrits par la loi, pendant la durée du prêt, dépassent le taux de 5 %, aucun avantage n'en résultera.

Une règle spéciale s'applique lorsqu'un prêt est consenti à un employé pour lui permettre d'acheter une maison qu'il habitera ou pour lui permettre de rembourser un emprunt contracté lors de l'achat d'une maison qu'il habite déjà. L'avantage se calcule de la même façon que ci-dessus, à l'exception que le taux d'intérêt prescrit utilisé à chaque trimestre ne pourra jamais dépasser le taux prescrit en vigueur lorsque le prêt a été consenti. Il s'agit en quelque sorte d'une protection contre la hausse des taux prescrits. Cette protection existe pour une durée de cinq ans. À la fin de la cinquième année, c'est le taux prescrit qui existera à ce moment qui sera le nouveau plafond.

Exemple

Pauline a acheté une maison le 1er mars 2006. Son employeur lui a prêté la somme de 48 000 $ sans intérêt, alors que le taux d'intérêt prescrit était de 3 % à ce moment. L'avantage imposable pour 2008 se calcule au taux de 3 % pour toute l'année.

Même si le taux prescrit était supérieur à 3 % durant les six premiers mois de l'année 2008, le calcul de l'avantage imposable est basé sur le taux de

3 % qui prévalait au moment du prêt. Pauline a donc été protégée contre
l'augmentation du taux prescrit.

Il est possible qu'un prêt consenti par l'employeur et servant à
l'achat d'une maison puisse se qualifier à titre de **prêt à la réinstallation**. Tel est le cas lorsqu'un employé déménage à la suite
d'une mutation ou pour commencer un nouvel emploi, et que son
déménagement lui permet de se rapprocher de son nouveau lieu
de travail d'une distance d'au moins 40 kilomètres. L'avantage imposable lié à un prêt à la réinstallation se calcule de la même façon
que pour un prêt consenti pour l'achat d'une maison. Cependant,
l'employé pourra déduire dans le calcul de son revenu imposable,
pendant les cinq premières années de ce prêt, les intérêts calculés
au taux prescrit sur une somme de 25 000 $. C'est donc dire qu'un
employeur pourrait prêter pendant cinq ans sans intérêt une
somme de 25 000 $ se qualifiant à titre de prêt à la réinstallation,
ce qui, dans la majorité des cas, n'occasionne aucun coût fiscal
pour l'employé.

L'avantage imposable découlant d'un prêt consenti par l'employeur peut, dans certains cas, être déduit à titre de frais financiers (voir le chapitre 4). Cet avantage peut aussi être déduit comme
dépense d'emploi, s'il se rapporte à un emprunt pour acheter une
automobile que l'employé utilise dans son travail (voir la rubrique
« Utilisation d'une automobile : frais d'intérêts sur emprunt » un peu
plus loin dans ce chapitre).

Si votre employeur décide d'annuler le solde du prêt qu'il vous
a consenti, cela sera considéré comme un avantage imposable
équivalant au montant que vous n'avez pas remboursé.

Les pourboires

Les pourboires sont des revenus qui doivent être indiqués dans
les déclarations de revenus. Par ailleurs, personne n'ignore que les
secteurs de l'hôtellerie et de la restauration sont très fortement
envahis par l'économie souterraine (le travail au noir). Revenu
Québec exige que les employés de la restauration et de l'hôtellerie
déclarent le montant de pourboires qu'ils ont reçu ou un montant
égal à 8 % des ventes donnant lieu à la perception d'un pourboire,
selon le plus élevé de ces montants. Autrement dit, un employé qui
déclare à son employeur avoir reçu des pourboires inférieurs à
8 % des ventes qu'il a réalisées se voit attribuer la différence. Ainsi,
les retenues à la source d'impôt du Québec et les cotisations au
RRQ sont prélevées comme si l'employé avait reçu des pourboires

d'au moins 8 %. Les cotisations au RQAP sont prélevées sur les pourboires reçus par l'employé.

L'attribution des pourboires est calculée en fonction des ventes à pourboires faites par chaque employé plutôt que pour l'ensemble des ventes faites dans l'établissement de l'employeur. Cette règle permet d'éviter qu'un employé ayant déclaré tous ses pourboires soit imposé sur des montants qu'il n'a pas reçus alors que d'autres employés déclarent à l'employeur des pourboires inférieurs à 8 % des ventes sujettes à pourboires. Par ailleurs, elle permet également d'éviter qu'un employé déclare volontairement des pourboires inférieurs à 8 % des ventes sachant que les autres employés déclarent des montants supérieurs à 8 %. Le taux de 8 % peut être réduit par Revenu Québec lorsque les circonstances le justifient. La réduction de taux peut être demandée par l'employeur, et les motifs qui justifient la demande doivent être expliqués.

Les pourboires reçus font partie des gains assurables en matière d'assurance-emploi. Ainsi, les travailleurs à pourboires peuvent bénéficier de prestations d'assurance-emploi basées sur leurs revenus d'emploi incluant les pourboires. Les retenues d'impôt fédéral ainsi que les cotisations d'assurance-emploi sont prélevées sur les pourboires reçus par l'employé sans égard aux pourboires attribués aux fins du Québec.

Afin de compenser l'augmentation des cotisations payables par un employeur sur les pourboires des employés, telles les cotisations à l'assurance-emploi, au Régime de rentes du Québec, au Régime québécois d'assurance parentale, au Fonds des services de santé et à la Commission des normes du travail, **un crédit d'impôt remboursable égal à 75 % des cotisations payées pour 2008 est accordé aux employeurs**. Le crédit doit être réclamé sur un formulaire TP-1029.8.33.13 joint à la déclaration de revenus de l'employeur pour l'année d'imposition durant laquelle les cotisations ont été payées.

Autres revenus liés à un emploi

Les **jetons de présence** reçus à titre d'administrateur sont des revenus d'emploi.

Les prestations provenant d'un régime **d'assurance-invalidité** (assurance-salaire) sont incluses dans le revenu d'emploi, sauf si elles proviennent d'un régime d'assurance dont les primes ont été entièrement payées par l'employé. On retrouve fréquemment chez les employeurs un régime d'assurance distinct, selon qu'il s'agit d'invalidité de courte ou de longue durée. Généralement, les employés paient entièrement le coût des primes d'assurance pour la longue durée afin que les prestations en découlant ne soient pas imposables. Lorsque les prestations sont imposables, celles-ci peuvent être réduites des cotisations versées par l'employé au régime d'assurance-invalidité. De plus, ces prestations feront partie du revenu gagné servant à déterminer la cotisation maximale permise à un REER (voir le chapitre 7).

Si vous avez remboursé des prestations d'assurance-salaire incluses dans votre revenu d'une année antérieure, vous pouvez déduire le montant remboursé en fournissant une attestation de votre assureur.

Si vous êtes devenu veuf ou veuve en 2008, il est possible que l'employeur du défunt vous ait versé une somme en reconnaissance des services rendus par le défunt. Cette somme est appelée **prestation consécutive au décès et, en général, les premiers 10 000 $ reçus ne sont pas imposables** (voir à la page 372 pour plus de détails). Cette somme n'est pas considérée comme un revenu d'emploi et ne peut servir à augmenter votre contribution dans un REER.

Si vous avez reçu des prestations de la **Commission de la santé et de la sécurité du travail (CSST)**, celles-ci ne sont pas imposables. D'un point de vue pratique cependant, ces sommes sont incluses dans votre revenu total et sont déduites par la suite dans le calcul de votre revenu imposable. Ces opérations sont nécessaires, entre autres, pour établir le crédit pour la taxe sur les produits et services, le remboursement d'impôts fonciers et le crédit d'impôt pour la taxe de vente du Québec, ainsi que le montant de prestation fiscale pour enfants et de paiement de soutien aux enfants. Dans certains cas, une réduction du montant personnel de base au Québec peut être applicable pour un bénéficiaire de prestations de la CSST. Consultez la page 295.

Toute **somme reçue pour vous inciter à signer un contrat d'emploi** est imposable à titre de revenu d'emploi même si vous n'avez pas encore commencé l'emploi au moment où vous recevez cette somme. Une **somme reçue après votre cessation d'emploi à la suite d'un engagement que vous avez pris auprès de votre ancien employeur de ne pas le concurrencer** ou de ne pas dévoiler de renseignements confidentiels est également imposable. De plus, si une telle entente a été conclue après le 7 octobre 2003, il est important d'y prévoir que tous les paiements seront effectués dans la période qui comprend l'année de l'accord et les trois années suivantes. À défaut, toute somme restant à recevoir le 31 décembre de la troisième année suivant l'année de l'accord deviendra imposable, ce qui représente une exception au principe général d'imposition du revenu d'emploi selon la méthode de caisse.

Certains apprentis ayant terminé avec succès la première ou la deuxième année de leur programme d'apprenti dans l'un des métiers désignés Sceau rouge (www.sceau-rouge.ca) peuvent recevoir, depuis 2007, une **subvention incitative aux apprentis** versée par le ministère des Ressources humaines et du Développement social du Canada. Cette subvention, égale à 1 000 $ par année, est un revenu imposable tant au fédéral qu'au Québec. Par ailleurs, l'apprenti peut déduire le coût des outils neufs qu'il a achetés pour exercer son métier (voir à ce sujet la page 72).

Paiement forfaitaire rétroactif : revenu d'emploi, assurance-salaire

Un paiement forfaitaire rétroactif est une somme globale reçue en 2008 qui remplace des montants que vous auriez dû recevoir antérieurement. Par exemple, il peut s'agir d'un **revenu d'emploi reçu à la suite d'un jugement, d'une sentence arbitrale ou d'un contrat par lequel vous avez mis fin à une procédure judiciaire**.

Un autre exemple vise les bénéficiaires de **prestations d'assurance-salaire**. En effet, un paiement forfaitaire reçu en 2008 peut comprendre des montants qui auraient dû être reçus en 2007 ou avant et qui n'ont pas été versés en raison du délai requis pour établir l'admissibilité à ces prestations.

Un paiement forfaitaire rétroactif reçu en 2008 doit être inclus dans le calcul de votre revenu de 2008. Si vous avez reçu des feuillets T5 et relevé 3 pour un montant d'intérêts inclus dans votre paiement forfaitaire, inscrivez aussi ce montant dans vos déclarations de 2008 à titre de revenus d'intérêts. Calculez ensuite vos impôts de la manière habituelle. Lorsque la partie du paiement forfaitaire attribuable aux années passées (excluant les intérêts, s'il y a lieu) est de 3 000 $ et plus au fédéral (300 $ et plus au Québec, incluant les intérêts), **demandez à l'ARC et à Revenu Québec de refaire les calculs d'impôt des années antérieures en ajoutant la partie du paiement forfaitaire applicable à chacune de ces années. En faisant cette demande, vous êtes certain de bénéficier du meilleur résultat possible.** En effet, l'ARC et Revenu Québec calculeront s'il est plus avantageux de payer l'impôt calculé pour 2008 sur le montant forfaitaire rétroactif ou l'impôt qui aurait été payable dans les années antérieures si ce montant vous avait été versé dans les années concernées.

Pour faire votre demande de calculs rétroactifs, joignez à votre déclaration de revenus fédérale le formulaire T1198 que le payeur du montant forfaitaire rétroactif vous remettra et qui indique la répartition du montant aux années concernées. Au Québec, joignez le formulaire TP-766.2 et cochez la case 404 de la déclaration de revenus.

Options d'achat d'actions

Un employé peut recevoir de son employeur des options d'achat d'actions qui lui permettent d'acheter des actions à un prix déterminé pour une durée limitée. Un avantage imposable peut découler de l'exercice d'une telle option lorsque le titre est acquis. **Cet avantage est égal à la différence entre la valeur de l'action au moment où l'employé l'acquiert et le prix payé.** Par exemple, si votre employeur vous a consenti une option qui vous permet d'acquérir des actions à 5 $ chacune et que vous les achetez au moment où l'action vaut 7 $, un avantage imposable de 2 $ par action achetée sera inclus dans le calcul de votre revenu d'emploi dans l'année de l'achat des actions. Si les options d'achat d'actions concernent les **actions d'une société privée sous contrôle canadien** (SPCC), l'avantage imposable sera inclus dans le calcul du revenu de l'employé au moment où il vend ses actions plutôt qu'au moment où il les acquiert.

Dans l'année de la vente des actions de la SPCC, l'employé pourra généralement se prévaloir d'une déduction dans le calcul de son revenu imposable fédéral, d'un montant égal à la moitié de l'avantage imposable. Au Québec, la déduction est égale à 25 % du montant de l'avantage imposable. Dans l'exemple précédent, la déduction fédérale serait de 1 $ par action de SPCC vendue en 2008 et de 0,50 $ par action au Québec. L'avantage imposable ainsi que la déduction doivent être indiqués par l'employeur sur les feuillets T4 et relevé 1.

Au Québec, la déduction de 25 % est remplacée par une déduction de 50 % lorsqu'il s'agit d'une option d'achat octroyée après le 13 mars 2008 à un employé d'une PME innovante. Une telle PME exploite une entreprise au Québec, a un actif inférieur à 50 millions de dollars et bénéficie du crédit d'impôt pour les salaires relatifs aux activités de recherche et développement.

La plupart des employés de sociétés cotées en Bourse peuvent aussi bénéficier du report de l'avantage imposable lié à l'exercice d'options d'achat d'actions ordinaires d'une telle société jusqu'au jour de la vente de ces actions. La valeur du report ne peut dépasser un plafond annuel de 100 000 $ calculé en fonction de la valeur des options acquises (soit celles qui peuvent être exercées) dans une année donnée. L'exemple suivant illustre cette règle du plafond annuel.

Exemple

René est employé d'une société publique qui lui a octroyé le 31 mars 2005 des options d'acquérir 15 000 actions. Au moment de l'octroi, la valeur de l'action était de 10 $. Le tiers des options (5 000) peut être exercé à compter du 1er avril 2008 et les 10 000 autres à compter du 1er avril 2009. Ainsi, la valeur des options acquises en 2008 est de 50 000 $ (5 000 options à 10 $) et la valeur des options acquises en 2009 est de 100 000 $ (10 000 options à 10 $). Le plafond annuel de 100 000 $ pour chacune des années durant lesquelles il est possible d'exercer les options n'est pas dépassé. En conclusion, si René exerce toutes ses options en 2008 et en 2009, il pourra différer l'inclusion de la totalité de l'avantage imposable en découlant jusqu'au moment de la vente des actions.

La valeur des options acquises par année est calculée en fonction de la valeur de l'action à la date d'octroi des options, soit la valeur au 31 mars 2005.

Si René avait le droit d'exercer toutes les options à partir du 1er avril 2008, il ne pourrait différer l'avantage imposable que sur 10 000 actions acquises (soit le plafond annuel de 100 000 $ divisé par la valeur de l'action au moment où l'option est octroyée). L'avantage relié à l'achat des 5 000 autres actions ne pourrait être différé.

L'employé qui désire différer une partie ou la totalité de l'avantage imposable relatif aux options d'achat d'actions cotées en Bourse doit présenter un choix en ce sens à son employeur et lui indiquer qu'il respecte le plafond de 100 000 $ expliqué précédemment. La limite de 100 000 $ est annuelle et doit tenir compte de la valeur de toutes les options (d'une ou de plusieurs sociétés) qui deviennent acquises dans une année donnée. Le choix doit être présenté au plus tard le 15 janvier de l'année qui suit celle où les options sont exercées. Ce choix est réputé avoir été fait pour les fins de l'impôt du Québec également.

Le montant de l'avantage qui est différé à la suite du choix présenté par l'employé est indiqué à titre de renseignement complémentaire sur les feuillets T4 et relevé 1. Au fédéral, l'employé doit joindre à sa déclaration de revenus un formulaire T1212 qui indique le montant de l'avantage reporté. Ce formulaire devra être rempli pour chacune des années suivantes jusqu'à ce que toutes les actions acquises au moyen des options soient vendues.

Lorsque l'employé fait le choix de différer le montant de l'avantage imposable jusqu'au jour de la vente des actions, il reporte également à ce jour la déduction relative à cet avantage. Ainsi, tout comme pour l'avantage imposable relatif aux options d'achat d'actions de SPCC, la déduction fédérale sera égale à 50 % du montant de l'avantage et de 25 % au Québec.

Si l'employé ne fait pas ou ne peut faire le choix (en raison de la limite annuelle de 100 000 $) de reporter l'avantage imposable à l'égard d'options d'achat d'actions cotées en Bourse exercées en 2008, l'avantage sera reconnu le jour de l'acquisition des actions et la déduction relative à l'avantage pourra être réclamée en 2008.

Le coût fiscal qui sert à calculer le gain ou la perte en capital découlant d'une vente d'actions acquises au moyen d'options d'achat d'actions est égal au prix payé lors de l'exercice de l'option plus l'avantage imposable sans égard au montant de la déduction réclamée. En reprenant l'exemple du début de cette rubrique, le coût fiscal de l'action est de 7 $, soit le total du prix payé (5 $) et de l'avantage imposable (2 $). Si l'employé vend les actions à 8 $ chacune, un gain en capital de 1 $ par action est alors réalisé.

Peut-on encore différer du salaire?

Il existe deux mécanismes relativement simples qui sont encore disponibles pour les contribuables qui souhaitent reporter l'imposition d'une fraction de leur revenu d'emploi.

En premier lieu, parlons de la possibilité de **différer l'encaissement d'une gratification ou d'une prime pour une période d'au plus trois ans**. Cela peut être intéressant pour un employé dont le taux marginal d'impôt est au maximum et qui prévoit, à court terme, soit dans un délai de trois ans, que son taux baissera. Cette situation peut survenir en raison d'une mise à la retraite ou parce que l'employé travaillera à temps partiel. Étant donné que le paiement de la prime à l'employé est reporté, l'employeur ne peut en réclamer la déduction qu'au moment où l'employé est payé.

Le second véhicule est un régime qui permet de mettre de côté une partie du salaire qui servira plus tard à **financer un congé sabbatique**. Ces régimes sont très populaires dans le domaine de la fonction publique. Par exemple, un employé peut différer 20 % de son salaire pendant quatre ans et prendre un congé sabbatique d'un an durant la cinquième année. Il recevra alors durant cette année 80 % de son salaire de base, soit 20 % du salaire différé pendant quatre ans.

Les conditions suivantes sont essentielles à l'existence d'un régime de congé sabbatique :

- le régime ne doit pas être une façon déguisée de créer un revenu de retraite ;

- le congé sabbatique doit être d'une durée d'au moins six mois consécutifs (ou de trois mois s'il s'agit d'un retour aux études à temps plein) ;

- le congé doit commencer dans les six ans qui suivent la première date où les montants ont commencé à être différés ;

- le montant annuel différé ne doit pas dépasser ⅓ de la rémunération normale ;

- le régime doit prévoir que l'employé reviendra au travail après le congé sabbatique pour une durée au moins égale à celle du congé sabbatique ;

- l'employé ne doit recevoir aucune autre rémunération de son employeur pendant son congé sabbatique, à l'exception des sommes qui ont été différées à cet effet et des avantages sociaux que l'employeur paie habituellement.

Votre employeur vous accorde-t-il des sommes d'argent pour vos dépenses ?

Si vous avez à payer des dépenses dans le cadre de votre emploi, telles des dépenses de voyage, de repas, de déplacements en voiture, il est possible que votre employeur vous dédommage. Il peut le faire de deux façons, soit en vous remboursant, soit en vous accordant une allocation de dépenses.

Un remboursement peut être total ou partiel, en ce sens qu'il ne couvre qu'une certaine catégorie de frais. Un remboursement est effectué après que les dépenses ont été engagées et nécessite que vous présentiez vos factures. **Un remboursement n'est pas un montant que vous devez inclure dans votre revenu**, à moins, bien entendu, que l'on ne vous rembourse des dépenses strictement personnelles.

Une allocation est un montant versé à l'avance et dont vous n'avez pas à justifier l'emploi. Par exemple, votre employeur peut vous accorder une somme de 500 $ pour les deux jours que vous devez passer à Toronto pour une négociation de contrat, et vous n'aurez pas à justifier vos dépenses en lui présentant vos factures.

Toutes les allocations reçues sont des montants imposables, sauf exception prévue par la loi.

Les allocations pour frais de déplacement (incluant repas, logement, transport) versées à des employés dont l'emploi consiste à vendre des biens ou à négocier des contrats ne sont pas imposables, si elles sont raisonnables. Les allocations raisonnables pour frais de déplacement payées à d'autres employés ne sont pas imposables si l'employé doit se déplacer à l'extérieur de la municipalité ou de la région métropolitaine où il travaille habituellement.

Les allocations versées pour l'usage d'une automobile par un employé (vendeur ou non) dans le cadre de ses fonctions sont jugées raisonnables et non imposables si elles sont calculées uniquement en fonction du nombre de kilomètres parcourus. Seules les allocations établies à un taux fixe par kilomètre parcouru sont qualifiées d'allocations non imposables. En général, le taux au kilomètre est considéré comme raisonnable s'il ne dépasse pas les taux prescrits par les autorités fiscales, soit, pour 2008, 0,52 $/km pour les 5 000 premiers kilomètres et 0,46 $/km pour les autres. Le taux par kilomètre pourrait être plus élevé dans certains cas si les conditions d'utilisation du véhicule le justifient. Si vous recevez des avances périodiques de votre employeur pour l'utilisation de votre voiture, il pourrait s'agir tout de même d'une allocation raisonnable non imposable si vous aviez conclu une entente avec votre employeur établissant le taux remboursable par kilomètre et qu'à la fin de l'année, vous calculez le montant que vous auriez dû recevoir en fonction du nombre de kilomètres réellement parcourus pour votre emploi. Vous devrez rembourser, à la fin de l'année, l'excédent perçu s'il y a lieu, ou l'employeur devra vous rembourser pour la différence non versée durant l'année. Si vous quittez votre emploi, l'ajustement devra être fait à ce moment-là.

Si vous recevez à la fois une allocation sous forme d'un montant forfaitaire et une allocation calculée en fonction du kilométrage visant la même utilisation du véhicule, les deux allocations seront incluses sur vos feuillets T4 et relevé l. Les autorités fiscales considèrent qu'un employé qui reçoit un montant par kilomètre pour ses déplacements à l'extérieur de son district d'emploi et une allocation fixe pour ses déplacements à l'intérieur de ce district, n'est pas compensé pour la même utilisation du véhicule. Par conséquent, dans une telle situation, seule l'allocation fixe doit être incluse à titre d'avantage imposable.

Les allocations raisonnables n'ont pas pour but d'enrichir les employés. À cet effet, les autorités fiscales se réservent le droit de demander aux employés de justifier les allocations reçues. Si les allocations sont jugées supérieures à des montants raisonnables, elles devront être incluses dans le revenu du bénéficiaire, qui pourra demander certaines déductions s'il est admissible. Les autorités fiscales acceptent généralement que des **allocations reçues inférieures au montant dépensé par un employé** puissent être incluses dans le revenu. De cette façon, l'employé peut déduire ses dépenses s'il respecte les conditions d'admissibilité énoncées dans les rubriques suivantes.

Les allocations pour frais de déplacement versées à un employé à temps partiel pour lui permettre de se rendre à son lieu de travail ne sont pas imposables lorsque les trois conditions suivantes sont réunies. Premièrement, l'employé doit recevoir l'allocation d'un employeur avec lequel il n'a pas de lien de dépendance. Deuxièmement, l'employé doit occuper un autre emploi ou exploiter une entreprise pendant la période où il travaille à temps partiel. Troisièmement, l'endroit où doivent être accomplies les fonctions à temps partiel est éloigné d'au moins 80 kilomètres de l'autre lieu de travail et de la résidence de l'employé. Lorsqu'il s'agit d'une allocation versée à un enseignant à temps partiel, l'exigence relative à l'occupation d'un autre emploi ne s'applique pas.

Frais de déplacement des employés non vendeurs

Les frais de déplacement déductibles par les employés qui ne sont pas vendeurs à commission comprennent les frais de repas et de logement (hôtels) ainsi que les frais de transport public (avion, train, etc.). Les dépenses liées à l'utilisation d'une automobile font également partie des dépenses de déplacement. Nous traiterons en détail de cet aspect un peu plus loin. Si vous êtes un employé sans être un vendeur à commission, vous pourrez déduire des frais de déplacement si les conditions suivantes sont respectées :

- .vous êtes tenu d'acquitter les frais de déplacement liés à l'accomplissement de vos fonctions;

- vous devez habituellement exercer votre emploi ailleurs que dans un établissement de votre employeur ou à différents endroits;

- vous ne devez pas avoir reçu une allocation non imposable pour frais de déplacement;

- vous devez obtenir le formulaire fédéral T2200 dûment rempli par votre employeur et le conserver, alors que vous devrez joindre à votre déclaration du Québec le formulaire TP-64.3 également rempli par votre employeur.

Les **frais de repas** ne sont déductibles que si vous les avez payés alors que vous étiez absent pendant au moins 12 heures de la municipalité ou de la région métropolitaine dans laquelle vous devez généralement exercer vos fonctions.

Seule la moitié des frais de repas est déductible, qu'il s'agisse de repas pendant que vous êtes en voyage ou de repas auxquels vous avez convié des clients.

Les frais de déplacement déductibles comprennent les frais de stationnement payés dans vos déplacements d'affaires. Les frais payés pour stationner à l'établissement de votre employeur où vous devez habituellement vous présenter ne sont pas déductibles.

Fournitures, loyer et salaires déductibles par les employés non vendeurs

Les employés non vendeurs sont assez limités dans la déduction de dépenses directement liées à leurs fonctions. Ils peuvent réclamer le coût de certains articles non réutilisables tels que papeterie, crayons, stylos, timbres, cartes routières, annuaires, répertoires, etc. Par ailleurs, ils ne peuvent déduire le coût de calculatrices, de porte-documents, d'uniformes, d'abonnements à des livres ou à des revues.

Aussi, aucune déduction n'est permise à l'égard du coût d'achat et du coût de location d'un téléphone cellulaire, d'un télécopieur ou d'un ordinateur, ni pour l'amortissement ou l'intérêt relativement à ces équipements. De même, les frais mensuels du service téléphonique de base ou du réseau Internet de base ne sont pas déductibles. Toutefois, les frais facturés en fonction de l'utilisation (par exemple, les frais d'interurbains, les frais pour des appels faits par téléphone cellulaire ou les frais d'utilisation du réseau Internet) sont déductibles.

Les frais de location de bureau (si votre bureau est à l'intérieur de votre domicile, lisez la rubrique «Frais de bureau à domicile» un peu plus loin dans ce chapitre) et de salaires payés à un adjoint, à une secrétaire ou à un remplaçant sont aussi déductibles. Si vous déduisez des salaires, vous devrez produire des feuillets T4 et relevé 1 pour les employés en question. Tous les frais mentionnés sont déductibles dans la mesure où l'employé est tenu de les débourser selon son contrat de travail et s'il n'en reçoit aucun remboursement. À cette fin, les formulaires T2200 et TP-64.3 sont requis.

Dépenses engagées par les vendeurs à commission

Les vendeurs rémunérés entièrement ou en partie par des commissions peuvent déduire un éventail plus large de dépenses que les autres employés.

Si vous êtes vendeur à commission, vous devrez respecter toutes les conditions suivantes afin de pouvoir réclamer vos dépenses :

- vous devez être tenu d'acquitter vos dépenses d'emploi ;

- vous devez habituellement exercer votre emploi ailleurs que dans un établissement de votre employeur ;

- vous devez être rémunéré entièrement ou partiellement par des commissions ;

- vous ne devez pas avoir reçu une allocation non imposable pour frais de déplacement ;

- la déduction de vos dépenses ne doit pas excéder vos revenus de commissions de l'année ;

- vous devez obtenir le formulaire fédéral T2200 dûment rempli par votre employeur et le conserver, alors que vous devrez joindre à votre déclaration du Québec le formulaire TP-64.3 également rempli par votre employeur.

Les vendeurs à commission peuvent déduire leurs dépenses dans la mesure où le total ne dépasse pas le revenu de commissions. Cette restriction vise les frais de déplacement (repas, hôtels, transport), les frais d'utilisation d'une automobile (à l'exception de l'amortissement et des intérêts payés pour l'achat du véhicule) et les dépenses suivantes :

- publicité et promotion incluant annonces, cadeaux de promotion, cartes professionnelles ;

- frais de représentation incluant repas avec des clients, billets de spectacle ou autres activités culturelles ou sportives sans excéder 50 % du prix payé (50 % de la partie raisonnable attribuable au coût du repas pris par l'employé n'est pas déductible si l'employé n'était pas absent pendant au moins 12 heures de la région métropolitaine ou du territoire municipal local où il exerce généralement ses fonctions). Cette condition d'absence pendant au moins 12 heures a été abolie au Québec à l'égard des frais de repas engagés après le 13 mars 2008, rendant ainsi déductible la moitié des frais de représentation payés ;

- coût d'une ligne téléphonique d'affaires, frais d'utilisation d'un télécopieur et d'un photocopieur et du réseau Internet;

- coût d'un permis annuel nécessaire pour exercer l'emploi;

- primes d'assurance-responsabilité;

- frais de location d'équipements tels qu'ordinateurs, téléphones cellulaires, télécopieurs, etc.;

- frais de formation ayant pour but la mise à jour des connaissances ou l'amélioration de la compétence (les cours pour obtenir un diplôme ou un titre professionnel ne sont pas admissibles; voir le chapitre 9 traitant des frais de scolarité).

Au Québec, certains frais de représentation relatifs à des événements culturels sont déductibles à 100 % dans la mesure où ils sont engagés dans le but de gagner un revenu de commissions. Consultez le chapitre 3 à la rubrique «Frais de repas et de représentation» pour plus de détails concernant cette règle.

Le coût d'acquisition d'équipements tels qu'ordinateur, photocopieur, télécopieur et autres ne donne droit à aucune déduction fiscale. De même, les cotisations payées pour être membre d'un club sportif, d'un club de golf ou de toute autre association qui consiste à fournir des installations pour les loisirs ou les repas ne sont pas déductibles.

Une récente cause présentée devant la Cour suprême en 2004 illustre que les déductions permises dans le calcul du revenu d'emploi sont très limitées. Dans cette affaire, un conseiller en placement, qui était un employé rémunéré entièrement à commission, avait emprunté une somme de 100 000 $ pour acheter la clientèle d'un collègue travaillant dans la même société que lui. La Cour a refusé toute déduction dans le calcul du revenu d'emploi du conseiller à l'égard de l'achat de la liste de clients ainsi que des intérêts payés sur l'emprunt bancaire contracté pour acquérir cette même liste.

Les dépenses de fournitures, de loyer et de salaires dont nous avons traité pour les employés non vendeurs sont aussi déductibles par les vendeurs à commission, sans égard au montant de revenus de commissions gagné. Les vendeurs qui ont un revenu de commissions trop bas peuvent choisir de réclamer seulement leurs frais de déplacement (repas, logement, transport incluant l'utilisation de leur voiture), fournitures, loyer et salaires au lieu de l'ensemble des dépenses énumérées précédemment si cela est plus avantageux.

Exemple

Julien a gagné un salaire de base de 35 000 $ et des commissions de 3 000 $ en 2008. Il est tenu de payer certaines dépenses liées à son emploi pour lesquelles il ne reçoit ni allocation ni remboursement. Les dépenses qu'il a engagées pour son travail en 2008 sont les suivantes :

Frais de déplacement (avion, hôtels)	3 200 $
Location d'ordinateur	450 $
Frais de publicité	325 $
Dépenses totales	3 975 $

Julien a des dépenses de vendeur qui totalisent 3 975 $, mais il ne pourra pas déduire plus de 3 000 $, car il est limité aux commissions gagnées.

Julien peut cependant choisir de déduire ses frais de déplacement au lieu de déduire toutes ses dépenses de vendeur. Par conséquent, il pourra déduire 3 200 $ au fédéral et au Québec.

Frais de bureau à domicile

Les employés, vendeurs à commission ou non, peuvent réclamer une déduction pour un bureau situé dans leur résidence. La déduction est permise si l'une des deux conditions suivantes est respectée :

- le bureau est le principal lieu de travail;

- le bureau est utilisé **seulement** pour gagner un revenu d'emploi et pour rencontrer des clients ou d'autres personnes liées au travail de façon régulière et continue.

Les dépenses déductibles pour un bureau à domicile doivent être raisonnables. Les autorités fiscales acceptent généralement un montant établi en fonction de la superficie occupée par le bureau par rapport à la superficie totale du domicile. Par exemple, si le bureau occupe une pièce sur cinq de votre domicile, vous pourrez déduire 20 % des dépenses permises si le bureau est utilisé exclusivement pour gagner un revenu d'emploi. Toutefois, si le bureau est votre principal lieu de travail, vous devrez tenir compte de l'usage personnel que vous en faites. Par exemple, compte tenu des fins de semaine, la superficie de 20 % déterminée précédemment pourrait être utilisée seulement à 70 % pour votre emploi. Donc, la proportion raisonnable des dépenses admissibles serait plutôt de 14 % au lieu de 20 %.

Si vous êtes locataire de votre domicile, vous pouvez déduire une partie des frais de loyer, d'électricité, de chauffage et des produits de nettoyage en fonction de la superficie occupée par votre bureau.

Si vous êtes propriétaire, la fraction des coûts d'électricité, de chauffage et des produits de nettoyage liée à l'utilisation du bureau est déductible.

Les vendeurs à commission peuvent déduire, en plus des dépenses énumérées précédemment, la partie des taxes foncières et de la prime d'assurance-habitation applicable au bureau. **En aucun cas, il n'est permis à un employé de réclamer une déduction pour les intérêts hypothécaires ou pour l'amortissement.**

Les frais de bureau à domicile ne peuvent dépasser le revenu d'emploi établi après déduction de toutes les dépenses prévues au présent chapitre. Les frais non déduits peuvent être déduits l'année suivante, dans la mesure où les conditions énoncées précédemment sont respectées et que le bureau sert à gagner un revenu d'emploi durant cette année.

Exemple

Sonia est représentante d'une entreprise qui vend des jouets. Elle utilise exclusivement une pièce de sa maison comme bureau, puisqu'elle n'a pas d'autre lieu de travail. Elle estime que l'espace occupé par le bureau est de 300 pieds carrés, alors que sa maison a une superficie totale de 1 500 pieds carrés.

Sonia a gagné 18 000 $ en commissions au cours de l'année 2008. Ses dépenses de vendeur excluant le bureau à domicile sont de 8 000 $.

Les frais payés sont les suivants:

Électricité	350 $
Chauffage	450 $
Produits de nettoyage	120 $
Intérêts sur hypothèque	4 800 $
Assurance-habitation	175 $
Taxes foncières	900 $
Dépenses totales	6 795 $

Les frais de bureau déductibles sont établis en excluant les intérêts sur hypothèque. Le total des frais est donc de 1 995 $ (6 795 $ − 4 800 $). La portion attribuable au bureau est de 300/1 500 × 1 995 $, soit 399 $. Les frais de bureau de 399 $ sont totalement déductibles en 2008, car ils n'excèdent pas le revenu net d'emploi de 10 000 $ (18 000 $ − 8 000 $).

Dépenses liées à l'utilisation d'une automobile

Les personnes qui utilisent leur voiture dans le cadre de leur emploi peuvent déduire à titre de frais de déplacement les frais raisonnables se rapportant à l'utilisation et à la possession de la voiture. Comme nous l'avons vu précédemment, l'employé, vendeur ou non, doit respecter certaines conditions afin de pouvoir déduire ses frais de déplacement. Notamment, son employeur doit attester ses conditions d'emploi sur les formulaires T2200 et TP-64.3.

Les frais raisonnables liés à l'utilisation d'une voiture sont calculés en tenant compte des kilomètres parcourus pour fins d'emploi par rapport au nombre total de kilomètres parcourus durant l'année avec la voiture. À cette fin, il est bien important que l'employé tienne un **cahier de bord ou tout autre registre semblable** lui permettant de justifier ses déplacements d'affaires. Les renseignements que ce registre doit contenir sont les suivants: la date du déplacement, la destination, la raison du déplacement et le nombre de kilomètres parcourus.

Notez bien que l'utilisation de votre véhicule pour vous rendre de la maison au travail, et vice versa, est considérée comme un déplacement personnel à l'égard duquel vous ne pouvez déduire aucuns frais.

Les frais se rapportant à l'usage d'un véhicule comprennent les suivants:

- l'essence et l'huile;
- les frais d'entretien et de réparations;
- les primes d'assurances;
- les droits d'immatriculation;
- le coût du permis de conduire;
- la déduction pour amortissement;
- les intérêts payés sur un emprunt ayant servi à l'achat du véhicule;
- les frais de location.

Nous verrons dans les rubriques suivantes les dispositions particulières qui régissent la déduction pour amortissement, ainsi que la déduction des frais de location et des intérêts.

Pour l'instant, illustrons le mécanisme de la déduction des frais liés à l'usage d'une automobile par un exemple simple.

Exemple

Richard est représentant d'une entreprise pharmaceutique. Son territoire à couvrir s'étend de Montréal à Mont-Laurier. Il a parcouru 38 000 kilomètres en 2008, dont 30 000 uniquement pour son emploi. Son employeur lui a versé une allocation mensuelle de 600 $, laquelle est incluse dans le revenu d'emploi indiqué sur ses feuillets T4 et relevé 1 de l'année 2008. Son employeur lui a remis les formulaires T2200 et TP-64.3 dûment remplis.

Richard a engagé les dépenses suivantes en 2008 :

Essence	2 900 $
Entretien et réparations	850 $
Assurances	1 200 $
Immatriculation	250 $
Amortissement	3 000 $
Dépenses totales	8 200 $

Richard calcule la déduction relative à l'utilisation de son véhicule de la façon suivante :

Dépenses déductibles : $\dfrac{8\,200 \times 30\,000 \text{ km}}{38\,000 \text{ km}} = 6\,474\,\$$

Supposons que Richard ait reçu un montant de 0,20 $ par kilomètre parcouru pour fins d'emploi au lieu d'une allocation de 600 $ par mois. Comme nous l'avons vu au début de ce chapitre, ce genre d'allocation n'est pas imposable. Cependant, Richard pourrait choisir d'inclure dans son revenu la somme reçue, soit 30 000 km × 0,20 $ = 6 000 $, pour réclamer ses dépenses de 6 474 $. Ceci est généralement permis, car l'allocation reçue est trop basse comparativement aux dépenses engagées.

Utilisation d'une automobile : déduction pour amortissement

La déduction pour amortissement (DPA) permet de déduire graduellement le coût d'achat d'une voiture sur plusieurs années, dans la mesure où elle est utilisée totalement ou en partie pour gagner un revenu d'emploi. La DPA se calcule en appliquant un pourcentage fixe, soit 30 %, au coût non amorti de la voiture. Par exception, le taux d'amortissement appliqué durant l'année de l'achat de la voiture est réduit de moitié, soit 15 %. La DPA obtenue est ensuite multipliée par la proportion des kilomètres parcourus pour l'emploi par rapport au total de kilomètres parcourus durant l'année.

Le coût amortissable d'une voiture est limité. Ainsi, si le prix payé pour une voiture est plus élevé que la limite permise, vous ne pourrez calculer l'amortissement que sur une fraction du coût réel de la voiture. Par exemple, une voiture achetée en 2008 pour une somme de 36 000 $, taxes incluses, est amortissable en fonction d'un coût plafonné à 33 862 $. Le tableau suivant indique le montant maximum pouvant être amorti selon l'année d'achat du véhicule.

Date d'achat	Limite du prix d'achat	TPS et TVQ applicables	Limite du coût amortissable
1995 et 1996	24 000 $ plus taxes	3 349 $	27 349 $
1997	25 000 $ plus taxes	3 489 $	28 489 $
1998 et 1999	26 000 $ plus taxes	3 906 $	29 906 $
2000	27 000 $ plus taxes	4 057 $	31 057 $
2001 jusqu'au 30 juin 2006	30 000 $ plus taxes	4 508 $	34 508 $
du 1er juillet 2006 au 31 décembre 2007	30 000 $ plus taxes	4 185 $	34 185 $
2008	30 000 $ plus taxes	3 862 $	33 862 $

Une voiture dont le coût amortissable est limité est classée dans la catégorie 10.1. Si le coût d'achat est inférieur aux limites précédentes, alors la voiture est classée dans la catégorie 10.

L'exemple suivant illustre le calcul de la DPA d'une voiture acquise en mai 2006, dont le coût avant taxes dépassait 30 000 $.

Exemple

Catégorie 10.1

Coût amortissable limité à 30 000 $ + 4 508 $ (taxes)	34 508 $
Amortissement en 2006 (34 508 × 15 %)	(5 176)
Coût en capital non amorti à la fin de 2006	29 332 $
Amortissement pour 2007 (29 332 $ × 30 %)	(8 800)
Coût en capital non amorti à la fin de 2007	20 532 $
Amortissement pour 2008 (20 532 $ × 30 %)	(6 160)
Coût en capital non amorti à la fin de 2008	14 372 $

Si l'usage pour emploi de la voiture a été de 65 % en 2006 et en 2007, la DPA allouée pour ces deux années sera de 3 364 $ (5 176 $ × 65 %) en 2006 et de 5 720 $ (8 800 $ × 65 %) en 2007. En 2008, si l'utilisation pour emploi augmente à 75 %, la DPA sera de 4 620 $, soit 6 160 $ × 75 %.

Lorsqu'une voiture classée dans la catégorie 10.1 est vendue, une déduction spéciale pour amortissement peut être réclamée dans l'année de la vente. Il s'agit en fait de la moitié de la déduction pour amortissement qui aurait pu être réclamée.

Reprenons l'exemple précédent et supposons que la voiture ait été vendue en 2008 pour une somme de 6 000 $. Une autre voiture est achetée en 2008.

La déduction spéciale permise en 2008 sera égale à 3 080 $, soit 50 % de la déduction normale de 6 160 $ calculée précédemment. Puisque la voiture a été utilisée à 75 % pour fins d'emploi, la déduction accordée sera de 2 310 $, soit 3 080 $ × 75 %. Aucune autre déduction ne pourra être réclamée subséquemment pour cette voiture vendue. Le coût en capital non amorti est réputé devenir nul.

La nouvelle voiture sera également amortie en 2008 au taux de 15 % pour la première année.

Si la voiture vendue faisait partie de la catégorie 10 et qu'elle est remplacée par une autre voiture de même catégorie, les règles suivantes s'appliquent.

Exemple

Pierre a acheté une voiture de 25 000 $, toutes taxes incluses, en 2007 et l'a utilisée pour gagner son revenu d'emploi selon les conditions requises par les lois fiscales. En mai 2008, Pierre vend sa voiture pour 18 000 $ et en achète une autre dont le coût, toutes taxes incluses, est de 28 000 $. Voyons les calculs effectués par Pierre durant ces deux années.

Catégorie 10

Coût d'achat en 2007		25 000 $
Amortissement (25 000 $ × 15 %)		(3 750)
Coût en capital non amorti à la fin de 2007		21 250 $
Moins :		
le moindre du coût 25 000 $ ou du prix de vente 18 000 $		(18 000)
Achat en 2008 d'une nouvelle voiture		28 000 $
Amortissement : le total de		
21 250 $ × 30 %	6 375 $	
(28 000 $ − 18 000 $) × 15 %	1 500 $	
		(7 875)
Coût en capital non amorti à la fin de 2008		23 375 $

Puisque les deux voitures font partie de la même catégorie fiscale, il n'y a qu'un seul calcul à effectuer. Le taux de 30 % est appliqué au coût en capital non amorti de la fin de l'année précédente. La règle de la moitié du taux, soit 15 %, est appliquée en 2008, en tenant compte du coût d'achat de la nouvelle voiture réduit du prix de vente de l'ancienne. Il y a donc continuité à l'intérieur de la catégorie 10. La DPA que Pierre pourra réclamer devra, bien sûr, être calculée en proportion de la distance parcourue pour fins d'emploi par rapport à la distance totale parcourue durant l'année.

Une troisième situation peut survenir lorsque la voiture vendue était classée dans la catégorie 10 et que la nouvelle voiture de remplacement est classée dans la catégorie 10.1. Aucune perte finale ne peut être réclamée par un employé concernant la vente d'une voiture de catégorie 10; toutefois, un revenu appelé «récupération» pourrait en découler.

Supposons que Pierre remplace son automobile achetée en 2007 par une nouvelle dont le coût dépasse 30 000 $ avant taxes.

Le coût en capital non amorti à la fin de 2007, soit 21 250 $, est réduit du prix de vente obtenu pour la voiture. Il reste donc un solde dans la catégorie 10, soit 3 250 $ (21 250 $ − 18 000 $) à l'égard duquel aucune déduction (que ce soit pour perte ou pour amortissement) ne peut être réclamée. Par ailleurs, si le prix de vente du véhicule avait été de 22 000 $, un revenu de 750 $ (ou moins selon le pourcentage d'utilisation de la voiture pour fins d'emploi) aurait été réalisé.

La nouvelle voiture, classée dans la catégorie 10.1, dont le coût amortissable est limité à 30 000 $ plus taxes, est amortie selon les règles normales au taux de 15 % pour l'année de l'achat.

Si vous avez reçu un remboursement de la TPS ou de la TVQ (voir plus loin dans ce chapitre) en raison de la DPA réclamée en 2007 sur une voiture, vous devrez réduire le coût en capital non amorti de la voiture du montant de ces remboursements avant de réclamer la déduction pour amortissement de 2008.

Utilisation d'une automobile : frais de location

La déduction des frais de location d'une voiture nécessite de nombreux calculs. En raison de la limite instaurée quant au coût amortissable d'une voiture, des formules ont été élaborées pour empêcher les contribuables de déduire des frais de location à l'égard de voitures coûteuses, louées en vertu d'un contrat de location conclu ou prolongé après le 31 décembre 1990. Par conséquent, le but poursuivi est de permettre à un contribuable de déduire une fraction seulement des coûts de location, lorsqu'il s'agit d'une voiture dont le coût d'achat excéderait la limite de coût amortissable si elle avait été achetée plutôt que louée.

La déduction des frais de location est déterminée en fonction de la date de signature du contrat. **Pour les contrats signés depuis le 1er janvier 2001**, la déduction pour l'année 2008 est égale au moins élevé des trois montants suivants auquel est appliquée la fraction du kilométrage pour emploi par rapport au kilométrage total parcouru.

---

1. Les frais de location payés en 2008.

2. (26,67 $ + taxes) × nombre de jours depuis le début du contrat jusqu'à la fin de l'année 2008, ou jusqu'à la fin du contrat s'il se termine avant le 31 décembre 2008 (ou 800 $ + taxes par mois).
Moins : le total des frais déductibles avant 2008 relatifs à ce contrat (avant d'appliquer la fraction relative au kilométrage pour fins d'emploi).

3. Si le prix de vente suggéré par le fabricant (PDSF avant taxes) pour la voiture est plus élevé que 40 598 $ (ou 40 218 $* ou 39 838 $**), le résultat du calcul suivant :
Frais de location payés dans l'année × $\dfrac{34\ 508\ \$\ (\text{ou } 34\ 185\ \$^* \text{ ou } 33\ 862\ \$^{**})}{85\ \% \times \text{PDSF avant taxes}}$

* Pour un bail conclu après le 30 juin 2006.
** Pour un bail conclu après le 1er janvier 2008.

Peu importe la date de signature du contrat de location, le montant de la déduction pourrait être réduit si vous avez versé au bailleur un dépôt remboursable de plus de 1 000 $.

Exemple

Suzanne a signé un contrat de location pour sa voiture le 1er mars 2008, dont le paiement mensuel était de 515 $, toutes taxes incluses. Le prix de détail suggéré pour sa voiture était de 28 000 $. Suzanne calcule sa déduction pour 2008 en déterminant d'abord le moins élevé des trois montants suivants :

1. 515 $ × 10   5 150 $
2. (26,67 $ + 3,43 $) × 306 jours   9 211 $
3. Non applicable

Puisque Suzanne utilise sa voiture pour son emploi dans une proportion de 60 %, elle déduira 3 090 $ (5 150 $ × 60 %) à titre de frais de location.

Reprenons le même exemple et supposons des frais de location payés de 8 500 $, taxes incluses, et un prix suggéré de 42 000 $.

1. Frais payés   8 500 $
2. (26,67 $ + 3,43 $) × 306 jours   9 211 $
3. 8 500 $ × $\dfrac{33\ 862\ \$}{85\ \% \times 42\ 000\ \$}$ 8 062 $

Dans ce cas, étant donné que le prix suggéré est plus élevé que 39 838 $, c'est le montant de 8 062 $ qui doit être retenu. La déduction permise est donc de 4 837 $ (8 062 $ × 60 %).

En plus des mensualités, le total des frais de location payés pour une année comprend aussi tout montant payé pour kilométrage excédentaire. Généralement, un tel montant devient dû lorsque la voiture est remise au locateur.

Un montant payé à la signature du contrat, qui n'est pas un dépôt remboursable, fait aussi partie des frais de location de l'année courante. Dans les cas où la limite annuelle ne vous permet pas de déduire tout le montant des frais de location payés dans l'année, vous pourrez tout de même le déduire si la déduction n'est pas limitée en répartissant le montant initial sur toute la durée du contrat.

Exemple

Judith a payé une somme de 4 000 $ à la signature d'un contrat de location le 1er août 2008. Le contrat, d'une durée de trois ans, prévoit un paiement mensuel de 325 $, taxes incluses. En 2008, Judith a payé cinq mensualités en plus du paiement initial de 4 000 $, soit une somme totale de 5 625 $. Le prix de détail suggéré du véhicule ne dépasse pas 39 838 $.

En 2008, Judith calcule la déduction pour frais de location :

1. Frais de location payés   5 625 $
2. (26,67 $ + 3,43 $ [taxes]) × 153 jours (01/08/08 au 31/12/08)   4 605 $

En principe, elle ne pourrait déduire que 4 605 $ en raison de la limite quotidienne. Cependant, en répartissant le montant de 4 000 $ payé à la signature sur la durée du contrat, soit 36 mois, la mensualité serait alors de 436 $, soit 325 $ plus 111 $. Si Judith avait plutôt payé une mensualité de 436 $, elle n'aurait eu aucune restriction quant à la déduction de ses frais de location pour toute la durée du contrat, la mensualité étant inférieure à 800 $ plus taxes par mois (ou 26,67 $ plus taxes par jour).

Par conséquent, dans une telle situation, il est possible de déduire tous les montants payés durant la première année de contrat sans égard au montant obtenu en appliquant le calcul général. Judith pourra déduire la somme de 5 625 $ en 2008.

Utilisation d'une automobile : frais d'intérêts sur emprunt

La déduction des intérêts payés dans l'année à l'égard d'un emprunt contracté pour l'achat d'une voiture est limitée à 10 $ par jour si la voiture a été achetée en 2001 et après, ou à 8,33 $ si la voiture a été achetée après 1996 et avant 2001. N'oubliez pas d'inclure à titre de frais d'intérêts payés l'avantage imposable relatif à un prêt qui vous a été consenti par votre employeur pour vous permettre d'acheter une voiture.

Exemple

Gabriel a acheté son automobile en novembre 2006 et a contracté un emprunt de 12 000 $ venant à échéance en mai 2009. En 2008, il a payé des intérêts de 700 $. Gabriel calcule sa déduction pour intérêts de la façon suivante :

1. Intérêts payés   700 $
2. 10 $ × 365 jours   3 650 $

Puisque le montant payé n'excède pas la limite de 10 $ par jour, Gabriel retient donc le montant payé de 700 $, auquel il appliquera la fraction du kilométrage pour emploi par rapport au kilométrage total.

Déductions pour les employés d'une entreprise de transport

Un employé d'une entreprise dont l'activité principale est le transport (transport de marchandises, de passagers ou les deux), **tenu de voyager régulièrement** à l'extérieur de la région municipale ou métropolitaine où est situé l'établissement de son employeur où il doit se présenter pour le travail, peut demander une déduction pour ses frais de repas et de logement engagés dans le cadre de ses déplacements.

Les frais de **repas** peuvent être calculés selon la **méthode détaillée** ou la **méthode simplifiée. Peu importe la méthode choisie**, le nombre de repas admissibles est régi par les règles suivantes :

- un repas est admis pour un voyage dont la durée varie entre 4 et 10 heures ;

- deux repas sont admis pour un voyage d'une durée de plus de 10 heures et de moins de 12 heures ;

- trois repas sont admis pour les voyages d'une durée de plus de 12 heures et de moins de 24 heures ;

- un repas toutes les quatre heures jusqu'à concurrence de trois repas par jour sont admis par période de 24 heures lorsqu'un voyage dure plus de 24 heures.

Selon la méthode détaillée, vous devez tenir un registre dans lequel vous noterez les renseignements suivants : la date du repas, le type de repas (déjeuner, dîner, souper), le nom du restaurant, le montant payé pour le repas, l'heure de départ ou d'arrivée du voyage et le lieu du voyage. **Vous devez conserver tous vos reçus**.

Selon la méthode simplifiée, un taux fixe de 17 $ par repas est accordé (consultez le site Web de l'ARC pour vérifier si le taux demeure à 17 $ en 2008). Si vous voyagez aux États-Unis, le taux fixe est de 17 $US avant la conversion en dollars canadiens. Vous devrez tenir un registre contenant les renseignements suivants : la destination, la date et l'heure du départ et de l'arrivée, le nombre d'heures d'absence, le nombre de kilomètres parcourus, le nombre de repas admissibles selon la durée du voyage tel qu'indiqué précédemment. Les repas pris à la maison ne sont pas admissibles.

Peu importe que vous utilisiez la méthode détaillée ou la méthode simplifiée, le total des frais de repas établis doit être réduit de tout remboursement ou de toute allocation non imposable reçu de votre employeur à l'égard de ces dépenses. **Le montant déductible correspond à 50 % des frais de repas ainsi réduits.**

Si vous êtes un **conducteur de grand routier**, la limite de 50 % est remplacée par 65 %. Un conducteur de grand routier doit satisfaire aux exigences suivantes :

- travailler pour une entreprise dont l'activité principale est le transport de marchandises ;

- conduire un camion ou un tracteur conçu pour transporter des marchandises et dont le poids nominal brut dépasse 11 788 kg ;

- être absent pendant au moins 24 heures consécutives de la municipalité ou de la région métropolitaine où est situé l'établissement de l'employeur ;

- transporter des marchandises à destination ou en provenance d'un lieu situé à l'extérieur d'un rayon d'au moins 160 kilomètres de l'établissement de l'employeur.

Exemple

Stéphanie est partie de chez elle à 7 heures un matin et est revenue le surlendemain à 16 heures. Stéphanie a donc été absente de chez elle pendant 57 heures consécutives. Le nombre de repas admissibles en déduction est établi de la façon suivante :

- deux repas pour les 24 premières heures, car elle pouvait prendre le déjeuner à la maison avant son départ ;
- trois repas pour la deuxième période de 24 heures ;
- deux repas pour la dernière période de 9 heures, soit un repas toutes les 4 heures.

Ainsi, Stéphanie aura droit à sept repas pour son voyage. Si elle utilise la méthode détaillée et que les repas lui ont coûté 120 $, elle aura droit de déduire 60 $ (soit 120 $ × 50 %). Cependant, elle devra conserver les pièces justificatives pour ses repas. Si elle utilise la méthode simplifiée, le montant maximal qu'elle pourra déduire sera de 59,50 $ (soit 17 $ × 7 repas × 50 %).

Si Stéphanie est conductrice de grand routier, le taux de déduction de 50 % sera remplacé par 65 %.

Les **frais de logement** (par exemple, le coût d'une chambre dans un hôtel ou dans un motel) payés sont déductibles. La déduction est réduite de tout remboursement et de toute allocation non imposables reçus de votre employeur. Les reçus doivent être conservés. De plus, peuvent être considérés dans les frais de logement, les **frais de douche** payés si vous dormez dans la cabine de votre camion plutôt qu'à l'hôtel. Vous avez le droit de déduire les frais pour une douche par période de 24 heures. Au Québec, si vous n'avez pas de reçus pour vos frais de douche, la déduction est limitée à 5 $ par douche, ou à 5 $US par douche avant la conversion en dollars canadiens. Au fédéral, des reçus sont requis.

Certains **employés de compagnies de chemin de fer** peuvent être admissibles aux déductions pour frais de repas et de logement parce qu'ils sont chef de gare suppléant ou préposé à l'entretien et aux réparations et travaillent ailleurs qu'à leur lieu de résidence. Aussi, d'autres employés de compagnies de chemin de fer travaillant à un endroit éloigné de la municipalité ou de la région métropolitaine où est situé leur terminus d'attache peuvent réclamer des frais de repas et de logement s'il n'est pas raisonnable qu'ils reviennent chaque jour à la maison.

Des employés qui ne travaillent pas dans une entreprise de transport de marchandises ou de passagers, mais qui doivent régulièrement faire la collecte ou la livraison de biens peuvent déduire des frais de repas et de logement s'ils doivent être absents au moins 12 heures consécutives de la municipalité ou de la région métropolitaine où est situé l'établissement de l'employeur où ils doivent se présenter habituellement pour le travail. Au Québec, si l'absence de 12 heures n'est pas atteinte, l'employé qui fait la collecte ou la livraison de biens peut déduire ses frais de repas et de logement s'il doit se rendre à un endroit qui se trouve à au moins 80 kilomètres de la municipalité ou de la région métropolitaine où est situé l'établissement de l'employeur où il doit se présenter habituellement pour le travail.

Pour obtenir une déduction pour frais de repas et de logement, **les formulaires TL2 au fédéral et TP-66 au Québec doivent être remplis** par votre employeur et par vous.

Finalement, vous avez peut-être droit à un remboursement de la TPS et de la TVQ que vous avez payées pour vos frais de repas et de logement. Pour plus de renseignements, consultez la rubrique suivante.

Avez-vous droit au remboursement de la TPS et de la TVQ?

Le remboursement de la TPS est accordé aux employés qui réclament une déduction pour certaines dépenses d'emploi telles que frais de voyage, dépenses d'automobile, frais de location d'équipement, fournitures de bureau, frais de repas et d'hébergement, etc. Même l'amortissement réclamé sur une automobile donne droit au remboursement de la TPS. Le remboursement est égal à 5/105 des dépenses admissibles pour l'année 2008.

Vous devez respecter les conditions suivantes pour avoir droit au remboursement:

- votre employeur doit être inscrit aux fins de la TPS;

- votre employeur n'est pas une banque, ni un courtier en valeurs mobilières, ni une fiducie, ni une compagnie d'assurances, ni une société dont l'activité principale est le prêt d'argent;

- vous avez payé la TPS sur les dépenses servant au calcul du remboursement.

Le formulaire GST 370 est requis afin de réclamer ce remboursement. Il est préférable de le soumettre en même temps que votre déclaration de revenus. Nous vous conseillons de vous procurer le guide explicatif T4044 intitulé «Dépenses d'emploi» afin d'établir les dépenses qui vous donnent droit au remboursement de la TPS.

De façon générale, si votre employeur vous a versé une allocation non imposable pour vos dépenses ou un montant fixe par kilomètre parcouru, vous ne pourrez pas réclamer le remboursement de la TPS et de la TVQ à l'égard des dépenses visées par l'allocation, même si ces dépenses excèdent l'allocation reçue. Cela s'explique par le fait que votre employeur aura déjà réclamé un remboursement de taxe pour l'allocation versée.

Si vous avez eu droit à un remboursement de la TPS pour l'année 2007, vous devez inclure ce montant dans votre revenu de l'année 2008. Si ce remboursement comprend une somme à l'égard de la déduction pour amortissement d'une automobile, vous devez réduire le coût en capital non amorti avant de réclamer la DPA de l'année 2008.

Si vous n'étiez pas au courant de l'existence de ce remboursement pour les années passées, il n'est pas trop tard pour le réclamer. En fait, vous avez quatre ans suivant la fin de l'année concernée par le remboursement pour présenter votre demande.

Un remboursement de la taxe de vente du Québec (TVQ) semblable à celui prévu dans le régime de la TPS est accordé pour les dépenses des employés au taux de 7 %. Les employés d'institutions financières non admissibles au remboursement de la TPS peuvent demander le remboursement de la TVQ. Le formulaire VD-358 doit être rempli pour réclamer le remboursement de la TVQ.

Tout remboursement de TVQ doit être inclus dans le calcul de votre revenu d'emploi de l'année suivante, à l'exception du remboursement concernant l'allocation du coût en capital qui doit réduire le coût en capital non amorti.

Si vous avez demandé un remboursement de la TPS et de la TVQ en 2007 à l'égard d'une cotisation professionnelle payée en 2007, incluez les remboursements reçus dans le calcul de votre revenu pour l'année 2008 au fédéral seulement. Vous ne devez pas inclure ces montants dans le calcul du revenu du Québec, car ces cotisations professionnelles ne pouvaient pas être déduites de votre revenu en 2007. Vous n'avez eu droit qu'à un crédit d'impôt non remboursable égal à 20 % des cotisations payées, excluant la TPS et la TVQ.

Vous déduisez des dépenses : conservez vos reçus

Sachez que nul n'est à l'abri d'une vérification de la part des autorités fiscales. Ces vérifications sont beaucoup plus fréquentes dans le cas d'employés qui demandent des déductions pour dépenses d'emploi telles que les frais d'automobile ou les dépenses de vendeurs. Lorsque vous présentez vos déclarations de revenus, vous n'êtes pas tenu de fournir vos reçus, factures et pièces justificatives tels que les relevés mensuels de cartes de crédit, le contrat d'achat de votre automobile et tout autre registre pertinent. Cependant, **vous devez conserver tous ces documents pendant au moins six ans après la fin de l'année à laquelle ils se rapportent**, ou pendant les six années suivant le moment où vous avez présenté vos déclarations de revenus si vous l'avez fait en retard.

Participez-vous à un régime de pension ?

Certains employeurs offrent à leurs employés la possibilité de participer à un **régime de pension agréé (RPA)**. Le RPA correspond à ce que nous appelons familièrement un «fonds de pension». Il s'agit d'un régime qui permet à l'employeur et aux employés d'accumuler des sommes pour la retraite. Les sommes versées par l'employeur ne sont pas réputées être un avantage imposable, car elles seront incluses dans le revenu de l'employé au moment de sa retraite. Quant aux cotisations versées par l'employé, elles sont déductibles dans l'année où elles sont effectuées.

Il existe deux types de RPA : le régime à prestations déterminées et le régime à cotisations déterminées.

Le régime à prestations déterminées prévoit à l'avance quel sera le montant de la pension versée au moment de la retraite. La pension est généralement déterminée en fonction du nombre d'années de service et de la rémunération. Par exemple, un régime qui prévoit que la pension sera égale à un pourcentage du salaire moyen des trois dernières années est un régime à prestations déterminées.

Le régime à cotisations déterminées ne prévoit pas le montant de la pension ; celle-ci est établie en fonction du montant accumulé dans le régime au moment de la retraite. La rente de retraite dépendra donc du rendement obtenu sur les placements effectués durant la période où les cotisations se sont accumulées et aussi des taux d'intérêt en vigueur au moment où la rente est contractée.

La loi comprend des mesures qui assurent une certaine uniformité afin que tous les individus puissent épargner pour leur retraite une somme pouvant atteindre annuellement jusqu'à 18 % de leur revenu gagné (voir le chapitre 7). La limite de 18 % vise l'ensemble des cotisations versées par l'employeur et l'employé dans les régimes suivants : régime de pension agréé (RPA), régime de participation différée aux bénéfices (RPDB), régime enregistré d'épargne-retraite (REER). Nous verrons au chapitre 7 que la contribution permise à un REER est réduite de la valeur des épargnes versées durant l'année dans un RPA et dans un RPDB.

Les RPA et les RPDB sont des régimes enregistrés auprès de l'ARC et doivent respecter certaines normes, notamment les montants maximums qui peuvent y être versés. Il est de première importance que le gestionnaire de ces régimes respecte ces montants maximums, sous peine de désenregistrement du régime. Par conséquent, **les cotisations prélevées sur votre salaire durant l'année 2008, selon les termes prévus au RPA, pour des services que vous avez rendus en 2008 sont entièrement déductibles de votre revenu d'emploi.** Ce montant est indiqué sur vos feuillets T4 et relevé 1.

Si vous êtes membre d'un régime à prestations déterminées, il est possible que vous puissiez «**racheter des services passés**», c'est-à-dire contribuer de façon rétroactive au RPA si le régime le permet. Par exemple, vous pouvez contribuer pour des années antérieures de service où vous n'avez versé aucune somme au RPA ou pour des années où vous n'avez pas contribué le montant maximum permis. Il y a lieu de distinguer dans les cotisations pour services passés celles qui visent des services rendus après 1989 et celles qui se rapportent à des services rendus avant 1990.

Les cotisations payées pour services passés rendus après 1989 sont entièrement déductibles, pourvu qu'elles respectent les modalités du régime. Ces cotisations seront prises en considération dans le calcul du facteur d'équivalence (voir le chapitre 7) et réduiront le montant pouvant être versé dans un REER.

Les cotisations pour services passés rendus avant 1990 sont déductibles du revenu dans l'année du paiement, en respectant les limites suivantes:

- s'il s'agit de cotisations versées pour des années de service durant lesquelles vous ne participiez pas au RPA, vous pourrez déduire le montant versé jusqu'à concurrence de 3 500 $ (5 500 $ au Québec) par année de service. Toutefois, la déduction permise en 2008 est limitée à 3 500 $ (5 500 $ au Québec) et le solde non déduit peut être reporté à une année ultérieure;

- s'il s'agit de cotisations versées pour des années de service alors que vous participiez au régime, la déduction permise en 2008 est égale à 3 500 $ (5 500 $ au Québec) moins le total du montant déduit en 2008 pour les services courants rendus en 2008 et les services passés après 1989 et du montant déduit en vertu du paragraphe précédent.

Qu'est-ce qu'un régime de participation différée aux bénéfices?

Nous avons mentionné dans la rubrique précédente que l'épargne mise de côté pour la retraite d'un employé peut s'accumuler dans les RPA, les REER et les RPDB. Le RPDB est un régime enregistré auprès de l'ARC en vertu duquel l'employeur verse une partie des bénéfices tirés de son entreprise au profit de ses employés. Ces sommes ne représentent pas un avantage imposable pour l'employé lorsqu'elles sont versées dans le régime. Toutefois, toutes les sommes reçues du RPDB seront imposables dans l'année de leur encaissement, à l'exception des contributions effectuées par l'employé. Depuis 1991, il est interdit pour un employé de verser des sommes dans un RPDB.

Autres déductions ou crédits relatifs au revenu d'emploi

Un crédit d'impôt non remboursable est accordé au fédéral à l'égard du revenu d'emploi. Ce crédit calculé au taux de 15 % s'applique sur un montant maximum de 1 019 $ en 2008, ou sur le revenu d'emploi si celui-ci est inférieur à 1 019 $.

Au Québec, une déduction égale à 6 % du revenu d'emploi est accordée jusqu'à concurrence de 1 000 $. La déduction n'est pas accordée si le revenu d'emploi n'est constitué que d'avantages imposables liés à un emploi antérieur. Par exemple, si vous êtes retraité et que vous bénéficiez encore d'avantages relatifs au régime collectif d'assurance-santé de votre ancien employeur, vous ne pourrez pas demander la déduction de 1 000 $ concernant les avantages imposables qui en découlent.

Les **cotisations syndicales et les cotisations versées à un comité paritaire** sont déductibles du revenu d'emploi au fédéral. **Au Québec, la déduction est remplacée par un crédit d'impôt non remboursable égal à 20 % des cotisations payées.** Ces dernières, généralement prélevées à la source par votre employeur, sont indiquées sur vos feuillets T4 et relevé 1.

Les **cotisations payées à titre de membre d'une association professionnelle** sont assujetties au même traitement fiscal que les cotisations syndicales, dans la mesure où elles permettent à l'employé de conserver son statut professionnel reconnu par une loi canadienne, provinciale ou étrangère. En plus, il doit y avoir un lien entre la cotisation et l'emploi. Par exemple, un diplômé en ingénierie et en comptabilité qui a choisi de travailler en comptabilité ne peut déduire la cotisation pour maintenir son statut d'ingénieur, étant donné qu'il n'exerce plus cette profession. Aucun montant n'est déductible ou admissible au crédit si l'employeur rembourse le montant de la cotisation à l'employé, à moins qu'il n'ait été inclus à titre d'avantage imposable sur les feuillets T4 et relevé 1. **Le montant d'assurance-responsabilité** inclus dans une cotisation professionnelle ne doit pas se retrouver dans le calcul du crédit d'impôt non remboursable au Québec, car un tel montant demeure déductible. Aussi, le montant de cotisations admissibles au crédit d'impôt au Québec exclut la TPS et la TVQ payées sur ces cotisations si l'employé a droit au remboursement de ces taxes (voir à la page 67).

Les cotisations au Régime de rentes du Québec, au Régime québécois d'assurance parentale et à l'assurance-emploi ne sont pas déduites de votre revenu. Elles vous procurent plutôt un crédit d'impôt de 15 % au fédéral. Au Québec, il n'y a plus de crédit distinct pour ces cotisations payées, car le crédit personnel de base a été bonifié en 2008 pour tenir compte des diverses contributions aux programmes sociaux (RRQ, AE, RQAP).

Les **apprentis mécaniciens**, inscrits à un programme de formation dans le domaine de la réparation d'automobiles, de camions, d'avions ou de tout autre véhicule automoteur, peuvent déduire un montant pour le coût d'outils neufs achetés durant l'année 2008 ou durant les trois derniers mois de 2007 (dans le cas d'un premier emploi à titre d'apprenti) qu'ils utiliseront au cours de leur stage. L'employeur doit cependant confirmer par écrit sur les formulaires T2200 et TP-75.2 que l'apprenti doit obligatoirement fournir les outils. La déduction correspond au coût d'achat des outils. Toutefois, un montant égal à 5 % du revenu de stage de l'apprenti (incluant la subvention incitative aux apprentis) pour l'année en question, ou 1 519 $ (1 510 $ au Québec), selon le montant le plus élevé, n'est pas admissible en déduction. Autrement dit, si vous avez dépensé 1 519 $ (1 510 $ au Québec) ou moins pour des outils, vous n'avez droit à aucune déduction.

Par exemple, si un apprenti a acheté des outils neufs en 2008 dont le coût total est de 2 500 $ et que le revenu d'emploi gagné pendant son stage est égal à 8 000 $, la déduction du coût des outils neufs acquis en 2008 sera réduite de 1 519 $ au fédéral (1 510 $ au Québec). Ainsi, l'apprenti pourra déduire 981 $ au fédéral (990 $ au Québec). Il pourrait également choisir de ne pas réclamer la déduction en 2008 et l'utiliser une année ultérieure.

Finalement, la vente d'un outil à l'égard duquel une déduction aura été réclamée occasionnera un revenu imposable si le prix de vente qui en est obtenu est plus élevé que le coût d'achat réduit de la déduction réclamée. Supposons que les outils de l'exemple précédent soient tous vendus pour une somme de 1 700 $. Un revenu de 181 $ au fédéral (190 $ au Québec) est donc réalisé, car le coût net des outils, compte tenu de la déduction réclamée, est de 1 519 $ au fédéral (1 510 $ au Québec).

Une déduction pouvant atteindre 500 $ est accordée aux gens de métier salariés qui ont acheté des outils neufs en 2008 en vue de les utiliser dans le cadre de leur emploi. L'employeur doit confirmer l'obligation de l'employé de fournir les outils sur les formulaires T2200 et TP-75.2. Le coût des outils achetés doit dépasser 1 019 $ au fédéral (1 010 $ au Québec). Autrement dit, la déduction maximum est atteinte lorsque l'employé a dépensé 1 519 $ au fédéral (1 510 $ au Québec) en 2008. Toutefois, un salarié qui a gagné moins de 1 019 $ au fédéral (1 010 $ au Québec) au cours de l'année 2008 à titre d'employé de métier n'a droit à aucune déduction pour le coût de ses outils. La vente subséquente d'un outil pourra générer un revenu imposable si le prix de vente est supérieur au coût d'achat de l'outil réduit de la déduction obtenue dans l'année de l'achat.

Qu'il s'agisse d'apprentis ou de gens de métier, les dispositifs et les appareils électroniques de traitement de données ne sont pas des outils admissibles aux déductions, sauf ceux qui ne servent qu'à mesurer, à localiser ou à calculer.

Vous pouvez déduire les **frais juridiques** payés en 2008 pour percevoir un salaire ou une prestation d'assurance-salaire (régime d'assurance-salaire auquel votre employeur contribuait), ou pour faire reconnaître votre droit à ce salaire ou à cette prestation. Il n'est pas nécessaire que vous ayez gain de cause pour déduire les frais juridiques que vous avez payés. Par ailleurs, vous ne pouvez déduire les frais qui vous ont été remboursés.

Les nouveaux diplômés de niveau professionnel, collégial et universitaire qui ont commencé à occuper un emploi dans une région éloignée du Québec peuvent bénéficier d'un crédit d'impôt non remboursable au Québec. L'emploi doit être relié au diplôme obtenu et il ne doit pas y avoir un délai de plus de 24 mois depuis la fin des études et le début de l'emploi. Les régions admissibles comprennent le Bas-Saint-Laurent, la Gaspésie, la Côte-Nord, le Saguenay–Lac-Saint-Jean et quelques autres.

Le crédit, égal à 40 % du salaire, ne peut excéder 3 000 $ par année, jusqu'à concurrence d'un montant cumulatif de 8 000 $. Pour obtenir le crédit maximum, le nouveau diplômé devra résider de manière continue dans une région admissible pour les deux années civiles suivant celle où il a commencé son travail. Le crédit n'est pas remboursable et doit être appliqué en réduction de l'impôt à payer réduit des divers crédits personnels. Finalement, le crédit n'est pas transférable au conjoint. Le formulaire TP-776.1.ND doit être rempli pour obtenir le crédit.

Afin que les producteurs agricoles du Québec puissent conserver leur main-d'œuvre saisonnière, **une déduction est accordée, au Québec seulement, aux travailleurs agricoles étrangers** (provenant, par exemple, du Mexique ou des Antilles) qui, dans les faits, ne sont pas des résidents canadiens et qui sont titulaires d'un permis de travail valide émis par le gouvernement canadien. Ceux-ci peuvent bénéficier d'une déduction correspondant à la moitié de leur revenu relatif à un emploi occupé au Québec dans les programmes agricoles reconnus.

Une déduction est accordée aux membres des Forces cana-diennes et agents de police affectés à certaines missions in-ternationales. Ces employés peuvent déduire, dans le calcul de leur revenu imposable, un montant équivalant au revenu d'emploi gagné dans le cadre de la mission. Toutefois, la déduction sera limitée à la rémunération maximale qu'un militaire des Forces canadiennes aurait obtenue dans une telle mission. Les missions internationales suivantes sont actuellement prévues dans la loi : Bosnie-Herzégovine ; Haïti ; plateau du Golan, Sinaï, Jérusalem et Damas au Moyen-Orient ; Koweït ; Sénégal.

Les travailleurs à faible et à moyen revenu peuvent bénéficier de la prime au travail et de la prestation fiscale pour le revenu de travail. Il s'agit de crédits d'impôt remboursables dont les condi-tions d'admissibilité et les modalités d'application sont expliquées au chapitre 13.

Avez-vous travaillé à l'étranger ?

Si vous avez travaillé à l'extérieur du Canada, vous êtes peut-être admissible à certaines réductions d'impôt. Les lois fédérale et québécoise étant totalement différentes à cet égard, il est possible que les allègements prévus au Québec s'appliquent à votre cas, alors qu'il en sera tout le contraire au fédéral. De façon générale, ce sera votre employeur qui déterminera si votre emploi à l'étranger remplit les conditions vous permettant de bénéficier des réductions d'impôt permises.

Le revenu d'emploi gagné à l'étranger comprend le salaire ainsi que les diverses indemnités imposables telles que les primes d'éloi-gnement, les primes pour augmentation du coût de la vie, etc.

Crédit d'impôt fédéral

Le crédit d'impôt pour emploi à l'étranger est disponible pour les emplois à l'étranger offerts par des employeurs canadiens qui se rapportent à un projet de construction, d'installation, d'ingénierie, à un projet agricole ou à un projet relatif à l'exploration de res-sources naturelles. Généralement, les salariés qui travaillent dans le cadre de projets financés par l'Agence canadienne de dévelop-pement international (ACDI) ne sont pas admissibles à ce crédit d'impôt.

Le travail doit être exécuté à l'étranger pour une période d'au moins six mois consécutifs, qui peuvent chevaucher deux années civiles. Par exemple, si vous avez quitté le Canada en sep-tembre 2008 pour une période d'un an, vous serez admissible au crédit d'impôt fédéral en 2008 même si vous n'avez pas été absent pendant six mois consécutifs durant l'année 2008. Ce qui est important, c'est que la période d'emploi à l'extérieur du Canada soit d'au moins six mois. Une période d'absence du Canada de moins de six mois ne donne droit à aucune réduction d'impôt fédéral. À cet égard, le crédit ne sera pas refusé du seul fait que l'employé a pris une période de vacances ou est revenu à quelques occasions au Canada pour des rencontres avec son employeur.

Le crédit d'impôt pour emploi à l'étranger est égal à 80 % de l'impôt fédéral qui aurait été normalement payable sur le revenu d'emploi étranger. En quelque sorte, on peut dire que l'impôt payé à l'égard du revenu d'emploi gagné à l'étranger n'est que de 20 % de l'impôt normalement payable sur le même revenu gagné au Canada. Le crédit est limité cependant à un revenu annuel gagné à l'étranger de 100 000 $.

Exemple

Odette a été embauchée par la firme canadienne Interbec comme ingénieure de projet pour l'installation de câbles téléphoniques dans un pays d'Amérique du Sud. Son contrat est d'une durée de 18 mois débutant en mai 2008. Le revenu d'emploi gagné par Odette en 2008 est de 55 000 $, soit 9 000 $ lorsqu'elle travaillait pour un autre employeur à Montréal et 46 000 $ (incluant le salaire et les indemnités imposables) provenant d'Interbec. Supposons que l'impôt fédéral normalement payable sur un revenu total de 55 000 $ soit de 6 300 $. Le crédit d'impôt pour emploi à l'étranger est calculé de la façon suivante :

$$\frac{46\ 000\ \$}{55\ 000\ \$} \times 6\ 300\ \$ \times 80\ \% = \underline{\underline{4\ 215\ \$}}$$

Odette aura donc un impôt fédéral à payer de 2 085 $ (6 300 $ − 4 215 $) composé de l'impôt régulier sur le revenu de 9 000 $ gagné lorsqu'elle travaillait à Montréal et 20 % de l'impôt normalement payable sur le revenu de 46 000 $ gagné à l'étranger.

L'exemple ci-dessus est simplifié. Vous devez utiliser le formulaire T626 pour calculer le crédit d'impôt pour emploi à l'étranger. Aussi, vous pourriez être visé par les règles concernant l'impôt minimum de remplacement (voir le chapitre 13).

Déduction pour revenu d'emploi gagné à l'étranger

Au Québec, le revenu d'emploi gagné à l'étranger fait l'objet d'une déduction dans le calcul du revenu imposable plutôt que d'un crédit d'impôt. La liste des emplois admissibles comprend ceux que nous avons énumérés pour le fédéral, en plus des emplois exercés dans le cadre de l'implantation d'un système bureautique, informatique ou télématique et les emplois reliés à des services scientifiques ou techniques. Dans la plupart des cas, tous ces emplois donnent droit à une déduction même s'ils sont financés par l'Agence canadienne de développement international (ACDI).

Toutes les indemnités reçues à l'égard d'un séjour à l'étranger d'une durée d'au moins 30 jours consécutifs peuvent être déduites si leur montant n'excède pas la moitié du salaire de base. Si le montant des indemnités dépasse 50 % du salaire de base, une déduction égale au montant correspondant à 50 % du salaire de base est accordée; le montant des indemnités qui ne peut être déduit est alors traité comme un salaire gagné à l'étranger.

La déduction accordée pour le salaire gagné à l'étranger est permise dès qu'un salarié travaille une période de 30 jours consécutifs à l'étranger. Pour chaque période de 30 jours, la déduction est égale à $1/12$ du revenu de salaire gagné à l'étranger pour cette période. Plus le nombre de périodes de 30 jours est élevé, plus la déduction est élevée. Généralement, lorsqu'un emploi à l'étranger est d'une durée d'un an ou plus (soit 12 périodes de 30 jours), tout le revenu d'emploi (salaire de base et indemnités) peut être déduit. Par conséquent, il n'y a aucun impôt du Québec à payer dans ces cas-là.

Exemple

Mario a passé trois mois en Pologne dans le cadre d'un projet de construction d'une usine de traitement des eaux usées. Il a été absent du Canada du 1er septembre 2008 au 1er décembre 2008, soit 3 périodes consécutives de 30 jours. Son salaire de base pour cette période a été de 18 000 $ et les indemnités reçues de 10 000 $.

Puisque les indemnités de 10 000 $ excèdent 50 % du salaire de base (18 000 $ × 50 % = 9 000 $), l'excédent de 1 000 $ (10 000 $ − 9 000 $) est ajouté au salaire pour fins de calcul de la déduction pour un revenu gagné à l'étranger. Mario pourra réclamer la déduction suivante dans le calcul de son revenu net au Québec, soit le total de :

Déduction pour les indemnités :		9 000 $
Déduction pour le salaire de base :		
salaire de base :	18 000 $	
indemnités non déduites :	1 000 $	
	19 000 $ × $\frac{3}{12}$	4 750 $
Déduction totale pour un revenu gagné à l'étranger		13 750 $

Si Mario avait été absent toute l'année 2008, son revenu d'emploi total aurait fait l'objet d'une déduction. Supposons que son salaire annuel soit de 75 000 $ et les indemnités de 40 000 $, la déduction sera de :

Déduction pour les indemnités (75 000 $ × 50 %):	37 500 $
Déduction pour le salaire de base:	
salaire de base: 75 000 $	
indemnités non déduites:	
(40 000 $ − 37 500 $) 2 500 $	
77 500 $ × $\frac{12}{12}$	77 500 $
Déduction totale pour un revenu gagné à l'étranger	115 000 $

L'employeur doit remettre à l'employé admissible à une déduction pour un revenu d'emploi gagné à l'étranger le **relevé 17** indiquant le montant de la déduction permise.

Avez-vous reçu une allocation de retraite à la suite de la perte de votre emploi?

Si vous avez perdu votre emploi ou pris votre retraite en 2008, votre employeur vous a peut-être versé une **allocation de retraite**. Une allocation de retraite est un paiement alloué en reconnaissance de longs états de service ou encore à l'égard d'une perte d'emploi. Une allocation de retraite comprend également une somme reçue à titre de dommages ou conformément à une ordonnance ou au jugement d'un tribunal compétent.

Le paiement de congés de maladie non utilisés est considéré comme une allocation de retraite, alors que le paiement de vacances accumulées est un salaire.

L'allocation de retraite reçue durant l'année est imposable. Toutefois, une partie ou la totalité de ce montant peut être versée dans un REER selon les limites vues ci-dessous, de sorte que l'impôt sur l'allocation de retraite est différé jusqu'au moment de l'encaissement du REER.

Le montant pouvant être versé au REER est égal au total de:

- 2 000 $ pour chaque année ou partie d'année de service auprès de l'employeur antérieure à 1996;
- 1 500 $ pour chaque année de service avant 1989 à l'égard de laquelle les contributions de l'employeur à un RPA ou à un RPDB ne sont pas acquises à l'employé.

Le nombre d'années visé par la limite de 1 500 $ peut être un nombre fractionnaire.

Exemple

Kim a travaillé 29 ans pour son employeur (de 1980 à 2008), qui a versé au RPA des cotisations pour elle pendant les 22 dernières années (de 1987 à 2008). Kim n'a donc pas de contributions acquises pour les années antérieures à 1987. Voici le calcul du montant maximum d'allocation de retraite qu'elle pourrait transférer dans son REER :

2 000 $ × 16 années (1980 à 1995)	32 000 $
1 500 $ × 7 années (1980 à 1986)	10 500 $
	42 500 $

Reprenons le même exemple et supposons qu'il n'existait pas de RPA chez l'employeur. Le montant maximum d'allocation de retraite que Kim pourrait verser à son REER serait le suivant :

2 000 $ × 16 années (1980 à 1995)	32 000 $
1 500 $ × 9 années (1980 à 1988)	13 500 $
	45 500 $

Le montant maximum calculé selon les règles ci-dessus ne peut être transféré que dans le REER de l'employé. **Le transfert dans un REER au nom du conjoint de l'employé n'est pas permis.**

Bien que l'employé puisse effectuer lui-même le versement au REER dans l'année où il reçoit son allocation de retraite ou dans les 60 jours qui suivent, cela n'est pas avantageux, car l'employeur sera dans l'obligation de retenir des impôts à la source sur la totalité de l'allocation de retraite versée. Généralement, l'employeur suggérera à l'employé de procéder au transfert direct de l'allocation de retraite au REER jusqu'au maximum permis et versera l'excédent à l'employé, en effectuant les retenues d'impôt à la source réglementaires sur ce dernier montant seulement.

Si vous avez engagé des frais juridiques ou extrajuridiques en 2008 ou dans l'une des sept années précédentes pour recevoir une allocation de retraite, vous pouvez en déduire une partie ou la totalité si vous n'avez pas transféré intégralement votre allocation de retraite dans un REER.

Exemple

Gilles a payé en 2007 des frais juridiques de 12 000 $ et, à la suite d'un jugement prononcé en 2008, il a reçu une allocation de retraite de 40 000 $ de son ancien employeur. En vertu des limites permises, il a transféré dans son REER la somme de 30 000 $. Gilles pourra déduire 10 000 $ en 2008 pour ses frais juridiques, soit le plus petit des deux montants suivants :

1. Frais juridiques payés en 2008 ou dans l'une
   des sept années précédentes   12 000 $
2. Allocation de retraite reçue en 2008   40 000 $
   moins somme transférée au REER   (30 000)
                                                                 10 000 $

Si vous n'avez pas réussi à obtenir le paiement d'une allocation de retraite ou si vous l'avez versée en totalité dans un REER, vous n'avez droit à aucune déduction pour les frais juridiques.

Avez-vous reçu des prestations d'assurance-emploi ?

Vous pouvez être tenu de rembourser une partie ou la totalité des prestations que vous avez reçues, sauf s'il s'agit de votre première demande de prestations d'assurance-emploi. Vous serez également exempté si vous avez reçu moins d'une semaine de prestations régulières au cours des dix années précédant l'année en cours. Si votre revenu net fédéral (excluant la prestation universelle pour la garde d'enfants [PUGE] pour l'année 2008 n'excède pas 51 375 $, vous n'avez aucun montant à rembourser. Si votre revenu dépasse 51 375 $, vous devrez rembourser 30 % du revenu excédant 51 375 $. Le montant du remboursement ne peut toutefois excéder 30 % des prestations reçues en 2008.

Le montant de prestations d'assurance-emploi à rembourser doit être déduit dans le calcul de votre revenu imposable (voir l'appendice A) et ajouté au montant d'impôt fédéral à payer (voir l'appendice B).

Chapitre 3

Gagnez-vous un revenu d'entreprise ou de profession?

Les revenus d'entreprise doivent être inclus dans vos déclarations de revenus, sauf si votre entreprise est constituée en société. Dans ce dernier cas, la société étant une personne distincte, les revenus d'entreprise sont inclus dans ses déclarations de revenus et non dans celles du propriétaire des actions de la société.

Les revenus d'entreprise gagnés par un individu, soit une entreprise à propriétaire unique, comprennent les revenus provenant de l'exploitation d'un commerce, de l'exercice d'une profession ou de la pratique d'un métier.

Nous avons discuté au début du chapitre 2 de certains critères utilisés pour déterminer si une personne est un employé ou un travailleur autonome. Bien sûr, il y a des situations sans équivoque: une personne «est en affaires», a des clients, des usagers ou des patients, et tout le monde s'entend là-dessus. Toutefois, certaines situations sont plus problématiques. Par exemple, si vous n'avez qu'un seul client, si les équipements ou les appareils dont vous avez besoin pour exécuter le travail vous sont fournis par le client, ou si vous n'avez pas à courir de risque financier, vous devriez vous informer davantage sur votre statut fiscal. Pour vous aider, consultez la brochure de l'ARC intitulée *Employé ou travailleur indépendant* et celle de Revenu Québec intitulée *Travailleur autonome ou salarié?*

Les règles fiscales à l'égard des travailleurs autonomes se distinguent de celles applicables à un employé. Notamment, le revenu d'entreprise ne fait pas l'objet de retenues d'impôt à la source comme un salaire. L'entrepreneur doit plutôt effectuer des acomptes provisionnels quatre fois par année, comme nous le verrons plus loin.

L'entrepreneur n'est pas couvert par le régime d'assurance-emploi. Il ne paie pas de primes et il n'est pas admissible à des prestations s'il cesse d'exploiter son entreprise.

L'entrepreneur est tenu de contribuer au Régime de rentes du Québec (RRQ) pour un montant deux fois plus élevé qu'un salarié. Cela s'explique par le fait que la contribution d'un salarié au RRQ est partagée également entre l'employeur et l'employé. Ainsi, la contribution maximale d'un salarié en 2008 est de 2 049,30 $ alors que celle d'un entrepreneur est de 4 098,60 $. Ce maximum est atteint lorsque le salaire ou le revenu net d'entreprise (revenus moins dépenses) atteint 44 900 $.

Le travailleur autonome doit également contribuer au Régime québécois d'assurance parentale (RQAP). Le taux de cotisation est égal à 0,8 % du revenu net d'entreprise et le montant maximum de la cotisation annuelle en 2008 est de 484,00 $, atteint à un niveau de revenu de 60 500 $.

Finalement, toutes les dépenses engagées dans le but de gagner un revenu d'entreprise sont déductibles, sauf si la loi mentionne des exceptions, alors que dans le calcul du revenu d'emploi, seules les dépenses expressément prévues par la loi sont permises.

L'exercice de l'entreprise

L'exercice correspond à l'année d'exploitation de votre entreprise. Celle-ci ne peut excéder 12 mois. L'exercice d'une entreprise à propriétaire unique ou d'une entreprise exploitée par une société de personnes doit normalement se terminer le 31 décembre. Le revenu net provenant de l'entreprise est ainsi inclus dans les déclarations de revenus sur la base de l'année civile, tout comme les autres revenus. **Si vous exploitiez une entreprise en 2007 dont l'exercice s'est terminé le 31 décembre 2007, vous devrez obligatoirement calculer vos revenus provenant de cette entreprise pour l'année 2008 et les années suivantes, en conservant toujours une fin d'exercice au 31 décembre.**

La méthode facultative

Il existe une méthode facultative qui permet aux individus et aux sociétés de personnes de **conserver un exercice qui ne se termine pas le 31 décembre**. En effet, une fin d'exercice se terminant le 31 décembre ne convient pas à tous les genres d'entreprises. Il n'est pas toujours idéal de procéder à un inventaire à cette date. Par exemple, si vos stocks sont à leur plus haut niveau au 31 décembre et qu'il s'agit d'une période de pointe dans le cadre de vos activités commerciales, vous apprécierez certainement une fin d'exercice qui ne se termine pas le 31 décembre.

Lorsqu'il s'agit de choisir une fin d'exercice, chaque entreprise est traitée distinctement. Par exemple, si vous exploitez plus d'une entreprise, l'une peut avoir un exercice se terminant le 31 décembre (parce que vous n'avez pas choisi la méthode facultative) et l'autre un exercice se terminant à une autre date (parce que vous avez fait un choix).

Si vous avez conservé un exercice qui ne se termine pas le 31 décembre, vous devrez ajouter au revenu de l'exercice se terminant durant l'année civile un montant de **revenu supplémentaire**. **Le revenu supplémentaire est une estimation** du revenu anticipé depuis la fin de l'exercice terminé dans l'année jusqu'au 31 décembre suivant. La loi vous oblige à calculer le revenu supplémentaire de la façon suivante :

$$\text{Revenu supplémentaire} = \frac{\text{Revenu net fiscal de l'exercice terminé dans l'année}}{\text{Nombre de jours compris dans cet exercice}} \times \frac{\text{Nombre de jours entre la fin de l'exercice et le 31 décembre}}{}$$

Par exemple, si votre exercice se termine le 31 août 2008, vous devrez calculer un revenu supplémentaire pour la période du 1er septembre 2008 au 31 décembre 2008.

Le revenu supplémentaire ajouté pour une année donnée réduit le calcul de votre revenu l'année suivante. L'exemple suivant illustre l'application de la méthode facultative.

Exemple

Alain est propriétaire unique d'une boutique d'accessoires décoratifs. L'exercice de son entreprise se termine le 30 juin. Au 30 juin 2007, le revenu net fiscal de son commerce était de 38 000 $. Alain a choisi la méthode facultative et ne l'a pas révoquée. Son revenu supplémentaire pour la période du 1er juillet 2007 au 31 décembre 2007 était de 19 156 $, 38 000 $ répartis sur 365 jours (la durée de son exercice terminé en 2007) multiplié par 184 jours (le nombre de jours restant jusqu'au 31 décembre 2007).

L'exercice se terminant le 30 juin 2008 (d'une durée de 366 jours) présente un revenu net fiscal de 45 000 $. Voici le calcul du revenu net d'entreprise pour l'année 2008.

Revenu net d'entreprise au 30 juin 2008 (résultats réels pour 366 jours)   45 000 $
Plus : revenu supplémentaire au 31 décembre 2008 (estimation)
    45 000 $/366 jours × 184 jours (1er juillet au 31 décembre 2008)   22 623 $
Moins : revenu supplémentaire au 31 décembre 2007 (estimation)   (19 156 $)
Revenu net d'entreprise pour 2008   48 467 $

Puisque le revenu net de l'exercice se terminant le 30 juin 2008 comprend les revenus gagnés du 1er juillet 2007 au 31 décembre 2007, il y a lieu de soustraire l'estimation calculée au 31 décembre 2007 couvrant cette même période. Toutefois, une nouvelle estimation est requise pour la période se terminant le 31 décembre 2008. Par le jeu de l'inclusion et de la déduction du revenu supplémentaire, on s'assure que les revenus calculés couvrent une période ne dépassant pas 12 mois.

Si vous avez choisi la méthode facultative en 2007 ou antérieurement sans l'avoir révoquée, vous pourrez annuler votre choix en 2008 ou une année subséquente pour adopter une fin d'année se terminant le 31 décembre de cette année-là. **Vous ne pourrez plus jamais modifier votre exercice par la suite.** Dans l'année de la révocation de votre choix, vous devrez produire un second état financier pour la période se terminant le 31 décembre, remplaçant ainsi l'estimation du revenu supplémentaire au 31 décembre. La révocation d'un choix devrait être considérée si vous anticipez une baisse importante de votre revenu d'entreprise pour l'exercice suivant.

Exemple

Reprenons l'exemple précédent et supposons qu'Alain révoque le choix de la méthode facultative en 2008. Il a à sa disposition un premier état financier pour la période du 1er juillet 2007 au 30 juin 2008. Il devra en soumettre un second pour la période du 1er juillet 2008 au 31 décembre 2008. Si le revenu net fiscal de ce second exercice est de 8 500 $, le revenu net d'entreprise pour 2008 sera de 34 344 $.

Revenu net d'entreprise au 30 juin 2008 (résultats réels)   45 000 $
Plus : revenu net d'entreprise au 31 décembre 2008 (résultats réels)   8 500 $
Moins : revenu supplémentaire au 31 décembre 2007 (estimation)   (19 156)
Revenu net d'entreprise pour 2008   34 344 $

En raison de la révocation du choix de la méthode facultative, l'exercice de l'entreprise est fixé au 31 décembre et ne peut plus être modifié.

Avez-vous commencé l'exploitation d'une entreprise en 2008 ?

Si vous avez commencé l'exploitation d'une entreprise en 2008, votre exercice devra se terminer le 31 décembre 2008, à moins que vous ne choisissiez la **méthode facultative.** Un tel choix devra être indiqué dans vos déclarations de revenus de l'année 2008 que vous devrez produire au plus tard le 15 juin 2009. Par exemple, si vous avez commencé l'exploitation le 1er septembre 2008, vous pourrez choisir un exercice se terminant au plus tard le 31 août 2009. Si votre premier exercice se termine effectivement à cette date, vous n'aurez aucun revenu d'entreprise à déclarer en 2008. En effet, le revenu supplémentaire au 31 décembre 2008 est nul étant donné que celui-ci se calcule sur le revenu d'entreprise de l'exercice se terminant en 2008 et que vous n'en avez pas. En 2009, vous inclurez le revenu de l'exercice se terminant le 31 août 2009 et vous devrez ajouter le revenu supplémentaire calculé en proportion du nombre de jours restant à courir du 1er septembre au 31 décembre 2009. **Vous devrez donc inclure plus de 12 mois de revenus en 2009.**

Même si vous optez pour la méthode facultative pour votre premier exercice qui se termine en 2009, **vous pourrez choisir d'inclure une somme à titre de revenu d'entreprise pour l'année 2008.** Cette somme ne devrait pas dépasser le montant de revenu net du premier exercice proportionnellement au nombre de jours compris dans la période débutant le premier jour de l'exercice jusqu'au 31 décembre 2008. Par exemple, si votre premier exercice a commencé le 1er mars 2008 et se termine le 28 février 2009 et que le revenu net fiscal d'entreprise pour cette période est de 35 000 $, vous pourrez choisir d'inclure dans le calcul de votre revenu pour l'année 2008 une somme n'excédant pas 29 342 $ (35 000 $/365 jours × 306 jours en 2008). En 2009, vous inclurez le revenu net de l'exercice se terminant le 28 février 2009, vous ajouterez le revenu supplémentaire au 31 décembre 2009 et vous déduirez le montant de revenu supplémentaire inclus en 2008. De cette manière, votre revenu du premier exercice sera réparti plus uniformément. Si vous désirez inclure un montant au titre de votre revenu d'entreprise pour l'année 2008, alors que le revenu net de votre premier exercice se terminant en 2009 n'est pas déterminé au moment où vous devez présenter vos déclarations de l'année 2008 (soit le 15 juin 2009), ne retardez pas pour autant la production de celles-ci. Inscrivez un montant raisonnable que vous corrigerez plus tard, s'il y a lieu, lorsque les résultats dc 2009 seront connus.

Établir le revenu net de l'entreprise

Le revenu net d'une entreprise se calcule en utilisant la **méthode de comptabilité d'exercice**. Tous les revenus gagnés durant l'exercice doivent être déclarés, peu importe s'ils ont été encaissés ou non. Les dépenses engagées peuvent être déduites, même si elles n'ont pas encore été payées.

La politique administrative veut que les autorités fiscales acceptent que les vendeurs à commission indépendants puissent calculer leur revenu selon la méthode de comptabilité de caisse (revenu reçu, dépense payée).

Le revenu d'entreprise comprend également les revenus découlant du troc. Il arrive fréquemment que des échanges de services ou de marchandises se fassent sans échange d'argent. Par exemple, un dentiste peut échanger ses services professionnels avec un patient qui a une boutique de vêtements. Ainsi, le patient règle les honoraires du dentiste en lui offrant des vêtements dont la valeur équivaut à la valeur des services rendus. Les autorités fiscales considèrent que la valeur des services rendus ou des biens échangés constitue un revenu pour les personnes qui font du troc. Le revenu doit correspondre au montant normalement demandé à d'autres clients ou patients pour les mêmes services ou biens échangés.

Si vous exercez une profession et que vos revenus proviennent de services que vous rendez, vous devez inclure dans vos revenus la valeur de **vos travaux en cours**, c'est-à-dire la valeur des services que vous avez rendus mais que vous n'avez pas encore facturés à la fin de l'exercice. Les travaux en cours inclus dans le revenu d'une année sont déduits du revenu de l'année subséquente, et une nouvelle évaluation des travaux en cours est faite à la fin de cette année-là. Certains membres de professions libérales peuvent choisir de ne pas inclure la valeur des travaux en cours dans leur revenu. Ce choix leur permet d'attendre que les travaux soient facturés pour les inclure dans leur revenu. Les membres des professions suivantes peuvent faire un tel choix: avocats, notaires, comptables, dentistes, médecins, vétérinaires et chiropraticiens. Lorsque le choix est fait pour une année, il doit être appliqué pour toutes les années subséquentes, à moins que les autorités fiscales n'autorisent une révocation du choix.

Dans le calcul du revenu net d'entreprise, toutes les **dépenses raisonnables** engagées dans le but de gagner ce revenu sont déductibles. Celles-ci comprennent les frais d'entretien et de réparations, les taxes d'affaires, les frais d'intérêts, les permis, les frais de publicité et de promotion, les frais comptables et juridiques, les salaires, les frais de déplacement, etc.

Bien sûr, les dépenses strictement personnelles ne sont pas admises. Par ailleurs, la loi prévoit certaines exceptions au principe de déductibilité générale. Nous en traiterons davantage dans les prochains paragraphes.

Vous devez joindre à votre déclaration fédérale le formulaire T2124 ou T2032 selon qu'il s'agit d'un revenu d'entreprise ou de profession. Au Québec, joignez le formulaire TP-80.

Déduction générale au Québec

Une **déduction** égale à 6 % du total du revenu d'emploi et du revenu d'entreprise, jusqu'à concurrence **d'un montant maximum de 1 000 $**, peut être réclamée au Québec. Par exemple, si vous n'avez aucun revenu d'emploi pour l'année 2008, vous pourrez demander le montant le plus élevé entre 1 000 $ et 6 % de votre revenu net d'entreprise. Vous ne pouvez pas bénéficier de la déduction si vous avez une perte d'entreprise et un revenu d'emploi nul.

Les dépenses liées à l'utilisation d'une automobile

La déduction des dépenses d'utilisation d'une automobile pour gagner un revenu d'entreprise est établie de la même façon que dans le cas des employés. Comme nous l'avons vu au chapitre 2, la plupart des dépenses sont déductibles en proportion du kilométrage parcouru pour fins d'affaires par rapport à la distance totale parcourue durant l'année (l'exercice dans le cas du calcul du revenu d'entreprise). De plus, les mêmes restrictions quant aux frais de location, aux frais d'intérêts et à la déduction pour amortissement relatifs à une voiture acquise ou louée s'appliquent dans le calcul du revenu d'entreprise.

Il faut toutefois distinguer certains véhicules qui ne sont pas visés par ces restrictions, notamment les camionnettes ou les fourgonnettes ayant l'une des caractéristiques suivantes :

- utilisé à 90 % du temps ou plus pour transporter des marchandises, du matériel ou des passagers dans le but de gagner un revenu ; ou

- utilisé à plus de 50 % pour le transport de marchandises ou de matériel si le véhicule compte un maximum de trois places assises ; ou

- utilisé principalement pour le transport de marchandises, de matériel ou de passagers dans un lieu de travail situé à au moins 30 kilomètres de la plus proche communauté urbaine ayant une population d'au moins 40 000 personnes.

Ainsi, la déduction pour amortissement d'une telle fourgonnette acquise en 2008 dont le coût est de 35 000 $ ne sera pas calculée selon un coût présumé de 30 000 $. Ou encore, les intérêts payés ne seront pas limités à une somme de 10 $ par jour.

En général, les frais engagés pour les déplacements entre votre lieu d'affaires et votre domicile ne sont pas admissibles comme déduction de votre revenu d'entreprise. Toutefois, si vous n'avez qu'un seul bureau ou un seul établissement situé dans votre domicile, vous pourrez alors déduire vos déplacements à partir de votre domicile dans la mesure où ils servent à gagner un revenu.

Frais de repas et de représentation

Les frais de représentation comprennent le coût de billets ou d'abonnements à des spectacles ou à des manifestations sportives, le coût de loges pour assister à ces événements, les coûts de location de chambres ou de suites d'accueil dans un but de divertissement, etc. Ces frais ainsi que ceux payés pour des repas d'affaires et des boissons, même si vous êtes en voyage, en congrès ou pour toute autre activité semblable, ne sont pas totalement déductibles. Seule la moitié de ces frais est accordée en réduction de votre revenu d'entreprise.

Pour justifier de telles dépenses, il est recommandé de tenir des registres de noms et d'adresses d'affaires des clients ou autres personnes que vous avez invités, et d'y inscrire les endroits, les dates et les heures s'y rapportant, accompagnés des pièces justificatives qui peuvent être raisonnablement obtenues.

La limite de 50 % ne s'applique pas aux frais engagés à l'égard d'au plus six réunions sociales (fête de Noël ou autres) auxquelles tous les employés de l'entreprise sont invités. De même, les frais de représentation et de repas ne sont pas limités à 50 % s'ils sont facturés distinctement à des clients, comme cela se fait chez certains professionnels.

Si vous assistez à un congrès, à un colloque, à une conférence ou à toute autre activité semblable dont le prix inclut les repas, les boissons, les divertissements, le prix payé pour assister à cet événement sera réputé comprendre une somme de 50 $ par jour pour les frais de repas, à moins qu'un montant précis ne soit indiqué à cet effet. Par conséquent, cette partie des frais attribuable aux repas est déductible dans la limite de 50 %, alors que la partie attribuable au congrès est déductible à 100 % selon les règles expliquées ci-dessous.

Certains frais de divertissement engagés dans le cadre de l'exploitation de votre entreprise peuvent être déduits en totalité au Québec seulement. Il s'agit du coût total d'un abonnement à **trois représentations** différentes d'événements qui ont lieu au Québec. Sont admissibles :

- les concerts d'un orchestre symphonique ou d'un ensemble de musique classique ou de jazz ;

- les représentations d'un opéra ;

- les spectacles de chansons, sauf si un tel spectacle a lieu dans un amphithéâtre ayant une vocation sportive (tels le Stade olympique et le centre Bell) ;

- les spectacles de danse ;

- les pièces de théâtre ;

- les spectacles d'humour ou de comédie musicale et les expositions en muséologie.

Sont exclus du coût d'un abonnement les frais relatifs à des boissons, à des repas et autres frais semblables.

L'achat en bloc de 90 % et plus de tous les billets d'une représentation d'un spectacle dans une discipline admissible est également déductible au Québec à 100 %, même s'il ne s'agit pas de l'achat d'un abonnement.

Ni les frais pour jouer au golf ni les droits d'adhésion à un club de golf ne sont déductibles. Les repas et les boissons consommés sur le terrain de golf sont assujettis à la règle du 50 % et doivent être bien indiqués sur les reçus.

Au Québec, les frais de représentation déductibles sont limités à un montant égal à 1,25 % du chiffre d'affaires de l'exercice. Ce taux de 1,25 % est augmenté à 2 % si le chiffre d'affaires de l'exercice est de 32 500 $ ou moins. Le taux est remplacé par un montant de 650 $ lorsque le chiffre d'affaires se situe entre 32 501 $ et 51 199 $. Cette restriction additionnelle, déterminée en fonction du chiffre d'affaires, ne s'applique pas aux frais déductibles à 100 % (tels les abonnements à trois spectacles décrits précédemment) ni aux frais engagés à des endroits situés à 40 kilomètres et plus du lieu de travail habituel (ceux-ci demeurant sujets à la règle générale de 50 %).

Par exemple, supposons que vous ayez engagé des frais de re-présentation de 1 800 $ durant votre exercice se terminant le 31 décembre 2008. Vous devez d'abord réduire ces frais de moitié, soit 900 $, pour établir votre déduction au fédéral. Au Québec, vous devez ensuite comparer le montant de 900 $ au montant calculé en fonction du chiffre d'affaires. Par exemple, si votre chiffre d'affaires est de 25 000 $, vous ne pourrez réclamer que 500 $ au Québec (25 000 $ × 2 %) pour vos frais de représentation. Si votre chiffre d'affaires est de 45 000 $, le montant déductible est égal à 650 $. Si votre chiffre d'affaires est de 100 000 $, votre déduction est égale à 900 $, soit 50 % des dépenses réelles. Dans ce dernier cas, le plafond absolu de 1 250 $ (100 000 $ × 1,25 %) n'est pas atteint.

Frais d'intérêts

Les frais d'intérêts déductibles doivent se rapporter à de l'argent emprunté et utilisé en vue de tirer un revenu d'une entreprise. Il doit exister un **lien direct** entre les fonds empruntés **et leur utilisation admissible actuelle**.

Par exemple, vous exploitez une entreprise qui rend des services d'entretien de systèmes de chauffage. Vous avez acheté un appareil de mesure électronique il y a deux ans avec de l'argent emprunté. Même s'il vous reste un solde impayé sur cet emprunt, vous revendez l'appareil à un prix nettement inférieur au coût d'achat et utilisez la somme reçue conjointement avec les liquidités dont vous disposez pour faire l'acquisition de matériel plus performant pour mieux servir vos clients. Autrement dit, **l'utilisation actuelle** du solde de l'emprunt est en vue de tirer un revenu d'entreprise, de sorte que les intérêts sur cet emprunt demeurent déductibles.

Une façon de s'assurer de la déductibilité des intérêts pour une personne qui exploite une entreprise consiste à utiliser la technique de « **mise à part de l'argent** ». Cette technique requiert deux comptes bancaires, l'un dans lequel vous déposez tous vos revenus et à partir duquel toutes les dépenses personnelles (habitation, nourriture, vacances, frais médicaux, contribution à un REER, acomptes et paiements d'impôt, etc.) sont payées. Le second compte sert à déposer l'argent emprunté et est réservé **exclusivement** au paiement de dépenses engagées pour gagner un revenu d'entreprise. Dans une telle situation, les intérêts sur l'argent emprunté sont entièrement déductibles. Cette technique peut être utilisée pour restructurer des emprunts personnels existants.

Exemple

Annette est traductrice et travailleuse autonome. Elle a actuellement des dettes personnelles de 40 000 $. Ses revenus professionnels annuels prévus pour l'année à venir sont de 100 000 $ environ et ses dépenses déductibles à engager dans l'exploitation de son entreprise seront de 30 000 $. Ses dépenses personnelles seront de 60 000 $, incluant les impôts à payer. Annette prévoit utiliser les liquidités disponibles (10 000 $) pour rembourser une partie de ses dettes personnelles. Ainsi, à la fin de l'année, il lui resterait un montant de 30 000 $ de dettes personnelles. Si Annette décidait de mettre en application la technique de mise à part de l'argent, elle pourrait transformer 30 000 $ de dettes personnelles en dettes utilisées dans le but de gagner du revenu d'entreprise et déduire les intérêts.

	Compte n° 1	Dettes personnelles
Solde au début de l'année	—	40 000 $
Dépôt des revenus professionnels	100 000 $	
Paiement des frais personnels	(60 000)	
Remboursement des dettes personnelles	(40 000)	(40 000)
Solde à la fin de l'année	—	—

	Compte n° 2	Dettes de l'entreprise
Solde au début de l'année	—	—
Nouvel emprunt	30 000 $	30 000 $
Paiement des dépenses d'entreprise	(30 000)	
Solde à la fin de l'année	—	30 000 $

Il arrive souvent que la technique de mise à part de l'argent ne soit pas appliquée ou ne puisse pas l'être et **que l'argent emprunté soit déposé dans un compte et amalgamé avec d'autre argent.** En pareil cas, il est difficile d'établir un lien entre l'argent emprunté et l'utilisation actuelle, étant donné que l'argent est fongible.

Exemple

Au début de l'année 2008, Yan avait un solde à payer sur sa marge de crédit, utilisée pour le paiement de dépenses personnelles, égal à 6 000 $. Le 4 janvier 2008, il a utilisé sa marge pour un montant de 4 000 $ dédié à l'achat d'un ordinateur pour son entreprise autonome. Aucune autre transaction n'a été effectuée en 2008 sur cette marge. Yan peut donc déduire 40 % des intérêts payés sur la marge en 2008, puisque l'utilisation pour fins d'affaires de la marge représente 4 000 $/10 000 $. Supposons que Yan rembourse 2 000 $ le 2 janvier 2009 et réduise son solde à payer sur la marge à 8 000 $. Aucune autre transaction n'est effectuée sur la marge en 2009. L'ARC a émis récemment l'opinion que le remboursement de 2 000 $ ne modifie pas la proportion des intérêts déductibles. Ainsi, Yan pourra continuer à déduire 40 % des intérêts payés en 2009. En

2006, l'ARC avait indiqué dans un cas semblable qu'il était possible de prétendre que le remboursement s'appliquait aux dettes personnelles uniquement. Cela permettait ainsi d'augmenter la proportion déductible des intérêts à 50 %, soit la proportion des emprunts utilisés pour affaires (4 000 $) sur le solde impayé de la marge. Cette interprétation de l'ARC a donc été révisée.

Cotisations professionnelles

Les cotisations payables à une association professionnelle pour maintenir un statut professionnel reconnu par une loi ou pour être membre d'une association artistique réduisent le revenu provenant d'une entreprise au fédéral.

Au Québec, ces cotisations donnent droit à un crédit d'impôt non remboursable de 20 %. Le montant d'assurance-responsabilité professionnelle inclus dans la cotisation, s'il y a lieu, continue d'être admissible pour fins de déduction du calcul du revenu d'entreprise plutôt que de donner droit au crédit d'impôt.

Aussi, une cotisation payée à une association (qui n'est pas dans le but de maintenir un statut professionnel) demeure déductible au fédéral et au Québec. Par exemple, un comptable qui paie une cotisation pour faire partie d'une association lui permettant de recevoir de la documentation fiscale et d'assister à des réunions ou à des congrès, peut déduire ce montant, puisqu'il s'agit d'une dépense liée à l'exercice de sa profession et non d'une cotisation professionnelle lui permettant de conserver son statut professionnel de comptable.

Contribution au RRQ et au RQAP

Nous avons expliqué au début de ce chapitre que la contribution d'un travailleur autonome au Régime de rentes du Québec (RRQ) représente un montant deux fois plus élevé que la contribution d'un salarié. La cotisation maximale peut atteindre 4 098,60 $ en 2008 pour un travailleur autonome. La moitié de cette cotisation est déductible dans le calcul du revenu au fédéral et au Québec. L'autre moitié est admissible à un crédit d'impôt non remboursable calculé au taux de 15 % au fédéral. Au Québec, il n'y a plus de crédit distinct pour la moitié de la cotisation payée, car le crédit personnel de base a été bonifié en 2008 pour tenir compte des diverses contributions aux programmes sociaux (RRQ, AE, RQAP, FSS).

Un traitement similaire est réservé à la contribution au RQAP. La partie correspondant à 0,35 % du revenu net d'entreprise (maximum de 60 500 $) est déductible au fédéral et au Québec. L'autre partie égale à 0,45 % du revenu net d'entreprise donne droit à un crédit non remboursable au fédéral seulement.

Les dépenses de congrès

La loi vous permet de déduire les frais engagés pour assister à un maximum de deux congrès par exercice. Les congrès admissibles doivent respecter les critères suivants:

- ils se rapportent à votre entreprise;

- ils sont offerts par une organisation commerciale ou professionnelle;

- ils ont lieu à des endroits qui sont dans les limites géographiques du territoire de l'organisation.

Les autorités fiscales acceptent généralement la déduction d'un congrès tenu dans les limites du Canada si l'organisation a un caractère national, c'est-à-dire si l'organisation exerce ses activités partout au Canada. Par contre, si une organisation d'un autre pays organise un congrès dans ce pays, vous pourrez déduire les frais relatifs au congrès s'ils sont liés à votre entreprise.

Par exemple, si une association commerciale des États-Unis organise un congrès en Californie, vous pourrez en déduire les frais pour y assister, s'il est raisonnable de conclure que cette dépense est afférente à l'entreprise que vous exploitez.

Amendes et pénalités

Les amendes imposées, à l'exception de celles imposées en vertu d'un contrat privé, ne sont plus déductibles. Par exemple, les amendes ou les pénalités judiciaires, de même que les amendes et les pénalités imposées par les organisations professionnelles, les corps de métier ou autres organisations semblables ne sont plus déductibles. Ce sont les diverses législations ou réglementations qui déterminent la nature d'une somme. Lorsqu'une somme est désignée «amende ou pénalité», elle n'est pas déductible. Si la somme n'est pas définie comme une amende ou une pénalité, elle peut être déductible si elle a été engagée par ailleurs dans le but de gagner un revenu.

Bureau à domicile

Les dépenses relatives à une ou à plusieurs pièces de votre domicile utilisées comme bureau ou comme lieu de travail de votre entreprise sont déductibles si :

- le bureau à domicile est votre principal lieu de travail;
  ou

- le bureau sert uniquement à gagner des revenus d'entreprise et est utilisé de façon régulière et continue pour rencontrer des clients ou des patients.

Toutes les dépenses qui se rapportent à votre domicile, que vous soyez propriétaire ou locataire, sont admissibles. Vous devez faire une répartition raisonnable de ces dépenses entre votre usage personnel et un usage d'affaires. Généralement, c'est la superficie occupée par le bureau par rapport à la superficie totale de la maison qui détermine la fraction des dépenses déductibles. Par exemple, si votre bureau occupe 20 % de la superficie totale de votre maison, vous pourrez déduire 20 % des dépenses suivantes : l'électricité, le chauffage, les produits de nettoyage, les taxes foncières, les intérêts hypothécaires, le loyer payé, l'assurance-habitation, etc.

Si votre espace de bureau n'est pas **exclusivement** utilisé pour les affaires, vous devrez aussi tenir compte de l'usage personnel que vous en faites afin d'établir un pourcentage raisonnable d'utilisation pour fins d'affaires. Dans l'exemple ci-dessus, si vous utilisez l'espace de bureau pour votre usage personnel durant les fins de semaine, soit 2 jours sur 7, il serait raisonnable de considérer que seuls les 5/7 de 20 % sont utilisés à des fins d'affaires, soit 14 %.

Il n'est pas recommandé de réclamer une déduction pour amortissement concernant l'utilisation de votre domicile, car vous perdrez le statut de résidence principale pour cette fraction de la maison. Pour plus de renseignements, consultez le chapitre 5 à la rubrique « Un bureau à domicile peut-il faire perdre le statut de résidence principale ? ».

La déduction des dépenses liées à votre bureau à domicile est limitée au revenu d'entreprise, déduction faite de toutes vos autres dépenses admissibles. Vous ne devez pas tenir compte, dans l'établissement de cette limite, du revenu supplémentaire à déclarer lorsque votre exercice ne se termine pas le 31 décembre. Votre revenu net d'entreprise peut être réduit à zéro par la déduction d'une dépense pour bureau à domicile, mais il n'est pas possible de créer ou d'augmenter une perte d'entreprise en réclamant ce type de dépense. Si vous ne pouvez déduire toutes vos dépenses relatives au bureau à domicile pour votre exercice terminé en 2008, vous pourrez les déduire dans le calcul de votre revenu d'entreprise pour l'exercice suivant, soit en 2009, ou pour tout autre exercice ultérieur, si le revenu net d'entreprise de l'exercice en question le permet.

Exemple

Louise a commencé l'exploitation d'un salon d'esthétique dans sa maison en avril 2008. Elle a estimé que la superficie de l'espace occupé exclusivement pour exploiter son commerce correspond à 20 % de la superficie totale de la maison. Après avoir discuté avec son comptable, Louise a décidé de terminer son premier exercice le 31 décembre 2008. Les revenus d'entreprise gagnés durant cette période sont de 6 000 $ et les dépenses engagées pour gagner ces revenus sont de 4 300 $. Les dépenses relatives à la maison engagées depuis avril jusqu'à décembre 2008 sont :

Électricité	325 $
Taxes foncières	700 $
Intérêts hypothécaires	3 400 $
Assurance-habitation	80 $
Total	4 505 $
Fraction se rapportant au bureau à domicile (20 % × 4 505 $)	901 $
Revenus d'entreprise	6 000 $
Dépenses d'entreprise	(4 300)
Revenu net avant dépenses pour bureau à domicile	1 700 $
Bureau à domicile	(901)
Revenu net d'entreprise	799 $

Si le revenu net d'entreprise avant la déduction pour bureau à domicile avait été de 500 $ plutôt que de 1 700 $, Louise n'aurait pu déduire que 500 $ pour le bureau à domicile, ce qui aurait réduit son revenu net d'entreprise à zéro. Les dépenses non déduites de 401 $ (901 $ − 500 $) seraient reportables à l'exercice se terminant le 31 décembre 2009, dans la mesure où le revenu de cette année le permettrait.

Au Québec, le montant déductible concernant les frais de bureau à domicile est composé de dépenses de maintien du domicile et de dépenses reliées à l'utilisation du domicile à des fins commerciales. Les dépenses de maintien du domicile (dont le loyer, les taxes, les assurances, les intérêts hypothécaires et l'entretien) sont réduites de moitié, sauf dans les cas où le domicile sert à exploiter une résidence de tourisme, un gîte touristique ou une résidence d'accueil privée. Les dépenses reliées à l'utilisation du domicile pour un usage commercial (dont l'électricité et le chauffage) ne sont pas réduites. Comme au fédéral, seule une proportion du total des dépenses basée sur la superficie utilisée comme bureau est déductible.

Dans l'exemple précédent, la déduction permise pour les frais de bureau à domicile au Québec pour l'exercice terminé le 31 décembre 2008 est de 483 $.

Taxes foncières	700 $
Intérêts hypothécaires	3 400 $
Assurance-habitation	80 $
Coûts du maintien du domicile	4 180 $
Réduits de 50 %	(2 090)
	2 090 $
Électricité	325 $
	2 415 $
Fraction se rapportant au bureau à domicile (20 %)	483 $

Certaines dépenses qui s'appliquent **uniquement** à la partie du domicile considérée comme bureau à domicile sont entièrement déductibles. Par exemple, les frais pour peinturer l'espace utilisé comme bureau seront déductibles à 100 %.

Assurances

Les personnes qui exploitent une entreprise à leur compte ou qui exercent une profession paient généralement des **primes d'assurance pour prévoir la perte de revenu** qui pourrait survenir en cas d'accident ou d'invalidité. Ces primes sont considérées comme une dépense personnelle et ne sont donc pas déductibles. Par ailleurs, les montants reçus provenant d'une telle assurance ne sont pas imposables.

Les primes payées pour une **assurance des frais généraux** dont l'objet consiste à rembourser les frais de bureau et les dépenses connexes sont déductibles. Il en est de même des primes d'assurance-responsabilité professionnelle.

Les **primes d'assurance-vie** sont généralement non déductibles. Toutefois, elles le sont dans certaines circonstances, notamment lorsqu'une police d'assurance-vie est demandée en garantie par une institution financière en raison d'un prêt d'argent. Par exemple, si vous obtenez un prêt de 50 000 $ pour démarrer votre entreprise et que la banque exige que vous mainteniez en vigueur une assurance-vie du même montant pour garantir le remboursement de cet emprunt, les primes d'assurance seront généralement déductibles. Bien entendu, la loi ne permet pas la déduction de primes pour une couverture d'assurance qui est déraisonnable. Par exemple, une couverture de 500 000 $ pour un emprunt de 50 000 $ n'est pas raisonnable. De plus, dans le cas d'une police d'assurance qui accumule une valeur de rachat, seul le coût de l'assurance moins la portion épargne est déductible.

Un propriétaire d'entreprise peut déduire, au fédéral seulement, le coût des primes payées pour un régime d'assurance complémentaire qui couvre les soins dentaires et de santé pour lui-même, pour son conjoint et pour les personnes vivant avec lui. Une déduction est accordée lorsque, dans l'année courante ou dans l'année précédente, plus de 50 % des revenus de l'entrepreneur proviennent de l'exploitation d'une entreprise ou si le revenu non tiré d'une entreprise est de 10 000 $ ou moins.

De façon générale, la déduction à l'égard d'une telle prime d'assurance ne peut dépasser le coût assumé par le propriétaire de l'entreprise pour une **protection équivalente** accordée à un employé à temps plein avec lequel il n'a pas de lien de dépendance. **Si l'entreprise ne compte aucun employé**, les primes déductibles ne peuvent excéder 1 500 $ pour le propriétaire de l'entreprise, 1 500 $ pour son conjoint et 1 500 $ pour chaque personne âgée d'au moins 18 ans habitant avec lui (ou 750 $ si cette personne a moins de 18 ans). **Si le nombre d'employés sans lien de dépendance** qui bénéficient de la protection d'assurance **représente moins de la moitié** du nombre d'employés de l'entreprise, la déduction des primes d'assurance relatives au propriétaire, à son conjoint et aux personnes vivant avec lui est limitée au coût d'une protection équivalente payée pour un employé sans lien de dépendance, sans toutefois excéder les montants de 1 500 $ ou de 750 $ indiqués précédemment. Les montants de 1 500 $ et de 750 $ sont calculés sur une base annuelle. Si la protection d'assurance ne vise qu'une partie d'année, la déduction sera calculée en proportion du nombre de jours.

Le montant des primes admissible en déduction ne doit pas être inclus à titre de frais médicaux au fédéral. Par exemple, si vous êtes propriétaire d'une entreprise que vous exploitez seul et avez payé une prime de 1 800 $ à un régime privé d'assurance-maladie pour votre protection personnelle, vous pourrez déduire, au fédéral, la somme de 1 500 $ dans le calcul de votre revenu d'entreprise et inclure 300 $ dans le total de vos frais médicaux admissibles. Au Québec, le coût total de la prime est considéré comme des frais médicaux.

Pouvez-vous payer des salaires aux membres de votre famille?

La loi n'interdit pas le versement de salaires à votre conjoint ou à vos enfants. Cependant, les conditions suivantes doivent être respectées:

- le travail effectué par le conjoint ou les enfants se fait dans le cadre de l'exploitation de l'entreprise, donc dans le but de gagner un revenu;

- si votre conjoint ou vos enfants n'avaient pas fait le travail, vous auriez dû engager quelqu'un d'autre;

- le salaire versé est raisonnable, c'est-à-dire qu'il correspond à ce que vous auriez dû payer à une autre personne qui aurait effectué le même travail.

Vous devrez, bien entendu, produire des feuillets T4 et relevé 1 au plus tard le 28 février 2009, si vous avez versé des salaires durant l'année civile 2008.

Le versement d'un salaire à un membre de la famille permet à celui-ci de contribuer à son REER, de même qu'au Régime de rentes du Québec et à l'assurance-emploi, si les autres conditions d'admissibilité à ces deux derniers régimes sont respectées.

En tant qu'employeur, vous devez contribuer au régime d'assurance-emploi (AE), au Régime de rentes du Québec (RRQ), au Régime québécois d'assurance parentale (RQAP) et au Fonds des services de santé du Québec (FSS). Votre contribution d'employeur au régime d'AE correspond à 1,4 fois les montants d'assurance-emploi prélevés sur la paie de vos employés et celle au RRQ est égale au montant payé par l'employé. Le montant que vous devez payer au RQAP est égal à 0,63 % du salaire payé à l'employé.

Un employeur doit également contribuer au **Fonds des services de santé du Québec** pour un montant égal à 2,7 % en 2008 des salaires bruts et autres avantages imposables accordés aux employés. Un taux plus élevé s'applique aux employeurs qui ont une masse salariale de 1 million de dollars et plus.

Déduction pour amortissement

Dans le cadre de l'exploitation de votre entreprise, vous ferez probablement l'acquisition de certains biens durables tels que des équipements, du mobilier de bureau, des véhicules automobiles et peut-être même un bien immeuble. Le coût de ces biens ne peut être déduit comme dépense d'entreprise dans l'année de l'acquisition. Étant donné que ces biens ont une durée de vie de plusieurs années, la loi permet de réclamer une **déduction pour amortissement (DPA)** afin de reconnaître la dépréciation ou l'usure des biens. C'est pourquoi nous appellerons ces biens des **biens amortissables**.

La DPA est facultative. Vous avez le choix de réclamer le montant maximum, un montant moindre ou rien du tout.

Généralement, le calcul de la DPA se fait par catégorie de biens et non bien par bien. Les principales catégories de biens amortissables ainsi que leur taux d'amortissement respectif sont :

Catégorie 8 (20 %)
Équipement, mobilier et accessoires de bureau, photocopieurs, téléphones, outils coûtant 500 $ ou plus, enseignes publicitaires extérieures.

Catégorie 10 (30 %)
Camionnettes, fourgonnettes, tracteurs, remorques, chariots élévateurs, automobiles non incluses dans la catégorie 10.1.

Catégorie 45 (45 %) et 50 (55 %)
Matériel informatique et logiciel de système acquis après le 22 mars 2004 et avant le 19 mars 2007. Les mêmes biens acquis après le 18 mars 2007 sont amortis à un taux de 55 % et font partie de la catégorie 50.

Catégorie 46 (30 %)
Matériel d'infrastructure pour réseau de données (par exemple, interrupteur, multiplexeur, routeur, concentrateur, modem et serveur de nom de domaine), soutenant des applications de télécommunications avancées, comme le courrier électronique, la recherche et l'hébergement sur le Web, la messagerie instantanée, etc.

Catégorie 10.1 (30 %)
Automobiles dont le coût amortissable est limité à 30 000 $ plus taxes. Une seule voiture par catégorie.

Catégorie 12 (100 %)
Logiciels d'application (par exemple, gestion des comptes à recevoir, traitement de textes), outils coûtant moins de 500 $, moules.

Catégorie 38 (30 %)
Équipement motorisé et mobile servant à l'excavation, au déplacement ou au compactage de terre, de pierre, de béton ou d'asphalte.

Catégories 1 (4 %), 3 (5 %) ou 6 (10 %)
Biens immeubles, sauf les terrains. Consultez la page 191 pour la description des catégories, des taux applicables et des nouvelles déductions supplémentaires applicables aux immeubles non résidentiels acquis après le 18 mars 2007.

Le calcul de la DPA s'effectue à la fin de l'exercice et est basé sur le coût en capital non amorti de la catégorie, soit le coût d'achat des biens moins la DPA réclamée antérieurement. Le coût d'achat inclut également les frais de transport, d'installation et tous les autres frais liés à l'acquisition du bien. Le montant maximum de DPA pouvant être déduit correspond au coût en capital non amorti auquel le pourcentage indiqué pour chaque catégorie est appliqué. **Le taux d'amortissement est généralement réduit de moitié («règle du demi-taux») pour les achats nets (achats de biens moins les ventes) effectués durant l'exercice.**

Lorsqu'il y a une vente d'un bien d'une catégorie, celle-ci est diminuée soit du coût d'achat du bien vendu, soit du prix de vente obtenu, le moins élevé de ces deux montants étant à retenir.

Exemple

Geneviève est psychologue. Elle a ouvert son bureau le 31 janvier 2008. Elle a acheté du mobilier (étagères, bureau, causeuse, fauteuil, etc.) qui lui a coûté 4 000 $ et un téléphone-répondeur pour 300 $. Son premier exercice se termine le 31 décembre 2008. La déduction pour amortissement maximum que Geneviève peut réclamer en 2008 est de :

Catégorie 8

Coût en capital non amorti au début de l'exercice	0 $
Acquisitions de l'exercice	4 300 $
	4 300 $
Amortissement (4 300 $ × 10 % × 336/366)	(395)
Coût en capital non amorti à la fin de l'exercice 2008	3 905 $

Toutes les acquisitions effectuées durant le premier exercice sont amorties au taux de 10 %, soit la moitié de 20 %. De plus, parce que le premier exercice n'a pas une durée de 12 mois, la DPA maximum permise est calculée en fonction du nombre de jours de l'exercice, soit 336 jours.

Poursuivons l'exemple et supposons que Geneviève achète, en 2009, une chaîne stéréo pour son bureau, chaîne qui lui coûte 1 500 $.

Coût en capital non amorti au début de l'exercice		3 905 $
Acquisitions de l'exercice		1 500 $
		5 405 $
Amortissement : le total de		
3 905 $ × 20 %	781 $	
1 500 $ × 10 %	150 $	
		(931)
Coût en capital non amorti à la fin de l'exercice 2009		4 474 $

La DPA est calculée selon la règle du demi-taux seulement pour l'acquisition de l'année, alors que le coût en capital non amorti au début de l'année est amorti au taux régulier de 20 %.

En 2010, Geneviève vend le fauteuil qu'elle avait payé 900 $ en 2008 pour une somme de 550 $. Elle en achète un nouveau dont le prix est de 1 300 $.

Coût en capital non amorti au début de l'exercice		4 474 $
Acquisitions de l'exercice	1 300 $	
Moins : le moindre du coût 900 $ ou		
du prix de vente 550 $	(550)	
Acquisitions nettes		750 $
		5 224 $
Amortissement : le total de		
4 474 $ × 20 %	895 $	
750 $ × 10 %	75 $	(970)
Coût en capital non amorti à la fin de l'exercice 2010		4 254 $

La règle du demi-taux s'applique aux acquisitions nettes de l'année, c'est-à-dire aux achats réduits des montants déterminés à la suite d'une vente. Le taux d'amortissement régulier de 20 % s'applique au coût en capital non amorti au début de l'année.

Perte finale et récupération

Une **perte finale** se réalise lorsque tous les biens d'une catégorie ont été vendus et que le prix de vente obtenu est inférieur au coût non amorti immédiatement avant la disposition.

Poursuivons l'exemple précédent et supposons qu'en 2011, Geneviève décide de fermer son bureau. Elle vend la totalité de ses biens pour une somme de 2 500 $.

Coût en capital non amorti au début de l'exercice	4 254 $
Moins :	
le moindre du coût 6 200 $ ou du prix de vente 2 500 $	(2 500)
Solde de la catégorie	1 754 $

Puisque Geneviève a vendu tous ses biens, le solde de 1 754 $ de la catégorie peut être totalement déduit dans l'exercice 2011. Il s'agit d'une perte finale.

Si le solde d'une catégorie devient négatif à la suite d'une vente de biens, ce montant doit être inclus dans le calcul du revenu d'entreprise à titre de **récupération**.

Supposons que Geneviève ait obtenu un prix de vente total pour ses meubles de 4 800 $, une récupération de 546 $ serait incluse dans son revenu d'entreprise en 2011.

Coût en capital non amorti au début de l'exercice	4 254 $
Moins :	
le moindre du coût 6 200 $ ou du prix de vente 4 800 $	(4 800)
Solde de la catégorie	(546)

Les règles concernant la perte finale et la récupération ne s'appliquent pas à une voiture incluse dans la catégorie 10.1. Cependant, une déduction spéciale est accordée dans l'année de la vente d'une automobile incluse dans la catégorie 10.1. Cette déduction est égale à la moitié de la DPA qui aurait pu être réclamée si la voiture de la catégorie 10.1 n'avait pas été vendue.

Si vous vendez un bien immeuble et réalisez une perte finale, des règles spéciales peuvent vous empêcher de déduire cette perte en totalité ou en partie. Consultez un fiscaliste à ce sujet.

Catégorie distincte

Les photocopieurs, les télécopieurs et les équipements téléphoniques sont des biens susceptibles de se déprécier rapidement. Ces biens sont classés dans la catégorie 8; toutefois, vous pouvez choisir d'inclure un tel bien dans une catégorie 8 distincte **s'il vous a coûté 1 000 $ ou plus**. Ainsi, il n'y a qu'un seul bien dans la catégorie. Le taux d'amortissement demeure le même et le calcul de la DPA se fait de la façon habituelle, en tenant compte de la règle du demi-taux dans l'année d'acquisition s'il y a lieu. **L'avantage de la catégorie distincte se réalise lorsque le bien est vendu ou mis au rancart.** En effet, puisque la catégorie se vide lors de la disposition du bien, **une perte finale peut être réclamée**.

Supposons que vous ayez acheté un photocopieur de 3 000 $ en septembre 2007 dans le cadre de l'exploitation de votre entreprise dont l'exercice se termine le 31 décembre. Vous avez réclamé une déduction pour amortissement de 300 $ (3 000 $ × 20 % × ½) en 2007. En 2008, vous réclamez une déduction de 540 $ (2 700 $ × 20 %). Supposons que vous remplaciez l'appareil en 2009 et obteniez une somme de 1 350 $ en guise de valeur d'échange, vous pourrez réclamer 810 $ à titre de perte finale dans l'année 2009, soit la différence entre le coût non amorti du photocopieur, 2 160 $ (3 000 $ − 300 $ − 540 $), et le prix de vente de 1 350 $. Sans le choix de la catégorie distincte, le coût du nouvel appareil s'ajouterait au coût non amorti et vous ne pourriez pas réclamer de perte finale. Si vous n'avez pas disposé du bien classé dans une catégorie distincte dans les quatre années suivant l'exercice durant lequel le bien a été acquis, vous devrez transférer le solde de la catégorie distincte au début de la cinquième année à la catégorie générale qui regroupe tous les biens de même nature.

Au Québec, le choix d'une catégorie 8 distincte existe aussi pour les photocopieurs, les télécopieurs et les équipements téléphoniques. **Le coût d'achat d'un tel bien doit être de 400 $ ou plus** et la règle du demi-taux pour le calcul de l'amortissement de l'année d'acquisition n'est pas applicable. Par exemple, si vous avez acheté un télécopieur en septembre 2008 dont le coût est de 800 $, vous pourrez l'inclure dans une catégorie distincte au Québec et l'amortir au taux de 20 % au lieu de 10 % en 2008.

Création d'un site Web

De façon générale, un site Web permet à une entreprise de faire, entre autres, de la publicité, de vendre ses produits ou services et de fournir de l'information au public à propos de ses activités. Les coûts de développement du site peuvent comprendre l'achat de matériel informatique et de logiciels de système qui sont des biens amortissables à inclure dans la catégorie 45 ou 50. Si des coûts sont attribuables au développement ou à l'acquisition de logiciels (autres que des logiciels de système), ceux-ci seront classés dans la catégorie 12. Tous les autres frais liés à la création du site seraient inclus dans la catégorie 8.

Les frais engagés pour la mise à jour d'un site Web devraient être considérés à titre de dépense courante pour l'année durant laquelle ils sont investis.

Rénovation ou transformation d'un immeuble

Certaines dépenses de rénovation ou de transformation d'un immeuble, qui seraient autrement des dépenses en capital, peuvent être déduites dans l'année au cours de laquelle elles sont payées. D'une part, l'immeuble doit être principalement utilisé dans le cadre d'une entreprise et les frais doivent avoir pour objet de **permettre à des personnes ayant un handicap moteur d'avoir accès à ce même immeuble** ou de s'y déplacer. Les dépenses visées sont : l'installation de dispositifs d'ouverture de portes à commande manuelle, l'installation de rampes intérieures et extérieures, l'élargissement de châssis de portes, les modifications aux salles de bains.

Certains dispositifs conçus pour les handicapés visuels ou auditifs sont également totalement déductibles s'ils sont installés dans un immeuble utilisé dans l'exploitation d'une entreprise.

Au Québec, des dépenses engagées relativement à un immeuble, dans le cadre de l'exploitation d'une entreprise, sont déductibles si elles ont fait l'objet d'une attestation d'un architecte, d'un ingénieur ou d'un technologue professionnel, que les travaux de rénovation ou de transformation ont été effectués conformément aux normes de conceptions sans obstacles énoncés dans le Code de construction du Québec.

Finalement, vous avez l'obligation, en tant que propriétaire ou locataire d'un immeuble commercial, de remplir le formulaire TP-1086.R.23.12 qui sert à indiquer le nom des personnes ou des entreprises qui ont effectué des travaux tels que la rénovation, l'amélioration, l'entretien ou la réparation de ces immeubles et pour lesquels des sommes ont été payées pour la main-d'œuvre. Consultez le chapitre 6 à la rubrique «Travaux d'entretien: indiquez vos fournisseurs», à la page 186, pour connaître les formalités relatives à cette mesure.

Crédit d'impôt fédéral pour la création d'emplois d'apprentis

En tant qu'employeur d'un apprenti exerçant un métier admissible, vous pouvez obtenir un crédit d'impôt fédéral non remboursable égal à 10 % du salaire versé à l'apprenti. C'est un crédit disponible pour les deux premières années d'un contrat d'apprentissage enregistré auprès d'une province. L'apprentissage est un système reconnu de formation professionnelle combinant la formation en milieu de travail à une formation technique pour permettre à l'employé d'acquérir une spécialisation. L'apprenti reçoit un certificat d'aptitude professionnelle lorsque la période de formation, qui peut durer de deux à cinq ans, prend fin.

Le crédit maximum annuel à demander, en remplissant le formulaire T2038(IND), est de 2 000 $ par apprenti. Actuellement, les métiers admissibles sont ceux touchés par le programme du Sceau rouge, comprenant les métiers de cuisinier, d'ébéniste, d'électricien, de mécanicien, etc. Consultez le site www.sceau-rouge.ca pour une liste complète des métiers admissibles.

Vous devrez inclure, tant au fédéral qu'au Québec, le montant du crédit d'impôt obtenu pour 2007 dans le calcul de votre revenu de l'année 2008.

L'impact des taxes à la consommation sur votre entreprise

Ce livre étant essentiellement consacré à la compréhension des lois fédérale et québécoise relatives à l'impôt sur le revenu, il nous est impossible de couvrir d'une façon détaillée les différentes modalités d'application relatives à la TPS (taxe sur les produits et services) et à la TVQ (taxe de vente du Québec). Voici donc un bref aperçu des mécanismes d'application générale qui ont un effet dans le calcul de votre revenu d'entreprise.

La plupart des entreprises faisant affaire au Québec doivent s'inscrire auprès des autorités fiscales pour obtenir un numéro d'enregistrement de TPS et de TVQ. Il existe des exceptions à cette règle, et celles-ci s'appliquent principalement aux entreprises ou aux professionnels qui offrent des services de garde d'enfants, des services de santé, des services d'aide juridique et des services d'enseignement. Par exemple, les médecins, les dentistes, les podiatres, les chiropraticiens sont généralement exemptés de l'inscription. Il en est de même pour les entreprises dont l'activité consiste à louer des logements résidentiels. Dans tous ces cas, on dit que l'entreprise effectue des **fournitures exonérées**.

La règle concernant **les petits fournisseurs** permet à toute entreprise dont le chiffre d'affaires annuel est de 30 000 $ ou moins de ne pas s'inscrire.

Le fonctionnement des deux systèmes de taxes TPS et TVQ repose sur les deux principes suivants. En premier lieu, l'entreprise inscrite est tenue d'ajouter les taxes au prix de vente des produits ou des services (appelés «fournitures taxables») et d'en faire la remise aux gouvernements. Certains produits ou services ne sont pas taxables, tels la plupart des produits alimentaires, les médicaments délivrés sur ordonnance médicale, les appareils médicaux, les produits destinés à l'exportation. On dit alors qu'il s'agit de **fournitures détaxées** (taxées à un taux de 0 %).

Le taux de TPS a été réduit de 6 % à 5 % depuis le 1er janvier 2008 et le taux de la TVQ est demeuré à 7,5 %. La TVQ est calculée sur le total du prix de vente et de la TPS. Par conséquent, **le taux de taxe combiné est de 12,88 % en 2008**.

Le second principe est celui qui permet aux entreprises inscrites de réclamer auprès des gouvernements les taxes payées à l'achat de biens ou de services utilisés dans l'exploitation de l'entreprise. **C'est ce que l'on appelle les crédits ou les remboursements de taxes sur les intrants.** Si votre entreprise consiste à effectuer des fournitures exonérées ou si vous êtes un petit fournisseur, vous ne pourrez réclamer aucun crédit pour intrants. Toutefois, si vous effectuez des fournitures taxables ou détaxées, vous pourrez réclamer ces crédits. **De manière générale, la totalité de la TPS et de la TVQ payée à l'égard de dépenses engagées dans le cadre de l'exploitation de votre entreprise peut vous être remboursée.**

Les crédits ou les remboursements de taxes sur les intrants peuvent être réclamés dans la mesure où la dépense est déductible dans le calcul de votre revenu. Par exemple, vous ne pouvez réclamer les crédits de TPS et de TVQ relatifs aux frais de repas que pour la moitié des dépenses engagées.

Finalement, **si les dépenses engagées servent à effectuer à la fois des fournitures exonérées et des fournitures taxables ou détaxées,** vous ne pourrez pas réclamer les crédits pour intrants pour la partie de ces dépenses qui se rapportent raisonnablement à la réalisation de fournitures exonérées. Par exemple, si vous êtes propriétaire d'un immeuble dont le premier étage est utilisé pour l'exploitation d'un commerce de réparations de bicyclettes, et que le second étage est loué à des fins résidentielles (fourniture exonérée), vous ne pourrez réclamer les crédits pour intrants que pour les dépenses de l'immeuble attribuables à l'exploitation du commerce. Une façon de déterminer celles-ci serait d'utiliser la superficie de l'immeuble occupée par le commerce par rapport à la superficie totale.

Lors du calcul du revenu net d'entreprise, vous ne devez pas inclure dans vos revenus les taxes perçues, puisque celles-ci ne vous appartiennent pas. Par ailleurs, les crédits et les remboursements de taxes sur les intrants doivent servir à réduire le montant des dépenses concernées.

De façon générale, vous pourrez réclamer un crédit ou un remboursement de taxes sur les intrants égal à 100 % des taxes payées à l'achat de biens amortissables principalement utilisés (plus de 50 %) dans l'exploitation de l'entreprise. Dans le cas d'un immeuble dont plus de 50 % de l'utilisation sert à réaliser des fournitures taxables ou détaxées, la fraction des taxes remboursables correspond à ce pourcentage d'utilisation. Si ce pourcentage est de 90 % ou plus, les taxes pourront être totalement réclamées. Les remboursements de taxes doivent être appliqués en réduction du coût amortissable du bien. Ainsi, la déduction pour amortissement sera moindre.

Une exception importante à cette règle concerne l'achat de voiture. Si la voiture est utilisée pour moins de 90 % pour un usage commercial, autrement dit si vous l'utilisez pour votre usage personnel dans une proportion de plus de 10 %, vous ne pourrez réclamer un crédit pour intrants qu'au fur et à mesure que vous réclamerez la déduction pour amortissement sur la voiture. Par exemple, si vous avez réclamé une déduction pour amortissement en 2007 à l'égard d'une voiture achetée en 2007, vous aviez droit, au fédéral, à un crédit pour intrants en 2007 égal à 6/106 de la DPA déduite dans votre déclaration de revenus fédérale. Au Québec, le remboursement pour intrants était égal à 7 % de la DPA calculée aux fins du Québec. Ces montants de crédit et de remboursement de taxes sur les intrants doivent être déduits du coût en capital non amorti au début de l'année suivante. En 2008, de nouveaux crédits ou remboursements de taxes sur les intrants pourront être calculés en fonction de la DPA réclamée sur l'automobile, au taux de 5/105 au fédéral et de 7 % au Québec.

Si le total annuel de vos ventes taxables (incluant les ventes détaxées au taux de 0 %) **est inférieur à 215 000 $** (TPS et TVQ comprises), vous pourriez choisir la **méthode rapide** pour calculer le montant de TPS et de TVQ à remettre. Selon cette méthode, la TPS et la TVQ que vous percevez sont toujours calculées respectivement aux taux de 5 % et de 7,5 %. Toutefois, vous calculez les taxes à remettre en utilisant un pourcentage fixe de vos ventes taxables et vous renoncez à tous les crédits et remboursements de taxes sur les intrants, sauf ceux liés à l'achat de biens amortissables. Ainsi, la TPS à remettre correspond à 3,6 % des ventes (TPS comprise) sans tenir compte des ventes détaxées, alors que la TVQ à remettre est égale à 5,3 % des ventes (TPS et TVQ incluses). **La méthode rapide ne peut être utilisée** par les entreprises qui rendent des services juridiques, comptables, actuariels, de consultation financière ou fiscale, ou encore par les entreprises qui préparent des déclarations de revenus ou qui font de la tenue de livres.

Les entreprises (détaillants ou grossistes) qui achètent des biens dans le but de les revendre peuvent aussi utiliser la méthode rapide en appliquant un taux de 1,8 % pour remettre la TPS et de 2,7 % pour remettre la TVQ.

Pour choisir la méthode rapide, vous devez présenter le formulaire FP-2074. Votre choix demeurera en vigueur pendant au moins 12 mois, à moins que vos ventes annuelles n'excèdent le plafond annuel de 215 000 $.

Consultez le guide de renseignements généraux sur la TVQ et la TPS publié par le ministère du Revenu du Québec pour connaître toutes les modalités d'application concernant la méthode rapide.

Faites-vous partie d'une société de personnes ?

Il arrive souvent que des professionnels se regroupent en société de personnes. Le revenu d'entreprise tiré d'une société de personnes est calculé selon la méthode de comptabilité d'exercice en appliquant les mêmes règles que nous avons vues dans ce chapitre. Le revenu net de la société de personnes est ensuite réparti entre les associés, selon le contrat ou l'entente convenu entre eux.

Précisons que le choix d'exclure les travaux en cours du revenu d'une société de personnes est fait par la société et non par chacun des associés individuellement.

Tout comme les entreprises à propriétaire unique, les sociétés de personnes doivent également suivre les règles relativement à l'exercice. Le choix de la méthode facultative est offert à la société (si tous ses associés sont des individus) et ce choix doit être présenté par un associé désigné par l'ensemble des associés.

Si la société de personnes compte six associés ou plus, des déclarations de renseignements (formulaires T5013 au fédéral et TP-600 au Québec) concernant la société doivent être produites au plus tard le 31 mars de l'année qui suit celle au cours de laquelle l'exercice de la société s'est terminé. Par exemple, toutes les sociétés de personnes qui ont un exercice se terminant en 2008 doivent remplir les déclarations de renseignements pour le 31 mars 2009. Ces déclarations précisent le nom de chacun des associés, leur part du revenu ou de la perte de la société, leur part dans les dons de bienfaisance effectués par la société qu'ils pourront réclamer individuellement et d'autres renseignements sur le capital des associés. De plus, la société de personnes doit joindre une copie de ses états financiers aux déclarations produites.

Chacun des associés reçoit un feuillet T5013(S) et un relevé 15 qui contiennent tous les renseignements nécessaires pour déclarer le revenu net d'entreprise. Ainsi, il n'est pas nécessaire de joindre les états financiers de la société de personnes aux déclarations de revenus de l'associé.

Lorsque la société de personnes compte cinq associés et moins, les déclarations T5013 et TP-600 ne sont pas requises. Néanmoins, une annexe devra être prévue afin d'indiquer la répartition du revenu net entre les associés. Il est généralement pratique courante de joindre une copie de l'état financier de la société aux déclarations de revenus de l'associé.

Il est possible qu'un associé engage des dépenses qui ne lui sont pas remboursées par la société de personnes. Cela arrive fréquemment dans le cas des dépenses d'utilisation d'une automobile, des frais de bureau à domicile ou des intérêts payés sur un emprunt contracté pour devenir membre de la société. Toutes ces dépenses, à l'exception des intérêts pour acquérir une participation dans la société, doivent être compilées en fonction de l'exercice de la société. Les intérêts sont déductibles sur une base d'année civile seulement. Bien entendu, les restrictions concernant les dépenses d'automobile (intérêts, DPA, frais de location) et les frais de bureau à domicile (que l'on a vus dans ce chapitre) s'appliquent aussi à un associé d'une société de personnes.

De plus, en raison du plafond de déduction calculé selon le chiffre d'affaires, un associé ne peut déduire, au Québec, aucun montant à titre de frais de représentation autre que celui qui est pris en compte dans le calcul du revenu de la société.

En matière de taxes à la consommation, c'est la société de personnes qui doit s'inscrire, remettre les taxes perçues et réclamer les crédits et les remboursements de taxes sur les intrants. Cependant, si l'associé engage personnellement certaines dépenses comme celles décrites précédemment, il est possible qu'il soit admissible à un remboursement de la TPS et de la TVQ. À ce sujet, consultez la rubrique « Avez-vous droit au remboursement de la TPS et de la TVQ ? » du chapitre 2.

Perte provenant d'une entreprise

Une perte d'entreprise, ou la part d'une perte qui vous est attribuée si vous faites partie d'une société de personnes, est déduite dans le calcul de votre revenu net. Ainsi, **cette perte s'applique contre tous vos autres revenus**, incluant les revenus d'intérêts, de dividendes, de rentes, de pension alimentaire, etc.

Si l'ensemble de vos autres revenus, compte tenu des déductions réclamées dans le calcul de votre revenu net, n'est pas suffisant pour absorber cette perte d'entreprise, vous serez alors en présence d'une perte autre qu'en capital.

Une perte autre qu'en capital réalisée en 2008 peut être reportée à votre choix contre le revenu net d'une des trois années antérieures ou d'une des vingt années à venir. Si vous avez subi des pertes avant 2008 qui n'ont pas été appliquées aux trois années antérieures, vous pourrez les utiliser dans les délais suivants :

Année de la perte	Délai de report
2006 et suivantes	20 années suivantes
2005 ou 2004	10 années suivantes
avant 2004	7 années suivantes

Les formulaires TI-A au fédéral et TP-1012.A au Québec vous aideront à déterminer votre perte autre qu'en capital de l'année 2008. Ils vous permettront également de demander un report de la totalité ou d'une partie de cette perte pour l'une des trois années précédentes, soit 2007, 2006 et 2005.

Le choix de reporter une perte autre qu'en capital contre le revenu net d'une année plutôt que d'une autre est un élément de planification que vous ne devriez pas négliger. En effet, si vous connaissez votre taux marginal d'imposition de chacune de ces années, vous pourrez choisir d'appliquer la perte dans une année où votre taux marginal est le plus élevé. Ceci vous permettra de récupérer plus d'impôts.

Les pertes et l'attente raisonnable d'obtenir des profits

Le ministère des Finances du Canada a annoncé en octobre 2003 des changements visant à limiter la déduction de pertes d'entreprises et de biens. Des consultations publiques ont suivi mettant en lumière tout le climat d'incertitude lié aux modifications proposées qui devaient entrer en vigueur dès janvier 2005. Selon ces propositions, une perte ne serait déductible à l'égard d'une entreprise ou d'un bien que s'il est raisonnable de s'attendre à ce qu'un bénéfice cumulatif soit tiré de cette entreprise ou de ce bien. Par exemple, bien que le Ministère reconnaisse qu'une entreprise puisse avoir des pertes de démarrage pendant une ou plusieurs années, il pourrait être difficile, après coup, de démontrer que pour une année donnée, il était raisonnable de s'attendre à un bénéfice cumulatif. Cette approche vient limiter la portée de certaines décisions de la Cour suprême qui avaient clairement établi qu'une activité exercée dans le but de réaliser un profit ne comportant aucun avantage ou bénéfice personnel est une activité commerciale, ce qui valide ainsi la déduction des pertes d'entreprises ou de biens. L'une des principales critiques émises contre ce projet de loi est qu'une perte soit totalement acceptée ou refusée. Dans ce dernier cas, les praticiens suggèrent au Ministère de tenir compte de la possibilité d'accumuler les pertes refusées pour déduction future dans l'éventualité où l'entreprise ou le bien pourrait s'avérer rentable. À ce jour, par suite de la volonté exprimée dans le discours sur le budget fédéral de février 2005, nous sommes toujours en attente de nouvelles propositions qui devraient répondre aux préoccupations soulevées par le milieu fiscal.

Au Québec, on semble vouloir s'en tenir aux conclusions de la Cour suprême, telles qu'elles sont expliquées dans la dernière version du bulletin d'interprétation IMP. 81-2/R1. Notamment, il est mentionné que si les opérations ne comportent aucun élément personnel ni aucun élément récréatif, la commercialité est concédée et les pertes sont admises en déduction.

Vente d'une entreprise

La vente d'une entreprise signifie généralement la vente de tous les éléments d'actifs, notamment l'inventaire, les biens amortissables tels que l'équipement, le mobilier de bureau, etc.

Le profit ou la perte résultant de la vente de l'inventaire est un revenu ou une perte d'entreprise. Comme nous l'avons vu précédemment, la vente de biens amortissables peut occasionner une récupération d'amortissement ou une perte finale. De plus, si le prix de vente d'un bien est supérieur à son coût d'achat, vous devrez calculer un gain en capital (voir le chapitre 5) et l'inclure dans la déclaration de l'année civile concernée par opposition à l'exercice habituel. Par exemple, si l'exercice d'une entreprise se termine le 30 juin 2008, tout gain en capital réalisé entre le 1er juillet 2008 et le 31 décembre 2008 lors de la vente de biens utilisés dans l'entreprise doit être inclus dans les déclarations de revenus de l'année 2008, même si le gain a été réalisé durant l'exercice se terminant le 30 juin 2009. Toutefois, notez qu'aucune perte en capital ne peut résulter de la vente de biens amortissables.

Le prix de vente d'une entreprise comprend généralement la vente d'un élément qui n'est pas tangible, mais qui représente souvent une fraction importante du prix total de la vente. Il s'agit de l'achalandage ou de la clientèle. Dans la loi, l'**achalandage** est désigné sous le nom de «**dépense en capital admissible**». D'autres actifs intangibles tels que les marques de commerce font aussi partie des dépenses en capital admissibles.

Supposons que vous exploitiez un commerce de fruits et légumes dans un quartier où vous êtes établi depuis plus de 25 ans. Vous n'avez pas de concurrent, et ceux qui se sont installés au cours des années passées ont tous fermé leurs portes. Votre réputation tient à la qualité de vos produits et à la propreté de l'endroit. Lorsque vous déciderez de vendre votre entreprise, vous voudrez certainement être compensé pour cette exclusivité et pour la clientèle que vous aurez bâtie au cours de toutes ces années. En effet, l'acheteur éventuel bénéficiera de ces atouts et il sera prêt à payer un prix pour en profiter. Vous aurez alors vendu votre achalandage.

Les gens qui ont commencé eux-mêmes l'exploitation de leur entreprise n'ont généralement rien payé pour acquérir de l'achalandage. Dans ces cas, lors de la vente de l'entreprise, une fraction égale à 50 % du montant obtenu pour l'achalandage n'est pas imposable. **L'autre moitié est réputée être un revenu d'entreprise.**

Si vous avez payé une certaine somme pour acquérir une ou des dépenses en capital admissibles, 75 % de ce montant a été inscrit dans un compte appelé montant cumulatif des immobilisations admissibles. Ce compte ressemble beaucoup à une catégorie d'amortissement à l'égard de laquelle une dépense annuelle de 7 %, calculée sur le solde non amorti, peut être réclamée. Lorsqu'une vente survient, une fraction égale à 75 % du prix de vente est appliquée en réduction du solde non amorti.

Exemple

Denis a acheté un commerce de détail en février 2005 et a payé, entre autres, 16 000 $ pour l'achalandage. Au cours des trois exercices terminés le 31 décembre de chaque année, il a réclamé les déductions maximums sur sa seule dépense en capital admissible.

Acquisition d'une dépense en capital admissible en 2005 (16 000 $ × 75 %)	12 000 $
Déduction réclamée en 2005 (12 000 $ × 7 %)	(840)
Solde non amorti à la fin de 2005	11 160 $
Déduction réclamée en 2006 (11 160 $ × 7 %)	(781)
Solde non amorti à la fin de 2006	10 379 $
Déduction réclamée en 2007 (10 379 $ × 7 %)	(727)
Solde non amorti des dépenses en capital admissibles à la fin de 2007	9 652 $

Le 15 novembre 2008, Denis vend son entreprise et obtient pour son achalandage une somme de 40 000 $ dont 75 %, soit 30 000 $, s'applique en réduction du solde non amorti des dépenses en capital admissibles. Denis se retrouve donc avec un montant négatif de 20 348 $ (9 652 $ – 30 000 $) dont une partie (2 348 $) correspond au total des déductions de 7 % réclamées depuis le début de l'entreprise. Autrement dit, il y a récupération de ces déductions. Le solde restant de 18 000 $ (20 348 $ – 2 348 $) est un revenu d'entreprise dont les 2/3 seulement sont imposables, soit 12 000 $ dans ce cas-ci. Au total, Denis doit inclure 14 348 $ à titre de revenu d'entreprise pour l'année 2008.

Si le propriétaire d'entreprise avait fait un choix au 22 février 1994 pour profiter de l'exemption pour gains en capital relativement à son achalandage, il pourrait y avoir **réduction du revenu d'entreprise** réalisé lors d'une vente future.

Reprenons l'exemple et supposons que Denis ait acheté son commerce en 1990 pour une somme de 16 000 $. Au 22 février 1994, la valeur de l'achalandage s'établissait à 26 000 $, et Denis a fait le choix d'exempter le gain en capital accumulé de 10 000 $.

Valeur de l'achalandage au 22 février 1994	26 000 $
Moins : prix payé à l'achat	(16 000)
Gain en capital	10 000 $
Gain en capital imposable (75 %)	7 500 $

En faisant ce choix, un compte de solde des gains exonérés égal à 7 500 $ a été créé afin d'éviter qu'il y ait une double imposition au moment de la vente réelle.

En supposant que Denis ait réclamé des déductions pour amortissement totalisant 6 200 $, le solde non amorti des dépenses en capital admissibles est égal à 5 800 $ à la fin de l'année 2007. Compte tenu de la vente de l'achalandage pour une somme de 40 000 $ en 2008, Denis calcule le revenu d'entreprise découlant de cette vente de la façon suivante :

Solde non amorti des dépenses en capital admissibles	5 800 $
Moins : prix de vente (40 000 $) × 75 %	(30 000)
Montant négatif	24 200 $
Récupération dès déductions d'amortissement	(6 200)
Revenu d'entreprise	18 000 $
Solde des gains exonérés	(7 500)
	10 500 $
	× ⅔
Revenu d'entreprise	7 000 $

À la suite de la vente, Denis doit inclure un revenu d'entreprise provenant de la vente de l'achalandage égal à 13 200 $. Il s'agit, d'une part, de la récupération des déductions pour amortissement réclamées (6 200 $) et, d'autre part, de la moitié de l'augmentation de valeur de l'achalandage par rapport à la valeur choisie au 22 février 1994 (40 000 $ − 26 000 $) × 50 %. Ce calcul fait en sorte que la plus-value des dépenses en capital admissibles n'est incluse dans le calcul du revenu qu'à concurrence de 50 %, soit de la même manière qu'un gain en capital réalisé sur tout autre type de bien.

Si l'achalandage a été acquis avant 1988, la moitié des déductions réclamées pour les exercices commençant avant 1988 réduira la partie du revenu d'entreprise qui peut être exemptée par le solde des gains exonérés.

Si vous avez vendu les actifs de votre entreprise et que vous avez reçu une **somme relativement à un engagement de non-concurrence** envers votre acheteur, cette somme pourra être considérée comme le prix de vente d'une immobilisation admissible si vous en faites le choix conjointement avec l'acheteur sur les formulaires prescrits à cet effet. Ce choix vous permettra d'inclure seulement la moitié de cette somme dans le calcul de votre revenu plutôt que la totalité si un tel choix n'est pas fait. Le choix doit être présenté dans la déclaration de revenus du vendeur pour l'année qui comprend la date de la conclusion de l'engagement de non-concurrence.

Les acomptes provisionnels d'impôt

Les personnes gagnant un revenu d'entreprise ou de profession doivent généralement verser des acomptes d'impôt tous les trois mois. Consultez le chapitre 14 pour obtenir plus de détails.

Droits annuels d'immatriculation

Si vous exploitez une entreprise individuelle sous un nom ne comprenant pas votre nom de famille et votre prénom, vous êtes tenu de payer des droits annuels d'immatriculation au Registre des entreprises du Québec (REQ). Tel est le cas, par exemple, si vous êtes fleuriste et que vous utilisez «Bouquet de printemps» comme nom commercial. Depuis 2005, ces droits de 32 $ par année sont payables lorsque vous produisez votre déclaration de revenus du Québec. À cette fin, Revenu Québec vous envoie un état de renseignements indiquant un numéro de référence. Ce document contient les informations qui sont déjà enregistrées au REQ. Peu importe qu'il y ait des corrections à apporter ou non, vous devez remplir l'annexe O de la déclaration de revenus du Québec pour que votre dossier soit mis à jour auprès du REQ.

Les registres de l'entreprise

La loi oblige les personnes qui exploitent une entreprise à tenir des registres et des livres de comptes qui contiennent, entre autres, les renseignements suivants :

- les revenus et les dépenses d'entreprise ;

- les montants perçus relativement à la TPS et à la TVQ ;

- les montats de taxes payés justifiant les demandes de crédit de taxe sur les intrants (CTI) ou de remboursement de la taxe sur les intrants (RTI) ;

- toute information ayant servi au calcul des retenues à la source et des cotisations d'employeur.

Les registres (sur support papier ou électronique) doivent permettre de pouvoir retracer efficacement les **pièces justificatives**, c'est-à-dire :

- les factures à l'appui des revenus ;

- les chèques oblitérés, les chèques annulés ainsi que les reçus ;

- un relevé du kilométrage effectué par chaque automobile utilisée en partie pour les affaires et en partie pour un usage personnel ;

- les pièces justificatives concernant les déplacements ;
- les pièces justificatives concernant les dépenses en immobilisation ;
- les factures et les relevés mensuels des transactions effectuées par carte de crédit ;
- les registres indiquant le nom des employés, leur salaire et les retenues faites pour chacun d'eux.

Les registres électroniques doivent être intelligibles, conservés adéquatement et accessibles. Vous devez vous assurer de sauvegarder vos registres électroniques pour éviter qu'ils soient accidentellement supprimés ou effacés. Même si vous confiez la tâche de tenir vos registres à une tierce personne, vous demeurez responsable de leur conservation. Autrement dit, si la tierce personne s'occupant de la tenue de vos registres modifie ses systèmes ou s'il y a conversion d'un support à un autre, vous demeurez responsable de la fiabilité de vos registres. Des mesures doivent être prises pour éviter la perte, la destruction et la modification des renseignements et des données.

La plupart des registres et des pièces justificatives doivent être **conservés au moins six ans** après la fin de l'année à laquelle ils se rapportent. Par exemple, les registres et les reçus relatifs à l'année 2008 doivent être conservés jusqu'au 31 décembre 2014. Par ailleurs, si vous produisez votre déclaration de revenus en retard, le délai de six ans commence à la date où vous la soumettez aux autorités fiscales.

Certains registres permanents, notamment le grand livre général qui reporte d'une année à l'autre les soldes des comptes du bilan ainsi que des contrats spéciaux, doivent être conservés jusqu'à la fin de la sixième année qui suit l'année de la cessation d'existence de l'entreprise.

Chapitre 4

Quels sont vos revenus de placements?

Les revenus d'intérêts

Les revenus d'intérêts peuvent provenir de plusieurs sources, notamment de dépôts bancaires, de placements à terme (tels les dépôts garantis ou les certificats de dépôts), d'obligations d'épargne, d'obligations municipales, de prêts hypothécaires ou autres prêts, etc. Tous ces revenus d'intérêts sont imposables.

Vous devez également inclure dans votre revenu les intérêts ajoutés à vos remboursements d'impôts.

Les intérêts reçus sur des placements qui prévoient le versement d'intérêts au moins une fois l'an ou sur des placements dont l'échéance est d'un an ou moins, doivent être inclus dans vos déclarations de revenus de l'année de l'encaissement. C'est ce que l'on appelle la méthode de comptabilité de caisse. Par exemple, vous devez inclure en 2008 les intérêts reçus sur les dépôts en banque, les obligations d'épargne du Canada et du Québec à intérêt régulier et tout autre placement qui prévoit au moins un versement annuel d'intérêts. Vous recevrez des feuillets T5 et relevé 3 vous confirmant les intérêts versés en 2008. Par exception, une institution financière ou un autre débiteur qui vous a versé moins de 50 $ de revenus d'intérêts n'est pas tenu de vous remettre un feuillet T5 ou relevé 3, mais vous devez quand même inclure ces intérêts dans votre revenu.

Placement à intérêts composés acquis en 1990 et après

Les placements à intérêts composés accumulent les intérêts. Ceux-ci ne sont versés qu'à l'échéance des placements. Les détenteurs de placements à intérêts composés acquis après 1989 doivent **inclure dans le calcul de leur revenu les intérêts annuels** gagnés même si ceux-ci n'ont pas été encaissés. Un investisseur qui détient des placements à intérêts composés acquis entre le 1er janvier 1982 et le 31 décembre 1989 doit inclure les intérêts composés sur de tels placements tous les trois ans ou annuellement s'il en fait le choix.

Les intérêts annuels sur un placement à intérêts composés acquis après 1989 sont calculés à chaque anniversaire du placement par le débiteur et déclarés sur les feuillets T5 et relevé 3. Le premier anniversaire d'un placement correspond à la date qui tombe un an moins un jour après la date de l'achat du placement. Les anniversaires subséquents surviennent ensuite à la même date que le premier anniversaire ou avant si le placement arrive à échéance. Par exemple, si vous avez acquis un certificat de dépôt à intérêts composés le 15 juillet 2005 dont l'échéance est le 14 juillet 2008, vous avez reçu des feuillets pour l'année 2006 indiquant les intérêts courus de la date d'achat jusqu'à la date du premier anniversaire, soit le 14 juillet 2006. Pour l'année 2007, vous avez inclus les intérêts accumulés jusqu'au deuxième anniversaire, soit du 15 juillet 2006 au 14 juillet 2007. En 2008, vous inclurez les intérêts accumulés jusqu'à la date d'échéance. Si vous avez encaissé votre certificat de dépôt avant son échéance, supposons le 1er mars 2008, les feuillets de l'année 2008 indiqueront les intérêts courus pour la période du 15 juillet 2007 au 1er mars 2008 inclusivement.

Si vous détenez des obligations d'épargne du Canada ou du Québec à intérêts composés (achetées en 2007 ou avant), vous recevrez des feuillets pour l'année 2008 indiquant les intérêts que vous devrez inclure dans vos déclarations de revenus de 2008.

En raison de l'imposition des revenus à chaque anniversaire, il est possible de reporter d'un an l'imposition de vos revenus d'intérêts. Par exemple, si vous avez un montant de 30 000 $ à investir au 31 janvier 2009, vous pourrez acheter un certificat de dépôt dont l'échéance est dans un an ou plus, de sorte que l'intérêt gagné du 1er février 2009 au 31 janvier 2010 ne fera partie de votre revenu net qu'en 2010.

Bons du Trésor et obligations

Les bons du Trésor sont des titres émis par le gouvernement du Canada ou d'une province pour une courte période, soit 3, 6 ou 12 mois. Ils ne procurent pas de revenus d'intérêts déterminés à l'avance. Ces titres sont plutôt achetés à un prix inférieur à leur valeur nominale. Le prix tient compte du taux d'intérêt du marché et du nombre de jours restant jusqu'à l'échéance. Le montant reçu à l'échéance moins le prix payé à l'achat représente un revenu d'intérêt. Par exemple, Ghislaine a acquis le 19 juillet 2008 un bon du Trésor d'une valeur nominale de 30 000 $ au prix de 29 670 $, dont l'échéance est le 20 septembre 2008. À cette date, elle reçoit la somme de 30 000 $. Dans ses déclarations de revenus de 2008, Ghislaine devra inclure un revenu d'intérêt de 330 $, soit 30 000 $ − 29 670 $.

Nous avons discuté, dans les rubriques précédentes, des obligations d'épargne du Canada et du Québec. Une de leurs caractéristiques est qu'elles sont remboursables en tout temps à leur valeur nominale. Il existe d'autres obligations, émises par les gouvernements, les municipalités et les sociétés. Ces titres procurent aussi un rendement en intérêts, exprimé par un pourcentage fixe de la valeur nominale de l'obligation ; cependant, ces titres ne sont pas remboursables avant leur échéance. Il existe donc un marché secondaire qui permet aux investisseurs d'acheter et de vendre des obligations à des prix qui fluctuent en raison de plusieurs facteurs, dont le taux d'intérêt en vigueur au moment de la transaction. Ainsi, **les obligations peuvent se vendre à un prix inférieur (à escompte), à un prix supérieur (à prime) ou à un prix égal à leur valeur nominale**. Par exemple, si vous vendez une obligation de 10 000 $, dont le taux d'intérêt est de 6 %, à un moment où le taux du marché est de 4,75 %, vous vendrez probablement à prime. Contrairement aux bons du Trésor, si vous recevez une somme de 10 400 $ lors de la vente d'une obligation payée 10 000 $, la prime de 400 $ n'est pas un revenu d'intérêt. Il s'agit plutôt d'un gain en capital. Si vous vendez à un prix inférieur à 10 000 $, vous réaliserez une perte en capital. Vous verrez au chapitre suivant quel est le traitement fiscal réservé aux gains et pertes en capital.

Coupons détachés

Les obligations (autres que les obligations d'épargne) prévoient généralement deux versements d'intérêts par année. Par exemple, une obligation d'Hydro-Québec de 1 000 000 $ émise en 1997, dont l'échéance est dans 25 ans (le 30 novembre 2022) avec un taux d'intérêt semi-annuel de 8 %, comporte 50 versements d'intérêts (dits coupons) de 40 000 $ chacun. Chaque coupon de 40 000 $ est payable à une date bien précise. En tant qu'investisseur, il est possible d'acheter un coupon plutôt que d'acheter l'obligation entière. C'est ce que l'on appelle un **coupon détaché**. Il s'agit tout simplement d'un droit de recevoir un paiement futur à une date donnée. Entre le moment de l'achat et le moment du paiement futur, vous ne recevrez aucun revenu d'intérêts.

Le coût d'achat d'un coupon détaché est établi en fonction du taux d'intérêt du marché et de la date du paiement futur. Par exemple, supposons que vous ayez acheté un des coupons détachés de l'obligation d'Hydro-Québec décrite précédemment. Vous l'avez acquis le 1er novembre 1999 au coût de 19 569 $. À l'échéance, supposons le 31 mai 2009, ce coupon vaudra 40 000 $. Si vous conservez votre coupon jusqu'à la date d'échéance, vous aurez obtenu un taux d'intérêt annuel composé de 7,75 %. C'est ce que l'on appelle le **taux d'intérêt théorique**. Ce taux vous est confirmé par votre courtier lorsque vous achetez votre coupon.

Les coupons détachés ne sont pas traités différemment des autres types de placements dont il a été question dans ce chapitre. **Vous devez donc inclure les intérêts gagnés annuellement même si vous n'avez rien encaissé.** C'est d'ailleurs pour cette raison que les coupons détachés sont surtout détenus par les régimes enregistrés d'épargne-retraite (REER).

Les intérêts sont calculés annuellement en fonction de la date d'échéance de l'obligation. Dans notre exemple, la date d'échéance est le 30 novembre. Ainsi, vous devrez inclure, dans votre revenu de l'année 2008, les intérêts courus du 1er décembre 2007 au 30 novembre 2008, et ainsi de suite. Votre courtier devrait faire ces calculs pour vous et vous en informer. Vous ne recevrez pas de feuillets de renseignements distincts pour ces intérêts courus.

Les coupons détachés, tout comme les obligations, se transigent sur le marché à des valeurs qui fluctuent, comme nous l'avons expliqué dans la rubrique précédente. Si vous vendez un coupon détaché avant son échéance, vous devrez inclure dans votre revenu les intérêts calculés au taux théorique jusqu'au moment de la vente. Si le prix de vente est supérieur au total du prix d'achat et de tous les intérêts calculés sur le coupon et inclus dans votre revenu, vous aurez réalisé un gain en capital. Inversement, si le prix de vente du coupon est inférieur au total du prix d'achat et des intérêts calculés, vous aurez réalisé une perte en capital.

Placement à rendement variable

Les produits financiers sont en constante évolution et les institutions financières proposent maintenant des placements dont le capital est garanti et remboursable à l'échéance, mais dont le rendement est variable. Il arrive même que le rendement ne puisse être connu qu'à l'échéance. Par exemple, vous investissez dans un billet de dépôt la somme de 5 000 $ dont l'échéance est dans cinq ans. Le rendement est payable à l'échéance et sera égal à la performance boursière des 30 plus grosses sociétés canadiennes. Autrement dit, si la valeur boursière de ces titres a augmenté de 8 % à la fin des cinq années, votre billet vous rapportera 8 %. Si la performance est de 2 %, vous recevrez 2 %. Si la performance est négative, vous n'aurez aucun rendement. Toutefois, vous ne perdrez rien puisque le capital est garanti. Les règles d'imposition annuelle des intérêts ne sont pas applicables pour de tels placements, puisque le rendement n'est quantifiable qu'à la fin de la période de détention. Par conséquent, le rendement obtenu est imposable en totalité en tant que revenus d'intérêts dans l'année où le placement devient échu.

Les revenus de dividendes

Si vous détenez des actions de sociétés publiques, c'est-à-dire celles qui sont cotées en Bourse, ou de sociétés privées, le rendement obtenu sur votre investissement s'exprime par des dividendes. Les dividendes proviennent des profits accumulés par une société après paiement de ses impôts. Ils peuvent vous être versés en argent ou en actions.

Les dividendes sont inclus dans le revenu de l'année où vous les recevez. Si un dividende est déclaré en décembre 2008 et versé en janvier 2009, il sera inclus dans votre revenu de l'année 2009.

Le calcul de l'impôt sur les dividendes reçus de sociétés canadiennes est différent de ce que nous avons vu jusqu'à maintenant. En effet, le montant à ajouter dans le calcul de votre revenu est plus élevé que le montant reçu. Il s'agit du dividende imposable. Par ailleurs, un crédit d'impôt pour dividendes est accordé en diminution de l'impôt à payer. Avant 2006, tous les dividendes versés par les sociétés canadiennes privées ou publiques recevaient le même traitement fiscal. En 2006, des modifications importantes ont été apportées, notamment pour créer deux catégories de dividendes. **La première vise les dividendes « ordinaires » versés, entre autres, par les sociétés privées sous contrôle canadien qui bénéficient de taux d'imposition réduits** (pour petite entreprise, pour bénéfices de fabrication ou pour revenus de placement donnant droit à un impôt remboursable). Ces dividendes sont majorés à 125 %. Le crédit d'impôt pour dividendes est égal à 13,33 % du montant imposable au fédéral et à 8 % au Québec.

La seconde catégorie de dividendes comprend la plupart des **dividendes versés par les sociétés publiques canadiennes, appelés dividendes «déterminés»**, dont le montant imposable équivaut à 145 % du montant reçu. Le crédit d'impôt pour dividendes est égal à 18,97 % du montant imposable au fédéral et à 11,9 % au Québec.

Des dividendes «déterminés» peuvent aussi être versés par des sociétés privées sous contrôle canadien. Par exemple, une société privée de portefeuille qui a reçu des dividendes «déterminés» de 5 000 $ sur des actions d'une société cotée en Bourse, peut à son tour verser un dividende «déterminé» égal à 5 000 $. Aussi, une société privée dont le revenu n'est pas admissible aux taux d'imposition réduits établis précédemment pourra verser des dividendes «déterminés».

Les feuillets T5 et Relevé 3 vous indiquent le montant des dividendes réels ainsi que le montant des dividendes imposables et du crédit pour dividendes. La société qui émet les feuillets a la responsabilité d'indiquer s'il s'agit de dividendes «déterminés» ou «ordinaires». Si vous avez reçu des **dividendes de sociétés étrangères**, consultez la rubrique «Les revenus de placements de source étrangère» plus loin dans ce chapitre.

En raison du calcul de l'impôt applicable à un dividende, il est plus avantageux de recevoir un revenu de dividendes qu'un revenu d'intérêts. Le tableau suivant compare le coût d'impôt marginal combiné fédéral-Québec applicable sur une somme de 100 $ reçue en 2008 sous forme de dividendes ou d'intérêts à divers paliers de revenus imposables.

	Taux marginal d'impôt applicable sur		
Revenu imposable	**Intérêts**	**Dividendes déterminés**	**Dividendes ordinaires**
0 $ – 37 500 $	28,53 %	1,14 %	11,74 %
37 501 $ – 37 885 $	32,53 %	6,94 %	16,74 %
37 886 $ – 75 000 $	38,37 %	15,42 %	24,05 %
75 001 $ – 75 769 $	42,37 %	21,22 %	29,05 %
75 770 $ – 123 184 $	45,71 %	26,06 %	33,22 %
plus de 123 184 $	48,22 %	29,69 %	36,35 %

Si votre revenu imposable en 2008 est de 40 000 $, vous paierez des impôts de 38,37 $ si vous ajoutez à votre revenu 100 $ d'intérêts. Si vous recevez plutôt des dividendes déterminés de sociétés publiques totalisant 100 $, vous paierez alors 15,42 $ en impôts. Le taux d'impôt applicable aux dividendes reçus est moins élevé parce que la société qui vous verse le dividende paie elle-même des impôts sur ses profits avant de les distribuer sous forme de dividendes. Pour déterminer le rendement le plus avantageux, l'investisseur averti se doit de comparer les taux de rendement après impôts qu'il peut obtenir sur son capital plutôt que de comparer les taux avant impôts. Par exemple, que choisiriez-vous entre un taux de dividende de 5 % et un taux d'intérêt de 6 % ? Compte tenu du taux d'impôt applicable à un niveau de revenu imposable de 40 000 $, le rendement net après impôts du dividende serait de 4,23 %, soit 5 % moins (5 % × 15,42 %). À ce même niveau, le rendement net obtenu sur les intérêts serait de 3,70 %, soit 6 % moins (6 % × 38,37 %). Comme vous pouvez le constater, dans cet exemple, il serait plus rentable d'investir en actions plutôt qu'en dépôts à terme.

Revenus de dividendes reçus par votre conjoint

Si votre conjoint a reçu durant l'année 2008 des dividendes, il peut être avantageux pour vous d'inclure tous les dividendes reçus par votre conjoint dans votre déclaration fédérale de l'année 2008. Par exemple, si le seul revenu de votre conjoint est un dividende imposable de 1 000 $, cela contribue à réduire le crédit personnel pour conjoint que vous pouvez réclamer à son égard (voir le chapitre 11). Dans un tel cas, vous pourriez considérer que ces dividendes ont été reçus par vous et présumer que le revenu de votre conjoint est nul. Vous paierez l'impôt sur ces dividendes, mais vous pourrez bénéficier d'un crédit plus élevé pour votre conjoint et aurez droit au crédit pour dividendes qu'il n'aurait pu utiliser puisqu'il n'aurait pas eu d'impôt à payer. Dans l'ensemble, un tel choix peut être profitable. Cette mesure n'est pas applicable dans la déclaration de revenus du Québec. Toutefois, les crédits d'impôt non remboursables dont le crédit pour dividendes non utilisés par un conjoint dont l'impôt à payer au Québec est nul, sont transférables à l'autre conjoint.

Revenus de dividendes : démutualisation des sociétés d'assurance-vie

Plusieurs grandes sociétés d'assurance-vie ont entrepris au cours des dernières années un processus de démutualisation pour se transformer en sociétés par actions. Par exemple, Sun Life du Canada, compagnie d'assurance-vie, est devenue une société par actions. Dans ce processus, la compagnie d'assurances offrait à ses investisseurs de recevoir un paiement en espèces ou des actions de la nouvelle entité. **Si vous avez choisi de recevoir un paiement en espèces**, cette somme est considérée comme un revenu de dividendes dans l'année où elle est reçue. Des feuillets T5 et relevé 3 seront émis et vous indiqueront le montant du dividende imposable et des crédits d'impôt pour dividendes.

Si vous avez opté pour les actions de la nouvelle entité, aucun feuillet ne sera émis. Vous devrez déclarer un gain en capital équivalant au prix de vente des actions (réduit des frais de vente, s'il y a lieu) lorsque vous vendrez les actions. Consultez le chapitre 5 pour déterminer le montant du gain en capital imposable à inclure dans vos déclarations de revenus.

Les revenus de placements de source étrangère

Les revenus d'intérêts et de dividendes provenant de source étrangère doivent être inclus dans le calcul de votre revenu net. Vous devez effectuer la conversion pour les exprimer en dollars canadiens en utilisant le taux de change moyen publié par la Banque du Canada que vous trouverez sur le site de l'ARC. **Les revenus de dividendes de sociétés étrangères ne sont pas majorés et ne donnent pas droit au crédit pour dividendes.** Nous pouvons dire que le traitement fiscal d'un dividende étranger est le même que celui accordé aux revenus d'intérêts.

Il est probable que des impôts du pays d'où proviennent vos revenus de placements aient été prélevés à la source par le payeur. Vous devez alors inclure dans votre revenu les montants bruts avant les retenues d'impôts. Afin d'éviter que des impôts canadiens et étrangers soient payés sur les mêmes revenus, vous pourrez généralement réclamer la totalité des retenues d'impôt étranger contre votre impôt fédéral en joignant à votre déclaration une preuve de paiement. Vous devez calculer votre crédit sur l'annexe 1 jointe à votre déclaration fédérale. Si le calcul ne vous permet pas de réclamer tout l'impôt étranger payé, vous pourrez généralement réclamer la différence dans votre déclaration de revenus du Québec en utilisant le formulaire TP-772. Si l'impôt étranger retenu représente plus de 15 % du revenu de placement étranger, vous aurez droit à une déduction au fédéral et au Québec parce qu'aucun crédit d'impôt n'est accordé pour cet excédent.

Supposons que vous ayez reçu, en 2008, un dividende de 1 000 $US d'une société américaine sur lequel une retenue d'impôt américain de 150 $US a été effectuée. Premièrement, vous devez convertir le tout en monnaie canadienne. Si, par exemple, le taux de change moyen durant l'année 2008 est de 1,05, vous devrez inclure un revenu de placement de 1 050 $ et convertir l'impôt étranger à 157,50 $ canadiens (150 $US × 1,05). Deuxièmement, en supposant que le résultat du calcul indiqué à l'annexe 1 vous permette de réclamer un crédit pour impôt étranger au fédéral de seulement 135 $, vous pourrez réclamer la différence de 22,50 $ dans votre déclaration de revenus du Québec.

Une personne qui détient, à un moment quelconque de l'année, **des biens à l'étranger** dont le coût total dépasse 100 000 $ (en dollars canadiens), doit remplir le formulaire T-1135 et le joindre à sa déclaration de revenus. En exigeant un tel formulaire, l'ARC veut s'assurer qu'une personne paie ses impôts sur son revenu de source mondiale. Les biens affectés principalement à votre usage ou à votre agrément personnel ne sont pas pris en compte dans la détermination du seuil de 100 000 $. Par exemple, si votre seul bien à l'étranger est un condo en Floride principalement utilisé (plus de 50 %) pour votre usage personnel, vous ne devez pas remplir le formulaire T-1135. Les biens à l'étranger devant faire l'objet d'une divulgation comprennent, entre autres, des comptes bancaires étrangers, des actions de sociétés étrangères qu'elles soient ou non détenues en dépôt chez un courtier canadien ou étranger, des obligations émises par des non-résidents (gouvernements ou autres), des immeubles situés à l'étranger (sauf ceux réservés principalement à l'usage personnel du propriétaire), etc. Les biens étrangers détenus dans un REER ou dans un FERR ne doivent pas être considérés pour déterminer si la limite de 100 000 $ est atteinte. Des pénalités importantes sont prévues pour ceux et celles qui ne se conforment pas à cette réglementation.

Les fonds communs de placement

Les fonds communs de placement sont aussi connus sous le nom de «**fonds mutuels**». Lorsque vous achetez des unités de fonds mutuels, vous investissez dans une «fiducie de fonds communs de placement». Cette fiducie utilise les sommes qu'elle a recueillies auprès des investisseurs pour acquérir des actions, des obligations, des contrats à terme, des bons du Trésor, etc. Sur le plan fiscal, le revenu net de la fiducie, compte tenu des frais de gestion et des frais d'administration, est distribué aux investisseurs en proportion du nombre d'unités qu'ils détiennent. Ainsi, chaque détenteur reçoit des **feuillets T3 et relevé 16** de la fiducie, indiquant sa part dans les différentes sources de revenus gagnées par la fiducie. Vous retrouverez notamment votre part dans les revenus de dividendes de sociétés canadiennes, les revenus de source étrangère, les gains en capital et les autres revenus, ceux-ci incluant les revenus d'intérêts. Vous inclurez ces montants dans vos déclarations de revenus comme si vous les aviez réalisés vous-même. Si vous détenez des unités de fonds communs de placement par l'entremise de votre REER, vous ne recevrez pas de feuillets puisque les revenus gagnés dans un REER sont à l'abri de l'impôt.

Si vous avez choisi de réinvestir votre part des revenus de la fiducie, vous recevrez les feuillets T3 et relevé 16 même si vous n'avez rien encaissé. En fait, vous êtes réputé avoir encaissé votre part des revenus et l'avoir réinvestie immédiatement pour acquérir de nouvelles unités du fonds. D'ailleurs, il est important de tenir compte de ces sommes réinvesties pour établir le coût fiscal de vos unités de fonds communs de placement lorsque vous les vendrez, sinon vous subirez les effets de la double imposition.

Certaines fiducies, généralement appelées fiducies de revenus ou fiducies de redevances, versent à leurs détenteurs durant l'année des sommes supérieures aux revenus fiscaux qu'elles réalisent. Leurs distributions sont donc une combinaison de revenus et de capital. La case 42 du feuillet T3 pour l'année 2008 vous indiquera la partie capital de la distribution reçue en 2008. Bien que ce montant ne soit pas imposable en 2008, il devra servir à réduire le coût fiscal de vos unités. L'exemple suivant illustre comment faire le suivi du coût fiscal d'unités d'un fonds commun de placement pour lequel vous choisissez de réinvestir les distributions.

Date	Transaction	Coût total en $ (A)	Nombre d'unités (B)	Coût moyen unitaire (A)/(B) $
15 septembre 2006	Achat à 12,50 $/unité	5 000	400	12,50
31 décembre 2006	Distribution réinvestie à 12,72 $ l'unité	418	32,86	12,72
	Nouveau coût	*5 418*	*432,86*	*12,52*
31 décembre 2007	Distribution réinvestie à 11,36 $ l'unité	364	32,04	11,36
	Partie non imposable incluse dans la distribution	(96)		
	Nouveau coût	*5 686*	*464,90*	*12,23*

30 juin 2008	Distribution réinvestie à 11,83 $ l'unité	476	40,24	11,83
	Nouveau coût	*6 162*	*505,14*	*12,20*
8 octobre 2008	Achat à 11,95 $ l'unité	1 500	125,52	11,95
	Nouveau coût	*7 662*	*630,66*	*12,15*
31 octobre 2008	Vente de 200 unités à 12,40 $ l'unité	(2 430) voir *	(200)	12,15
	Nouveau coût	*5 232*	*430,66*	*12,15*
31 décembre 2008	Distribution réinvestie à 12,04 $ l'unité	188	15,61	12,04
	Partie non imposable incluse dans la distribution	(70)		
	Nouveau coût	*5 350*	*446,27*	*11,99*

* C'est le coût des unités vendues (12,15 $ l'unité) qui doit être utilisé pour continuer à faire le suivi du calcul. La différence entre le prix de vente et le coût est un gain en capital (voir le chapitre 5).

Ce tableau indique que chaque fois que de nouvelles unités s'ajoutent, un nouveau coût moyen doit être calculé. Si les distributions étaient plutôt versées comptant à l'investisseur, seule la partie non imposable incluse dans la distribution devrait être prise en compte pour calculer le coût moyen. Bien entendu, vous devez faire des calculs séparés pour chaque fonds commun dans lequel vous détenez des unités.

Les feuillets de renseignements fiscaux T3 et Relevé 16 doivent être émis par les fiducies de fonds communs au plus tard le 31 mars. Toutefois, les fiducies ont l'obligation d'afficher, dès le 1er mars (ou le 8 mars selon le type de fiducie), le détail des distributions et des répartitions de revenus et de capital qui servent à préparer les feuillets sur le site Web de CDS Innovations inc. Par conséquent, vous pouvez préparer vos déclarations de revenus en utilisant les informations affichées sur le site Web sans attendre la réception des feuillets fiscaux qui, souvent, ne sont postés que dans les premiers jours d'avril.

Documents requis pour vos déclarations

En plus des feuillets T5, T3, relevés 3 et 16, la réglementation fiscale oblige les institutions financières et les courtiers en valeurs mobilières à dévoiler toutes les ventes de titres, notamment les actions, les bons du Trésor, les obligations négociables, les devises étrangères ainsi que les métaux précieux. Examinez vos états de compte et vous y trouverez peut-être un message écrit en petits caractères qui indique que les informations contenues dans ce document sont également transmises aux autorités fiscales. Vous ne recevrez pas de feuillets tels que ceux énumérés précédemment pour indiquer, par exemple, que vous avez vendu une obligation négociable. Malheureusement, en pratique, nous constatons souvent que les investisseurs croient que toute l'information fiscale pertinente se trouve sur ces feuillets.

Au cours des premières semaines de l'année 2009, vous devriez recevoir de votre institution financière **un relevé annuel des opérations sur titres** pour l'année 2008 qui indique, entre autres, le prix de vente des actions et des fonds communs de placement ou le montant obtenu à l'échéance des bons du Trésor, d'obligations négociables ou de coupons détachés. Ce relevé contient des informations importantes pour la préparation de vos déclarations de revenus. Assurez-vous de le transmettre au professionnel qui prépare vos déclarations de revenus. Ce relevé permet, entre autres, de déterminer les intérêts gagnés sur les bons du Trésor (soit la différence entre le montant reçu et le montant payé) et de calculer les gains ou les pertes en capital réalisés sur les titres vendus ou échus durant l'année. Certaines institutions soumettent parfois un relevé annuel beaucoup plus complet qui indique les coûts d'achat des titres vendus, ce qui aide grandement l'investisseur à calculer ses gains et pertes en capital.

Ne faites pas partie des investisseurs qui n'ouvrent pas leur courrier ou classent tout sans même en examiner le contenu, ou encore se débarrassent systématiquement des documents (souvent volumineux) qu'ils reçoivent de leur institution financière. En tant qu'investisseur, vous devriez au moins savoir comment seront déclarés les revenus ou les pertes provenant de vos investissements et quels sont les documents à conserver pour fins fiscales. Durant les dernières années, nous avons trop souvent vu des contribuables tout surpris d'être soumis à une vérification fiscale pour ne pas avoir déclaré leurs opérations sur titres.

Réorganisation d'une société américaine (*spin-off*)

Au cours des dernières années, il est souvent arrivé que des sociétés américaines se sont réorganisées afin de rationaliser leurs activités industrielles ou commerciales. L'une des façons de faire consiste à distribuer aux actionnaires d'une société américaine des actions d'une autre société américaine. Ainsi, après la réorganisation, l'investisseur se retrouve avec des actions de deux sociétés plutôt qu'une. L'expression anglaise utilisée pour décrire cette opération est *spin-off*. Il s'agit bien sûr de transactions complexes qui impliquent à la fois des investisseurs canadiens et américains. Contrairement aux actionnaires américains qui peuvent bénéficier d'un report d'impôt aux États-Unis, les actionnaires canadiens qui reçoivent des actions d'une autre société américaine à la suite d'une telle réorganisation doivent généralement inclure dans leur revenu la valeur des actions reçues. Il s'agit en fait d'un dividende de source étrangère. Le montant inclus dans le revenu est considéré comme le prix d'achat des nouvelles actions reçues.

Lorsque la réorganisation est admissible, ce qui est confirmé par l'intermédiaire d'un courtier en valeurs mobilières, un choix fiscal permet de ne pas inclure le montant du dividende étranger dans le calcul du revenu. Par ailleurs, il faut alors partager le coût fiscal des actions détenues avant la transaction entre ces dernières et les nouvelles actions reçues afin de déterminer plus tard le profit ou la perte qui sera réalisé lors de la vente de toutes ces actions. Le résultat final obtenu en exerçant un tel choix est la transformation d'un revenu entièrement imposable en un gain en capital dont seulement la moitié est incluse dans le revenu dans l'année au cours de laquelle les actions visées seront vendues, ce qui représente un choix très avantageux.

Exemple

En 1999, Bianca a acquis 150 actions de la société américaine Wowco au coût de 15 000 $. En 2008, à la suite d'une réorganisation admissible, Bianca a vu apparaître dans son portefeuille de placements 325 actions de Winco. En février 2009, Bianca a reçu ses feuillets T5 et relevé 3, lesquels indiquent, entre autres, un montant de 2 500 $ à titre de dividende étranger concernant les actions de Winco. Si Bianca ne fait pas de choix, elle doit inclure la somme de 2 500 $ dans son revenu de 2008. Ses actions de Winco auront alors un coût fiscal de 2 500 $. Si Bianca vend toutes ses actions de Wowco et de Winco en 2009 pour la somme de 24 500 $, elle aura alors réalisé un gain en capital de 7 000 $, soit la différence entre le prix de vente de 24 500 $ et le coût fiscal de 17 500 $ (15 000 $ + 2 500 $). Le gain en capital imposable à inclure dans son revenu en 2009 sera égal à 50 % de 7 000 $, soit 3 500 $.

Si Bianca fait le choix de ne pas inclure le montant de 2 500 $ dans son revenu en 2008, le coût fiscal de l'ensemble des actions de Wowco et de Winco demeurera à 15 000 $. Si elle vend tout en 2008 pour 24 500 $, elle réalisera alors un profit de 9 500 $ dont seulement la moitié sera imposable, soit 4 750 $.

Si elle ne fait pas de choix, Bianca devra inclure un revenu total de 6 000 $ pour les années 2008 et 2009 (2 500 $ + 3 500 $). En faisant le choix, le revenu total sera de 4 750 $. Il y a donc une économie d'impôt intéressante à réaliser.

L'actionnaire qui désire se prévaloir du choix à l'égard d'une réorganisation admissible survenue en 2008 doit joindre un avis écrit à ses déclarations de revenus. Cet avis doit indiquer le nombre, le coût fiscal et la valeur au marché des actions originaires avant et après la réorganisation. Il doit aussi mentionner le nombre et la valeur des nouvelles actions reçues. Finalement, il lui faut joindre le feuillet d'impôt qui indique le montant du dividende étranger.

Bien que les réorganisations de type *spin-off* soient assez fréquentes aux États-Unis, il n'est pas impossible que de telles transactions soient entreprises dans d'autres pays. Les sociétés impliquées doivent d'abord s'adresser à l'ARC afin que celle-ci autorise le choix fiscal décrit précédemment. Votre courtier pourra confirmer s'il s'agit d'une réorganisation admissible. Plusieurs mois peuvent s'écouler entre la date de la réorganisation et celle où l'ARC confirme qu'il s'agit d'une réorganisation admissible au choix fiscal. Il se peut donc que votre courtier vous transmette l'information après que vous avez présenté vos déclarations de revenus de l'année. Dans une telle situation, vous pourrez faire corriger vos déclarations pour vous prévaloir du choix. Consultez la rubrique «Pouvez-vous modifier votre déclaration après sa production?» au chapitre 14.

Frais de placements: intérêts, frais financiers et abris fiscaux

Intérêts

En général, les intérêts payés pour gagner des revenus de placements (tels que les intérêts et les dividendes) sont déductibles. **Au Québec, une mesure applicable depuis 2004 peut limiter le montant déductible.** Nous en expliquons les effets sous la rubrique «Nouvelle limite à la déduction des frais de placements au Québec» un peu plus loin dans ce chapitre.

Vous pouvez déduire les intérêts payés au moyen de retenues effectuées sur votre salaire pour acheter des obligations d'épargne du Canada ou du Québec.

Vous pouvez déduire à titre d'intérêts payés **l'avantage imposable découlant d'un prêt sans intérêt** ou à un taux préférentiel par rapport au taux du marché consenti par votre employeur, si la somme empruntée a servi à acquérir des placements.

Des **intérêts payés lors de l'acquisition de titres** sont déductibles. Par exemple, supposons que vous ayez acheté le 1er mai 2008 une obligation émise par Hydro-Québec qui prévoit des versements d'intérêts deux fois l'an, soit le 1er septembre et le 1er mars.

Au prix d'achat de cette obligation s'est ajoutée une somme équivalant à deux mois d'intérêts pour la période du 1er mars au 30 avril 2008. Ces intérêts payés sont déductibles. Sur le plan pratique, vous recevrez des feuillets T5 et relevé 3 indiquant les intérêts reçus pour les six mois se terminant le 1er septembre à inclure dans vos déclarations de revenus. Vous recevrez aussi de votre courtier un sommaire des revenus et des frais payés pour l'année 2008, lequel vous informera des intérêts versés à l'achat de l'obligation admissibles en déduction. Ne confondez pas cela avec la prime payée à l'achat d'une obligation dont nous avons discuté précédemment.

Les **intérêts payés** sur un emprunt pour contribuer à un régime enregistré d'épargne-retraite (**REER**) ou à un régime enregistré d'épargne-études (**REEE**) ne sont **pas déductibles**. En plus, **au Québec, les intérêts payés** pour acquérir des actions du Fonds de solidarité des travailleurs du Québec (**FSTQ**), du **Fondaction** ou du **Capital régional et coopératif Desjardins** ne sont **pas déductibles**.

Les intérêts payés sur un emprunt effectué pour gagner des revenus de placements peuvent demeurer déductibles si vous n'avez plus le placement. Par exemple, supposons que vous ayez emprunté en 2003 pour investir 10 000 $ en actions d'une société publique. Celle-ci, mise en cause dans un scandale financier, fait faillite en 2008 et vous perdez tout. Les intérêts payés après la faillite demeureront déductibles même si vous n'avez plus d'actions dans cette société.

Les intérêts que vous devez payer sur un emprunt effectué pour gagner des revenus de placements demeurent aussi déductibles après la vente d'un placement à perte. Par exemple, supposons que vous ayez emprunté 5 000 $ en 2004 pour acquérir 500 actions à 10 $ chacune de Fortuna inc. Depuis ce moment, vous n'avez payé que les intérêts sur cet emprunt. En septembre 2008, alors que le solde impayé de votre emprunt est toujours de 5 000 $, vous vendez toutes vos actions pour la somme de 3 600 $. Votre perte réalisée sur les actions est donc de 1 400 $. Si vous réinvestissez les 3 600 $ en d'autres placements générateurs de revenus, tous les intérêts sur le solde impayé de l'emprunt demeureront déductibles. Si vous utilisez tout le montant provenant de la vente des actions pour votre usage personnel, par exemple pour faire un voyage ou pour rénover votre chalet, il est normal que les intérêts sur la partie de l'emprunt égale à 3 600 $ ne soient plus déductibles dans l'avenir. Par contre, vous pourrez déduire des intérêts comme si le montant emprunté n'était que de 1 400 $. Si vous aviez emprunté 4 000 $, soit 80 % du coût d'achat (5 000 $)

initial des actions, vous pourriez continuer à déduire les intérêts comme si vous aviez un emprunt de 1 120 $. Ce montant représente la fraction de la perte de 1 400 $ en proportion de l'emprunt ayant servi à financer l'achat initial (1 400 $ × 80 %).

Frais financiers

Les frais de **gestion** ou de **garde de placements** sont déductibles, de même que les **honoraires payés à un conseiller en placement** pour obtenir des conseils quant à la vente ou à l'achat de certains titres et à l'administration d'un portefeuille. Notez que **ces frais ne comprennent pas les commissions payées lors de l'achat ou de la vente** d'actions ou d'autres placements. Ces commissions serviront plutôt à déterminer le profit ou la perte découlant de la vente (voir le chapitre 5).

Les **frais d'administration d'un REER** ne sont **pas déductibles** et les frais de **location de coffres bancaires** sont déductibles au **fédéral seulement**. Ni le coût d'abonnement à des revues ou à des magazines financiers ni le coût relatif à l'utilisation d'Internet ne sont déductibles pour les investisseurs (à l'exception de ceux qui considèrent que leurs transactions sur placements représentent un revenu d'entreprise).

Abris fiscaux : société en commandite et actions accréditives

Les abris fiscaux sont souvent offerts sous forme de participation dans une **société en commandite**. Nous pouvons définir, d'une façon simplifiée, qu'une société en commandite réunit les sommes investies par chacun des participants dans un but commercial spécifique. Par exemple, l'exploitation d'entreprises agricoles, de complexes immobiliers ou de ressources naturelles peut se faire par le biais d'une société en commandite. Le **commanditaire (appelé aussi associé déterminé)**, c'est-à-dire l'investisseur, peut alors bénéficier de certaines déductions fiscales en proportion du montant investi. En général, les déductions provenant d'une participation dans une société en commandite ne pourront jamais dépasser le montant investi, et la responsabilité de l'investisseur est limitée à ce montant.

Dans le domaine des **ressources minières, pétrolières et gazières**, les déductions fiscales peuvent être transférées à l'investisseur au moyen d'actions accréditives. En émettant ce type d'actions, une société peut renoncer à ses déductions relatives aux ressources en faveur des actionnaires. Ceux-ci peuvent donc bénéficier de ces déductions pour réduire leurs impôts. **Au fédé-**

ral, la déduction pour frais d'exploration de ressources minières, pétrolières et gazières est égale à 100 % des frais engagés. **Au Québec**, la déduction est également de 100 %. Toutefois, lorsqu'il s'agit de frais d'exploration gazière, pétrolière ou minière de surface engagés au Québec, le taux de déduction passe de 100 % à 150 %. S'il s'agit de frais d'exploration minière (autres que de surface) engagés au Québec, le taux de déduction est alors égal à 125 %.

Les actions accréditives ont un coût fiscal nul, de sorte que leur vente génère un gain en capital égal au prix de vente obtenu. Au Québec, le gain en capital peut être complètement exempt d'impôt lorsque l'action accréditive est vendue à un prix n'excédant pas le prix payé à l'achat. D'autres conditions doivent aussi être remplies; procurez-vous le formulaire TP-726.20.2 à ce sujet. Cette exemption de gain en capital n'est pas accordée à l'égard des actions accréditives acquises après le 12 juin 2003 et avant le 31 mars 2004.

Les actions accréditives émises aux termes d'une convention conclue après le 1er mai 2006 et avant le 1er avril 2009 peuvent donner droit à **un crédit d'impôt non remboursable au fédéral correspondant à 15 % des dépenses d'exploration minière.**

La fiscalité relative aux abris fiscaux est complexe. De plus, les économies d'impôt souhaitées peuvent être reportées en raison des dispositions relatives à **l'impôt minimum de remplacement** (voir le chapitre 13) et à la restriction applicable aux frais de placements expliquée ci-dessous.

Limite à la déduction des frais de placements au Québec

Depuis 2004, la déduction des frais de placements est limitée au Québec. La logique du ministre des Finances est claire: le montant des **frais de placements** qui peut être réclamé en déduction pour une année ne peut pas dépasser le montant des **revenus de placements** déclarés pour cette même année.

Les **frais de placements** comprennent les intérêts payés pour gagner des revenus de placements, le montant déduit relativement à l'avantage imposable découlant d'un prêt sans intérêt, les frais de gestion ou de garde de placements, les honoraires payés à un conseiller en placements, les pertes provenant de sociétés en commandite. Les frais de placements incluent aussi la moitié des déductions relatives aux ressources provenant d'actions accréditives émises après le 11 mars 2005. Toutefois, sans égard à la date d'émission des actions accréditives, les montants pour ressources de

125 % et de 150 % à l'égard de **frais d'exploration engagés au Québec** ne sont pas compris dans le total des frais de placements. Autrement dit, les déductions au titre de frais d'exploration **engagés au Québec** ne sont pas limitées.

Les **revenus de placements** comprennent, entre autres, les dividendes imposables, les intérêts de source canadienne, le revenu provenant d'une société en commandite, les revenus provenant d'une fiducie, les revenus de placements étrangers et les redevances de source canadienne. Les revenus de placements incluent aussi les gains en capital nets imposables (soit la moitié de l'excédent des gains sur les pertes de l'année), excluant les gains en capital admissibles à l'exemption pour gains en capital. La déduction de pertes en capital nettes provenant d'autres années réduit le total des revenus de placements.

Notez que ni le revenu ni la perte nette de location d'immeubles ne sont inclus dans les revenus ou les frais de placements selon le cas.

La partie des frais de placements de 2008 qui dépasse vos revenus de placements de cette même année n'est pas déductible. Elle pourra être appliquée à l'une des trois années précédentes ou dans toute année d'imposition subséquente, dans la mesure où les revenus de placements gagnés dans l'une ou l'autre de ces années seront plus élevés que les frais de placements qui auront été déduits. Vous devez utiliser le formulaire TP-1012.B pour demander un report à l'une des trois années précédentes.

En remplissant **l'annexe N**, vous constaterez que la totalité ou une partie des frais de placements excédentaires des années antérieures peut être déduite en 2008 jusqu'à concurrence de votre revenu net de placements de 2008 (soit la différence entre vos revenus de placements et vos frais de placements pour 2008). Autrement, si vous avez un excédent de frais de placements pour 2008, celui-ci s'ajoutera au montant cumulatif des années antérieures et le tout sera disponible pour déduction contre les revenus nets de placements des années futures.

Si vos revenus de placements futurs demeurent insuffisants, sachez que **les frais de placements non déduits en raison de la présente limite seront déductibles sans restriction dans l'année de votre décès** et dans l'année précédente.

Exemple

Vickie a compilé ses revenus et frais de placements pour 2008.

Dividendes imposables	420 $
Intérêts gagnés	250 $
Gains en capital imposables	800 $
Revenus de placements	1 470 $
Honoraires payés à un conseiller en placements	675 $
Intérêts payés	170 $
Perte d'une société en commandite	950 $
Frais de placements	1 795 $
Excédent des frais sur les revenus (1 795 $ − 1 470 $)	325 $

Dans cet exemple, un montant de 325 $ ne peut être déduit en 2008. Pour remplir sa déclaration du Québec, Vickie indiquera intégralement les divers revenus et frais de placements sur les lignes appropriées de sa déclaration. Le montant de 325 $, calculé sur l'annexe N, servira à augmenter son revenu net de 2008. Si Vickie a suffisamment de revenus de placements en sus de ses frais de placements pour l'une des trois années précédentes, elle pourra demander la déduction du montant de 325 $. Autrement, ce montant sera disponible pour déduction future.

L'attente raisonnable d'obtenir des profits

Le ministère des Finances du Canada a annoncé en octobre 2003 des changements visant à limiter la déduction de pertes d'entreprises et de biens. Des consultations publiques ont suivi et ont mis en lumière tout le climat d'incertitude lié aux modifications proposées qui devaient entrer en vigueur dès janvier 2005. Selon ces propositions, une perte ne serait déductible à l'égard d'une entreprise ou d'un bien que s'il est raisonnable de s'attendre à ce qu'un bénéfice cumulatif soit tiré de cette entreprise ou de ce bien. Contrairement à la nouvelle mesure applicable au Québec, la proposition fédérale refuse toute déduction si on ne peut démontrer cette possibilité d'obtenir un bénéfice cumulatif. Il n'est pas question de pouvoir utiliser les déductions refusées dans les années antérieures ou les années suivantes. De plus, **l'espoir d'obtenir un bénéfice cumulatif ne doit pas prendre en considération le gain en capital éventuel** que pourrait procurer le bien. Les inquiétudes soulevées par ce projet de loi sont pleinement justifiées, surtout à l'égard d'un emprunt contracté pour acquérir des actions ordinaires d'une société. En effet, dans un tel cas, l'investisseur poursuit essentiellement deux buts, soit l'obtention de revenus de dividendes et l'accroissement du capital. Souvent, c'est la possibilité de réaliser un gain en capital qui domine. Qu'arrivera-t-il si vos intérêts payés sur l'emprunt sont toujours plus élevés que vos revenus de dividendes, ou si vous ne recevez jamais de dividendes? Les représentants de l'ARC se veulent rassurants et illustrent leurs propos par les deux exemples suivants. La déduction d'intérêts serait accordée sur un emprunt utilisé pour acheter des actions ordinaires d'une société qui vous informe que des dividendes seront versés uniquement lorsque les flux de trésorerie le permettront. Les intérêts ne seraient pas déductibles si la politique de la société en matière de dividendes est la suivante: aucun dividende ne sera versé, les bénéfices de la société seront réinvestis de façon à accroître la valeur des actions et les actionnaires seront tenus de vendre leurs actions à un tiers dans un nombre fixé d'années pour réaliser leur valeur.

À ce jour, nous sommes toujours en attente de nouvelles propositions qui devraient répondre aux préoccupations soulevées par le milieu fiscal.

Y a-t-il des conséquences fiscales liées au don ou au prêt d'argent sans intérêt?

Vous trouvez certainement que vous payez assez d'impôts sur votre salaire, sur vos rentes ou sur vos autres sources de revenus. Vous aimeriez bien pouvoir faire fructifier vos économies sans en partager, dans certains cas, jusqu'à la moitié avec les gouvernements. Vous avez peut-être pensé à prêter ou à donner une partie de votre capital soit à votre conjoint, soit à vos enfants, soit à vos parents. Si ces personnes ont un revenu beaucoup moins élevé que le vôtre, elles paieraient sans doute peu ou pas d'impôt sur les revenus de placements. C'est ce que l'on appelle **le fractionnement du revenu**. Avant d'élaborer une planification de ce genre, il importe que vous **soyez au courant des «règles d'attribution»**.

Ces règles visent **les transferts de biens ou d'argent (incluant les dons et les prêts) entre conjoints et entre membres d'une même famille**. Tel qu'expliqué au chapitre 1, un conjoint peut être un conjoint marié, un conjoint selon les termes de la loi sur l'union civile ou un conjoint de fait (de même sexe ou non).

Les règles d'attribution ont pour effet d'ignorer que la propriété des biens a été transférée. Ainsi, les revenus gagnés sur les biens transférés continuent d'être inclus dans le revenu de la personne qui a procédé au transfert. Donc, **les règles d'attribution empêchent le fractionnement du revenu** dans la plupart des cas.

Examinons plus attentivement ces règles en fonction des personnes à qui les biens sont transférés.

Transferts au conjoint

La loi prévoit que les transferts de biens (incluant les dons et les prêts) entre conjoints s'effectuent sans impôt. C'est ce que l'on appelle les règles de roulement automatique entre conjoints. Par contre, **la loi indique que tous les revenus de biens (intérêts, dividendes, loyers) réalisés par le conjoint avec le bien transféré sont attribués à l'autre conjoint aussi longtemps que ceux-ci vivent ensemble**. Il en est de même avec les gains ou les pertes en capital (voir le chapitre 5) réalisés lors de la disposition des biens transférés.

Par exemple, Antoine possède des actions lui ayant coûté 1 000 $. Le 1er mars 2008, il les donne à Pascale, sa conjointe, alors qu'elles ont une valeur de 1 300 $. Ce transfert n'occasionne aucun impôt pour Antoine ; en effet, il n'a pas à inclure dans le calcul de son revenu le profit de 300 $ accumulé sur les actions. Ce sont les règles de roulement automatique qui s'appliquent. Toutefois, les revenus de dividendes reçus par Pascale en 2008 et après le 1er mars, date du transfert, seront attribués à Antoine, c'est-à-dire qu'il devra les inclure dans son revenu de l'année 2008. Il en sera ainsi pour les années suivantes, tant que Pascale et Antoine vivront ensemble. Bien entendu, Pascale ne devra pas inclure ces dividendes dans le calcul de son revenu. En pratique, les feuillets T5 et relevé 3 seront émis au nom de Pascale. Il est donc nécessaire de répartir les revenus pour distinguer ceux qui proviennent des actions transférées par Antoine. Si Pascale vend les actions, tout profit ou toute perte réalisé par rapport au coût initial de 1 000 $ sera aussi attribué à Antoine dans l'année de la vente. Par conséquent, tout se passe comme si Antoine n'avait jamais donné les actions à Pascale.

Si Antoine et Pascale se séparent en 2009, il faudra distinguer les revenus attribuables à la période de séparation de ceux attribuables à la période de vie commune, puisque seuls ces derniers seront imputés à Antoine. En matière de gain ou de perte en capital, la loi prévoit une attribution automatique, à moins que les conjoints séparés ne choisissent conjointement durant l'année de la séparation ou toute autre année subséquente qu'il n'y ait plus d'attribution à l'égard des gains et pertes réalisés durant la période de séparation.

Les règles d'attribution ne s'appliquent pas entre conjoints si ceux-ci concluent entre eux une vente à un prix correspondant à la valeur marchande du bien, c'est-à-dire à un prix qu'un étranger aurait payé pour le même bien. Dans un tel cas, le conjoint qui se départit du bien en faveur de l'autre doit calculer le gain en capital réalisé et l'inclure dans ses déclarations de revenus, en mentionnant par une note qu'il choisit que les règles de roulement automatique entre conjoints ne s'appliquent pas. Si le transfert de biens entre conjoints occasionne une perte en capital, celle-ci ne pourra être déduite par le conjoint vendeur et s'ajoutera au coût du bien ainsi transféré pour le conjoint acheteur s'il détient toujours le bien 30 jours après la date du transfert.

S'il s'agit d'un prêt entre conjoints, les règles d'attribution ne s'appliqueront pas si le prêt porte intérêt à un taux égal ou supérieur au taux prescrit (voir le tableau des taux prescrits au chapitre 2, à la rubrique « Votre employeur vous a-t-il consenti un prêt? »). Toutefois, les intérêts sur le prêt doivent être payés chaque année ou dans les 30 jours qui suivent l'année donnée. Si les intérêts ne sont pas payés pour une année dans les délais requis, les règles d'attribution s'appliqueront à compter de cette année et jusqu'à ce que le prêt soit remboursé.

Une vente à la valeur marchande peut être assortie d'un prêt. Dans ce cas, le prêt doit porter intérêt au taux prescrit ou à un taux supérieur pour éviter l'application des règles d'attribution. Par exemple, Liette a vendu à son conjoint, en mai 2008, un immeuble locatif dont la valeur marchande était de 225 000 $. Son conjoint lui a versé 75 000 $ et Liette lui a consenti un prêt de 150 000 $, payable sur 20 ans, au taux de 4 %, soit le taux prescrit en vigueur à ce moment. Les règles d'attribution ne s'appliqueront pas entre Liette et son conjoint, à la condition que les intérêts soient payés chaque année ou dans un délai de 30 jours après la fin de l'année. Liette ne doit pas oublier de joindre une note à ses déclarations de l'année 2008 mentionnant son choix de ne pas appliquer les règles de roulement automatique entre conjoints et elle doit inclure dans son revenu le gain réalisé à la vente de l'immeuble (voir le chapitre 6).

Transferts à des mineurs

Les transferts (incluant les dons et les prêts) en faveur de personnes mineures avec lesquelles vous êtes lié, soit vos enfants, vos petits-enfants, vos frères, vos sœurs, ainsi que ceux de votre conjoint, sont soumis aux règles d'attribution pour les revenus de biens (soit des intérêts, des dividendes, des revenus de loyers). Il en est de même si vous faites un transfert en faveur d'un neveu ou d'une nièce âgé de moins de 18 ans.

Les règles d'attribution cessent de s'appliquer dans l'année où la personne mineure atteint l'âge de 18 ans, sauf dans certains cas que nous verrons à la rubrique suivante.

Les gains ou les pertes en capital réalisés par la personne mineure sur les biens transférés ne sont pas attribués. Par conséquent, si vous donnez ou prêtez une somme d'argent à une personne mineure et que cette somme sert à acheter des actions dont le revenu de dividendes est faible mais qui ont un potentiel de gain en capital élevé, vous pourrez atteindre l'objectif de fractionnement visé, puisque seuls les revenus de dividendes vous seront attribués.

Tout comme dans le cas de transferts entre conjoints, les transferts de biens à des personnes mineures ne sont pas soumis aux règles d'attribution s'il s'agit de ventes à la valeur marchande, ou de prêts consentis à un taux égal ou supérieur au taux d'intérêt prescrit et dont les intérêts sont payés chaque année ou dans les 30 jours qui suivent.

Prêts à des personnes liées

Les personnes avec lesquelles vous êtes lié comprennent vos parents, vos grands-parents, vos frères, vos sœurs, incluant ceux de votre conjoint. Vos enfants et vos petits-enfants ainsi que ceux de votre conjoint sont aussi des personnes avec lesquelles vous êtes lié.

Les règles d'attribution (du revenu seulement et non du gain en capital) s'appliquent aux prêts (à l'exception des prêts portant intérêt décrits précédemment) **consentis à des personnes liées si l'un des principaux motifs est de réduire l'impôt d'une personne en transférant le revenu à la personne liée.** Ces règles visent donc le cas typique de fractionnement du revenu. Toutefois, seuls les prêts sont visés par cette règle; ainsi, **un don à un enfant majeur ou à toute autre personne liée âgée de 18 ans ou plus, à l'exception de votre conjoint, n'entraînera pas l'application des règles d'attribution.** Il est bien important de préparer tous les documents concernant les transactions afin qu'il n'y ait pas de doute possible, à savoir s'il y a eu don ou prêt.

Si vous prêtez à votre enfant majeur ou à toute autre personne qui vous est liée afin de lui permettre d'acquérir une maison, une voiture ou de financer ses études, les règles d'attribution n'auront aucune application, car aucun revenu n'aura été tiré du prêt en question.

Revenu gagné sur le revenu attribué

Les revenus gagnés qui proviennent de l'investissement des revenus tirés des biens transférés ne sont pas attribués. Par exemple, vous avez prêté 20 000 $ sans intérêt à votre conjoint au début de l'année 2008 qui ont généré des revenus de placements de 800 $. Ceux-ci vous sont attribués pour l'année 2008. Cependant, si ce montant de 800 $ est investi, tous les revenus futurs qui en découleront demeureront un revenu imposable pour votre conjoint. Il est fortement recommandé d'investir distinctement ces revenus afin de pouvoir démontrer clairement, et sans équivoque, aux autorités fiscales que ces revenus sont uniquement ceux qui découlent du réinvestissement. Ces règles s'appliquent également pour le réinvestissement des revenus provenant de biens transférés à un mineur ou de prêts à des personnes liées.

Attribution : règles anti-évitement

La loi prévoit de nombreuses règles pour contrecarrer les stratégies qui visent à éviter l'application des règles d'attribution. Une de ces règles concerne la substitution. Elle s'applique lorsque vous remplacez un bien transféré et visé par les règles d'attribution par un autre bien générateur de revenus de biens. Par exemple, supposons que votre conjoint vous ait donné des actions de la société Alpha inc., que vous avez vendues et dont vous avez utilisé le produit de la vente pour acquérir des unités de fonds communs de placement. Dans ce cas, les unités de fonds communs de placement ont été **substituées** aux actions, et les règles d'attribution continueront de s'appliquer afin que les revenus futurs découlant de ces unités soient attribués à votre conjoint.

Supposons que vous ayez emprunté la somme de 15 000 $ pour acquérir des placements en obligations. Par la suite, votre conjoint vous fait don d'une somme de 15 000 $ que vous utilisez pour rembourser votre emprunt. Dans de tels cas, les règles d'attribution s'appliquent après que le don a été fait, tout comme si le don reçu du conjoint avait été utilisé directement pour acheter les placements.

Soyez prudent et informez-vous si vous planifiez des transferts de biens, car les autorités fiscales en ont vu d'autres. La loi contient plusieurs dispositions pour contrer les plus malins.

Fiducies familiales et enfants mineurs

Plusieurs entrepreneurs exploitant une société privée ont planifié leurs affaires pour réduire leur fardeau fiscal. Ainsi, l'utilisation de fiducies ayant pour bénéficiaires des enfants mineurs permettait de distribuer des dividendes de la société privée aux enfants sans l'application des règles d'attribution. Il était donc possible de réaliser un fractionnement de revenus en toute légalité. Depuis le 1er janvier 2000, les dividendes provenant de sociétés privées reçus (par l'intermédiaire d'une fiducie ou non) par des enfants n'ayant pas atteint l'âge de 18 ans sont imposés au taux d'impôt marginal le plus élevé applicable à un dividende. Conséquemment, l'avantage de bénéficier d'un taux d'impôt plus faible a disparu.

Les mêmes règles s'appliquent si l'enfant mineur est bénéficiaire d'une société de personnes dont le revenu provient d'une entreprise exploitée par une personne liée à l'enfant. Un tel revenu d'entreprise est alors assujetti au taux d'impôt marginal le plus élevé, soit 48,2 %.

Planifications non touchées par les règles d'attribution

Paiement de soutien et prestation fiscale pour enfants

Les intérêts ou les autres revenus de placements provenant des sommes versées par le gouvernement du Québec dans le cadre du programme de paiements de soutien aux enfants et qui sont déposées dans un compte de banque au nom de l'enfant sont considérés comme un revenu de l'enfant et ne sont pas attribués. Il en est de même avec la prestation fiscale pour enfants versée par le gouvernement fédéral.

Les bénéfices pouvant découler de cette planification sont appréciables si vous la mettez en vigueur dès le plus jeune âge de l'enfant.

Revenu d'entreprise

Les règles d'attribution ne s'appliquent pas si le revenu gagné est un revenu d'entreprise. Ainsi, il est possible de prêter ou de donner de l'argent à son conjoint ou à une personne liée qui l'utilisera pour exploiter un commerce. Les revenus tirés de l'entreprise seront alors déclarés par cette personne.

Échange de biens

Nous avons vu que les transferts de biens effectués à la valeur marchande n'entraînent pas l'application des règles d'attribution. Imaginons que le conjoint ayant le revenu le plus élevé possède des actions rapportant des dividendes réguliers. L'autre conjoint, ayant peu de revenus, possède des tableaux de valeur reçus à titre d'héritage. Ce dernier pourrait échanger un ou des tableaux contre des actions de son conjoint (les valeurs des biens doivent être identiques) et recevoir par la suite les revenus de dividendes qui seront imposés à un taux marginal plus faible. Chacun des conjoints doit déclarer le gain en capital découlant de l'échange s'il y a lieu. Nous vous conseillons de consulter un spécialiste avant d'effectuer de telles transactions, car elles nécessitent des évaluations de biens ainsi qu'une documentation précise.

Compte d'épargne libre d'impôt

Depuis le 1er janvier 2009, il existe un nouveau compte d'épargne libre d'impôt (CELI) qui permet d'investir annuellement un maximum de 5 000 $ (voir à la page 152). Les revenus d'un CELI ne sont pas imposables. Ce compte est accessible à toute personne âgée de 18 ans ou plus. Vous pourrez investir dans le CELI de votre conjoint sans être assujetti aux règles d'attribution.

Les dépenses sont-elles payées par la bonne personne?

Si le conjoint ayant le revenu le plus élevé paie les dépenses du ménage, il permet à l'autre conjoint de conserver une plus grande part de ses revenus et de les faire fructifier. Ainsi, il est permis de croire que les revenus de placements seront imposés à un moindre taux, soit celui applicable au conjoint ayant le revenu le moins élevé. Par exemple, vous constaterez, en examinant l'appendice D, qu'il existe un écart de 10 % entre le taux marginal applicable à une personne ayant un revenu de 30 000 $ et une autre dont le revenu est de 65 000 $. Ainsi, un revenu d'intérêts de 1 000 $ gagné par le conjoint ayant un revenu de 30 000 $, plutôt que par le conjoint dont le revenu est de 65 000 $, permet au couple de réduire ses impôts de 100 $. D'autres considérations non fiscales doivent être évaluées dans une telle planification. En effet, acceptez-vous l'idée qu'un seul des conjoints accumule des placements alors que l'autre assume les dépenses du ménage? Que prévoit votre contrat de mariage ou votre convention de vie en union libre en cas de séparation?

REER en faveur du conjoint

Le REER en faveur du conjoint est un excellent outil de fractionnement. Vous versez des sommes qui s'accumulent à l'abri de l'impôt et c'est votre conjoint qui devra inclure dans son revenu les sommes qui lui seront versées au moment de sa retraite. Consultez le chapitre 7 pour en savoir davantage.

Division de la rente de retraite du RRQ

Une personne âgée d'au moins 60 ans peut demander à la Régie des rentes du Québec de diviser sa rente de retraite afin que celle-ci soit partagée entre elle-même et son conjoint. Pour ce faire, **le conjoint doit être âgé d'au moins 60 ans**. Ce partage peut aider à atteindre l'objectif de fractionnement du revenu lorsque les conjoints ont un niveau de revenu imposable très différent l'un de l'autre. Consultez le chapitre 8 pour en savoir plus sur ce partage.

Fractionnement des revenus de pension pour les retraités

Depuis 2007, les retraités peuvent choisir de fractionner certains revenus de pensions avec leur conjoint, leur permettant ainsi de réaliser des économies d'impôts parfois substantielles. Consultez le chapitre 8 pour en savoir plus.

Régime d'épargne-études

Un régime enregistré d'épargne-études (REEE) permet d'accumuler des sommes à l'abri de l'impôt dans le but de financer les études collégiales ou universitaires d'un enfant. Le plafond global des cotisations qui peuvent être versées dans un REEE est fixé à 50 000 $ par bénéficiaire. Les cotisations peuvent être versées sur une période couvrant les 31 années (35 années si le bénéficiaire a droit au crédit pour déficience) suivant la création du REEE. Des contributions excédentaires à un REEE peuvent être assujetties à un impôt spécial de 1 % par mois. Un REEE a une durée de vie de 35 ans, ou 40 ans si le bénéficiaire a droit au crédit pour déficience.

Les sommes versées dans un REEE ne procurent aucune déduction fiscale. Les revenus engendrés par les sommes investies ne sont pas imposables jusqu'à ce que des **paiements d'aide aux études** (PAE) soient faits à l'enfant, c'est-à-dire lorsqu'il commence des études de niveau collégial ou universitaire, incluant des cours à distance. Sont également admis les cours qui visent à donner ou à augmenter la compétence nécessaire à l'exercice d'une activité professionnelle offerts dans un établissement d'enseignement canadien reconnu par le ministre des Ressources humaines et du Développement des compétences du Canada.

Les paiements d'aide aux études versés à l'enfant proviendront des revenus accumulés sur les sommes investies et devront être inclus dans le calcul de son revenu net. Quant aux contributions versées au REEE, elles sont remboursables en tout temps au souscripteur ou elles peuvent être distribuées sous forme de paiement d'aide aux études. Elles ne sont pas imposables, puisqu'il s'agit du capital investi.

Le montant maximal de PAE pouvant être versé à un étudiant à temps plein est de 5 000 $ pour les 13 premières semaines consécutives d'études. Une fois les 13 semaines consécutives complétées par l'étudiant, il n'y a aucune limite au montant de PAE, à la condition que l'étudiant y ait encore droit. Si, au cours d'une période de 12 mois, l'étudiant ne poursuit pas ses études à temps plein pendant 13 semaines consécutives, la limite de 5 000 $ s'applique de nouveau. **Un étudiant à temps partiel âgé de 16 ans ou plus** peut recevoir un maximum de 2 500 $ pour chaque intervalle de 13 semaines d'études à temps partiel complété.

Qu'arrive-t-il si le bénéficiaire du régime n'entreprend pas d'études collégiales ou universitaires? Certains REEE permettent que le bénéficiaire soit changé en cours de route. Par exemple, si vous avez plusieurs enfants, vous pourrez remplacer le bénéficiaire original par un autre de vos enfants. Si le changement de bénéficiaire n'est pas permis, le REEE vous remboursera le capital investi, mais vous perdrez tous les revenus qui auront été accumulés sur cette somme. Pour éliminer ce risque, **la loi permet que les revenus soient versés au souscripteur si les deux conditions suivantes sont respectées**. D'une part, chacun des bénéficiaires du REEE doit être âgé d'au moins 21 ans et ne doit pas poursuivre d'études postsecondaires; d'autre part, le REEE existe depuis au moins 10 ans. Un montant reçu à l'égard des revenus accumulés du REEE doit être inclus dans le calcul du revenu du souscripteur.

Pour dissuader les contribuables d'utiliser le REEE uniquement à des fins de report d'impôt plutôt que d'assurer l'éducation de leurs enfants, un impôt supplémentaire de 12 % au fédéral et de 8 % au Québec est applicable sur la différence entre le revenu reçu et le montant déduit à l'égard d'un REER dans l'année. Par exemple, supposons que vous ayez reçu en 2008, en tant que souscripteur du REEE et dans la mesure où les deux conditions sont respectées, une somme de 25 000 $, soit la totalité du revenu accumulé du régime. Si vous versez et déduisez le maximum que vous pouvez contribuer à votre REER, supposons 18 000 $ pour l'année 2008, vous devrez non seulement payer l'impôt sur un montant de 7 000 $ (25 000 $ − 18 000 $), mais aussi un impôt supplémentaire totalisant 20 % de 7 000 $, soit 1 400 $. Le taux d'impôt marginal sur un tel revenu s'approche alors de 70 %!

Dans le dernier exemple, dans la mesure où l'échéance du REEE (35 ans) le permet, le souscripteur aurait pu retirer un montant de 18 000 $ de revenu accumulé en 2008 et l'excédent en 2009 afin de profiter d'une déduction pour contribution à un REER en 2009 s'il y a lieu et ainsi annuler l'impôt supplémentaire de 20 %.

Le calcul des impôts supplémentaires tient compte de la déduction des contributions à un REER pour l'année sans excéder un montant de 50 000 $. Par exemple, si les revenus du REEE sont de 52 000 $ et sont tous transférés dans votre REER, vos droits de cotisation vous le permettant, vous inclurez 52 000 $ dans le calcul de votre revenu et déduirez le même montant pour contribution à un REER. Toutefois, vous devrez payer 400 $ d'impôt additionnel, soit (52 000 $ − 50 000 $) × 20 %, dont 240 $ au fédéral et 160 $ au Québec.

Le montant de 50 000 $ n'est pas une franchise annuelle mais cumulative. De plus, un REEE doit prendre fin le dernier jour de février de l'année suivant l'année au cours de laquelle un premier versement de revenu accumulé a été effectué au bénéfice du sous-cripteur. Il n'est donc pas possible d'étaler le retrait des revenus accumulés sur plusieurs années.

Subvention canadienne pour l'épargne-études

La Subvention canadienne pour l'épargne-études (SCEE) **est égale à 20 % du montant versé dans un REEE pour un enfant de 17 ans ou moins.** Jusqu'en 2006, le montant maximum annuel de la SCEE était fixé à 400 $ (2 000 $ × 20 %). **Depuis 2007, la SCEE maximum est de 500 $** pour une cotisation au REEE égale à 2 500 $. Bien que le montant annuel de la subvention ait été aug-menté, le total des subventions qui peuvent être versées à l'égard d'un enfant est demeuré à 7 200 $.

La SCEE est versée au fiduciaire du REEE pour être investie dans le régime. À cette fin, **il est nécessaire que le bénéficiaire du REEE ait un numéro d'assurance sociale.** Tout comme le revenu de placement accumulé, le montant de la SCEE pourra être versé à un étudiant sous forme de paiement d'aide aux études provenant du REEE. Si le bénéficiaire ne poursuit pas une forma-tion ou des études supérieures, le montant de la SCEE devra être remboursé au gouvernement fédéral.

La SCEE n'est pas considérée comme une cotisation à un REEE. Ainsi, le plafond global de 50 000 $ permis dans un REEE ne tient pas compte des SCEE versées dans le régime.

Un mécanisme de report est mis en place afin que le droit à la SCEE non utilisé (2 000 $ par année avant 2007, 2 500 $ après 2006) puisse être réclamé plus tard. Cependant, la SCEE versée pour une année donnée ne peut excéder 1 000 $ depuis 2007.

Exemple

Prenons le cas d'un enfant né en 2006 à l'égard duquel aucune contribution n'a été versée dans un REEE. En 2008, la mère décide de verser 3 500 $ dans un REEE. La SCEE pour l'année 2008 est égale à 20 % du moins élevé des montants suivants :

• La contribution versée au REEE		3 500 $
• Droit à la SCEE pour 2008	2 500 $	
plus les droits à la SCEE non utilisés pour 2006 et 2007 (2 000 $ pour 2006 et 2 500 $ pour 2007)	4 500 $	
	7 000 $	
		7 000 $

La SCEE accordée pour l'année 2008 est de 700 $ (3 500 $ × 20 %). En 2009, les droits à la SCEE non utilisés sont de 3 500 $, soit le total des droits de 2008 (7 000 $) moins le droit à la SCEE de 3 500 $ réclamé en 2008. Une cotisation au REEE de 5 000 $ en 2009 permettra de recevoir une SCEE de 1 000 $ (5 000 $ × 20 %) tel que le démontre le calcul suivant :

• La contribution versée au REEE		5 000 $
• Droit à la SCEE pour 2009	2 500 $	
plus les droits à la SCEE non utilisés depuis 2006 (7 000 $ — 3 500 $)	3 500 $	
	6 000 $	
		6 000 $

En 2010, une cotisation au REEE de 3 500 $ donnera droit à une SCEE de 700 $ et fera en sorte que tous les droits à la SCEE, incluant le droit de 2010, auront été utilisés.

• La contribution versée au REEE		3 500 $
• Droit à la SCEE pour 2010	2 500 $	
plus les droits à la SCEE non utilisés depuis 2006 (6 000 $ — 5 000 $)	1 000 $	
	3 500 $	
		3 500 $

Au total, les SCEE reçues de 2008 à 2010 sont de 2 400 $, ce qui équivaut au maximum qui aurait été accordé annuellement depuis la naissance de l'enfant, soit 400 $ pour l'année 2006 et 500 $ par année de 2007 à 2010.

Pour avoir droit à la subvention maximum de 7 200 $ par enfant, il faut contribuer régulièrement à un REEE dès sa naissance. Le plus simple, c'est de verser 2 500 $ par année. Si vous ne réussissez pas à verser 2 500 $ une année, essayez de combler la différence l'année suivante en plus de faire la contribution permise de 2 500 $.

Une SCEE n'est accordée pour une année donnée qu'à l'égard des sommes versées dans un REEE dans la même année. Autrement dit, il n'est pas possible de cotiser d'avance au REEE dans une année pour obtenir la SCEE des années à venir. Par exemple, une cotisation de 5 000 $ versée dans un REEE en 2007 pour un enfant né en 2007 vous a donné droit à une SCEE de 500 $ en 2007, soit 20 % du plafond annuel. Si vous ne versez pas de cotisation au REEE en 2008, vous n'aurez droit à aucune SCEE. Si vous aviez versé 2 500 $ en 2007 et 2 500 $ en 2008, vous auriez eu droit à une SCEE de 500 $ pour chacune des années.

Pour encourager l'épargne systématique à plus long terme, **les cotisations effectuées au cours de l'année du 16e ou du 17e anniversaire du bénéficiaire** ne donneront droit à la SCEE que si l'une ou l'autre des conditions suivantes est remplie : soit les cotisations à tous les REEE pour le compte du bénéficiaire totalisaient au moins 2 000 $ avant l'année de son 16e anniversaire, soit les cotisations pour le compte du bénéficiaire totalisaient au moins 100 $ par année au cours de quatre années quelconques avant l'année de son 16e anniversaire.

Comme nous l'avons mentionné précédemment, lorsque des cotisations sont retirées d'un REEE ayant reçu la SCEE, mais non pour financer des études, le fiduciaire du REEE devra rembourser l'équivalent de 20 % des sommes retirées. Si le REEE comporte également des cotisations n'ayant pas donné droit à une SCEE, telles des cotisations versées avant 1998, celles ayant donné droit à une SCEE seront réputées avoir été retirées en premier. De plus, le retrait d'une somme de 200 $ ou plus (qui n'est pas un paiement d'aide aux études) de cotisations versées au REEE avant 1998 annule les droits à la SCEE pour une période de trois ans. Cette mesure vise à dissuader les retraits de vieilles cotisations versées à un REEE avant la création des SCEE pour financer de nouvelles contributions au REEE qui seraient autrement admissibles à la SCEE.

Les REEE et les familles à revenus modestes

Depuis l'entrée en vigueur de la SCEE en 1998, les sommes versées annuellement dans les REEE ont substantiellement augmenté. Or, ce ne sont pas les familles à revenus modestes qui en tirent profit. Pour permettre à ces familles d'épargner en vue des études postsecondaires de leurs enfants, le gouvernement a introduit le **Bon d'études canadien**. Depuis janvier 2004, un Bon d'études de 500 $ est octroyé à la naissance pour les enfants de familles ayant droit au supplément de la prestation nationale pour enfants (voir le chapitre 11), soit, en 2008, les familles dont le revenu est inférieur à 37 885 $. Par la suite, ces enfants auront droit à un maximum de 15 versements supplémentaires de 100 $ (soit jusqu'à l'âge de 15 ans), un pour chacune des années où ils ont droit au supplément. Si vous ne recevez pas le Bon de 500 $ pour un enfant né après 2003 parce que votre revenu familial dépasse le seuil d'admissibilité au supplément, vous le recevrez une année ultérieure si votre revenu familial le permet et deviendrez ainsi admissible aux versements annuels de 100 $.

Le Bon d'études canadien est versé dans un REEE dont l'enfant est bénéficiaire. Tout comme les SCEE, la somme non utilisée pour les paiements d'aide aux études postsecondaires devra être remboursée au gouvernement.

De plus, pour accroître l'aide aux familles à revenus faibles, le taux de la SCEE passe de 20 % à 40 % sur la première tranche de 500 $ versée annuellement à un REEE pour un enfant d'une famille dont le revenu ne dépasse pas 37 885 $. Si le revenu familial dépasse 37 885 $ sans excéder 75 769 $ (ces montants seront indexés en 2009), le taux de la SCEE sur la première tranche de 500 $ versée annuellement est de 30 %. Dans les deux cas, le taux de 20 % continue d'être applicable aux autres cotisations versées au REEE de l'enfant. Cette majoration du taux sur les premiers 500 $ versés dans un REEE représente donc une subvention additionnelle de 100 $ ou de 50 $ par enfant, sans toutefois modifier le plafond cumulatif de 7 200 $. Ainsi, qu'il s'agisse d'une famille à revenus faibles ou non, les cotisations versées au REEE à l'égard d'un enfant ne sont plus subventionnées dès que le montant cumulatif de subvention versé atteint 7 200 $.

Incitatif québécois à l'épargne-études

Le gouvernement du Québec offre, depuis 2007, l'incitatif québécois à l'épargne-études. Il s'agit d'un programme semblable à la SCEE qui prévoit le versement d'un crédit par le gouvernement du Québec au fiduciaire du REEE pour les cotisations versées dans un REEE après le 20 février 2007 au bénéfice d'un enfant âgé de 17 ans ou moins. Les mêmes règles énoncées à la page 147 sont applicables pour déterminer si les cotisations versées dans un REEE au bénéfice d'un enfant qui est âgé de 16 ou 17 ans donnent droit à l'incitatif québécois.

Les montants de l'incitatif québécois correspondent à la moitié des montants prévus par la SCEE. **Pour 2008, le crédit correspond à 10 % des cotisations versées dans un REEE et peut** atteindre un maximum de 250 $ pour une cotisation au REEE égale à 2 500 $. **Le plafond cumulatif à vie des crédits québécois accordés pour un enfant est fixé à 3 600 $.**

Un mécanisme de report tout à fait semblable à celui applicable pour la SCEE a également été mis en place afin que le droit à l'incitatif québécois de 250 $ par année puisse être versé dans une année subséquente. Cependant, **le crédit québécois versé ne pourra excéder 500 $ par année.** Par exemple, si vous ne versez aucune cotisation au REEE en 2008 pour votre enfant de cinq ans, vous pourrez obtenir un incitatif québécois égal à 500 $ en 2009 si vous effectuez une cotisation de 5 000 $ au REEE en 2009.

Pour favoriser les familles à revenus modestes, le taux de base de 10 % du crédit québécois est haussé à 20 % pour les premiers 500 $ versés dans un REEE si le revenu familial n'excède pas 37 500 $ en 2008. Autrement dit, un crédit additionnel de 50 $ peut être accordé. Si le revenu familial de 2008 est supérieur à 37 500 $ sans excéder 75 000 $, le taux de base de 10 % est haussé à 15 % pour les premiers 500 $ versés dans le REEE, ce qui correspond à un crédit supplémentaire de 25 $. L'ensemble des crédits de base et des crédits supplémentaires accordés en fonction du revenu familial demeurent assujettis au plafond cumulatif de 3 600 $.

Tout comme la SCEE, l'incitatif québécois versé au fiduciaire du REEE fera partie des paiements d'aide aux études versés au bénéficiaire. Le régime prévoit que si un REEE familial a été mis sur pied avec des bénéficiaires qui sont frères ou sœurs, le montant de l'incitatif pourra se transférer de l'un à l'autre si l'un des bénéficiaires ne se qualifie plus. Cependant, l'incitatif qui sera transféré ne pourra permettre au bénéficiaire d'obtenir un crédit québécois supérieur à 3 600 $. Plusieurs mesures sont prévues pour le remboursement du crédit si le bénéficiaire ne poursuit pas d'études ou s'il quitte le Québec.

La demande de l'incitatif québécois à l'épargne-études est effectuée par le fiduciaire du REEE auprès de Revenu Québec au plus tard le 90e jour qui suit la fin de l'année.

Exemple

Dans l'exemple de la page 146 pour l'année 2008, les trois montants suivants s'accumuleront au bénéfice de l'enfant : la cotisation de 3 500 $, la SCEE de 700 $ (compte tenu du report des droits de 2006 et de 2007) et l'incitatif québécois de 350 $.

Régime enregistré d'épargne-invalidité

Afin d'aider les parents à épargner pour assurer la sécurité financière à long terme d'un enfant gravement handicapé, **le gouvernement fédéral permet depuis le 1er janvier 2008 de contribuer au nouveau régime enregistré d'épargne-invalidité (REEI).** Ce régime s'apparente au régime enregistré d'épargne-études (REEE). Il comporte trois éléments: les cotisations versées au régime, la Subvention canadienne pour l'épargne-invalidité (SCEI) et le Bon canadien pour l'épargne-invalidité (BCEI). **Le bénéficiaire du REEI doit être un particulier** qui réside au Canada et qui est **admissible au crédit d'impôt pour personne handicapée** (voir à la page 244) au moment d'établir le régime et chaque fois qu'une cotisation est versée.

Comme pour le REEE, le montant des cotisations versées au REEI n'est pas déductible pour la personne qui cotise au régime. Le cotisant sera généralement le parent ou le tuteur légal du bénéficiaire, mais il n'y a pas de restriction quant à la personne pouvant cotiser. Il sera possible de cotiser jusqu'à 200 000 $ au REEI d'un bénéficiaire. Aucune limite annuelle ne sera imposée, et les cotisations seront possibles jusqu'à ce que le bénéficiaire ait atteint l'âge de 59 ans.

Le gouvernement fédéral encourage la création d'un REEI en versant **la Subvention canadienne pour l'épargne-invalidité (SCEI).** Cette subvention varie en fonction de la cotisation effectuée dans un REEI et du revenu familial net. Si le revenu familial net est inférieur à 75 769 $, la subvention sera équivalente à trois fois le montant souscrit jusqu'à concurrence de la première tranche de 500 $ et à deux fois le montant souscrit sur la prochaine tranche de 1 000 $ de cotisation additionnelle. Si le revenu familial net excède 75 769 $, la subvention correspondra à une fois la cotisation versée jusqu'à concurrence de 1 000 $. Le montant maximum de subvention qui pourra être reçu, jusqu'à ce que le bénéficiaire atteigne l'âge de 49 ans, est plafonné à 70 000 $. **Le revenu familial net pris en compte pour établir la SCEI** correspondra généralement à celui des parents, si le bénéficiaire a moins de 18 ans. Lorsque le bénéficiaire a 18 ans ou plus, c'est son revenu ainsi que celui de son conjoint, s'il y a lieu, qui seront utilisés.

Le gouvernement fédéral versera aussi un **Bon canadien pour l'épargne-invalidité (BCEI)** aux familles à revenus faibles ou modestes en fonction du revenu familial annuel. Si le revenu familial net est inférieur à 21 287 $, le BCEI équivaudra à 1 000 $ par année. Ce montant diminuera progressivement si le revenu familial net se situe entre 21 287 $ et 37 885 $. Le revenu familial net utilisé pour le calcul du BCEI sera le même que pour la SCEI. L'octroi d'un BCEI ne dépendra pas des cotisations versées au REEI. Ainsi, même si aucune contribution au REEI n'est effectuée au cours d'une année, le BCEI pourra être reçu par le régime. Le montant maximum de BCEI qui pourra être reçu, jusqu'à ce que le bénéficiaire atteigne l'âge de 49 ans, est plafonné à 20 000 $.

Les revenus de placement gagnés sur les cotisations, les SCEI et les BCEI s'accumulent dans un REEI en franchise d'impôts jusqu'au moment du retrait. **Les sommes retirées du REEI seront imposables** pour le bénéficiaire, à l'exception de la fraction du retrait qui correspondra aux cotisations versées au régime (car celles-ci ne donnent droit à aucune déduction). Il est à noter que le cotisant ne pourra se faire rembourser ses cotisations aux REEI; celles-ci doivent être versées au bénéficiaire.

Les retraits du REEI devront commencer au plus tard avant la fin de l'année au cours de laquelle le bénéficiaire atteint 60 ans. Le montant pouvant être reçu par le bénéficiaire sera calculé en fonction de son espérance de vie et de la valeur des biens détenus par le régime. De façon générale, le montant annuel des retraits sera plafonné afin que le REEI soit en mesure de faire des paiements annuels égaux au bénéficiaire pour le restant de sa vie. Cependant, un REEI pourra prévoir la possibilité de déroger aux paiements annuels égaux.

Si le bénéficiaire du REEI cesse d'être admissible au crédit d'impôt pour handicapé ou s'il décède, les SCEI et les BCEI reçus au cours des 10 ans précédant l'un des deux événements, ainsi que le revenu de placement associé à ces sommes, devront être remboursés au gouvernement. Le solde restant (net du remboursement des SCEI et des BCEI) devra être remis au bénéficiaire ou être versé à sa succession, selon le cas. Le montant total sera imposable pour le récipiendaire, à l'exception de la partie correspondant aux cotisations effectuées.

Il est à noter que les montants imposables provenant d'un REEI ne seront pas inclus dans le calcul des prestations fondées sur le revenu. Ainsi, ces montants ne contribueront pas à la réduction des prestations de la sécurité de la vieillesse ou de l'assurance-emploi. Aussi, le revenu familial utilisé pour déterminer plusieurs crédits d'impôt remboursables, tels les crédits pour la TPS et la TVQ, la prestation fiscale pour enfants et les paiements de soutien, le remboursement d'impôts fonciers et plusieurs autres, ne tiendra pas compte des montants provenant d'un REEI.

Compte d'épargne libre d'impôt (CELI)

Le CELI est un compte d'épargne enregistré qui accorde aux individus, depuis le début de l'année 2009, la possibilité de gagner un **revenu d'investissement libre d'impôt** (incluant les intérêts, les dividendes et les gains en capital). **Les cotisations versées dans le compte ne sont pas déductibles et toute somme accumulée dans un CELI ou retirée de celui-ci ne sera pas imposable.**

Un CELI peut être ouvert dans la plupart des institutions financières, dont les sociétés de fiducie canadiennes, les compagnies d'assurance sur la vie, les banques et les caisses populaires (les mêmes institutions qui ont actuellement le droit d'émettre des régimes enregistrés d'épargne-retraite). Vous êtes tenu de fournir à l'émetteur votre numéro d'assurance sociale lors de l'ouverture du compte.

À compter de 2009, toute personne âgée d'au moins 18 ans pourra accumuler chaque année un droit de cotisation égal à 5 000 $ dans un CELI. Ce plafond sera indexé chaque année et les droits de cotisation non utilisés seront reportés aux années ultérieures. Par exemple, si vous cotisez 2 000 $ à votre CELI en 2009, votre droit de cotisation pour l'année 2010 sera de 8 000 $ (5 000 $ pour 2010 et 3 000 $ reportés de 2009). **Vous pourrez reporter vos droits de cotisation inutilisés indéfiniment aux années futures.** Contrairement au REER, un retrait du CELI augmente vos droits de cotisation d'un montant équivalent à la somme retirée. Si vous excédez le montant des cotisations permises, un impôt de 1 % par mois sera payable sur la somme excédentaire.

L'ARC déterminera les droits de cotisation à un CELI (d'après les renseignements fournis par les émetteurs) pour chaque personne qui produit une déclaration de revenus. L'information se trouvera sur l'avis de cotisation.

Exemple

Marc-André cotise une somme de 3 500 $ le 1er janvier 2009 dans son CELI. Il investit cette somme dans un certificat de dépôt au taux de 4 %. Le 1er juillet 2010, il cotise une somme de 4 000 $ et acquiert des actions. Le 15 février 2011, il reçoit un dividende de 200 $ sur ses actions et effectue le 30 septembre 2011 un retrait de son CELI de 2 750 $. Les droits de cotisation de Marc-André à son CELI pour l'année 2012 seront calculés de la façon suivante :

Droit de cotisation pour 2009	5 000 $
Moins : montant cotisé en 2009	(3 500 $)
Solde à reporter au 31 décembre 2009	1 500 $

Droit de cotisation pour 2010	5 000 $
Moins : montant cotisé en 2010	(4 000 $)
Solde à reporter au 31 décembre 2010	2 500 $
Droit de cotisation pour 2011	5 000 $
Plus : retrait au 30 septembre 2011	2 750 $
Solde à reporter au 31 décembre 2011	10 250 $
Droit de cotisation pour 2012	5 000 $
Droits de cotisation disponibles pour 2012	15 250 $

Marc-André a effectué un retrait en 2011 de 2 750 $ qui augmente ses droits de cotisation pour l'année 2012.

Un CELI peut détenir les mêmes placements admissibles qu'un REER (voir à la page 209). Si vous empruntez pour investir dans votre CELI, les intérêts ne seront pas déductibles. Contrairement au REER, il est possible de donner en garantie sur un emprunt les placements détenus dans un CELI.

À la suite du **décès du détenteur du CELI**, les revenus qui s'accumulent dans ce compte deviendront imposables alors que les revenus accumulés avant le décès demeurent exonérés. Comme dans le cas d'un REER, il est possible de transférer les actifs du CELI d'une personne décédée à son conjoint sans incidence fiscale. Ce transfert est possible même si le conjoint n'a pas de droit de cotisation à son CELI. De plus, un tel transfert ne réduit pas les droits de cotisation du conjoint à son propre CELI.

Advenant la **rupture de votre mariage ou de votre union de fait**, il sera possible de transférer une somme directement de votre CELI à celui de votre ex-conjoint. Cependant, le transfert ne rétablira pas vos droits de cotisation et la somme transférée ne réduira pas les droits de cotisation de l'ex-conjoint.

Si vous devenez **non-résident du Canada**, vous pourrez conserver votre CELI et profiter de l'exemption de l'imposition des revenus de placement ainsi que des retraits. Cependant, vous ne pourrez pas faire de contributions à votre CELI et aucun droit de cotisation ne s'accumulera durant votre absence du Canada.

Chapitre 5

Avez-vous réalisé des gains ou des pertes en capital?

Un gain (ou une perte) en capital est une expression utilisée en fiscalité pour qualifier un profit (ou une perte) réalisé lors de la vente de biens, à l'exception de biens détenus uniquement dans le but de les revendre. Par exemple, la vente de biens en inventaire n'entraîne pas de gain en capital mais plutôt un revenu d'entreprise. La distinction entre ces deux genres de revenus est importante, car nous verrons qu'une fraction seulement du gain en capital est incluse dans le revenu, tandis qu'un revenu d'entreprise est inclus en totalité.

Il n'est pas toujours facile de déterminer si une transaction est à caractère commercial (revenu ou perte d'entreprise) ou capital (gain ou perte en capital). Ce sont les tribunaux qui ont élaboré quelques critères afin d'en arriver à une conclusion. Plus particulièrement, on tiendra compte de la conduite du contribuable et on la comparera avec celle de personnes qui font le commerce de biens semblables. La nature du bien vendu, la fréquence des transactions et l'intention du contribuable lorsqu'il a acquis le bien sont tous des facteurs à analyser. Mentionnons qu'en général les valeurs mobilières (actions, unités de fonds communs de placement, etc.) sont, de prime abord, des investissements dont la vente résulte en un gain ou une perte en capital.

Le gain en capital n'était pas du tout imposé avant 1972. **Ainsi, si vous vendez un bien qui était en votre possession au 31 décembre 1971, seul le gain accumulé depuis le 1er janvier 1972 devrait être inclus dans le calcul du gain en capital.** Vous devez donc connaître la valeur du bien au 31 décembre 1971 et, dans certains cas, vous aurez besoin d'un évaluateur professionnel. Des règles fort complexes sont prévues dans la loi à l'égard de ces biens détenus au 31 décembre 1971, et nous vous invitons à consulter un fiscaliste afin de vous aider à établir les conséquences fiscales découlant de la vente d'un tel bien.

En plus de la vente d'un bien, plusieurs autres événements ou transactions peuvent donner lieu à la réalisation d'un gain (ou d'une perte) en capital. Par exemple, **si vous donnez un bien, vous serez réputé l'avoir vendu à la valeur marchande, soit au prix que vous auriez pu en obtenir d'un acheteur indépendant**. Cette règle ne s'appliquera pas entre conjoints, sauf si vous en faites le choix. Le vol, la destruction, l'expropriation peuvent occasionner des gains ou des pertes en capital. Dans ce livre, **nous utiliserons le terme «disposition» pour désigner une vente ou tout autre événement** donnant lieu à la réalisation d'un gain ou d'une perte en capital.

Règles de calcul du gain en capital

Un gain en capital est réalisé lorsque le prix de vente obtenu pour un bien est plus élevé que le total de son coût et des dépenses liées à la vente. Il y a une perte en capital lorsque le total du coût et des frais relatifs à la vente est supérieur au prix de vente. Le prix de vente est remplacé par la valeur marchande du bien dans les cas de don, et par l'indemnité ou le dédommagement reçus à la suite d'une disposition involontaire causée par un vol, par une destruction ou par une expropriation. Notez qu'il est généralement possible d'éviter la réalisation d'un gain en capital lors d'une disposition involontaire si vous remplacez le bien disparu dans un délai de deux ans.

Le coût d'achat comprend notamment le prix payé lors de l'acquisition du bien, ainsi que certains autres frais directement liés à l'achat. Par exemple, dans le cas d'actions ou de valeurs mobilières, les commissions de courtage payées à l'achat doivent être ajoutées au coût des biens. Dans le cas d'obligations, la prime payée ou l'escompte obtenu à l'achat augmente ou réduit le coût d'achat selon le cas. Dans le cas d'immeubles, les frais de transfert de titre de propriété, les frais juridiques, les frais d'inspection du bâtiment, etc., sont des frais qui ne peuvent être déduits du revenu et qui font partie du coût de l'immeuble. Nous verrons au chapitre 6 que certaines dépenses effectuées dans le but de transformer ou d'améliorer un immeuble doivent être ajoutées au coût.

Si vous avez acheté ou vendu un bien dont le prix d'achat ou de vente a été réglé en devises étrangères, vous devrez convertir en dollars canadiens le prix d'achat en utilisant le taux de change en vigueur à la date d'achat et le prix de vente en utilisant le taux de change à la date de vente. Il n'est pas permis de calculer le gain ou la perte en devises étrangères et de convertir le résultat en utilisant un taux moyen.

Si vous avez fait un choix au **22 février 1994** pour réclamer l'exemption pour gains en capital, il est possible que le coût d'achat du bien soit remplacé par un autre montant. Consultez la rubrique «La vente d'un bien en 2008: avez-vous fait le choix du 22 février 1994?», un peu plus loin dans ce chapitre.

Vous devrez peut-être utiliser un **coût moyen** pour déterminer le gain (ou la perte) en capital si vous possédez des biens identiques vendus par lots. Cette situation est fréquente dans le domaine des valeurs mobilières.

Exemple

Donald a acquis 400 actions de FRC inc. en 1986 à 10 $ chacune. En 1988, il a acquis 600 actions de la même société au prix de 12 $ chacune. En 2008, Donald a vendu 700 actions à 15 $ chacune et a payé des commissions de 320 $. Pour déterminer son gain en capital, Donald doit d'abord établir le coût moyen des actions vendues.

400 actions × 10 $		4 000 $
600 actions × 12 $		7 200 $
1 000 actions		11 200 $
Coût moyen par action : 11 200 $ / 1 000 actions		11,20 $

Donald établit ensuite son gain en capital :

Prix de vente (700 actions × 15 $)		10 500 $
Moins le total de :		
Coût (700 actions × 11,20 $)	7 840 $	
Commissions payées à la vente	320 $	
	8 160 $	
		(8 160)
Gain en capital		2 340 $

Le coût moyen des 300 actions qui restent demeure à 11,20 $ par action, pour un total de 3 360 $ (11 200 $ − 7 840 $).

Consultez l'exemple de la page 126 qui illustre le calcul du coût moyen d'unités de fonds communs de placement.

La règle du coût moyen ne s'applique pas lorsque des titres identiques ont été acquis après le 27 février 2000 par un employé à la suite de l'exercice d'options d'achat d'actions. Le coût de chaque titre est alors calculé séparément dans les cas où un avantage imposable a été reporté jusqu'au moment de la vente du titre. Dans ces cas, et tel qu'expliqué au chapitre 2, le coût correspond au total du prix payé lors de l'exercice de l'option et de l'avantage imposable.

Si vous détenez à la fois des actions de votre employeur acquises par l'exercice d'options d'achat d'actions et des actions acquises autrement (sur le marché libre, par exemple), la loi présume que ce sont ces dernières qui sont vendues en premier. Il est toutefois possible de faire un choix pour désigner que le titre vendu soit celui qui a été acquis au moyen d'une option d'achat d'action si la vente du titre a lieu dans les 30 jours qui suivent la levée de l'option.

Les **frais relatifs à la vente comprennent les suivants** : commissions, frais de courtage, frais juridiques, frais de transfert, frais d'arpentage, etc. Ces frais peuvent même inclure des frais spécifiquement engagés dans le but de vendre un bien ; par exemple, des frais pour changer un tapis immédiatement avant la vente d'un immeuble locatif pourraient être considérés comme des frais relatifs à la vente plutôt que comme des dépenses normales d'entretien. Évidemment, les frais relatifs à la vente qui servent à réduire le gain en capital ne peuvent être déduits d'aucune autre façon dans le calcul de votre revenu.

Gain en capital imposable et perte en capital déductible

Le gain en capital est une source de revenu qui procure un avantage fiscal intéressant. En effet, seule la moitié d'un gain en capital est imposable. Par conséquent, en 2008, **un gain en capital imposable correspond à 50 % du gain en capital réalisé et une perte en capital déductible à 50 % de la perte réelle subie.**

Vous devez calculer le gain imposable ou la perte déductible pour chaque bien vendu durant l'année. Vous devez ensuite soustraire le montant total des pertes déductibles du montant total des gains imposables. **Si vos gains sont plus élevés que vos pertes, vous inclurez alors un montant dans vos déclarations de revenus à titre de gain en capital imposable.**

Exemple

Reprenons le cas de Donald. En plus d'avoir vendu des actions de FRC inc. en 2008, il a vendu 200 actions de BAC ltée pour une somme de 6 500 $. Le coût de ces actions était de 5 500 $. Il a payé des commissions à l'achat de 230 $ et de 300 $ au moment de la vente. Donald calcule son gain en capital imposable pour 2008 de la façon suivante :

Prix de vente		6 500 $
Moins le total de :		
Coût + commissions payées à l'achat	5 730 $	
Commissions payées à la vente	300 $	
	6 030 $	
		(6 030)
Gain en capital		470 $
Gain en capital imposable (50 %)		235 $

Puisque Donald a réalisé un gain en capital imposable de 1 170 $ (2 340 $ × 50 %) sur les actions de FRC inc., il inclura donc un montant de 1 405 $ dans ses déclarations de revenus de l'année 2008 à titre de gain en capital imposable (1 170 $ + 235 $).

Supposons que Donald ait vendu ses actions de BAC ltée à un prix de 5 000 $ au lieu de 6 500 $. Il aurait alors subi une perte en capital de 1 030 $ (5 000 $ − 6 030 $), dont 50 %, soit 515 $, à titre de perte en capital déductible. Le montant à inclure dans ses déclarations de revenus de 2008 serait calculé comme suit :

Gain en capital imposable sur les actions de FRC inc. (2 340 $ × 50 %)	1 170 $
Moins :	
Perte en capital déductible sur les actions de BAC ltée (1 030 $ × 50 %)	(515)
Gain en capital imposable total	655 $

Les pertes en capital déductibles de l'année doivent d'abord être appliquées en réduction des gains en capital imposables de l'année. Si vos pertes sont plus élevées que vos gains, vous ne pourrez pas inscrire la perte nette en réduction de vos autres revenus de l'année. Il s'agit plutôt d'une perte en capital nette à reporter qui pourra vous servir à réduire des gains en capital imposables réalisés dans d'autres années. Voyez à ce sujet la rubrique «Avez-vous des pertes en capital à reporter?» à la fin de ce chapitre.

Supposons que Donald ait vendu ses actions de BAC ltée pour une somme de 2 000 $. Il aurait alors calculé une perte de 4 030 $ (2 000 $ − 6 030 $) dont la portion déductible serait de 50 %, soit 2 015 $. Donald aurait alors une perte en capital nette à reporter établie comme suit :

Gain en capital imposable sur les actions de FRC inc. (2 340 $ × 50 %)	1 170 $
Moins :	
Perte en capital déductible sur les actions de BAC ltée (4 030 $ × 50 %)	(2 015)
Perte en capital nette à reporter	(845) $

Donald ne pourrait pas déduire ce montant de perte dans ses déclarations de revenus de 2008. Par contre, il pourrait reporter la perte de 845 $ à d'autres années pour réduire le gain en capital imposable comme nous le verrons plus loin.

Gain en capital résultant de dons

Si vous faites don d'un bien, vous devez calculer le gain en capital comme si vous aviez disposé du bien à sa valeur marchande. Pour encourager les dons en nature en faveur d'organismes de bienfaisance reconnus, **aucun gain en capital n'est imposé** lorsque le bien donné est un bien « dit culturel ».

Depuis le 2 mai 2006, le gain en capital n'est plus imposé concernant les dons d'actions de société publique, d'unités de fonds communs de placement ou de tout autre titre coté en Bourse, ainsi que les dons de fonds de terre écosensibles. Cet avantage fiscal ne s'appliquait pas à des dons effectués en faveur de fondations privées. Toutefois, tout don effectué depuis le 19 mars 2007 en faveur d'une telle fondation, d'un titre coté en Bourse est maintenant visé par cette règle d'exemption du gain en capital. Parallèlement, étant donné le caractère privé de ces fondations, de nombreux règlements concernant les proportions d'actions détenues ont été adoptés afin d'éviter que des personnes liées à la fondation puissent être en mesure d'exercer une influence en vue de servir leurs propres intérêts.

Le Québec favorise également le don d'instrument de musique à un établissement d'enseignement depuis le 24 mars 2006 en ne taxant pas le gain en capital qui en découle. Consultez la rubrique « Dons de bienfaisance » au chapitre 10 qui explique les avantages fiscaux relatifs au don de ce type de biens.

N'oubliez pas que la valeur du bien donné permet au donateur de réclamer un crédit pour dons de bienfaisance. Consultez à ce sujet le chapitre 10.

Transactions sur options

Nous avons discuté au chapitre 2 des incidences fiscales découlant de l'exercice d'options d'achat d'actions octroyées par un employeur. **La présente rubrique s'adresse aux investisseurs qui**

transigent des options en Bourse et qui considèrent ces transactions à titre de capital. Les options sont utilisées par les investisseurs dans des stratégies de prévisions à la hausse ou à la baisse du marché boursier.

Les options d'achat (*call*) ou les options de vente (*put*) sont des contrats de type « au porteur » qui accordent au détenteur le droit d'acheter (dans le cas d'une option d'achat) ou de vendre (dans le cas d'une option de vente) un nombre déterminé d'actions à un prix spécifique, dans un délai fixé, moyennant une prime convenue. Le « détenteur » d'une option signifie une personne qui acquiert l'option et le « souscripteur », la personne qui accorde l'option.

Détenteur (acheteur) d'une option d'achat

Supposons que vous achetiez, au coût de 3 $, une option d'achat d'action de la société Risk vous donnant droit d'acheter l'action de cette société à un prix de 130 $ et dont l'échéance est le 31 mars 2009. Trois scénarios pourront se réaliser relativement à cette option. Premièrement, vous pouvez **détenir cette option jusqu'à son échéance** (31 mars 2009) sans l'exercer. Par exemple, si le cours de l'action se maintient sous la barre de 133 $, vous n'aurez aucun intérêt à exercer l'option car vous devrez débourser 130 $ en plus du 3 $ déjà payé pour l'option. Autrement dit, le coût total de l'action devient 133 $ alors que sa valeur est inférieure à ce montant. Lorsqu'une option n'est pas exercée, une perte en capital égale au prix payé pour l'option est réalisée le jour où l'option vient à échéance. Dans cet exemple, vous auriez une perte en capital de 3 $ réalisée le 31 mars 2009.

Deuxièmement, vous pouvez **exercer l'option**, c'est-à-dire acheter l'action au prix de 130 $. Dans ce cas, le coût d'acquisition de l'action correspondra au total du prix payé pour l'option (3 $) et pour l'action (130 $). Lors d'une vente future de l'action, vous calculerez votre gain ou perte en capital en considérant que le coût de l'action est de 133 $.

Finalement, vous pouvez **vendre l'option** avant échéance et calculer le gain ou la perte en capital à ce moment. Par exemple, si vous vendez l'option à 3,50 $, vous réaliserez un gain en capital de 0,50 $ par option.

Détenteur (acheteur) d'une option de vente

L'achat d'une option de vente vous donne le droit de vendre un nombre déterminé d'actions à un prix spécifique, dans un délai fixé, moyennant une prime convenue. **Si l'option expire sans avoir été exercée**, une perte en capital correspondant au prix d'achat de l'option peut être réclamée à l'échéance. **Si l'option est exercée** (ce qui signifie que vous vendez les actions visées par l'option), vous calculerez votre gain ou perte en capital en réduisant le prix de vente du montant payé pour l'option. Par exemple, supposons que le coût d'acquisition d'une option de vente soit de 5 $. L'option est exercée et vous vendez l'action à 75 $ alors que vous l'aviez payée 60 $ au moment de l'achat. Dans ce cas, le gain en capital résultant de la vente de l'action est égal à 10 $, soit l'excédent du prix de vente réduit du coût d'achat de l'option (75 $ − 5 $) sur le coût initial de l'action (60 $). **Si l'option est vendue**, le montant du gain ou de la perte en capital est calculé de la façon habituelle, soit la différence entre le prix de vente et le coût d'achat.

Souscripteur (vendeur) d'une option d'achat ou de vente

Le souscripteur d'une option d'achat (ou de vente) est la personne qui accorde ou vend une option. Si le souscripteur détient les actions visées au moment où il vend l'option, cette option est « couverte », mais s'il ne détient pas les actions à ce moment-là, cette option est « découverte ». Le souscripteur (vendeur) d'une option d'achat ou de vente aura l'obligation de vendre les actions visées par l'option d'achat ou d'acheter les actions s'il s'agit d'une option de vente.

Le souscripteur reçoit une somme d'argent lorsqu'il vend une option d'achat ou de vente. Cette somme est considérée comme un **gain en capital au moment où elle est reçue si l'option n'est pas exercée**.

Lorsqu'une **option est exercée**, le souscripteur reçoit un avis d'assignation qui l'oblige soit à vendre, soit à acheter des actions au prix convenu selon les termes de l'option. Dans ces circonstances, la somme reçue au moment où l'option a été vendue n'est plus imposée comme un gain en capital au moment où elle a été reçue, mais elle est soit ajoutée au prix de vente des actions vendues, soit appliquée en réduction du coût des actions achetées. Par exemple, supposons que vous ayez reçu une somme de 8 000 $ en mai 2008 au moment où vous avez vendu des options d'achat à 140 $ venant à échéance en novembre 2008 sur 1 000 actions de la société Risk payées 130 $ chacune. Si les options sont exercées, vous devrez vendre vos actions 140 $ chacune, pour un total de 140 000 $. Le montant de 8 000 $ reçu en mai 2008 doit être ajouté à ce moment au prix de vente. Le gain en capital découlant de la vente des 1 000 actions de la société Risk est donc de 18 000 $ (148 000 $ − 130 000 $). **Si l'option est exercée dans une année civile subséquente**, le souscripteur doit alors modifier sa déclaration de revenus pour l'année de la vente initiale de l'option.

Reprenons le même exemple et supposons que l'option accordée sur les actions de la société Risk ait une échéance en novembre 2009 au lieu de 2008. Le souscripteur devra inclure la somme de 8 000 $ reçue en 2008 à titre de gain en capital dans sa déclaration de revenus de 2008. À la suite de l'exercice de l'option en novembre 2009, un gain en capital de 18 000 $ devra être inclus en 2009. Il faudra alors modifier la déclaration de revenus de 2008 pour exclure le gain en capital de 8 000 $, sinon ce dernier montant sera imposé deux fois.

Le vendeur d'une option d'achat ou de vente peut mettre fin à son obligation de vendre ou d'acheter des actions en achetant une option tout à fait identique à celle qu'il a vendue. Le coût d'achat d'une telle option dite «compensatoire» représente une perte en capital au moment de l'achat.

Règles spéciales concernant les biens personnels

Les biens personnels se répartissent en deux catégories. **La première catégorie regroupe les biens meubles déterminés,** réservés à votre usage personnel, dont la valeur est susceptible d'augmenter. Ces biens prévus dans la loi sont les suivants : estampes, gravures, dessins, tableaux, sculptures et autres œuvres d'art semblables ; bijoux ; *in-folio,* manuscrits et livres rares ; timbres ; pièces de monnaie.

La seconde catégorie de biens personnels regroupe tous les autres biens qui servent à votre usage personnel ou à celui de votre famille. Cela comprend vos effets personnels et vos effets mobiliers comme les meubles, les autos, les bateaux et les autres biens semblables.

La loi prévoit une règle applicable à l'ensemble des biens personnels, incluant les biens meubles déterminés, pour fixer un coût et un prix de vente minimum de 1 000 $ pour chaque transaction. Cette mesure existe pour éviter qu'un individu ait à déclarer de faibles gains sur des biens de peu de valeur. Par exemple, vous avez acheté une commode antique au coût de 350 $. Vous l'avez restaurée vous-même et l'avez utilisée durant quelques années comme mobilier de chambre à coucher. En 2008, vous avez déménagé et décidé de vendre cette commode antique. Vous avez réussi à la vendre 625 $. En principe, vous avez réalisé un gain en capital de 275 $. Toutefois, en raison de la règle du coût minimum et du prix de vente minimum, vous êtes réputé avoir acquis la commode à 1 000 $ et l'avoir vendue à 1 000 $. Par conséquent, vous n'avez aucun gain à déclarer relativement à cette vente.

Si vous aviez obtenu 1 200 $ pour cette commode, votre gain se calculerait de la façon suivante :

Prix de vente	1 200 $
Moins :	
Coût : 350 $ ou montant minimum de 1 000 $	(1 000)
Gain en capital	200 $

Cette règle du minimum/maximum de 1 000 $ n'est pas applicable lorsqu'une personne acquiert un bien dans le cadre d'un arrangement selon lequel le bien acquis fait l'objet d'un don à un donataire reconnu tel qu'un organisme de bienfaisance.

La loi prévoit également certaines restrictions quant aux pertes en capital réalisées sur les biens personnels. **Aucune perte en capital n'est reconnue quant aux biens personnels qui ne sont pas des biens meubles déterminés.** Vous ne pouvez réduire les gains en capital imposables sur les biens personnels ou autres avec ce genre de pertes.

Les pertes sur les biens meubles déterminés ne peuvent servir qu'à réduire les gains en capital réalisés sur d'autres biens meubles déterminés dans la même année. Si les pertes dépassent les gains, l'excédent pourra servir à réduire les gains sur les biens meubles déterminés des trois années antérieures ou des sept années subséquentes.

Certaines pertes en capital ne sont jamais déductibles

En plus des pertes sur les biens personnels autres que les biens meubles déterminés, certaines autres pertes ne sont pas admises afin de réduire le gain en capital imposable. Notamment, **aucune perte en capital n'est accordée à l'égard d'un bien amortissable**. Un bien amortissable est un bien qui vous permet de gagner un revenu d'entreprise (voir le chapitre 3) ou un revenu de placement, tel un revenu tiré d'un immeuble locatif (voir le chapitre 6). Toutefois, comme il est expliqué dans ces chapitres, il est possible, dans certaines situations, de réclamer une déduction pour perte finale.

Si vous réalisez une perte à la vente d'un bien que vous remplacez par un bien identique dans les 30 jours précédant ou suivant la transaction, cette perte (dite « **perte apparente** ») ne pourra être appliquée contre des gains en capital si vous possédez toujours le bien de remplacement 30 jours après la transaction. Par exemple, si vous vendez des actions d'une société cotée en Bourse pour réaliser une perte et que vous les rachetez immédiatement après parce que vous croyez qu'elles reprendront leur valeur d'ici quelques mois, vous ne pourrez pas réclamer la perte en capital subie. La même règle s'appliquera si c'est votre conjoint ou une société que vous contrôlez qui achète un bien identique dans le délai de 30 jours. Par contre, cette perte apparente pourra être ajoutée au coût du bien de remplacement et servira au calcul du gain ou de la perte en capital lors de la vente subséquente du bien de remplacement.

Une perte en capital résultant d'un transfert de biens à votre REER n'est pas déductible (voir le chapitre 7 à la rubrique «Transférer des biens au REER»).

Aussi, la règle concernant la perte apparente s'applique entre une personne et son REER. Par conséquent, une perte n'est pas reconnue si vous vendez un titre alors que votre REER acquiert un bien identique dans les 30 jours précédant ou suivant cette vente.

Votre résidence principale est-elle à l'abri de l'impôt?

Vous êtes sûrement convaincu que le profit provenant de la vente de votre résidence est exempté d'impôt. Cela est vrai si vous désignez votre résidence comme la résidence principale. Celle-ci peut être une maison, un chalet, un condo, un logement que vous habitez dans votre immeuble locatif (duplex ou autre), une roulotte ou une maison mobile.

Une résidence, qu'elle soit située au Canada ou à l'étranger, peut être désignée résidence principale pour chacune des années où vous en étiez propriétaire et si vous, votre conjoint ou un de vos enfants l'a habitée durant les années en question. Même si une personne habite un logement pendant une courte période de l'année, cela suffit pour que le logement soit considéré comme «normalement habité au cours de l'année» par cette personne. Par exemple, un chalet en Estrie ou un condo en Floride peut être considéré comme normalement habité au cours de l'année par une personne qui ne l'occupe que pendant ses vacances, pourvu que le bien n'ait pas été détenu principalement dans le but d'en tirer un revenu. En ce qui concerne ce dernier point, lorsqu'une personne tire seulement un revenu de location occasionnel d'une résidence saisonnière, le bien n'est pas considéré comme détenu principalement dans le but d'en tirer un revenu.

Vous ne pouvez pas désigner deux résidences pour une même année. De plus, vous devez effectuer la désignation en utilisant les formulaires T2091 au fédéral et TP-274 au Québec dans l'année de la vente. Ces formulaires permettent d'établir le gain exempté.

Le gain en capital provenant de la résidence principale est exempté dans la proportion suivante:

$$\frac{1 + \text{le nombre d'années civiles terminées après 1971 durant lesquelles le bien est désigné «résidence principale»}}{\text{le nombre total d'années civiles terminées après 1971 durant lesquelles la personne est propriétaire du bien}} \times \text{Gain en capital}$$

Dans la formule précédente, même si vous n'avez habité ou possédé la résidence qu'une seule journée durant l'année, cette dernière compte dans le calcul du nombre d'années civiles. Cependant, les années avant 1972 ne comptent pas, puisque le gain en capital n'était pas imposable à cette époque.

Exemple

Vincent a acheté une maison en 1998 au prix de 90 000 $ et la revend en 2008 au prix de 140 000 $.

Prix de vente	140 000 $
Moins: coût	(90 000)
Gain en capital	50 000 $

Vincent désigne la maison comme résidence principale. Il calcule l'exemption en désignant la maison pour 10 ans, soit jusqu'à 2007. En effet, en profitant du fait qu'une année s'ajoute automatiquement dans la formule, cela fait en sorte que l'année 2008 est aussi exemptée.

$$\frac{1 + 10 \ (1998 \ \text{à} \ 2007)}{11 \ (1998 \ \text{à} \ 2008)} \times 50 \ 000\ \$ = \underline{50 \ 000\ \$}$$

Vincent n'a aucun gain en capital à inclure dans ses déclarations de 2008:

Gain en capital	50 000 $
Moins:	
Exemption à titre de résidence principale	(50 000)
Gain en capital	0 $

Par contre, si Vincent possède un chalet, il pourra le désigner comme résidence principale pour l'année 2008 lors d'une vente future puisqu'il n'y a pas eu de désignation concernant l'année 2008.

L'exemption de résidence principale s'applique aussi au terrain sur lequel se trouve la résidence, lorsque le terrain a une superficie d'un demi-hectare ou moins, ce qui correspond à 5 000 mètres carrés ou 53 820 pieds carrés. Dans le cas d'un terrain beaucoup plus grand, il faut démontrer qu'il était **nécessaire** à l'usage et à la jouissance de la propriété. Par exemple, si le règlement municipal imposait une dimension minimale du terrain excédant un demi-hectare au moment où vous avez fait l'acquisition de la propriété, les autorités fiscales vous accorderont généralement l'exemption sur tout le terrain, à moins que vous n'en ayez utilisé une partie pour gagner un revenu.

Depuis 1982, une seule résidence par famille peut être désignée comme résidence principale. La famille comprend le conjoint marié et les enfants de moins de 18 ans. Prenons le cas d'un couple marié dont l'un des conjoints possède la maison de ville et l'autre est propriétaire de la maison de campagne. Lorsqu'il y aura vente d'une première propriété, les conjoints devront s'interroger sur la désignation à faire pour les années 1982 et les suivantes. Généralement, si la propriété vendue a pris plus de valeur depuis 1982 que l'autre propriété, c'est la première que l'on devrait désigner «résidence principale».

Les conjoints de fait sont aussi visés par les règles d'une seule résidence par famille, mais seulement pour les années pendant lesquelles les lois fiscales les reconnaissent comme conjoints. Prenons l'exemple de conjoints de fait de sexe opposé qui possèdent chacun une résidence et qui vivent ensemble depuis 1989. **Les conjoints de fait de sexe opposé sont reconnus comme conjoints depuis 1993 seulement, au fédéral et au Québec. Ainsi, la règle d'une seule résidence par famille ne s'applique à eux que pour les années 1993 et les suivantes.**

Dans le cas de conjoints de même sexe, la règle d'une résidence par famille s'applique pour les années 2001 et les suivantes. Si les conjoints de même sexe ont présenté un choix d'être reconnus comme conjoints pour les années 1998 à 2000 inclusivement, ils devront aussi tenir compte de ces années quant à l'application de la règle d'une seule résidence par famille.

En raison de la règle concernant les biens personnels, **une perte réalisée lors de la vente d'une résidence principale ou d'un chalet n'est pas reconnue** sur le plan fiscal.

Avez-vous droit à l'exemption pour résidence principale si vous avez loué votre maison ?

Vous pouvez louer votre maison pendant quatre ans sans perdre le statut de résidence principale. Ceci est possible si vous ajoutez une lettre à vos déclarations de revenus pour l'année durant laquelle vous avez commencé à louer votre maison. Cette lettre signée par vous doit décrire le bien (notamment son adresse) et indiquer que vous exercez le choix prévu au paragraphe 45(2) de la Loi de l'impôt sur le revenu et à l'article 284 de la Loi sur les impôts. Ce choix permet de considérer que la propriété n'a pas changé d'usage. À défaut de faire ce choix, la loi considère que vous avez vendu votre maison à sa valeur marchande et que vous l'avez achetée de nouveau pour la louer. Par conséquent, toute la plus-value qui s'accumulera à compter du moment où vous commencerez à louer la maison sera assujettie aux règles normales de calcul de gain en capital lors d'une vente future de la maison.

En faisant le choix décrit ci-dessus, vous pourrez considérer au moment de la vente que la maison était votre résidence principale même si vous ne l'avez pas habitée. Cette désignation n'est valable que pour quatre ans. Toutefois, le nombre d'années n'est pas limité lorsque vous devez louer votre maison en raison d'un changement de lieu d'emploi (éloigné d'au moins 40 kilomètres de votre maison) et que vous revenez l'habiter lorsque cette situation prend fin.

Dans tous les cas, la désignation de la maison louée à titre de résidence principale est possible dans la mesure où votre conjoint, un de vos enfants de moins de 18 ans ou vous n'avez pas désigné une autre propriété à l'égard de la période visée.

Bien entendu, vous devez déclarer les revenus nets tirés de la location de la maison, que vous exerciez un choix ou non. Cependant, vous ne pouvez pas demander une déduction pour amortissement de la maison (voir le chapitre 6).

Un choix semblable existe aussi lorsqu'un bien de location cesse d'être utilisé à cette fin pour devenir une résidence principale. Il est alors possible de reporter la réalisation d'un gain en capital jusqu'à ce que la propriété soit réellement vendue. De plus, la propriété peut être désignée à titre de résidence principale jusqu'à quatre années avant qu'elle soit occupée à ce titre. Toutefois, ce choix dont il est question à la page 199 peut être exercé seulement si aucune déduction pour amortissement n'a été réclamée à l'égard de l'immeuble pour une année se terminant après 1984.

Un bureau à domicile peut-il faire perdre le statut de résidence principale?

Si vous utilisez une ou quelques pièces de votre résidence pour y installer un bureau, vous ne mettrez probablement pas en péril le statut de résidence principale. En effet, les autorités fiscales acceptent que vous puissiez désigner tout votre domicile comme résidence principale si les conditions suivantes sont réunies :

- la superficie de la partie utilisée est peu importante par rapport à toute la superficie de la maison ;

- vous n'avez pas modifié de façon permanente et importante la structure de votre maison pour y aménager le bureau ;

- vous ne demandez pas de déduction d'amortissement à l'égard de cette pièce.

Bien entendu, si vous respectez les conditions appropriées, vous pourrez réclamer les dépenses de la maison se rapportant au bureau à domicile. À ce sujet, consultez le chapitre 2 ou 3, selon que vous êtes un employé ou une personne gagnant un revenu d'entreprise.

Dans les cas où des changements importants sont apportés à la résidence, la partie de la maison servant à gagner un revenu ne pourra plus être considérée comme résidence principale. Par exemple, si vous convertissez l'avant de la maison pour y installer un commerce, tels une boutique de vêtements, un salon de coiffure, etc., vous serez réputé avoir vendu cette partie de votre résidence au moment de la conversion et l'avoir acquise de nouveau. Cette vente est réputée s'effectuer à la valeur marchande et vous permet de réclamer l'exemption de résidence principale sur cette partie de la maison jusqu'au moment où vous l'avez modifiée. Lorsque vous vendrez la maison plus tard, vous ne pourrez réclamer l'exemption de résidence principale que pour la partie de votre maison que vous avez réellement habitée.

22 février 1994 : la disparition de l'exemption pour gains en capital

C'est le 22 février 1994 que le ministre des Finances du Canada annonçait l'abolition de l'exemption pour gains en capital de 100 000 $. Cette mauvaise nouvelle était toutefois assortie d'une agréable surprise permettant à ceux qui n'avaient pu profiter de cette exemption de présenter un choix pour mettre à l'abri de l'impôt le gain accumulé sur les biens possédés le 22 février 1994.

Malgré quelques règles d'exception, la plupart des gens devaient produire leur choix avec leurs déclarations de revenus de l'année 1994.

L'exemption pour gains en capital existe encore pour trois types de biens : les actions de petites entreprises, les biens agricoles et les biens de pêche. Fixée à 500 000 $ depuis sa création, il y a de cela près de 20 ans (ou 400 000 $ si la personne a déjà bénéficié de l'exemption générale de 100 000 $), l'exemption a été haussée à 750 000 $ (ou 650 000 $) à l'égard des ventes de biens énumérés précédemment survenant après le 18 mars 2007. Plusieurs propriétaires de petites entreprises ont déjà structuré leurs affaires pour bénéficier de l'exemption pour gains en capital de 500 000 $. Une révision de leur planification s'impose s'ils désirent profiter du montant supplémentaire de 250 000 $.

Sommairement, les **actions de petites entreprises** sont celles de sociétés privées sous contrôle canadien que vous détenez depuis au moins deux ans. À la date de vente, l'entreprise doit utiliser 90 % et plus de la valeur de ses actifs dans l'exploitation active d'une entreprise au Canada. De plus, les actifs utilisés par l'entreprise dans une telle exploitation doivent représenter plus de la moitié de la valeur totale des actifs de l'entreprise tout au long des deux ans qui précèdent la vente. Dans certains cas, la période de détention requise de deux ans peut être moindre. Par exemple, une personne qui exploite une entreprise non constituée en société pourrait transférer tous les actifs nécessaires à l'exploitation de l'entreprise à une nouvelle société en contrepartie d'actions de cette dernière, puis les vendre. Dans une telle situation, même si les actions n'étaient pas conservées pendant deux ans, il serait possible de réclamer l'exemption pour gains en capital.

Les **biens agricoles** donnant droit à l'exemption sont principalement des biens immeubles ou des biens intangibles tels qu'un quota de production de lait. Vous devez avoir détenu le bien pendant au moins deux ans. La condition est également respectée si c'est votre conjoint, l'un de vos enfants ou l'un de vos parents qui a été propriétaire pendant cette période. De plus, durant au moins deux ans, le revenu brut tiré de l'exploitation d'une entreprise agricole que vous avez gagné (ou que l'une des personnes mentionnées précédemment a gagné) doit avoir dépassé les revenus de toute autre source gagnés pour l'année. Par conséquent, un salarié qui exploite aussi une ferme ne peut pas réclamer l'exemption pour gains en capital pour la vente de ce bien si le revenu brut tiré de l'exploitation de la ferme était toujours inférieur à son revenu d'emploi. Toutefois, cette condition est assouplie si vous déteniez le bien agricole le 17 juin 1987. Dans un tel cas, vous pouvez être admissible à l'exemption pour gains en capital si vous avez exploité (ou l'une des personnes mentionnées précédemment) l'entreprise agricole dans l'année de la vente ou pendant au moins cinq années avant la vente. Par exemple, si vous avez vendu en 2008 une terre agricole reçue en héritage en 1985 à la suite du décès de votre père, vous pourriez peut-être réclamer l'exemption pour gains en capital même si vous n'avez jamais exploité la terre agricole. En effet, l'exploitation de la terre par votre père pendant au moins cinq ans pourrait vous qualifier.

Les **biens de pêche** admissibles à l'exemption comprennent, entre autres, les navires, les quotas, les immeubles et certains biens intangibles utilisés dans le cadre de l'exploitation d'une entreprise de pêche. Les critères de détention pendant au moins deux ans et de prépondérance de revenu décrits précédemment pour les biens agricoles s'appliquent aux biens de pêche. Toutefois, la règle d'assouplissement concernant les biens agricoles détenus en date du 17 juin 1987 n'est pas applicable aux biens de pêche.

Les agriculteurs et les pêcheurs impliqués activement de façon régulière et continue dans une entreprise familiale exploitée par le biais d'une société par actions ou d'une société de personnes peuvent aussi bénéficier de l'exemption pour gains en capital à l'égard des actions et participations qu'ils détiennent.

Pour bénéficier de l'exemption pour gains en capital à l'égard des biens admissibles décrits précédemment, vous devrez aussi tenir compte de la **perte nette cumulative sur placements (PNCP)** qui pourrait réduire le montant de l'exemption que vous désirez réclamer.

Vous avez un solde de PNCP à la fin de l'année 2008 si le total de vos frais de placement déduits depuis 1988 est plus élevé que le total de vos revenus de placement réalisés depuis 1988. Les frais de placement comprennent notamment les frais financiers, les pertes nettes de location d'immeubles, les pertes de sociétés en commandite, la moitié de certaines déductions liées au domaine de l'exploration des ressources. Les revenus de placement incluent, entre autres, les revenus d'intérêts et de dividendes, les revenus nets de location d'immeubles et de sociétés en commandite. De plus, tous les gains en capital non admissible à l'exemption, notamment ceux réalisés depuis le 23 février 1994 (en sus des déductions pour pertes en capital reportées), font partie des revenus de placement. Sachez que l'ARC est en mesure de vous fournir les renseignements requis pour établir votre solde de PNCP, notamment en consultant la section « Mon dossier » sur son site.

Si vous envisagez de vendre des biens admissibles à l'exemption pour gains en capital, nous vous recommandons de consulter un fiscaliste avant de faire votre transaction. Par exemple, si vous avez l'intention de vendre des actions de petites entreprises, il pourra vous conseiller certaines stratégies afin que la société respecte les critères nécessaires d'utilisation d'actifs tout au long de la période requise précédant la vente.

La vente d'un bien en 2008 : avez-vous fait le choix du 22 février 1994 ?

Si vous avez fait le choix du 22 février 1994 à l'égard d'un bien, vous avez désigné une somme, généralement la valeur du bien, au 22 février 1994 et calculé votre gain en capital (dont 75 % représentaient la partie imposable en 1994) comme si une vente avait vraiment eu lieu à cette date à un prix égal à la somme désignée. De façon générale, la somme désignée que vous avez indiquée sur le formulaire de choix en 1994 devient le nouveau coût d'achat du bien qui devra être utilisé à toute date ultérieure au 22 février 1994 pour calculer le gain ou la perte en capital lors d'une disposition future véritable.

Exemple

Lucien a payé, en 1984, la somme de 4 500 $ (incluant les frais de courtage) pour acheter des actions de Truc inc., société cotée en Bourse. Les actions avaient une valeur marchande de 12 500 $ en date du 22 février 1994. Lucien a fait le choix du 22 février 1994 et a désigné la somme de 12 500 $.

Somme désignée	12 500 $
Moins : coût	(4 500)
Gain en capital	8 000 $
Gain en capital imposable (75 %)	6 000 $

Lucien a inclus dans le calcul de son revenu de 1994 un gain en capital imposable de 6 000 $ et a réclamé 6 000 $ à titre d'exemption pour gains en capital.

Lucien vend ses actions en janvier 2008 au prix de 13 800 $ et calcule son gain en capital de la façon suivante :

Prix de vente	13 800 $
Moins : coût (égal à la somme désignée)	(12 500)
Gain en capital	1 300 $
Gain en capital imposable (50 %)	650 $

2008 : Vente d'un immeuble locatif

Si vous avez fait le choix du 22 février 1994 sur un immeuble locatif, vous n'avez pu exempter tout le gain en capital accumulé à cette date. En effet, depuis le 1er mars 1992, il n'était plus possible de bénéficier de l'exemption pour gains en capital relativement au gain accumulé sur de tels immeubles après cette date. Par conséquent, le coût que vous utiliserez pour calculer le gain à la suite d'une disposition de l'immeuble en 2008 sera égal à la somme désignée sur le choix présenté en février 1994, moins le gain non admissible à l'exemption pour les mois écoulés après février 1992.

Exemple

Dominique a fait le choix du 22 février 1994 relativement à un triplex qu'elle avait acheté en juillet 1977 à un prix égal à 70 000 $. La valeur marchande du triplex était de 135 000 $ et représente la somme désignée dans le choix. Le gain en capital qui découle du choix était donc de 65 000 $. La partie de ce gain applicable aux mois écoulés après février 1992, soit 24 mois jusqu'en février 1994, a été établie à 7 358 $, soit 65 000 $ × 24/212 mois de détention totale. Puisque le gain de 7 358 $ n'était pas admissible à l'exemption pour gains en capital en 1994, il n'a pas été inclus dans les déclarations de revenus de Dominique.

Ainsi, au lieu de calculer le gain futur compte tenu d'un coût de 135 000 $, celui-ci est réduit de 7 358 $ et s'établit donc à 127 642 $. Supposons que Dominique vende l'immeuble en septembre 2008 pour une somme de 198 500 $. Le gain en capital qu'elle réalisera sera égal à 70 858 $ (198 500 $ − 127 642 $). Il s'agit, d'une part, du gain non inclus en 1994 égal à 7 358 $ et, d'autre part, de l'augmentation de la valeur de l'immeuble depuis le 22 février 1994, soit 63 500 $. Évidemment, 50 % du gain sera inclus à titre de gain en capital imposable en 2008.

2008 : Vente d'une résidence principale

Nous avons vu précédemment dans ce chapitre que le gain en capital qui résulte de la vente d'une résidence principale pouvait être totalement exempté d'impôt. Tel est le cas si vous avez habité cette résidence pendant toutes les années où vous en étiez propriétaire. Mais si tel n'est pas le cas, peut-être avez-vous présenté un choix au 22 février 1994 pour mettre à l'abri de l'impôt le gain éventuel non admissible à l'exemption de résidence principale. Si vous souhaitez désigner la propriété vendue à titre de résidence principale pour l'année 1994 ou une année subséquente, vous devrez d'abord calculer le gain en capital en considérant le coût original de la propriété. Puis, vous réduirez le gain obtenu d'un montant égal à l'exemption pour résidence principale calculé en tenant compte de toutes les années pour lesquelles vous faites la désignation de résidence principale (incluant les années déjà désignées lors du choix de février 1994). Finalement, vous réduirez le solde du gain d'un montant égal au gain en capital déclaré en 1994 à l'égard de cette propriété. Vous devrez remplir les formulaires T2091 et TP-274 ainsi que les annexes complémentaires T2091-WS et TP-274.S.

Si la propriété vendue n'est pas désignée comme résidence principale pour 1994 ou une année subséquente, vous calculerez le gain en capital en fonction du coût majoré en raison du choix de février 1994, tout comme vous le feriez pour un immeuble locatif.

2008 : Vente d'unités de fonds communs de placement

La règle générale qui présume que le coût des biens visés par le choix du 22 février 1994 est augmenté ne s'applique pas aux unités de fonds communs de placement. Ainsi, vous devez toujours faire référence au coût d'origine lorsque vous calculez un gain ou une perte en capital à l'égard de ces fonds.

Si vous avez fait un choix en février 1994 relativement à des unités d'un fonds commun de placement, un montant égal au gain en capital résultant du choix a créé un solde des gains en capital exonérés. Ce montant pouvait être appliqué, depuis 1994 jusqu'à la fin de l'année 2004, en réduction soit d'un gain en capital découlant de la vente d'unités de ce fonds commun, soit d'un gain en capital attribué par la fiducie de ce fonds commun de placement. Aussi, vous pouviez également augmenter le montant d'une perte en capital provenant de la vente de la totalité des unités d'un fonds commun, de tout solde inutilisé de gains en capital exonérés relatif à ce fonds. Le solde inutilisé des gains en capital exonérés au 31 décembre 2004 s'ajoute au coût des unités de ce fonds que vous déteniez à la fin de l'année 2004.

2008 : Vente d'entreprise

Si vous avez fait un choix au 22 février 1994 relativement à des dépenses en capital admissibles, tel l'achalandage se rapportant à votre entreprise, vous avez créé un solde des gains exonérés égal au montant de gain en capital imposable déclaré en 1994 à la suite de ce choix. **Ce solde des gains exonérés sera appliqué en réduction du revenu réalisé lors de la disposition future du bien.** Consultez l'exemple du chapitre 3, sous la rubrique «Vente d'une entreprise».

Qu'est-ce qu'une réserve ?

Une réserve est une façon d'échelonner l'imposition du gain en capital réalisé à la vente d'un bien lorsque le prix de vente est payable sur plus d'une année. Par exemple, vous vendez un terrain en 2008 pour une somme de 40 000 $ et recevez 15 000 $ au moment de la vente. Vous avez convenu avec l'acheteur que le solde du prix de vente sera payable en cinq versements annuels égaux de 5 000 $ chacun. Vous aurez donc le droit de calculer une réserve sur le gain en capital, étant donné que vous n'avez pas encaissé totalement le produit de la vente en 2008.

La loi ne vous permet pas d'étaler un gain sur une période de plus de cinq ans, sauf dans le cas de la vente à l'un de vos enfants de biens agricoles ou d'actions d'une petite entreprise. Dans ces deux derniers cas, la période maximum d'étalement est de 10 ans. Elle est également de 10 ans pour les gains réalisés sur des biens de pêche vendus après le 1er mai 2006. Comme nous le verrons dans l'exemple suivant, le calcul de la réserve tient compte des montants encaissés. Donc, il ne s'agit pas de répartir le gain en cinq parties égales.

Le montant de la réserve réclamée pour l'année doit être inclus dans le revenu de l'année subséquente et une nouvelle réserve doit être calculée s'il y a lieu. La différence entre ces deux montants représente un gain en capital pour l'année.

Exemple

Jérôme a vendu en août 2008 un immeuble qu'il avait payé 70 000 $ en 1979, pour une somme de 185 000 $. Au moment de la vente, l'acheteur lui a remis 125 000 $ et le solde de 60 000 $ est payable en cinq versements annuels de 12 000 $ le 1er août de chaque année, à compter du 1er août 2009.

Jérôme détermine le gain en capital réalisé sur la vente de l'immeuble à 115 000 $ (185 000 $ − 70 000 $). **Il a le droit de réclamer une réserve qui ne dépassera pas le plus petit montant obtenu par l'une des deux formules suivantes :**

A) $\dfrac{\text{Gain en capital} \times \text{Somme due après la fin de l'année}}{\text{Prix de vente total}}$

B) $\dfrac{\text{Gain en capital}}{5} \times (4 - $ nombre d'années civiles complètes écoulées depuis l'année de la vente sans compter l'année de la vente)

Pour 2008, Jérôme effectue les calculs suivants :

A) $\dfrac{115\ 000\ \$ \times 60\ 000\ \$}{185\ 000\ \$} = 37\ 297\ \$$

B) $\dfrac{115\ 000\ \$ \times (4 - 0)}{5} = 92\ 000\ \$$

Jérôme peut donc réclamer une réserve qui ne dépasse pas le plus petit montant entre A et B, soit 37 297 $. Son gain en capital imposable de l'année 2008 se calcule comme suit :

Gain en capital	115 000 $
Moins : réserve	(37 297)
Gain en capital pour 2008	77 703 $
Gain en capital imposable (50 %)	38 852 $

Continuons l'exemple et voyons les incidences fiscales pour l'année 2009. La réserve réclamée en 2008 sera incluse dans le revenu de l'année 2009 et une autre réserve sera calculée comme suit :

A) $\dfrac{115\ 000\ \$ \times 48\ 000\ \$}{185\ 000\ \$} = 29\ 838\ \$$

B) $\dfrac{115\ 000\ \$ \times (4-1)}{5} = 69\ 000\ \$$

Le gain en capital de 2009 est déterminé de la façon suivante :

Réserve déduite en 2008	37 297 $
Moins : réserve de 2009 (le moindre de 29 838 $ ou 69 000 $)	(29 838)
Gain en capital de 2009	7 459 $
Gain en capital imposable (50 %)	3 730 $

Sans donner tout le détail des calculs, voici un tableau récapitulatif de la variation de la réserve et du gain en capital imposable de 2010 jusqu'en 2012, en supposant qu'aucun changement ne soit apporté à la loi.

	2010	2011	2012
Réserve déduite l'année précédente	29 838 $	22 378 $	14 919 $
Moins : réserve de l'année courante	(22 378)	(14 919)	0 $
Gain en capital	7 460 $	7 459 $	14 919 $
Gain en capital imposable (50 %)	3 730 $	3 730 $	7 460 $

Jérôme aura donc inclus, sur une période de cinq ans se terminant en 2012, son gain en capital imposable, bien qu'il ait encaissé le produit total de la vente jusqu'au 1er août 2013.

Le montant que vous pouvez réclamer au titre d'une réserve est discrétionnaire, c'est-à-dire que vous pouvez réclamer un montant moins élevé que le résultat obtenu par l'application de la formule. Cependant, si vous déduisez un montant moindre, vous pourriez affecter la réserve déductible dans les années subséquentes, car on ne peut réclamer un montant à titre de réserve supérieur à la réserve de l'année précédente. Par exemple, si Jérôme avait choisi de réclamer une réserve de 25 000 $ en 2008, il serait également limité à 25 000 $ en 2009, même si le résultat de la formule permet une réserve de 29 838 $.

Évitez des problèmes de liquidités et négociez le paiement d'un solde de prix de vente sur une période de cinq ans ou moins (incluant l'année de la vente). Ainsi, vous ne vous retrouverez pas dans une situation où vous aurez à inclure des gains dans vos revenus plus rapidement que vous n'encaisserez les paiements du solde de prix de vente.

L'impôt minimum et les gains en capital

La réalisation d'un gain en capital peut entraîner l'application de l'impôt minimum. L'impôt minimum est une sorte d'impôt payé d'avance que vous pouvez récupérer au cours des sept ans qui suivent l'année du paiement. Consultez le chapitre 13 pour plus de détails.

Avez-vous des pertes en capital à reporter?

Nous avons vu au début de ce chapitre que les gains en capital imposables inclus dans les déclarations de revenus sont l'excédent du total des gains imposables de l'année sur le total des pertes en capital déductibles de l'année. Nous avons également discuté des règles particulières concernant les pertes subies sur des biens meubles déterminés.

Si, en 2008, vos pertes en capital déductibles sont plus élevées que vos gains en capital imposables, vous êtes en présence d'une perte en capital nette à reporter. Vous ne pouvez reporter une perte en capital nette qu'à l'encontre de gains en capital imposables réalisés dans les trois années antérieures ou qui seront réalisés n'importe quand après 2008. Pour reporter une perte en capital à une année antérieure, vous devez utiliser le formulaire T1-A au fédéral et le formulaire TP-1012.A au Québec. Le formulaire du Québec doit être envoyé séparément; ne le joignez pas à votre déclaration de revenus.

Si vous avez des pertes en capital nettes réalisées avant 2008, vous pouvez les reporter contre des gains en capital imposables de 2008. En effet, les pertes en capital nettes d'une année peuvent être reportées, sans limite de temps, aux années futures.

La loi prévoit un mécanisme de rajustement du montant des pertes à reporter lorsque les pertes en capital nettes sont calculées selon un taux d'inclusion différent de celui en vigueur dans l'année d'application de la perte. Par exemple, supposons que vous ayez réalisé une perte en capital nette de 2 100 $ en 1999 (2 800 $ × 75 %). Le taux d'inclusion du gain en capital en 1999 était de 75 %. En 2008, vous n'avez réalisé qu'un seul gain en capital imposable de 3 600 $ calculé selon un taux d'inclusion de 50 %. Pour utiliser la perte de 1999 en 2008, vous devez rajuster le montant de la perte en capital nette à reporter de la façon suivante :

$$\frac{\text{Taux d'inclusion du gain en capital pour l'année au cours de laquelle la perte sera déduite}}{\text{Taux d'inclusion du gain en capital pour l'année de réalisation de la perte}} \times \text{Perte en capital nette à déduire}$$

Dans cet exemple, le montant de la perte en capital à déduire en 2008 est égal à 1 400 $, soit $^{50\,\%}/_{75\,\%} \times 2\,100\,\$$.

L'utilisation des pertes en capital nettes à reporter est discrétionnaire : c'est à votre choix. Vous devez choisir vous-même à quelle année (selon les limites permises) vous voulez appliquer vos pertes. Les autorités fiscales ne le feront pas pour vous. Elles n'interviendront pas pour vous signaler que vous avez la possibilité de reporter une perte en capital nette. Toutefois, cela ne veut pas dire qu'il n'y a pas de vérification concernant les demandes de report de pertes. Il est bien important de déclarer une perte en capital nette dans l'année où elle survient. Supposons que votre seule transaction en capital de l'année 2008 soit une vente d'actions dont le résultat est une perte en capital déductible de 3 000 $. Vous n'avez aucun gain en capital imposable en 2008. Ainsi, votre perte en capital nette à reporter est de 3 000 $. Aucun montant ne peut être déduit dans vos déclarations de 2008 concernant cette perte ; toutefois, vous l'indiquerez dans l'annexe faisant état de la disposition des biens durant l'année 2008. Vous transmettrez donc l'information aux deux gouvernements selon laquelle vous avez subi une perte. Cela facilitera les choses lorsque vous réclamerez votre report de pertes dans une année ultérieure.

D'ailleurs, l'ARC confirme sur votre avis de cotisation de l'année 2007 le montant des pertes en capital nettes à reporter que vous avez accumulées jusqu'au 31 décembre 2007. Ce montant tient compte du taux d'inclusion de 50 %. Autrement dit, si le montant apparaissant sur votre avis de cotisation 2007 est égal à 640 $, cela veut dire que vous pourrez utiliser ce montant jusqu'à concurrence de gains en capital **imposables** de 640 $ en 2008 (ou 1 280 $ × 50 %).

Étant donné qu'un contribuable québécois produit deux déclarations de revenus, il peut arriver que le montant de pertes en capital à reporter disponible au Québec soit différent de celui confirmé par l'ARC. En effet, en raison de l'existence du régime simplifié au Québec pour les années 1998 à 2004 inclusivement, il est possible que vous n'ayez pas reporté vos pertes en capital au Québec car leur déduction ne vous procurait aucun avantage. Soyez attentif et communiquez avec Revenu Québec s'il y a lieu, car les avis de cotisation émis au Québec n'indiquent pas le montant des pertes en capital nettes disponibles.

Lorsque vous déduisez des pertes en capital nettes à reporter, vous devez le faire par ordre chronologique, c'est-à-dire que vous devez utiliser les pertes les plus anciennes en premier. Par exemple, vous avez subi des pertes en 1998 et en 1999. Si vous appliquez une partie de ces pertes à vos gains en capital imposables de 2008, vous devez commencer par déduire les pertes de 1998 avant celles de 1999.

Qu'est-ce qu'une perte au titre d'un placement d'entreprise ?

Une perte au titre d'un placement d'entreprise (PTPE) est une perte dont le montant est limité en 2008 à 50 % de la perte réelle, tout comme une perte en capital ordinaire. Cependant, cette perte peut être déduite contre toutes sources de revenus (selon certaines limites) et non uniquement contre des gains en capital imposables.

Les circonstances donnant droit à une PTPE sont très limitées. **Seules les actions et les créances dues par une société exploitant une petite entreprise (SEPE) sont admissibles.** Une SEPE est une société privée sous contrôle canadien dont 90 % ou plus de la valeur de ses actifs est attribuable à des actifs utilisés principalement dans l'exploitation active d'une entreprise au Canada.

Ainsi, **la vente** d'actions ou de créances d'une société qui est une SEPE soit à la date de vente, soit à un moment donné durant la période de 12 mois précédant la vente, à une personne qui ne vous est pas liée donne lieu à une perte au titre d'un placement d'entreprise si la vente se fait à un prix moindre que le coût.

Vous pouvez également réclamer une PTPE même si vous n'avez pas vendu les actions. Par exemple, cela peut arriver si la SEPE a fait faillite pendant l'année ou si elle est devenue insolvable. Dans un cas d'insolvabilité, vos actions ne doivent plus avoir aucune valeur et il est raisonnable de penser que la SEPE sera dissoute ou liquidée. Si vous détenez toujours les actions de la SEPE insolvable ou si vous les avez transférées à une personne avec laquelle vous avez un lien de dépendance, vous réaliserez un gain en capital équivalant à la PTPE si la SEPE reprend ses activités dans un délai de 24 mois suivant la fin d'année durant laquelle vous avez réclamé une perte en raison de son insolvabilité.

Une PTPE peut également être réalisée lorsqu'une SEPE a envers vous une dette devenue totalement irrécouvrable. Si la dette a été réglée en partie, il faut que le solde soit totalement irrécouvrable. Il arrive souvent qu'un actionnaire prête de l'argent à sa société, sans intérêt ou à un taux réduit, dans un but ultime de lui fournir du capital et de réaliser un revenu futur sous forme de dividende additionnel. Lorsque la société ne peut rembourser sa dette, l'actionnaire doit alors s'interroger sur la possibilité de pouvoir réclamer une PTPE.

Une PTPE concernant des actions d'une société insolvable ou une créance jugée totalement irrécouvrable est présumée survenir le 31 décembre d'une année donnée. Puisque la société doit avoir été en exploitation à un moment donné durant les 12 mois précédant la réalisation de la perte, il faut donc être vigilant pour réclamer une PTPE au bon moment lorsqu'une société cesse d'exploiter une entreprise durant l'année courante.

Si vous réclamez une PTPE concernant des actions d'une société insolvable ou une créance jugée totalement irrécouvrable, n'oubliez pas d'inclure une note dans vos déclarations de revenus de l'année pour indiquer que vous exercez le choix prévu au paragraphe 50(1) de la Loi de l'impôt sur le revenu du Canada et à l'article 299 de la Loi sur les impôts.

Si vous avez déjà réclamé des montants à titre d'exemption pour gains en capital avant 2008, ceux-ci réduiront la PTPE subie en 2008 que vous pourrez réclamer contre vos revenus de toutes sources. Cette réduction devient alors une simple perte en capital dont le report ne se fait qu'à l'encontre de gains en capital.

Si la PTPE subie en 2008 est plus élevée que vos autres sources de revenus, l'excédent deviendra une perte autre qu'en capital pouvant être reportée aux trois années antérieures ou aux vingt années suivantes.

Comme vous pouvez le constater, les règles concernant les PTPE ne sont pas simples. Vous détenez peut-être des actions ou des créances qui ne valent plus rien. La possibilité de réduire vos autres revenus en réclamant une PTPE ne doit pas être sous-estimée, et il peut sûrement s'avérer judicieux de consulter un fiscaliste afin d'en évaluer les conséquences.

Report de gain en capital pour placement admissible de petite entreprise

Cette mesure permet de reporter l'imposition d'un gain en capital réalisé sur un placement de petite entreprise lorsque **le vendeur réinvestit** la somme reçue dans un autre placement de petite entreprise.

Sommairement, **un placement de petite entreprise** est représenté par des actions ordinaires émises directement à l'investisseur (actions du Trésor). Au moment de l'émission, la société émettrice est une SEPE (voir la définition dans la rubrique précédente) et la valeur comptable de ses actifs doit être inférieure à 50 millions immédiatement avant et après l'émission des actions.

Pour bénéficier du report, les actions vendues devront avoir été détenues pendant plus de 185 jours. Tant que l'investisseur détient les actions, 90 % ou plus de la valeur des actifs de la société émettrice est attribuable à des actifs principalement utilisés dans une entreprise exploitée activement au Canada. Si les actions vendues ont été détenues pendant plus de 24 mois, le critère d'utilisation des actifs par la société devra être respecté pendant au moins 24 mois et non durant toute la période de détention.

Les nouvelles actions de remplacement (actions du Trésor) devront être acquises dans la même année ou dans les 120 jours suivant la fin de cette année. Par conséquent, le report du gain en capital n'est pas permis si les actions de remplacement sont acquises d'un autre actionnaire.

Le montant de gain en capital reporté sert à réduire le coût fiscal des actions acquises en remplacement.

Exemple

Le 31 mai 2008, Bruno vend des actions de petite entreprise dont le coût était de 30 000 $ pour la somme de 150 000 $. Il réalise un gain en capital de 120 000 $. Le 15 septembre 2008, Bruno investit 105 000 $ dans une nouvelle société qui se qualifie de petite entreprise.

Il a donc investi 70 % du prix de vente obtenu (105 000 $/150 000 $) en actions de remplacement. Il peut alors reporter jusqu'à 70 % du gain en capital réalisé, soit 84 000 $.

Compte tenu du montant maximum qui peut être reporté, le gain en capital à inclure dans la déclaration de revenus de Bruno en 2008 est égal à 36 000 $ (120 000 $ − 84 000 $). Le coût fiscal des nouvelles actions acquises est réduit à 21 000 $ (105 000 $ − 84 000 $). Par conséquent, le gain en capital différé de 84 000 $ est reporté jusqu'au jour où les actions de remplacement seront vendues.

Vente d'actions et engagement de non-concurrence

Si vous avez vendu les actions d'une société exploitant une entreprise et qu'en plus du prix de vente l'acheteur vous accorde un montant pour votre engagement à ne pas lui faire concurrence, vous pourrez considérer cette somme comme faisant partie du prix de vente des actions si vous joignez à votre déclaration de revenus le formulaire requis à cette fin indiquant l'accord de l'acheteur. À défaut de présenter ce formulaire, la somme sera considérée comme une autre source de revenu totalement imposable au lieu d'être incluse à titre de gain en capital dont seule la moitié est imposable.

Conseils de fin d'année

Si vous réalisez des gains en capital en 2009, songez à vendre des biens sur lesquels vous avez déjà des pertes accumulées avant la fin de l'année. Cela pourrait être plus rentable que d'attendre, pendant plusieurs années, que ces biens reprennent leur valeur.

Aussi, si votre revenu de l'année 2006 comprend un gain en capital imposable que vous n'avez pu compenser par une perte en capital à reporter, **l'année 2009 représente la dernière année pour réaliser une perte en capital qui peut être reportée à l'année 2006.** Rappelez-vous qu'une perte réalisée en 2009 doit d'abord servir à réduire tout gain en capital de 2009.

Notez cependant que la vente d'actions cotées en Bourse doit s'effectuer quelques jours avant le 31 décembre pour que la transaction soit considérée comme ayant eu lieu en 2009. En effet, sur le plan fiscal, on considère que la vente a lieu à la **date de règlement** qui survient généralement trois jours ouvrables après la transaction. Informez-vous auprès de votre courtier pour vous assurer de la date de règlement d'une transaction que vous souhaitez faire durant les derniers jours de 2009.

Chapitre 6

Possédez-vous un immeuble locatif?

La plupart des gens sont souvent intéressés à investir dans le secteur immobilier pour «faire des économies d'impôt». Nous croyons que ces gens sont mal informés. Nous considérons que l'achat d'un immeuble à revenus est un placement auquel se rattachent des conséquences fiscales que vous devriez connaître avant d'effectuer votre investissement.

Déterminer son revenu net de location

Le revenu net de location doit être inclus dans vos déclarations de revenus. Il est établi pour la période du 1er janvier au 31 décembre et est égal au total des revenus de loyers moins les dépenses engagées pour gagner ces revenus. Si les dépenses sont plus élevées que les revenus, la perte en résultant est appliquée contre vos autres revenus, soit le salaire, les intérêts, les rentes, etc.

Il vous est permis de calculer votre revenu de location en utilisant la **méthode de comptabilité de caisse**, c'est-à-dire en fonction des sommes reçues et payées durant l'année.

L'ARC et Revenu Québec mettent à votre disposition et vous conseillent d'utiliser les formulaires T776 et TP-128 pour calculer le revenu net de location d'immeubles.

Dépenses pour gagner un revenu de loyer

Les principales dépenses déductibles dans le calcul du revenu de location sont les suivantes : taxes foncières, assurances, intérêts sur hypothèque, chauffage, électricité, publicité, entretien et réparations. Les dépenses de réparations doivent être distinguées entre les dépenses courantes et les dépenses en capital. Les premières sont déductibles dans l'année où elles sont engagées, alors que les secondes sont ajoutées au coût de l'immeuble et peuvent donner droit à une déduction pour amortissement. Nous verrons plus loin quand et comment réclamer une dépense pour amortissement.

Distinction entre une dépense courante et une dépense en capital

Certaines dépenses peuvent être facilement associées à des dépenses courantes, par exemple les frais de peinture ou les frais de plomberie usuels. Par ailleurs, d'autres genres de frais, telle la réfection complète d'un toit, peuvent être plus difficiles à classer sur le plan fiscal. La difficulté est d'autant plus grande car nos deux gouvernements n'appliquent pas les mêmes règles.

Au fédéral, voici quelques indices qui pourront vous aider à déterminer si la dépense engagée est une dépense en capital.

Si la dépense contribue à améliorer l'immeuble par rapport à son état initial, il s'agit d'une dépense en capital. Par exemple, si vous remplacez un linoléum par un plancher de bois franc, c'est une dépense en capital, car vous avez apporté une amélioration par rapport à l'état initial. Si vous l'aviez remplacé par un autre linoléum, il s'agirait alors d'une dépense courante.

Si la dépense effectuée procure un avantage de longue durée, il s'agit plutôt d'une dépense en capital, alors qu'une dépense susceptible d'être répétée régulièrement est une dépense de nature courante. Par exemple, la peinture extérieure que vous effectuez tous les quatre ans est une dépense courante, alors que remplacer le revêtement extérieur de bois par de l'aluminium est une dépense en capital.

Le montant de la dépense par rapport à la valeur de l'immeuble peut aussi servir d'indice quant à la nature de la dépense.

Cependant, si la dépense est importante uniquement parce que vous n'avez pas fait les travaux d'entretien ou de réparations au fur et à mesure qu'ils étaient nécessaires, vous pourrez considérer qu'il s'agit là d'une dépense courante.

Au Québec, il y a une dépense en capital si la dépense a pour effet :

- d'accroître la valeur normale de l'immeuble ; ou
- de remplacer un bien disparu ; ou
- de créer un bien nouveau.

Tant que la dépense consiste à ramener l'immeuble à sa valeur normale, c'est-à-dire à la valeur qu'il aurait s'il était en très bon état, il s'agit d'une dépense courante. Par exemple, remplacer la totalité des fenêtres ou changer complètement la tuyauterie sont des dépenses courantes si elles n'ont pour but que de ramener l'immeuble à sa valeur normale. Toutefois, l'ajout d'un foyer ou d'un garage contribue à augmenter la valeur de l'immeuble, puisque ces éléments n'en faisaient pas partie dans l'état initial, donc ils représentent des dépenses en capital.

À cause des divergences d'opinions entre les deux gouvernements, vous pourriez vous retrouver dans une situation où **la même dépense serait une dépense en capital au fédéral et une dépense courante au Québec.** Par exemple, si vous remplacez des fenêtres de bois par des fenêtres d'aluminium, il est possible que cette dépense soit considérée comme une dépense en capital au fédéral. Toutefois, selon l'expérience des auteurs dans un cas semblable, les autorités fiscales fédérales acceptent qu'une telle dépense soit de nature courante si l'on démontre clairement que cela n'a servi qu'à remettre l'immeuble dans son état initial. Au Québec, dans la mesure où les dépenses ne servent pas à accroître la valeur de l'immeuble, il s'agit d'une dépense courante.

Si vous effectuez vous-même les travaux de réparations ou d'entretien, vous pouvez déduire le coût des matériaux mais non la valeur de votre travail.

Adaptation d'un immeuble aux besoins des personnes handicapées

Certaines dépenses, considérées comme des dépenses en capital, peuvent être entièrement déduites dans le calcul du revenu de location s'il s'agit du coût des transformations nécessaires pour adapter un immeuble aux besoins de personnes devant se déplacer en fauteuil roulant. Les dépenses visées par la loi sont les suivantes :

- l'installation de dispositifs d'ouverture de portes à commande manuelle ;
- l'installation de rampes intérieures et extérieures ;
- l'élargissement des châssis de portes ;
- les modifications aux salles de bains.

De plus, les sommes payées pour installer, dans un immeuble locatif, du matériel conçu pour les personnes ayant une déficience visuelle ou auditive peuvent aussi être déduites en totalité. Par exemple, les indicateurs de position de la cabine de l'ascenseur, comme des panneaux en braille et des indicateurs auditifs, les indicateurs visuels d'alarme en cas d'incendie, sont des dispositifs visés par la loi.

Au Québec, des dépenses additionnelles concernant l'accessibilité aux édifices peuvent être déduites en totalité si elles ont été engagées après le 23 mars 2006. Une attestation doit être fournie par un architecte, par un ingénieur ou par un technologue professionnel selon laquelle les travaux de rénovation ou de transformation ont été effectués conformément aux normes de conception sans obstacles énoncés dans le Code de construction du Québec.

Travaux d'entretien : indiquez vos fournisseurs

Afin de contrer l'évasion fiscale, le gouvernement du Québec exige de tout propriétaire d'immeuble locatif ainsi que de tout locataire d'un espace commercial certains renseignements concernant les travaux d'entretien. Ils doivent fournir avec leur déclaration de revenus du Québec le formulaire TP-1086.R23.12 indiquant les noms des personnes qui ont fait des travaux de rénovation, d'amélioration, d'entretien ou de réparations sur l'immeuble ou le terrain sur lequel l'immeuble est situé. Les dépenses courantes ou en capital sont visées, incluant une dépense relative à l'achat de matériaux dont la pose et l'installation sont incluses dans le prix de vente.

Les renseignements à fournir concernant les personnes ayant exécuté les travaux sont les suivants : le nom, l'adresse, le numéro d'assurance sociale ou le numéro de TVQ et le montant payé.

Si vous ne les fournissez pas, vous encourrez une pénalité de 200 $ pour chaque personne dont les renseignements n'auront pas été indiqués, à moins de pouvoir démontrer que vous vous êtes efforcé de les obtenir de la personne qui a effectué les travaux. La personne qui a exécuté des travaux pour vous sans vous donner les renseignements requis par Revenu Québec pourra encourir une pénalité de 500 $.

Frais comptables et juridiques

Vous pouvez déduire les frais engagés pour tenir vos registres comptables à jour et pour la préparation d'états financiers. De même, les honoraires payés pour obtenir des conseils et de l'aide pour produire vos déclarations de revenus sont déductibles si vos activités de location justifient que vous ayez recours à cette aide. Vous pouvez également déduire les frais juridiques tels que ceux engagés pour la préparation d'un bail ou pour recouvrer des loyers impayés. Notez bien que les frais de notaire liés à l'achat de l'immeuble, tels les frais de transfert du titre de propriété, ne peuvent être déduits de votre revenu. Ces frais, tout comme les droits de mutation ou la «taxe de bienvenue», doivent être ajoutés au coût d'achat de l'immeuble.

Frais liés à un emprunt

Certains frais payés pour obtenir un prêt hypothécaire ou autre sont déductibles à raison de 20 % par année, soit à parts égales pendant cinq ans. Les frais visés par cette mesure sont :

- les frais liés à la demande, à l'évaluation, à l'émission et à l'assurance d'un prêt hypothécaire ;
- les frais de garantie hypothécaire ;
- les frais de courtage hypothécaire ;
- les honoraires de démarcheur (finder's fee) ;
- les frais juridiques liés au financement.

Si vous remboursez l'emprunt en moins de cinq ans, vous pourrez alors déduire le solde des frais d'emprunt non déduits auparavant.

Notez qu'un refinancement n'est pas un remboursement. Certains frais liés à un emprunt sont totalement déductibles dans l'année où ils sont engagés, lorsqu'il s'agit de frais que vous devez payer chaque année (par exemple, les frais de service, les frais reliés à l'étude annuelle de votre dossier de financement, etc.).

Les frais payés pour réduire le taux d'intérêt de votre prêt de même que les pénalités pour paiement anticipé peuvent être déduits sur la période restant à courir sur votre prêt avant que vous fassiez le paiement de ces frais. Supposons que le terme de votre hypothèque soit de cinq ans et que vous payiez durant la deuxième année une somme pour réduire votre taux d'intérêt. Ce montant payé pourra être déduit sur la période commençant au moment du paiement (soit dans la deuxième année) jusqu'à la fin du terme de l'hypothèque, tant et aussi longtemps que vous détiendrez l'immeuble locatif.

Si vous payez une pénalité à la suite du remboursement anticipé d'une hypothèque en raison de la vente de la propriété, aucune déduction ne pourra être réclamée pour le montant de la pénalité. Mais puisqu'il s'agit d'une somme payée pour vendre la propriété, la pénalité fera partie des frais relatifs à la vente à prendre en considération dans le calcul du gain en capital s'il y a lieu.

Vous pouvez **refinancer** votre immeuble locatif pour obtenir des fonds. C'est leur utilisation qui déterminera si les intérêts payés seront déductibles ou non. Supposons que vous ayez emprunté un montant de 230 000 $ il y a 10 ans pour faire l'acquisition d'un immeuble à revenus. En 2008, alors que le solde de cet emprunt était de 180 000 $, vous avez renégocié les termes de l'hypothèque pour obtenir un montant additionnel de 45 000 $. Si vous utilisez ces 45 000 $ pour rénover votre chalet ou acheter un bateau, les intérêts payés sur cette somme ne seront pas déductibles puisque l'emprunt n'a pas été fait dans le but de gagner un revenu. Autrement dit, seulement 80 % des intérêts sur le montant total de l'emprunt seront déductibles (180 000 $/225 000 $). Toutefois, si les 45 000 $ sont utilisés pour gagner un revenu d'entreprise ou un revenu provenant d'investissements, vous pourrez déduire tous les intérêts. Il faudra cependant en réclamer la déduction selon l'usage des fonds. Dans l'exemple ci-dessus, 80 % des intérêts demeureront déductibles dans le calcul du revenu net de location et 20 % seront déductibles dans le calcul du revenu d'entreprise ou à titre de frais financiers. Finalement, si les 45 000 $ sont utilisés pour faire des travaux de rénovation sur l'immeuble à revenus, la totalité des intérêts payés seront déductibles dans le calcul du revenu net de location.

Frais de déplacement

Si vous détenez un seul immeuble situé dans la région où vous habitez et si vous effectuez vous-même les travaux d'entretien et de réparations, vous pourrez déduire des frais raisonnables pour l'usage de votre automobile, dans la mesure où elle vous sert à transporter les matériaux et les outils requis pour les travaux.

Vous ne pouvez déduire aucuns frais si l'immeuble est situé en dehors de la région que vous habitez, ou si ces frais sont engagés pour percevoir les revenus de loyers.

Si vous détenez au moins deux immeubles, situés dans votre région ou non, les frais de déplacement raisonnables engagés en vue de percevoir les loyers, de superviser les travaux de réparations et d'administrer les immeubles seront déductibles.

Autres dépenses

Si l'immeuble locatif est un condo, vous pouvez habituellement déduire **les frais de copropriété** puisque ceux-ci représentent généralement votre part des frais pour les réparations, la conservation et l'entretien ainsi que pour toutes les autres dépenses courantes relatives aux parties communes.

Les frais **d'embellissement du terrain** autour de l'immeuble locatif, notamment la pose de gazon, la plantation d'arbres et d'arbustes, la garniture des plates-bandes, la modification des pentes de terrain sont des dépenses déductibles dans l'année où elles sont payées. Toutefois, aucune déduction ne peut être demandée lorsque l'immeuble n'est pas utilisé principalement (plus de 50 %) pour gagner un revenu de location ou d'entreprise. Par exemple, un avocat qui utilise une partie de sa résidence personnelle comme bureau ne peut pas demander de déduction pour frais d'embellissement.

Le coût des biens durables que vous utilisez pour gagner un revenu de location, telles la laveuse, la sécheuse, la tondeuse à gazon et la souffleuse à neige, ne représente pas une dépense déductible pour l'année d'acquisition. Vous devez plutôt inclure le coût de ces biens dans la catégorie 8 dont le taux d'amortissement est de 20 %. Consultez le chapitre 3 pour tous les détails relatifs à la déduction pour amortissement.

Exemple

Nicole a acheté un duplex en mars 2008 au coût de 175 000 $. Elle a perçu des revenus de loyers totalisant 15 700 $. Elle a engagé les dépenses suivantes durant l'année 2008 :

Versements hypothécaires (intérêts = 9 820 $, capital = 945 $)	10 765 $
Taxes foncières et scolaires	2 450 $
Droits de mutation	1 500 $
Assurances	580 $
Électricité	1 530 $
Frais d'utilisation d'une automobile	140 $
Entretien	600 $
Publicité	45 $
Frais de notaire liés à l'achat	1 600 $
Frais juridiques liés à l'obtention de l'hypothèque	750 $

Nicole prépare son état des loyers de biens immeubles pour 2008, soit les formulaires T776 au fédéral et TP-128 au Québec, comme suit :

Revenus de loyers bruts	15 700 $
Dépenses :	
Intérêts	9 820 $
Taxes foncières et scolaires	2 450 $
Assurances	580 $
Électricité	1 530 $
Entretien	600 $
Publicité	45 $
Frais juridiques liés à l'obtention de l'hypothèque (750 $ × 20 %)	150 $
Dépenses totales	15 175 $
Revenu net de location	525 $

Nicole ne peut pas déduire les frais d'utilisation de sa voiture, puisqu'elle ne possède qu'un immeuble et que ces frais n'ont pas servi à transporter des outils pour effectuer des réparations.

Les droits de mutation ainsi que les frais de notaire liés à l'achat sont ajoutés au coût de l'immeuble, portant celui-ci à 178 100 $. Les frais liés à l'obtention de l'hypothèque devront être réclamés en parts égales de 150 $ par année.

Le capital remboursé à même les versements hypothécaires n'est pas une dépense admissible.

La déduction pour amortissement

La déduction pour amortissement (DPA) n'est pas un déboursé mais plutôt une dépense fiscale allouée pour compenser la dépréciation d'un bien. La DPA a sa raison d'être pour les biens qui se déprécient vraiment et qui seront vendus ultérieurement à un prix moins élevé que le coût d'achat. Il s'agit en quelque sorte de pouvoir déduire graduellement la perte de valeur d'un bien, au lieu d'attendre le moment de la vente. Dans le cas d'un immeuble, la DPA permet de réduire le revenu de location et d'économiser des impôts. Si l'immeuble ne perd pas de valeur et que vous le vendez à un prix égal ou plus élevé que le coût d'achat, vous devrez alors inclure dans votre revenu toute la DPA réclamée antérieurement. Ce genre de revenu est appelé «**récupération**». Ainsi, vous rembourserez les impôts économisés relativement à la DPA, car vous en aurez trop réclamé. Nous examinerons les conséquences de la récupération d'amortissement un peu plus loin dans ce chapitre.

La DPA est une déduction facultative, c'est-à-dire que vous pouvez réclamer le maximum permis par la loi, un montant inférieur à ce maximum ou rien du tout. **Toutefois, vous ne pouvez jamais réclamer une déduction pour amortissement plus éle-**

vée que votre revenu net de location. Par conséquent, vous ne pouvez pas vous servir de la DPA pour créer une perte de location que vous pourriez ensuite appliquer contre vos autres revenus de l'année. **Si vos dépenses sont plus élevées que vos revenus de loyers, vous êtes déjà en situation de perte et vous ne pouvez pas réclamer la DPA**.

Si vous possédez plusieurs immeubles, vous devez faire un calcul global, c'est-à-dire totaliser le revenu net de location de tous les immeubles avant de réclamer la DPA. Nous illustrerons ce principe dans un prochain exemple.

Les catégories de biens

La déduction pour amortissement se calcule par catégorie de biens et la loi prévoit un taux d'amortissement pour chacune d'elles. On trouve généralement plusieurs biens dans une même catégorie. Toutefois, en matière d'immeubles locatifs, il faut établir une catégorie distincte par immeuble dont le coût est de 50 000 $ et plus. Le coût d'un immeuble ne comprend pas le coût du terrain; seul le bâtiment est un bien amortissable. Les trois principales catégories incluant des immeubles sont:

Catégorie 1

Cette catégorie comprend les immeubles acquis depuis le 1er janvier 1988 et les ajouts aux immeubles de catégorie 3 qui ne peuvent être inclus dans cette catégorie. Le taux d'amortissement est de 4 %. Un immeuble acquis après le 18 mars 2007, dont au moins 90 % de sa superficie sert à des activités de fabrication ou de transformation, donne droit à une déduction additionnelle d'amortissement au taux de 6 %. Tout autre immeuble non résidentiel acquis après le 18 mars 2007 donne droit à une déduction supplémentaire au taux de 2 %. Une déduction supplémentaire n'est permise que si l'immeuble est placé dans une catégorie distincte.

Catégorie 3

Cette catégorie comprend tous les immeubles acquis après 1978 jusqu'au 31 décembre 1987 et les immeubles acquis avant 1979 qui ne sont ni en bois ni en tôle. Le taux d'amortissement de cette catégorie est de 5 %.

Les ajouts ou les rénovations effectués depuis 1988 sur un immeuble de catégorie 3 peuvent être inclus dans la catégorie 3 jusqu'à concurrence de 500 000 $ ou 25 % du coût de l'immeuble au 31 décembre 1987 si ce montant est plus petit. Le montant des ajouts qui excède cette limite est inclus dans la catégorie 1.

Catégorie 6

Cette catégorie comprend des immeubles en bois ou en tôle acquis avant 1979. Le taux d'amortissement applicable à cette catégorie est de 10 %.

Calcul de la déduction pour amortissement

Lorsqu'un immeuble est classé dans une catégorie, le taux d'amortissement qui s'y rapporte est fixe et ne change pas avec les années. Par exemple, un immeuble acquis en 1986 est dans la catégorie 3 et son taux d'amortissement est de 5 %, peu importe l'année du calcul.

Seul le coût en capital du bâtiment est amortissable. **Aucune déduction pour amortissement n'est accordée à l'égard d'un terrain.** À cet effet, si le contrat d'achat n'indique aucune répartition, il est recommandé de partager le prix d'achat entre le bâtiment et le terrain en utilisant la valeur déterminée par la municipalité pour établir les taxes foncières pour l'année de l'acquisition de l'immeuble. Par exemple, si la valeur du terrain (selon les valeurs indiquées sur le compte de taxes foncières) est égale à 20 % de la valeur totale, vous pourrez attribuer 20 % du coût total de l'immeuble comme le coût d'achat du terrain. Ainsi, le coût du bâtiment représentera 80 % du prix payé. Le montant calculé pour le bâtiment devrait être indiqué dans la partie réservée au calcul de l'amortissement (des formulaires T776 et TP-128) afin de pouvoir en reporter le montant d'année en année.

Le coût en capital d'un bâtiment est composé du coût d'achat initial, des frais juridiques liés à l'achat, des droits de mutation ainsi que des dépenses en capital effectuées pendant la période de détention de l'immeuble.

Le taux d'amortissement de la catégorie est réduit de moitié lorsqu'il s'applique à des acquisitions ou à des additions aux bâtiments durant l'année.

La DPA se calcule à la fin de l'année. Dans l'année de la vente d'un immeuble, vous ne pourrez pas réclamer la DPA puisqu'il n'y aura plus de biens dans la catégorie à la fin de l'année. Une exception à cette règle s'applique dans le cas où il reste encore un ou plusieurs immeubles locatifs (dont le coût est inférieur à 50 000 $) inclus dans une même catégorie.

Exemple

Reprenons le cas de Nicole. Elle a acheté un immeuble au coût de 175 000 $, incluant 40 000 $ pour le terrain. Elle a payé des droits de mutation de 1 500 $ et des frais juridiques liés à l'achat de 1 600 $. Ces frais de 3 100 $ sont répartis entre le terrain et le bâtiment en proportion du coût. Ainsi, des frais de 709 $ (3 100 $ × 40 000 $ / 175 000 $) sont ajoutés au coût du terrain et le solde de 2 391 $ est ajouté au coût en capital du bâtiment. Ce dernier est donc de 137 391 $ (175 000 $ − 40 000 $ + 2 391 $).

Le bien est classé dans la catégorie 1 dont le taux d'amortissement est de 4 %. Nicole calcule le montant de DPA disponible en 2008 au taux de 2 %, soit le taux de 4 % réduit de moitié pour l'année d'acquisition.

Coût en capital	137 391 $
Amortissement maximal pour 2008 (137 391 $ × 2 %)	2 748 $

Bien que Nicole ait calculé un montant maximum de 2 748 $, elle ne peut pas réclamer plus de 525 $, soit le revenu net de location réalisé en 2008. En effet, rappelons qu'il est interdit de créer une perte de location en réclamant une déduction pour amortissement. Par conséquent, Nicole remplira son état des loyers de biens immeubles de la façon suivante :

Revenu net de location avant amortissement	525 $
Déduction pour amortissement	(525)
Revenu net de location	0 $

Supposons que le revenu net de location avant DPA soit de 5 850 $ en 2009, voyons quelle est la DPA que Nicole pourra réclamer :

Coût en capital	137 391 $
DPA réclamée en 2008	(525)
Coût en capital non amorti à la fin de 2008	136 866 $
DPA maximum permise et réclamée pour 2009 (136 866 $ × 4 %)	(5 475)
Coût en capital non amorti à la fin de 2009	131 391 $

Puisque le revenu net de location avant DPA est de 5 850 $, Nicole peut réclamer le montant maximum de 5 475 $ pour obtenir un revenu net de location de 375 $.

En 2010, Nicole décide de modifier les cuisines des deux appartements de son duplex et d'y ajouter des fenêtres serres. Elle débourse 22 000 $ pour ces travaux. Calculons la DPA maximum permise pour l'année 2010 :

Coût en capital non amorti à la fin de 2009	131 391 $
Additions à l'immeuble en 2010	22 000 $
Coût à amortir	153 391 $
DPA maximum permise pour 20010 (131 391 $ × 4 %) + (22 000 $ × 2 %)	(5 696)
Coût en capital non amorti à la fin de 2010	147 695 $

La DPA de l'année est calculée au taux de 4 %, sauf pour les additions de l'année où le taux doit être réduit de moitié.

Nous avons mentionné précédemment que, dans le cas où l'on détient plusieurs immeubles locatifs, la DPA est limitée au revenu global découlant des immeubles. Illustrons ce principe.

Exemple

Hubert détient deux immeubles pour lesquels les revenus et les dépenses de location avant DPA sont indiqués à la page suivante. L'immeuble 1, acheté en 1986 (catégorie 3 : 5 %), a un coût en capital non amorti de

55 800 $ à la fin de 2007. L'immeuble 2, acquis en 1992 (catégorie 1 : 4 %),
a un coût en capital non amorti de 88 000 $.

	Immeuble 1	Immeuble 2	Total
Revenus de loyers bruts	15 000 $	9 875 $	24 875 $
Dépenses :			
Intérêts	8 300 $	4 800 $	13 100 $
Taxes foncières	1 300 $	1 600 $	2 900 $
Assurances	650 $	420 $	1 070 $
Électricité	2 400 $	1 350 $	3 750 $
Entretien	2 800 $	325 $	3 125 $
Publicité	110 $	0 $	110 $
Dépenses totales	15 560 $	8 495 $	24 055 $
Revenu net de location	(560)	1 380 $	820 $

Hubert peut réclamer une DPA ne dépassant pas 820 $, puisque le total
de son revenu net de location est de 820 $. Il peut choisir de réclamer ce
montant dans la catégorie 1 ou 3, sans égard au fait que l'immeuble 1 a
généré une perte de location. Par exemple, Hubert peut choisir de réclamer la DPA sur l'immeuble 1 :

Coût en capital non amorti à la fin de 2007	55 800 $
DPA maximum permise (55 800 $ × 5 % = 2 790 $) ou	
DPA limitée au revenu net de location	(820)
Coût en capital non amorti à la fin de 2008	54 980 $

Si vous possédez plus d'un immeuble locatif et que vous souhaitez déduire un montant d'amortissement, choisissez l'immeuble
qui présente la plus faible augmentation de valeur depuis que vous
le détenez ou qui a perdu de sa valeur par rapport au prix payé.

Immeuble détenu en société de personnes ou en copropriété

Lorsqu'un immeuble est détenu par une société de personnes,
le calcul du revenu net de location, compte tenu de la déduction
pour amortissement s'il y a lieu, est établi pour l'ensemble des associés. Ce revenu est ensuite réparti entre ceux-ci selon la proportion
prévue dans le contrat de société. La déduction pour amortissement est donc calculée pour la société. Si un associé détient
personnellement d'autres immeubles locatifs, la déduction pour
amortissement qu'il pourra réclamer à l'égard de ces immeubles
sera limitée au total du revenu net de location tiré de tous les immeubles, incluant la part provenant de la société.

Lorsque l'immeuble est détenu en copropriété, le revenu
net de location est calculé sans tenir compte de la déduction pour
amortissement. Chaque copropriétaire doit inclure dans le calcul
de son revenu sa part du revenu de location qui lui revient. Chacun

des copropriétaires est ensuite libre de réclamer ou non la déduction pour amortissement sur la proportion de l'immeuble qui lui appartient. Évidemment, si le copropriétaire possède d'autres immeubles locatifs, la déduction pour amortissement sera limitée à l'ensemble du revenu net de location. Le copropriétaire pourra donc choisir d'amortir l'immeuble de son choix.

Habitez-vous dans votre immeuble locatif ?

Si vous habitez un logement de votre immeuble locatif, vous devez tenir compte dans le calcul de votre revenu net de location des dépenses attribuables à votre logement. En effet, puisqu'il s'agit de dépenses personnelles, vous ne pouvez en demander la déduction.

Ainsi, les dépenses que vous pouvez déduire comprennent la partie des dépenses qui visent l'ensemble de l'immeuble, tels les intérêts ou les taxes répartis selon **une méthode de calcul raisonnable,** soit selon la superficie louée ou le nombre de pièces louées. De plus, les dépenses qui sont entièrement liées aux espaces loués demeurent totalement déductibles. Vous ne pourrez demander de déduction pour amortissement pour la partie du coût en capital qui correspond à l'espace que vous utilisez personnellement.

Exemple

Catherine a acheté en mai 2008 un triplex au coût de 258 000 $, excluant le coût du terrain, dans lequel elle habite depuis cette date. Les trois logements sont de dimensions identiques. Les revenus de loyers perçus en 2008 sont de 12 600 $. Les dépenses engagées sont les suivantes :

Intérêts sur hypothèque	8 900 $
Taxes foncières et scolaires	3 000 $
Droits de mutation (2 690 $ applicables au bâtiment)	3 420 $
Assurances	745 $
Électricité (pour le logement de Catherine seulement)	1 425 $
Entretien (dont 1 800 $ pour le logement de Catherine)	2 400 $
Publicité	45 $

Catherine établit le revenu de location à inclure dans ses déclarations de revenus de 2008 comme suit :

Revenus de loyers bruts	12 600 $
Dépenses :	
Intérêts	8 900 $
Taxes foncières	3 000 $
Assurances	745 $
	12 645 $

Moins : fraction personnelle ⅓	(4 215)
Dépenses attribuables aux logements loués	8 430 $
Plus : dépenses entièrement attribuables aux logements loués	
Entretien (2 400 $ − 1 800 $)	600 $
Publicité	45 $
Dépenses totales	9 075 $
Revenu net de location	3 525 $

Puisque Catherine a un revenu avant DPA, elle désire se prévaloir de cette déduction pour réduire son revenu dans les limites permises. La déduction maximum qu'elle peut réclamer s'établit comme suit :

Coût d'achat	258 000 $
Droits de mutation	2 690 $
Coût total	260 690 $
Moins : fraction personnelle ⅓	(86 897)
Coût en capital à amortir	173 793 $
DPA maximum permise (173 793 $ × 2 %)	(3 476)
Coût en capital non amorti à la fin de 2008	170 317 $

Catherine peut réclamer la DPA maximum permise de 3 476 $, puisque celle-ci ne dépasse pas son revenu net de location avant amortissement de 3 525 $. Son revenu net de location pour l'année 2008 est donc de 49 $, soit 3 525 $ − 3 476 $.

Lorsque Catherine vendra son triplex, elle calculera son gain en capital de la façon habituelle. Elle pourra réduire ce gain du tiers (⅓) pour tenir compte de l'exemption pour résidence principale, seulement si elle a habité un des logements du triplex pendant tout le temps où elle en était propriétaire. Sinon, elle devra calculer cette portion de gain exempté lié à la résidence principale en fonction des années pour lesquelles elle fera une désignation. Consultez à ce sujet le chapitre 5.

N'oubliez pas de produire vos relevés 4

En tant que propriétaire d'un immeuble locatif, vous devez remettre à chacun des locataires qui habitait l'immeuble le 31 décembre 2008 un relevé 4, « Certificat à l'égard des impôts fonciers ». La production de ces relevés est exigée par le ministère du Revenu du Québec, qui vous accorde un délai de deux mois pour le faire, soit jusqu'au dernier jour de février 2009. Le but des relevés 4 est d'allouer à chacun des locataires la part de taxes foncières payées durant l'année attribuable au logement occupé. Ce montant ainsi attribué permet aux locataires de calculer s'ils ont droit au remboursement d'impôts fonciers prévu dans la déclaration de revenus du Québec (voir le chapitre 13).

Vous devez tenir compte de tous les espaces locatifs pour effectuer votre répartition, incluant les espaces commerciaux et les espaces inoccupés. Cependant, vous ne devez pas remplir de relevé 4 pour les locataires d'espaces commerciaux, puisque le remboursement d'impôts fonciers ne s'applique pas à eux. Pour vous aider à remplir vos relevés 4, procurez-vous le guide du relevé 4 offert aux bureaux du ministère du Revenu du Québec.

La vente d'un immeuble: en plus du gain en capital, avez-vous réalisé une récupération d'amortissement?

Nous avons mentionné précédemment la possibilité de récupérer les déductions pour amortissement réclamées au moment de la vente d'un immeuble.

Exemple

Gilbert a acquis un immeuble en mai 2004 au coût de 185 000 $, incluant un terrain de 40 000 $. Le tableau suivant indique quelles sont les déductions pour amortissement réclamées par Gilbert au cours des dernières années.

	Coût en capital non amorti en début d'année	Achat	DPA réclamée	Coût en capital non amorti à la fin de l'année
2004		145 000 $	2 900 $	142 100 $
2005	142 100 $		5 684 $	136 416 $
2006	136 416 $		5 457 $	130 959 $
2007	130 959 $		5 238 $	125 721 $
DPA totale réclamée			19 279 $	

Depuis l'année d'acquisition, Gilbert a toujours réclamé la DPA maximum au taux de 4 %, sauf pour l'année de l'acquisition où le taux permis était de 2 %, soit la moitié du taux régulier. Gilbert a vendu son immeuble en juin 2008 au prix de 250 000 $. La commission payée à l'agent immobilier étant de 17 250 $, le montant net obtenu par Gilbert est de 232 750 $. La partie du prix net attribuable au terrain est de 50 000 $, compte tenu de la commission payée. Par conséquent, le bâtiment a été vendu pour une somme de 182 750 $, soit 232 750 $ − 50 000 $.

Puisque le coût initial du bâtiment était de 145 000 $, il est facile de constater que celui-ci n'a pas perdu de valeur. Au contraire, un profit a été réalisé. Voyons ce qui se passe dans la catégorie d'amortissement:

Coût en capital non amorti à la fin de l'année 2007	125 721 $
Moins: le moindre du coût 145 000 $ ou du prix de vente 182 750 $	(145 000)
Récupération des déductions pour amortissement	(19 279) $

Cette récupération des déductions pour amortissement représente un revenu qui doit être inclus dans les déclarations de revenus de Gilbert pour l'année 2008. **Il y a récupération dès que le prix de vente excède le coût en capital non amorti.** Vous remarquerez, dans cet exemple, que la récupération correspond à la totalité des déductions pour amortissement réclamées durant les années précédentes. Il en est ainsi parce que le prix de vente obtenu pour l'immeuble est supérieur au coût en capital. Autrement dit, puisque la vente de l'immeuble s'est effectuée à un montant supérieur au coût, il est normal d'inclure dans le revenu les déductions pour amortissement qui ont servi à réduire le coût durant les années antérieures. De plus, il faut calculer le gain en capital réalisé. Si un choix au 22 février 1994 a été effectué relativement à l'immeuble, consultez le chapitre 5 à la rubrique « 2008 : Vente d'un immeuble locatif ».

Prix de vente		250 000 $
Moins : le total de		
Coût en capital	185 000 $	
Commission payée à la vente	17 250 $	(202 250)
Gain en capital		47 750 $
Gain en capital imposable (47 750 $ × 50 %)		23 875 $

Supposons que le prix de vente obtenu pour le bâtiment ait été de 142 500 $, voici l'effet obtenu dans le calcul de la récupération :

Coût en capital non amorti à la fin de l'année 2007	125 721 $
Moins : le moindre du coût 145 000 $ ou du prix de vente 142 500 $	(142 500)
Récupération des déductions pour amortissement	(16 779) $

Dans ce dernier cas, Gilbert devrait inclure dans son revenu de 2008 une récupération de 16 779 $. La différence entre le total des déductions pour amortissement réclamées dans les années passées (19 279 $) et le revenu provenant de la récupération (16 779 $) est de 2 500 $. Cela correspond exactement à la perte de valeur réalisée sur l'immeuble, soit 145 000 $ − 142 500 $.

Nous constatons que, par le biais de la DPA, vous pouvez réduire votre revenu net de location pendant plusieurs années et, par le fait même, économiser des impôts. Par contre, lors de la vente de l'immeuble, il est fort possible que vous ayez un revenu provenant de la récupération. Il est donc plus juste, dans une telle situation, d'associer la DPA à des impôts reportés plutôt qu'à des impôts économisés. Chaque situation est un cas d'espèce qui doit être analysé en tenant compte de votre taux marginal d'impôt. Si les déductions pour amortissement vous permettent d'économiser maintenant des impôts à un taux marginal plus élevé que celui qui s'appliquera au moment de la vente, vous serez donc gagnant dans votre stratégie pour «reporter de l'impôt».

Si vous vendez un immeuble à un prix inférieur au coût en capital non amorti, vous aurez alors une perte finale déductible contre toutes sources de revenus. Il ne s'agit pas d'une perte en capital. Étant donné l'intérêt de cette déduction, certains seraient peut-être tentés de répartir le prix de vente obtenu de façon à déclarer un gain en capital sur le terrain (dont la moitié seulement est imposable) et une perte finale pour le bâtiment (déductible à 100 %). Dans de tels cas, soyez averti que certaines dispositions fiscales font en sorte de réduire la perte finale pour annuler ou pour diminuer le gain en capital.

La conversion d'un bien locatif en résidence principale

Il peut arriver que le propriétaire d'un bien locatif décide de ne plus louer son immeuble afin de l'occuper personnellement. C'est alors un changement d'usage dont les conséquences fiscales sont les mêmes que s'il s'agissait d'une vente, puisqu'on présume qu'un changement d'usage est une vente à un prix égal à la valeur au marché de l'immeuble. Par conséquent, cela peut représenter la réalisation d'un gain en capital et le paiement d'impôts même s'il n'y a pas eu de vente réelle du bien. Dans une telle situation, vous pourrez choisir de ne pas inclure le gain en capital dans vos déclarations de revenus de l'année du changement d'usage et de le reporter dans l'année où une vente aura effectivement lieu. Toutefois, **ce choix est interdit si une déduction pour amortissement** concernant cet immeuble a été réclamée en 1985 ou après. Ainsi, un propriétaire doit réfléchir à toutes les possibilités avant de réclamer une déduction pour amortissement. De plus, il sera également possible de désigner cette propriété à titre de résidence principale pour un maximum de quatre années avant que vous commenciez à l'habiter personnellement.

Il est suggéré de joindre une lettre à vos déclarations de revenus de l'année durant laquelle le changement d'usage est survenu pour indiquer que vous désirez vous prévaloir du choix. Cette lettre signée par vous doit décrire le bien (notamment son adresse) et indiquer que vous exercez le choix prévu au paragraphe 45(3) de la Loi de l'impôt sur le revenu et à l'article 286.1 de la Loi sur les impôts. Ce choix permet de considérer que la propriété n'a pas changé d'usage. Toutefois, si vous ne l'avez pas fait, il est possible de présenter ce choix pour l'année où il y aura effectivement disposition de l'immeuble.

Un changement d'usage pour une fraction d'un immeuble à logements multiples peut aussi faire l'objet d'un choix. En effet, les autorités fiscales acceptent que chaque appartement représente un bien distinct. Par exemple, si vous possédez un triplex que vous avez toujours loué en totalité et que vous décidez de vous installer dans un des trois logements, vous pourrez faire un choix pour reporter tout gain en capital relatif au changement d'usage de cet appartement qui devient votre résidence principale.

L'espoir raisonnable de profit et les pertes de location

Au cours des dernières années, les autorités fiscales ont été préoccupées par les contribuables qui réalisaient des pertes à répétition relativement à la location d'immeubles ou à l'exploitation d'une entreprise. Ainsi, plusieurs contribuables ont reçu des avis de nouvelle cotisation refusant les pertes réclamées parce que les autorités fiscales prétendaient que les contribuables n'avaient pas d'espoir raisonnable de profit dans la poursuite de leurs activités de location ou d'entreprise. Plusieurs personnes se sont adressées aux tribunaux pour débattre de la question. Des causes ont été gagnées et d'autres perdues. En 2002, la Cour suprême a rendu deux décisions favorisant des contribuables dont les pertes de location avaient été refusées par l'ARC. Puisqu'il s'agit de la plus haute instance, l'avis de la Cour suprême fait **maintenant** force de loi. Brièvement, la Cour a établi d'une manière très claire qu'**une activité exercée dans le but de réaliser un profit qui ne comporte aucun avantage ou bénéfice personnel est une activité commerciale**. Ce fait étant établi, toutes les dépenses engagées dans le but de gagner un revenu sont alors déductibles et si cela résulte en une perte, celle-ci ne peut être refusée.

La Cour suprême a également indiqué que si les activités (de location ou d'entreprise) comportent un élément personnel ou récréatif, cela oblige le contribuable à établir que son intention prédominante est de tirer profit de l'activité et que celle-ci est exercée conformément à des normes objectives de comportement d'un homme ou d'une femme d'affaires sérieux.

Revenu Québec endosse totalement les conclusions de la Cour suprême. Notamment, la dernière version du bulletin d'interprétation IMP.81-2/R1 mentionne que si les opérations ne comportent aucun élément personnel ni aucun élément récréatif, la commercialité est concédée et les pertes sont admises en déduction. Toutefois, s'il y a présence d'un élément d'utilisation personnelle, il faudra déterminer l'intention prédominante. Pour faire cette appréciation, Revenu Québec pourra considérer l'état des profits et des pertes pour les années antérieures, la formation de l'individu, le gain en capital anticipé et l'expectative raisonnable de profit. Par exemple, si vous achetez un duplex dont l'un des logements est habité par vous et l'autre par vos parents, on pourra probablement conclure que la commercialité ne prédomine pas si le loyer exigé de vos parents ne réussit pas à couvrir les dépenses courantes relatives à ce logement.

Comme nous l'avons mentionné dans le chapitre 3, les inquiétudes concernant la reconnaissance de pertes ont refait surface en raison d'un projet de loi déposé par le ministère des Finances du Canada en octobre 2003. Ce projet vise à permettre la déduction de pertes provenant d'un bien (tel un immeuble locatif) que s'il est raisonnable pour l'année en cours de s'attendre à ce qu'un bénéfice cumulatif soit tiré du bien pour la période pendant laquelle il est détenu ou la période durant laquelle on s'attend à détenir ce bien. De plus, l'attente raisonnable de tirer un bénéfice cumulatif ne devrait pas tenir compte du gain en capital anticipé qui pourrait découler d'une vente future. Ce projet de loi devait entrer en vigueur au début de l'année 2005. Or, à la suite des préoccupations exprimées par les fiscalistes au sujet de ces mesures, le ministère des Finances du Canada a voulu les rassurer en annonçant, lors du budget de février 2005, qu'il déposerait le plus tôt possible de nouvelles propositions plus modestes. Au moment de mettre sous presse, les changements n'ont toujours pas été rendus publics.

Chapitre 7

Profitez-vous de tous les avantages du REER?

Le régime enregistré d'épargne-retraite, mieux connu par son abréviation REER, est sans aucun doute l'«abri fiscal» le plus populaire, d'une part, grâce à sa grande flexibilité et, d'autre part, grâce aux économies d'impôts qu'il procure. En effet, qui n'a pas remarqué, à l'approche du mois de février, les campagnes de publicité organisées par les diverses institutions financières? Qu'il s'agisse des banques, des sociétés de fiducie, des sociétés d'assurance-vie, des maisons de courtage, toutes vous incitent à l'épargne à l'abri de l'impôt!

Le REER est un véhicule enregistré auprès des autorités fiscales. Les cotisations versées au REER sont déductibles du revenu. Ainsi, **il s'agit d'épargner en utilisant des revenus avant impôts contrairement à l'épargne traditionnelle** où vous devez payer vos impôts avant d'investir.

Le REER permet **l'accumulation de sommes d'argent sans aucun impôt à payer** sur les revenus engendrés aussi longtemps que vous n'encaissez pas les sommes. Par exemple, les intérêts provenant de certificats de dépôts, les dividendes reçus sur des actions, les profits réalisés lors de la vente d'actions, d'obligations ou d'unités de fonds communs de placement s'accumulent dans votre REER et ne sont pas assujettis à l'impôt tant et aussi longtemps qu'ils demeurent à l'intérieur du REER. Bref, le REER est tout à fait distinct de vos autres épargnes.

Lorsque vous recevez une somme de votre REER, vous devez l'inclure en totalité dans le calcul de votre revenu de l'année durant laquelle vous avez reçu le montant. On ne fait **aucune distinction** à savoir si une partie de la somme reçue est un revenu d'intérêt, un dividende, un gain en capital ou une fraction du capital versé à l'origine. Les revenus générés par un REER perdent donc leur identité et sont tous imposés de la même façon à leur encaissement.

Bien qu'il soit possible d'effectuer des retraits à volonté d'un REER, sous réserve des termes des placements effectués (par exemple, un certificat de dépôt garanti cinq ans n'est pas encaissable avant l'échéance), le REER est surtout utilisé pour financer la retraite. Le REER permet d'accumuler des sommes en franchise d'impôt jusqu'à la fin de l'année dans laquelle le bénéficiaire (ou **rentier**) atteint l'âge de 71 ans. La limite d'âge a été haussée à 71 ans à la suite du budget fédéral présenté en 2007. Auparavant, la limite d'âge était fixée à 69 ans.

Les rentiers qui célébreront leur 71e anniversaire en 2009 devront mettre fin à leur REER au plus tard le 31 décembre 2009. Vous trouverez à la page 234 les différentes options offertes lorsqu'un REER arrive à échéance.

Le REER : un régime de report d'impôt et d'accumulation

Vous vous demandez sans doute quel est l'intérêt d'économiser de l'impôt maintenant et de le payer plus tard lorsque les sommes sont retirées du REER. C'est ce que l'on appelle **le phénomène de report de l'impôt**. Il s'agit de profiter du fait que le taux d'impôt est généralement moins élevé au moment de la retraite que durant la période d'emploi.

Toutefois, nous croyons que l'attrait principal du REER est sans contredit la possibilité d'accumuler du capital à l'abri de l'impôt. Puisque vos cotisations à un REER sont déductibles, vous pouvez y investir plus d'argent sans augmenter votre déboursé. Par exemple, supposons que vous disposiez d'une somme de 2 000 $ à investir et que votre taux marginal d'impôt soit de 46 %. Si vous prenez en considération qu'une contribution au REER de 3 700 $ vous permet d'économiser des impôts d'environ 1 700 $ (3 700 $ × 46 %), c'est donc dire qu'**il ne vous en coûte que 2 000 $ pour détenir un REER de 3 700 $**. Si vous contribuez 3 700 $ pendant 20 ans et que le taux de rendement durant cette période est de 6 %, vous aurez accumulé dans votre REER, à la fin de cette période, la somme de 136 107 $, ou 144 273 $ si vous investissez en début d'année plutôt qu'à la fin.

Comparez ceci avec un investissement hors REER de 2 000 $, dans un dépôt à terme, pendant 20 ans, au taux de 6 %. Compte tenu que vous devrez payer des impôts annuellement sur les intérêts gagnés, à un taux de 46 %, par exemple, vous aurez accumulé, après 20 ans, la somme de 55 072 $, ou 56 856 $ si vous investissez en début d'année. Vous constatez donc que le REER représente près de deux fois et demie le montant obtenu avec un investissement hors REER, et dans les deux cas, vous aurez investi 40 000 $. Bien sûr, le montant accumulé dans le REER n'a pas encore été imposé. Supposez alors qu'après 20 ans vous encaissiez la totalité de votre REER et que vous deviez payer des impôts à un taux de 48,2 %, soit le taux marginal d'impôt le plus élevé en 2008. Il vous resterait quand même 70 503 $ ou 74 733 $, soit un surplus variant entre 15 400 $ et 17 900 $ en comparaison avec un investissement hors REER.

Vous ne planifiez sans doute pas d'encaisser votre REER en un seul montant. Par exemple, vous pourriez acquérir une rente ou transférer votre REER en FERR, ce qui vous permettra d'étaler l'imposition de votre REER sur plusieurs années, et il est possible que votre taux marginal d'impôt soit inférieur à 48,2 % durant ces années. Par conséquent, les avantages décrits précédemment pourraient être beaucoup plus importants.

Une seule limite : 18 % du revenu

Qu'il s'agisse de REER ou de régimes de retraite offerts par l'employeur, tels un régime de pension agréé (RPA) ou un régime de participation différée aux bénéfices (RPDB), le régime fiscal fait en sorte que l'ensemble des contributions versées par l'employé et par l'employeur doive se limiter à 18 % du revenu gagné sous réserve d'un plafond annuel. Pour simplifier ce principe, retenez que **le REER représente en quelque sorte la différence entre le plafond de 18 % du revenu gagné et l'épargne versée dans les régimes d'employeurs (RPA et RPDB)**.

Le facteur d'équivalence

Le facteur d'équivalence (FE) est un indicateur qui mesure la valeur des épargnes versées pour la retraite d'un employé. Le FE doit être calculé par l'employeur pour chaque employé à l'égard duquel il a contribué, dans l'année, à un RPA ou à un RPDB (voir le chapitre 2). Le facteur d'équivalence doit aussi tenir compte des sommes versées par l'employé dans le RPA.

Par conséquent, une personne qui n'a aucun droit dans un régime d'employeur (RPA ou RPDB) n'a pas de FE. Les calculs pour déterminer le FE sont très complexes et leur explication sort du contexte de ce livre. **Il suffit de retenir que le FE réduit le montant qui peut être contribué à un REER.**

Le FE doit être calculé par l'employeur chaque année et indiqué sur le feuillet T4 remis en février de l'année suivante. C'est le FE indiqué sur votre T4 de 2007 qui sert au calcul de votre contribution permise au REER pour 2008.

Le revenu gagné

Le revenu gagné est un terme défini dans la loi et est constitué des éléments suivants :

Le total des :
- revenu d'emploi (incluant les salaires, les commissions, les avantages imposables, les prestations d'assurance-salaire imposables) diminué des dépenses d'emploi (notamment les cotisations syndicales, les frais de déplacement et les dépenses de vendeurs) ;
- revenu net d'entreprise exploitée activement (excluant le gain imposable tiré de la vente d'immobilisations admissibles, comme l'achalandage) ;
- revenu net de location d'immeuble (incluant la récupération d'amortissement découlant de la vente d'un immeuble) ;
- pension alimentaire reçue, si imposable ;
- prestations d'invalidité versées par le Régime de pensions du Canada et le Régime de rentes du Québec ;
- droits d'auteur ;
- revenu net provenant de subventions de recherche ;
- montants reçus d'un régime de prestations supplémentaires de chômage (à ne pas confondre avec les prestations d'assurance-emploi reçues du gouvernement fédéral).

Moins le total des :
- perte nette provenant d'entreprise exploitée activement ;
- perte nette de location d'immeuble ;
- pension alimentaire versée, si déductible.

Le droit annuel de cotisation

Chaque année, depuis 1991, il y a lieu de calculer son droit annuel de cotisation à un REER de la façon suivante :

18 % × revenu gagné de l'année précédente
Moins
FE de l'année précédente

Pour 2008, les individus dont le revenu gagné en 2007 était de 111 111 $ ou plus ont un plafond de cotisation établi à 20 000 $ moins le FE inscrit sur le T4 de 2007.

Le plafond de cotisation sera augmenté à 21 000 $ en 2009 et à 22 000 $ en 2010.

Puisque le calcul tient compte du revenu gagné au cours de l'année précédente, il n'y a donc pas de possibilité de cotiser à un REER pour obtenir une déduction au cours de la première année durant laquelle une personne commence à travailler. Inversement, une personne qui prend sa retraite peut cotiser à son REER et obtenir une déduction dans l'année suivant celle où elle a cessé de travailler. Par exemple, si vous avez pris votre retraite au cours de l'année 2007 à l'âge de 60 ans, votre droit de cotiser à un REER en 2008 est calculé en fonction de votre revenu gagné de 2007 (notamment votre salaire gagné en 2007 avant que vous cessiez de travailler). Vous pouvez donc cotiser en 2008 même si votre revenu de 2008 n'est composé que de revenus de retraite.

Les exemples suivants illustrent la façon de calculer le droit de cotisation annuel. Supposons que vous ne participiez à aucun régime d'employeur en 2007 (donc aucun FE pour 2007) et que votre revenu gagné soit de 35 000 $ pour l'année 2007. Votre limite annuelle de cotisation au REER pour 2008 est de 18 % × 35 000 $, soit 6 300 $ (n'excédant pas le plafond de 20 000 $).

Reprenons la même situation avec un revenu gagné de 115 000 $. Puisque le résultat obtenu en appliquant 18 % au revenu gagné est supérieur au plafond de 20 000 $, votre limite annuelle pour 2008 est donc de 20 000 $.

Exemple

Simon était membre d'un régime de pension en 2007 et le FE apparaissant sur son feuillet T4 de 2007 est de 5 500 $. Compte tenu de son revenu gagné de 2007 de 55 000 $, le droit annuel de cotisation au REER pour 2008 se calcule de la façon suivante :

18 % × 55 000 $ (maximum 20 000 $)	9 900 $
Moins : FE de 2007	(5 500)
Cotisation maximale permise pour 2008	4 400 $

Droits de cotisation inutilisés et reportés

Les droits de cotisation calculés depuis 1991 s'accumulent. Par conséquent, si vous n'avez pu verser toutes les sommes permises à votre REER dans le passé, vous pourrez vous reprendre plus tard. Aucune limite de temps n'est prévue. Ainsi, **il sera possible d'utiliser vos droits accumulés jusqu'au 31 décembre de l'année durant laquelle vous atteindrez l'âge de 71 ans.** Comme nous le verrons un peu plus loin, même si vous êtes âgé de plus de 71 ans, vous pourrez contribuer au REER de votre conjoint si ce dernier n'a pas atteint cet âge.

Exemple

Marie-Lise a commencé à travailler en 2004. En l'absence de revenu gagné pour les années antérieures, son droit de cotiser à un REER était nul. Durant les années 2004 à 2006, Marie-Lise n'a bénéficié d'aucun régime d'employeur; elle n'avait donc aucun FE. Pour les années 2005 à 2007 inclusivement, Marie-Lise a calculé ses droits de cotisation annuels au REER de la façon suivante:

	2005	2006	2007
Revenu gagné de l'année précédente	32 000 $	34 000 $	35 000 $
Droit annuel de cotisation	5 760 $	6 120 $	6 300 $

Marie-Lise a déduit durant ces trois dernières années une somme de 1 500 $ par an pour contributions versées à son REER. Elle peut donc reporter à l'année 2008 tous ses droits de cotisation inutilisés, soit 18 180 $, diminués des sommes déduites totalisant 4 500 $. Par conséquent, elle peut reporter la somme de 13 680 $ à l'année 2008 pour droits inutilisés. Ce montant s'ajoute au droit annuel de 2008.

Supposons qu'en 2007 l'employeur ait instauré un régime de pension (RPA) auquel Marie-Lise a souscrit. Son feuillet T4 de 2007 indiquait un montant de 4 880 $ à titre de facteur d'équivalence. Le revenu gagné de Marie-Lise pour l'année 2007 était de 40 000 $. Voici le calcul de la cotisation permise au REER en 2008.

Droits de cotisation inutilisés à la fin de 2007	13 680 $
Plus: 18 % × 40 000 $ (maximum 20 000 $)	7 200
Moins: FE de 2007	(4 880)
Cotisation maximale permise pour 2008	16 000 $

Si Marie-Lise avait les liquidités requises, elle pourrait donc verser 16 000 $ dans son REER en 2008 et obtenir une déduction égale à ce montant.

L'exemple suivant illustre l'avantage de pouvoir reporter les droits de cotisation inutilisés. Imaginez que vos droits de cotisation inutilisés totalisent 30 000 $ en 2008 parce que vous n'avez pas eu de liquidités pour contribuer au REER depuis 1991; vous vendez un immeuble en 2008 et réalisez un gain en capital imposable de 30 000 $. Vous pourriez compenser l'impôt sur le gain en contribuant la somme de 30 000 $ dans un REER. Dans un autre cas, vous pourriez recevoir un héritage qui vous permettrait de faire une contribution afin de profiter de vos droits inutilisés.

Bien que le principe du report de cotisations soit intéressant, vous devriez toujours vous efforcer de contribuer le maximum permis chaque année. En effet, lorsque vous retardez vos contributions, vous diminuez l'accumulation des revenus et, par le fait même, votre capital disponible à la retraite.

L'ARC vous informe

L'avis de cotisation émis par l'ARC à l'égard de l'année 2007 vous indique le montant maximum que vous pouvez déduire pour votre REER pour l'année 2008. Ce montant tient compte des droits inutilisés des années antérieures et apparaît à la ligne « Maximum déductible au titre des REER pour 2008 ».

Vous pouvez également communiquer avec le système électronique de renseignements par téléphone (SERT) de l'ARC pour savoir le montant de votre cotisation maximale à un REER pour 2008. Le SERT est en service de septembre à mai de l'année suivante. Vous pouvez aussi consulter la section « Mon dossier » sur le site Internet de l'ARC.

Si vous êtes membre d'un RPA à prestations déterminées (voir le chapitre 2) auquel des améliorations ont été apportées en 2008, ou encore si vous avez racheté des droits concernant des services passés rendus après 1989, l'ARC en sera avisé par votre employeur. Un facteur d'équivalence pour services passés (FESP) sera calculé et aura pour effet de réduire le montant déductible que vous pourrez verser à votre REER pour l'année courante ou pour l'année suivante. Il pourrait même arriver que ce montant soit négatif, ce qui signifie qu'aucune cotisation à votre REER ne peut être versée dans l'année courante et dans les années suivantes jusqu'à ce que vous ayez gagné de nouveaux droits de cotisation au REER suffisants pour annuler ce montant.

Lorsqu'une personne quitte son emploi sans toutefois être admissible à une rente de retraite, ses droits accumulés dans un RPA ou RPDB peuvent être versés soit dans un REER, soit dans un autre RPA. Il peut arriver que les droits accumulés soient inférieurs à l'ensemble des facteurs d'équivalence (FE) déclarés depuis 1990. Pour corriger cette situation, **un facteur d'équivalence rectifié (FER) est calculé**. Le FER augmente le droit de cotisation à un REER pour l'année où la cessation d'emploi a eu lieu et fait partie des droits de cotisation inutilisés lorsque la cotisation maximale au REER n'est pas versée.

Déduction et versement des contributions

Pour obtenir une déduction pour un REER dans le calcul de votre revenu de 2008, vous devez verser vos contributions dans l'année

2008 ou dans les 60 premiers jours de 2009 (soit du 1er janvier au 1er mars inclusivement). De plus, vous pouvez également déduire des sommes versées à votre REER après 1990 et pour lesquelles vous n'avez pas réclamé de déductions. **Autrement dit, depuis 1991, vous n'êtes pas tenu de déduire les contributions versées à votre REER dans l'année même.** Vous pouvez reporter à une année ultérieure la déduction de ces montants. Dans un tel cas, vous devez remplir l'annexe 7 de la déclaration fédérale et annexer tous les reçus qui indiquent les contributions effectuées à un REER durant 2008 et les 60 premiers jours de 2009. Si vous ne déduisez pas la totalité du montant en 2008, l'avis de cotisation émis par l'ARC pour l'année 2008 vous indiquera le montant des cotisations inutilisées que vous pourrez déduire dans les années subséquentes.

Examinez votre avis de cotisation fédéral pour l'année 2007. Si vous avez versé des contributions dans le passé et qu'une fraction de celles-ci n'a pas été déduite, le montant vous est confirmé sur la ligne «Vos cotisations inutilisées à un REER disponibles pour reporter à 2008».

Certaines contributions peuvent ne pas être déductibles si vous avez fait un retrait dans le cadre du régime d'accession à la propriété (RAP) ou du régime d'encouragement à l'éducation permanente (REEP). En fait, des cotisations versées à votre REER et retirées dans les 89 jours qui suivent ne seront pas déductibles. Voyez les rubriques traitant du RAP et du REEP plus loin dans ce chapitre.

La possibilité de reporter à l'année suivante la déduction des contributions versées peut être avantageuse dans certains cas.

Imaginez une personne dont le taux marginal d'impôt est de 35 % en 2008 et qui s'attend à ce qu'une prime substantielle lui soit versée durant 2009, faisant ainsi grimper son taux marginal à plus de 45 %. Elle pourrait décider volontairement de contribuer à son REER en 2008 selon la limite permise et de retarder sa déduction à l'année suivante afin de bénéficier d'une économie d'impôt plus grande.

Le montant de la déduction accordée au Québec au titre du REER est identique à celui réclamé au fédéral. Il y a d'ailleurs échange d'informations entre les deux gouvernements à cet égard. En aucun cas, le montant déduit et les droits de cotisation inutilisés calculés aux fins fédérales ne peuvent être modifiés par Revenu Québec.

Contributions versées en trop

Que faire si les contributions versées à votre REER excèdent le montant maximum que vous pouvez déduire? Par exemple, vous avez égaré votre avis de cotisation fédéral de l'année 2007 (indiquant la cotisation maximale permise à votre REER pour 2008) et vous avez contribué en juin 2008 la somme de 3 600 $ dans votre REER. Quelques semaines plus tard, vous retrouvez votre avis de cotisation et constatez que la déduction permise n'est que de 3 000 $; vous ne pouvez donc déduire une somme de 600 $ que vous avez déjà versée. Deux solutions vous permettent de corriger la situation.

Premièrement, vous pourriez tout simplement laisser cette somme dans votre REER et bénéficier de la déduction l'année suivante, dans la mesure où vous aurez gagné un droit de cotisation pour cette année. Vous pouvez contribuer jusqu'à 2 000 $ en trop avant de devoir acquitter une pénalité. Nous reviendrons sur cet aspect un peu plus loin.

Deuxièmement, vous pourriez retirer cette somme de 600 $ contribuée en trop et l'inclure à votre revenu. Vous pourrez bénéficier d'une déduction équivalente à ce montant si vous effectuez le retrait de la somme contribuée en trop l'année où vous l'avez versée ou dans les deux années d'imposition suivantes. Le délai accordé pour faire le retrait peut être plus long dans certains cas. La déduction doit être réclamée en utilisant le formulaire fédéral T746. Au Québec, la déduction sera égale à celle accordée au fédéral. Aucune déduction ne sera accordée si les autorités fiscales ont de bonnes raisons de croire que les contributions en trop ont été faites en connaissance de cause en vertu d'un stratagème de contributions suivi de remboursements.

Afin d'éviter que des retenues d'impôt à la source soient prélevées sur le remboursement de contributions en trop, il faut remplir le formulaire T3012A et le retourner à l'ARC pour approbation. Sans cette procédure, vous recevrez le remboursement de contributions en trop diminué des retenues d'impôt à la source réglementaires. Celles-ci pourront vous être remboursées, s'il y a lieu, lors de la production de vos déclarations de revenus.

Pénalité à payer sur une contribution excédentaire

Une certaine marge de manœuvre permet à un contribuable de verser plus d'argent à son REER que la cotisation maximale permise. Bien entendu, le montant versé en trop ne donne droit à aucune déduction. L'ARC tolère un écart maximum de 2 000 $. Dès que vous dépassez ce seuil, une pénalité de 1 % par mois s'applique aux contributions excédentaires. Cette pénalité n'est payable qu'au fédéral seulement.

Par exemple, votre cotisation maximale permise pour 2008 (tel qu'indiqué sur votre avis de cotisation de l'année 2007) est de 6 000 $. En septembre 2008, vous gagnez une somme de 12 000 $ à la loterie et vous décidez de la verser dans votre REER. De septembre à décembre 2008, vous aurez une contribution excédentaire de 4 000 $ calculée de la façon suivante :

Contribution versée au REER en 2008	12 000 $
Moins : cotisation permise pour 2008	(6 000)
Excédent avant franchise	6 000 $
Moins : franchise	(2 000)
Excédent assujetti à la pénalité	4 000 $

En 2008, vous déduirez 6 000 $ dans le calcul de votre revenu à l'égard de votre contribution au REER. Une pénalité de 160 $ (1 % × 4 000 $ × 4 mois) devra être payée au plus tard le 31 mars 2009 sur production du formulaire T1-OVP.

En janvier 2009, l'excédent assujetti à la pénalité doit être recalculé pour tenir compte du droit annuel de cotisation de 2009 basé sur le revenu gagné et le facteur d'équivalence de 2008. Supposons que votre revenu gagné de 2008 soit de 45 000 $ et que votre FE soit de 4 000 $, votre droit annuel de cotisation pour 2009 sera de 4 100 $. Si aucune autre contribution n'est versée à votre REER en 2009, vous n'aurez aucune pénalité à payer pour l'année 2009, car l'excédent sera inférieur à 2 000 $.

Contribution versée au REER en 2008	12 000 $
Moins : cotisation permise pour 2008	(6 000)
Moins : cotisation permise pour 2009	(4 100)
Excédent avant franchise	1 900 $
Moins : franchise	(2 000)
Excédent assujetti à la pénalité	0 $

Dans cet exemple, une déduction de 4 100 $, soit le droit annuel de cotisation, pourra être réclamée en 2009. Cependant, un solde de 1 900 $ de cotisations non déduites demeurera disponible pour 2010. Par exemple, si, en 2010, le droit annuel de cotisation est de 5 500 $, une contribution de 3 600 $ pourra être effectuée au REER durant cette même année. Ainsi, le total de la cotisation non déduite de 1 900 $ et du versement de 3 600 $ permettrait de réclamer la déduction maximum en 2010, soit 5 500 $. Il n'y aurait plus aucune contribution excédentaire en 2010.

Retenez que la franchise de 2 000 $ non assujettie à la pénalité n'est pas annuelle; elle est cumulative. Aussi, les personnes n'ayant pas atteint l'âge de 18 ans n'ont pas droit à la franchise de 2 000 $. Par conséquent, les enfants qui n'ont aucun revenu gagné, donc aucune contribution maximale permise à un REER, seront soumis immédiatement à la pénalité de 1 % si une somme est versée en leur nom dans un REER.

Contribution excédentaire versée avant le 27 février 1995

Avant le 27 février 1995, les contributions excédentaires dans un REER pouvaient atteindre 8 000 $ sans être assujetties à la pénalité. Par conséquent, une mesure d'allègement s'applique aux personnes ayant accumulé des contributions excédentaires avant cette date, car elles pourraient être pénalisées par la diminution de la franchise de 8 000 $ à 2 000 $. Ainsi, si vous aviez une contribution excédentaire ne dépassant pas 8 000 $ au 26 février 1995, vous n'aurez pas de pénalité à payer pour l'année 1996 et les années suivantes, **tant et aussi longtemps que vous n'aurez pas accumulé de nouveaux droits de cotisation vous permettant d'utiliser vos contributions excédentaires pour ramener celles-ci au seuil de 2 000 $.**

Aussi, vous devez éviter de verser de nouvelles contributions à votre REER après le 26 février 1995 avant d'avoir réduit les contributions accumulées avant le 27 février 1995 à 2 000 $, sinon ces nouvelles cotisations deviendront assujetties à la pénalité.

Contribution excédentaire provenant d'un REER collectif

Si vous participez à un REER collectif, en vertu duquel votre employeur retient des cotisations sur votre rémunération et les verse dans un REER en votre nom, il est possible qu'un arrangement ait été conclu par lequel il vous est impossible de modifier les termes de votre participation pour les 12 prochains mois. Par exemple, tel serait le cas si vous aviez fait un choix irrévocable précisant que 5 % de votre salaire doit être versé à votre REER. Ainsi, vous pourriez vous trouver avec une contribution excédentaire dans votre REER parce qu'il vous est impossible de vous soustraire de l'engagement relativement au REER collectif. Une mesure d'allègement permettra de ne pas payer de pénalité pour une année donnée si cette pénalité est causée par des versements faits dans cette même année à un REER collectif possédant les deux caractéristiques mentionnées précédemment. Le but de cette mesure n'est pas de vous soustraire à la pénalité de façon permanente, mais bien de vous laisser plus de temps pour effectuer les retraits nécessaires ou pour réduire les prélèvements afin que les contributions excédentaires soient inférieures à 2 000 $.

Contribution excédentaire dans l'année de votre 71e anniversaire

La dernière année durant laquelle vous pouvez contribuer à votre REER est celle où vous atteindrez l'âge de 71 ans. Si, à cet âge, vous avez toujours du revenu gagné (tel que défini à la page 206), vous pourrez songer à effectuer une contribution à l'avance dans votre REER dans l'année de votre 71e anniversaire afin de pouvoir la déduire l'année suivante.

Exemple

Edmond est travailleur autonome. Il aura 71 ans en septembre 2009. Compte tenu de son revenu gagné en 2008, Edmond peut contribuer 21 000 $ à son REER pour 2009. Avant d'effectuer sa contribution pour 2009, Edmond communique avec son comptable qui lui apprend que l'année 2009 est la dernière année où il lui est permis de verser de l'argent dans son REER. Toutes les contributions doivent être faites avant le 31 décembre 2009. Au cours de la discussion, Edmond et son comptable estiment que le revenu d'entreprise pour l'année 2009 sera d'au moins 140 000 $. Le comptable suggère alors à Edmond de verser une somme de 22 000 $ de plus à son REER en décembre 2009 qui pourra être déduite en 2010. Il lui explique cependant qu'il devra payer une pénalité de 200 $ calculée de la façon suivante:

Total des contributions versées en 2009	43 000 $
Moins: cotisation permise pour 2009	(21 000)
Excédent avant franchise	22 000 $
Franchise	(2 000)
Excédent assujetti à la pénalité	20 000 $
Pénalité (20 000 $ × 1 % × 1 mois)	200 $

Puisque la pénalité se calcule tous les mois, c'est pour cette raison qu'il est suggéré de faire la contribution excédentaire en décembre 2009. Dès janvier 2010, il n'y aura plus d'excédent étant donné le revenu gagné en 2009.

Contribution au REER du conjoint : outil de planification

Vous avez le choix de contribuer à votre propre REER ou à celui de votre conjoint, sans toutefois dépasser la cotisation maximale permise à votre REER pour l'année. La contribution au REER du conjoint permet de fractionner le revenu à la retraite, puisque c'est le conjoint qui sera imposé sur les revenus de retraite, même si ce n'est pas lui qui a fait les contributions. De plus, si votre conjoint est plus jeune, la période d'accumulation sera plus longue, puisque la limite de 71 ans s'applique au bénéficiaire du REER et non à la personne qui verse les contributions.

Par exemple, si vous avez plus de 71 ans mais que votre conjoint a 67 ans, vous pouvez contribuer à son REER, à condition évidemment de respecter les autres limites, en l'occurrence avoir un montant de revenu gagné pour l'année précédente ou des droits de cotisation inutilisés.

Dans l'exemple précédent, si Edmond continue d'avoir du revenu d'entreprise (ou tout autre revenu gagné), il pourra verser des sommes dans le REER de sa conjointe si celle-ci est âgée de moins de 71 ans.

Il faut bien comprendre que si vous versez des sommes au REER de votre conjoint, vous n'en aurez plus la propriété ni le contrôle. Lorsque votre conjoint retirera les sommes d'un tel REER, celles-ci seront incluses dans son revenu, sauf les sommes qui correspondent aux cotisations que vous aurez versées à tout REER dont votre conjoint est bénéficiaire, dans l'année courante et les deux années d'imposition précédentes. Ces sommes devront être incluses dans votre revenu. Supposons que vous ayez contribué 2 000 $ par année au REER de votre conjoint de 2005 à 2008 inclusivement. Votre conjoint retire à la fin de 2008 la somme totale accumulée incluant les intérêts, soit 8 750 $. Il ajoutera à son revenu de l'année 2008 la somme de 2 750 $, soit 8 750 $ moins 6 000 $ représentant les contributions que vous avez versées dans son REER durant l'année courante (2008) et les deux années précédentes (2006 et 2007). Vous devrez inclure la somme de 6 000 $ dans votre revenu de l'année 2008. Les formulaires T2205 au fédéral et TP-931.1 au Québec doivent être remplis dans une telle situation.

Pour éviter l'application de cette règle, trois 31 décembre doivent être comptés depuis la date de la **dernière** contribution dans tout REER dont votre conjoint est bénéficiaire.

Tout retrait effectué à la suite d'une séparation ou d'un divorce n'est pas visé par ce délai des trois 31 décembre. C'est le conjoint bénéficiaire du REER qui doit inclure tout le montant du retrait dans le calcul de son revenu, même si l'ex-conjoint a fait des contributions dans l'année ou les deux années précédentes.

Finalement, mentionnons qu'une contribution dans le REER de votre conjoint n'affecte en rien la contribution maximale que celui-ci pourrait faire.

Exemple

François et Chantal sont mariés. François a calculé que sa cotisation permise à un REER pour 2008, compte tenu de son revenu gagné de 2007, est de 4 500 $. Chantal a droit à une cotisation maximale de 2 800 $. François décide de verser 4 500 $ dans le REER de Chantal en 2008 et réclame la déduction de 4 500 $ dans ses déclarations de revenus. De plus, Chantal verse dans son propre REER la somme permise de 2 800 $ et bénéficie d'une déduction du même montant. Chantal ne voit donc pas sa déduction réduite parce que François a contribué dans son REER.

Depuis l'entrée en vigueur des règles de fractionnement du revenu de retraite entre conjoints (voir à la page 241), certains pourraient remettre en question l'utilité de contribuer au REER du conjoint pour atteindre l'objectif de fractionnement. Le REER au profit du conjoint a bel et bien sa place, car le conjoint bénéficiaire doit inclure dans son revenu la totalité des sommes reçues (sous réserve de la règle des trois 31 décembre), alors que le fractionnement des revenus entre conjoints ne permet pas de transférer au conjoint plus de 50 % des rentes admissibles provenant d'un REER. Étant donné que le fractionnement des rentes admissibles provenant d'un REER ne peut s'effectuer que si le bénéficiaire de la rente a 65 ans, un REER au profit du conjoint permet de fractionner les revenus avant 65 ans.

Transfert d'un paiement de cessation d'emploi à un REER

Si vous avez quitté votre emploi en 2008 et avez reçu une somme en reconnaissance des services rendus ou une prime de séparation, vous avez peut-être la possibilité d'en transférer la totalité ou une partie dans **votre REER à titre de contribution additionnelle.** Pour en connaître le montant, consultez le chapitre 2 à la rubrique « Avez-vous reçu une allocation de retraite à la suite de la perte de votre emploi ? », à la page 77.

À défaut d'avoir droit à une contribution additionnelle, **vous pouvez demander à votre employeur de transférer directement** à votre REER ou à celui de votre conjoint la partie de l'allocation de retraite qui correspond à vos droits de cotisation au REER inutilisés apparaissant sur votre dernier avis de cotisation (ceux de votre conjoint ne comptent pas).

Notez qu'une allocation de retraite ne fait pas partie du «revenu gagné». Par exemple, si vous avez reçu une allocation de retraite de 20 000 $ en 2008, aucun droit de cotisation au REER pour 2009 ne sera calculé par l'ARC à l'égard de cette somme. Autrement dit, vous n'aurez pas droit à 3 600 $ (ou 20 000 $ × 18 %).

Revenu d'un REEE versé dans un REER

Les revenus accumulés dans un régime d'épargne-études (REEE) peuvent être versés au souscripteur du régime. Les conditions préalables à un tel versement sont énoncées au chapitre 4. De tels revenus sont imposables pour le souscripteur. De plus, un impôt additionnel de 20 % est applicable sur ces revenus. Pour réduire cet impôt, le souscripteur peut transférer le montant reçu du REEE dans son REER ou celui de son conjoint, s'il a suffisamment de droits inutilisés.

Transférer des biens au REER

Si vous détenez un REER autogéré, vous pouvez y transférer des biens admissibles pour effectuer votre contribution plutôt que verser de l'argent. Par exemple, vous détenez des actions d'une société canadienne cotée en Bourse et désirez les conserver, mais vous voulez également contribuer à votre REER. Vous pourrez transférer à votre REER les actions et bénéficier d'une déduction égale à leur valeur marchande au moment du transfert. Vous serez également réputé avoir disposé de ces actions et vous réaliserez peut-être un gain en capital. Si le transfert occasionne une perte en capital, celle-ci n'est pas déductible.

Les placements admissibles d'un REER

Un REER ne doit détenir que des placements admissibles. Ceux-ci incluent, notamment, des certificats de placement garantis, des obligations émises par les gouvernements du Canada et des provinces ainsi que celles émises par les municipalités, des actions de sociétés cotées à une Bourse des valeurs au Canada, des unités de fiducie de fonds communs de placement et certaines hypothèques garanties par un bien immeuble. Certains placements étrangers, par exemple des actions d'une société non canadienne cotées à une Bourse d'un pays étranger, des dépôts dans une banque à l'extérieur du Canada, peuvent se trouver dans un REER. Depuis janvier 2005, le contenu en biens étrangers d'un REER n'est plus limité par la loi.

Un REER peut également comprendre des actions d'une société privée exploitant une petite entreprise, ce qui peut en faciliter le démarrage. Entre autres, vous pouvez utiliser votre REER pour investir dans une entreprise dont vous êtes actionnaire, dans la mesure où vous possédez, seul ou avec d'autres membres de votre famille, 50 % ou moins des actions votantes de la société. L'investissement total doit généralement être inférieur à 25 000 $; ce montant inclut le coût de vos actions, celles de la famille et celles du REER. Si votre participation dans la société est inférieure à 10 % (incluant les actions détenues par votre famille et votre REER), il n'y a pas de limite au montant qui peut être investi par le REER dans la société privée. Si vous êtes l'unique actionnaire, vous ne pourrez pas utiliser votre REER pour effectuer un investissement dans votre entreprise. Les règles entourant l'investissement par un REER dans une société privée sont nombreuses et complexes, et requièrent l'avis d'un spécialiste.

Les conséquences liées à l'acquisition d'un placement non admissible dans un REER peuvent être coûteuses. En effet, la valeur du placement au moment de son acquisition doit être ajoutée au revenu du rentier pour l'année de l'achat. Lorsque le rentier se départit du placement non admissible dans un REER, il peut alors déduire, dans l'année au cours de laquelle la vente est effectuée, le prix de vente sans toutefois excéder le montant déjà inclus au revenu à l'égard de ce placement. Autrement dit, il est possible que la déduction accordée soit moins élevée que le montant déjà inclus.

Intérêts sur emprunt pour cotiser à un REER et frais d'administration

Si vous désirez emprunter pour effectuer votre contribution au REER, vous ne pourrez pas déduire les intérêts payés sur l'emprunt.

Il n'est pas souhaitable d'emprunter pour une longue période, car cela affectera le rendement net que vous réaliserez sur les sommes investies dans votre REER. Si vous empruntez pour augmenter votre contribution annuelle et remboursez l'emprunt dès que vous recevez vos remboursements d'impôts, cela peut être intéressant. Par exemple, supposons que votre cotisation maximale permise pour l'année 2008 soit de 6 000 $ et que vous ne disposiez que de 3 500 $. Vous empruntez la somme de 2 500 $ et contribuez 6 000 $ au total. Si votre taux marginal d'imposition est de 45 %, vos économies d'impôts seront de 2 700 $ et vous permettront de rembourser l'emprunt de 2 500 $, de même que les intérêts.

Prenez garde aussi aux intérêts payés sur des emprunts effectués pour acheter des titres que vous venez de transférer à votre REER, car ces intérêts ne seront plus déductibles puisque les titres sont maintenant détenus par le REER. Remboursez cet emprunt le plus tôt possible.

Aucune déduction n'est accordée pour les frais d'administration relatifs à un REER.

REER : régime d'accession à la propriété (RAP)

Le régime d'accession à la propriété (RAP) vous permet de **retirer une somme du REER jusqu'à concurrence de 20 000 $ (ou 40 000 $ dans le cas d'un couple) pour acheter une maison, mais à la condition de ne pas avoir été propriétaire d'une maison vous servant de lieu principal de résidence pendant les quatre années civiles et jusqu'au 31e jour précédant le moment du retrait du REER.** Si c'est votre conjoint qui possède la maison dans laquelle vous habitez durant cette période de quatre ans et jusqu'au 31e jour précédant le moment du retrait, vous ne pouvez pas utiliser votre REER pour acheter une autre maison.

Toutefois, **une personne handicapée** ou ses parents, son conjoint, ses frères et ses sœurs peuvent utiliser le RAP même s'ils ont déjà été propriétaires d'une maison durant les quatre années précédentes, dans la mesure où la nouvelle maison dans laquelle vivra la personne handicapée est mieux adaptée à ses besoins personnels ou lui permet plus facilement de se déplacer et d'accomplir les tâches de la vie quotidienne.

Pour effectuer un retrait dans le cadre du RAP, vous devez remplir le formulaire T1036 au fédéral. Vous devrez attester que vous avez conclu une entente écrite en vue d'acheter ou de construire une propriété située au Canada, dont vous devrez indiquer l'adresse.

Vous devrez acquérir la propriété avant le 1er octobre de l'année civile suivant celle où vous avez effectué le retrait. Ainsi, vous aurez jusqu'au 1er octobre 2009 pour acheter votre propriété si vous avez effectué un retrait au cours de l'année 2008. Ce délai peut être repoussé d'un an dans certaines circonstances. De plus, vous devez avoir l'intention de faire de la propriété votre lieu principal de résidence ou celui d'un membre de votre famille qui est handicapé au plus tard dans l'année suivant son acquisition ou sa construction. Si vous ne procédez pas à l'achat de la propriété dans le délai mentionné, vous devrez rembourser la totalité du retrait à votre REER avant 2010. À défaut, un montant égal à la somme non remboursée sera inclus dans votre revenu dans l'année du retrait.

Qu'elle soit neuve ou usagée, l'habitation doit être incluse dans l'une des catégories suivantes: maison unifamiliale, semi-détachée ou en rangée, condo, maison mobile, appartement dans un duplex, triplex, quadruplex ou immeuble d'appartements.

La loi prévoit que le montant retiré doit être remboursé à votre REER sur une période de 15 ans sans intérêt, pour éviter l'inclusion annuelle d'une partie du retrait dans le calcul de votre revenu. Étant donné que les contributions normales à un REER pour une année donnée peuvent être faites dans les 60 premiers jours de l'année qui suit, le mécanisme de remboursement dans le cadre du RAP accorde les mêmes délais. Le premier remboursement est dû au plus tard 60 jours après la fin de la deuxième année suivant celle du retrait.

Date du retrait	Date limite du premier remboursement
En 2006	01/03/2009
En 2007	01/03/2010
En 2008	01/03/2011

Le premier remboursement requis dans le cadre du régime d'accession à la propriété est calculé en répartissant le montant total du retrait, d'une façon égale, sur 15 ans.

Exemple

Martin a retiré une somme de 15 000 $ le 31 mai 2006 dans le cadre du régime d'accession à la propriété. Son remboursement minimum à faire pour 2008 est calculé en divisant 15 000 $ sur 15 ans, soit 1 000 $. Il pourra rembourser cette somme durant l'année 2008 ou dans les 60 premiers jours de 2009. S'il rembourse 1 000 $, il lui restera 14 000 $ à rembourser sur une période de 14 ans, donc le remboursement minimum pour 2009 sera aussi de 1 000 $ et Martin aura jusqu'au 1er mars 2010 pour le faire, et ainsi de suite.

Si Martin rembourse 600 $ pour 2008 au lieu du minimum requis de 1 000 $, il devra inclure 400 $ dans son revenu en 2008, soit la différence entre le versement requis de 1 000 $ et le versement effectué de 600 $. En 2009, le solde du capital à rembourser sera égal à 14 000 $ (15 000 $ −

600 $ − 400 $), puisque l'on considère que la somme de 400 $ incluse dans le revenu en 2008 diminue le capital à rembourser. Ainsi, le remboursement minimum à faire pour l'année 2009 sera de 1 000 $ (14 000 $/14 ans).

Si Martin rembourse 1 700 $ pour 2008, il n'aura aucune somme à inclure dans son revenu en 2008, puisqu'il aura remboursé plus que le montant requis. L'année suivante, le solde du capital à rembourser de 13 300 $ (15 000 $ − 1 700 $) sera divisé par le nombre d'années restant, soit 14. Ainsi, le remboursement minimum requis pour 2009 sera de 950 $ (13 300 $/14).

L'ARC a indiqué sur votre avis de cotisation de 2007 le montant minimum à rembourser pour 2008 s'il y a lieu. **Il n'est pas nécessaire que le remboursement annuel soit distinct des autres montants que vous versez habituellement à votre REER.** Il suffit plutôt de désigner le remboursement annuel sur l'annexe 7 au fédéral et le formulaire TP-935.3 au Québec que vous joindrez à vos déclarations de revenus. **Le montant désigné ne pourra pas être déduit à titre de cotisation à un REER.**

Cependant, le montant du remboursement n'affectera pas votre cotisation maximale permise pour l'année. Par exemple, votre cotisation maximale permise au REER en 2008, telle qu'elle est indiquée sur votre avis de cotisation de l'année 2007, est de 5 000 $ et le remboursement minimum requis dans le cadre du RAP est de 1 000 $. Si vous avez des liquidités suffisantes, vous pourrez verser, jusqu'au 1er mars 2009, la somme de 6 000 $ à votre REER. Lorsque vous produirez votre déclaration pour l'année 2008, vous remplirez l'annexe 7 au fédéral et le formulaire TP-935.3 au Québec pour indiquer que vous remboursez 1 000 $ dans le cadre du RAP et vous aurez droit à une déduction de 5 000 $ pour 2008, soit le montant maximum permis. Supposons que vous n'ayez pas les fonds requis et que vous versiez une somme de 3 000 $ à votre REER. Vous désignerez le montant de 1 000 $ comme remboursement et votre déduction sera de 2 000 $. Puisque votre cotisation maximale permise était de 5 000 $, vous aurez donc des droits de cotisation inutilisés de 3 000 $ (5 000 $ − 2 000 $) que vous pourrez reporter l'année suivante. Rien ne se perd, rien ne se crée !

Les personnes qui voudraient bénéficier du RAP et qui atteindront l'âge de 71 ans avant que la période de remboursement de 15 ans soit terminée doivent planifier leurs remboursements. En effet, si elles n'ont pas tout remboursé avant le 31 décembre de l'année de leur 71e anniversaire, elles devront inclure chaque année dans le calcul de leur revenu le remboursement minimum requis pour cette année-là. Il en est ainsi, puisqu'il est interdit de verser des sommes dans un REER dans l'année qui suit celle où l'on atteint l'âge de 71 ans.

Une personne qui cesse de résider au Canada doit effectuer tous les remboursements nécessaires pour ramener le solde du RAP à zéro. **Les remboursements doivent être faits au plus tard 60 jours après la date où la personne a cessé d'être un résident canadien.** Si le remboursement n'est pas fait dans ce délai, le solde non remboursé du RAP est ajouté au revenu de la déclaration pour l'année du départ.

Peut-on contribuer à son REER et bénéficier du RAP dans la même année ?

Vos contributions à un REER ne seront pas déductibles en 2008 ni par la suite si vous les retirez dans les 89 jours qui suivent leur versement. Pour appliquer cette règle, on doit assumer que les dollars retirés du REER le sont selon le principe du «premier entré, premier sorti».

Exemple

En date du 1er juin 2008, la valeur accumulée dans le REER de Laurent était de 12 000 $. Le 30 juin 2008, Laurent a versé dans son REER la somme de 6 000 $. Le 1er septembre 2008, Laurent a retiré tout ce qui était accumulé dans son REER pour acheter une maison. Laurent ne pourra pas déduire la somme de 6 000 $ contribuée à son REER en 2008 ni pour une année subséquente, puisqu'il a retiré cette contribution dans les 89 jours suivant son versement. Si Laurent avait effectué son retrait en date du 1er octobre, soit 92 jours après avoir versé sa contribution, il aurait pu déduire, en 2008, la somme de 6 000 $ contribuée à son REER, compte tenu de la cotisation maximale permise et confirmée sur son avis de cotisation de l'année 2007.

Si Laurent n'avait retiré qu'un montant de 10 000 $ le 1er septembre 2008, il pourrait déduire sa contribution au REER de 6 000 $ en 2008, puisque tout le montant retiré est présumé provenir d'abord de la valeur du REER accumulée avant d'avoir effectué la contribution de 6 000 $.

Le principe illustré par cet exemple est simple. Un retrait effectué dans le cadre du RAP n'affecte pas la déduction à l'égard de contributions à un REER si le retrait est égal ou inférieur à ce qui était accumulé dans votre REER 90 jours avant le retrait et si aucune autre somme n'a été retirée durant cette période de 90 jours.

Les mêmes règles s'appliquent si vous contribuez au REER de votre conjoint. Votre déduction à l'égard de ces contributions ne sera pas modifiée si votre conjoint ne retire pas plus que la somme accumulée dans ce REER 90 jours avant la date du retrait.

Peut-on bénéficier du RAP plus d'une fois?

Une personne qui a déjà bénéficié du RAP antérieurement peut y avoir accès à nouveau, à la condition d'avoir remboursé le solde de tout retrait antérieur avant le début de l'année au cours de laquelle le nouveau retrait est effectué. Bien entendu, les mêmes conditions relativement à la détention d'une propriété devront être respectées.

REER: régime d'encouragement à l'éducation permanente (REEP)

Le REEP offre la possibilité de retirer de votre REER une somme en franchise d'impôts pour financer le coût d'études à temps plein d'une durée d'au moins trois mois consécutifs, de niveau collégial ou universitaire. Sont également admis les cours qui visent à donner ou à augmenter la compétence nécessaire à l'exercice d'une activité professionnelle offerts dans un établissement d'enseignement canadien reconnu par Ressources humaines et Développement social Canada. Il peut s'agir de vos études ou de celles de votre conjoint. Plusieurs retraits peuvent être effectués dans une année jusqu'à concurrence de 10 000$. Les retraits peuvent s'échelonner sur quatre années civiles, sous réserve d'un retrait cumulatif de 20 000$. Les personnes handicapées pourront faire des retraits selon les mêmes limites pour financer des études à temps plein ou à temps partiel. Le formulaire RC96 doit être rempli et remis à votre institution financière pour faire un retrait en franchise d'impôts.

Tous les retraits REEP doivent être faits au bénéfice du même étudiant, que ce soit vous ou votre conjoint. Si vous avez déjà utilisé le programme REEP pour vous-même, vous ne pouvez pas faire de retraits additionnels pour votre conjoint tant que vous n'aurez pas complètement remboursé les sommes retirées antérieurement de votre REER.

Pour effectuer un retrait REEP, l'étudiant doit être inscrit à un programme de formation admissible ou, à défaut, avoir reçu une lettre d'admission pour s'inscrire avant mars de l'année suivante.

De plus, l'étudiant devra être inscrit à un programme admissible le 31 mars de l'année suivant le retrait, à moins d'avoir terminé son programme d'études. Si tel n'est pas le cas, le montant total du retrait REEP sera inclus dans son revenu pour l'année du retrait. Pour éviter cette situation, un remboursement égal au montant retiré doit être versé dans un REER au plus tard le 31 décembre suivant l'année du retrait. Supposons que vous ayez effectué un retrait REEP de 6 000 $ en novembre 2008 en ayant en main une lettre d'admission à un programme admissible. Vous avez changé d'avis et, au 31 mars 2009, vous n'êtes inscrit à aucun programme. Vous devrez alors rembourser la somme de 6 000 $ à votre REER avant la fin de 2009, sinon vos déclarations de revenus de l'année 2008 seront corrigées par les autorités fiscales pour y inclure un retrait de REER imposable de 6 000 $.

Dans les situations normales où l'étudiant a suivi sa formation admissible, le REEP prévoit des modalités de remboursement sans intérêt semblables à celles qui s'appliquent au RAP. L'annexe 7 au fédéral ainsi que le formulaire TP-935.3 au Québec doivent être remplis pour désigner le montant remboursé. Les remboursements peuvent s'échelonner en versements égaux sur une période de 10 ans. Il est également possible de rembourser plus rapidement. Un montant non remboursé devra être inclus dans le calcul du revenu.

La période de remboursement débute lorsqu'il s'est écoulé deux années civiles consécutives durant lesquelles l'étudiant n'a pas fréquenté le collège ou l'université durant au moins trois mois à temps plein (ou à temps partiel s'il s'agit d'un étudiant handicapé). À cette fin, l'ARC vérifiera si l'étudiant a droit au crédit pour études pour les années concernées. Le premier remboursement est alors dû dans les 60 premiers jours qui suivent cette deuxième année consécutive. Par exemple, Christiane effectue un retrait REEP en septembre 2008 et suit un cours à temps plein de 12 mois à l'université se terminant en août 2009. Le premier remboursement REEP est dû dans les 60 premiers jours de 2012, puisque Christiane n'a pas droit au crédit d'impôt pour études pour les années 2010 et 2011. Toutefois, un premier remboursement sera requis dans les **60 jours suivant la cinquième année postérieure** à l'année au cours de laquelle le premier retrait REEP a été effectué, même si les études à temps plein ne sont pas terminées. Par exemple, si vous retirez une somme en 2008, le premier remboursement sera dû dans les 60 premiers jours de 2014 même si vous n'avez pas interrompu votre période d'études depuis 2008.

Tout comme pour le RAP, aucune déduction ne sera accordée relativement à une contribution à un REER si cette somme est retirée dans un délai de moins de 90 jours après avoir été versée.

Une personne qui cesse de résider au Canada doit effectuer tous les remboursements nécessaires pour ramener le solde du REEP à zéro. **Les remboursements doivent être faits au plus tard 60 jours après la date où la personne a cessé d'être un**

résident canadien. Si le remboursement n'est pas fait dans ce délai, le solde non remboursé du REEP est ajouté au revenu de la déclaration pour l'année du départ.

Il est possible de faire un retrait REEP même si vous avez déjà bénéficié du RAP antérieurement. Ce sont deux programmes distincts.

Retrait du REER et retenues d'impôt à la source

Une rente certaine ou viagère provenant d'un REER ne fait pas l'objet de retenues d'impôt à la source. Si vous désirez retirer un montant unique de votre REER, des retenues d'impôt à la source seront prélevées en fonction du montant du retrait. Le tableau suivant vous indique les pourcentages applicables en 2008.

Montant du retrait	Fédéral	Québec
Inférieur à 5 001 $	5 %	16 %
De 5 001 $ à 15 000 $	10 %	16 %
15 001 $ et plus	15 %	16 %

Ces retenues d'impôt ne sont qu'un acompte. Ainsi, lorsque vous produisez vos déclarations de revenus de l'année, vous devez ajouter le montant retiré de votre REER à votre revenu et calculer l'impôt payable sur le total. L'impôt à payer sera réduit des retenues d'impôt à la source prélevées. Il est donc possible que vous ayez à débourser un montant additionnel. Tel sera le cas si votre taux marginal d'impôt est supérieur au taux de la retenue. Bien entendu, si les retenues effectuées excèdent le montant d'impôt à payer, vous recevrez les remboursements d'impôt appropriés.

Contributions au REER prélevées à la source

Pour bénéficier le plus rapidement possible des économies d'impôts associées à un REER, vous pouvez demander à votre employeur de prélever les sommes voulues sur votre salaire afin qu'il les dépose directement dans votre REER. En procédant ainsi, votre employeur est alors autorisé à prélever moins d'impôts sur votre salaire. Par exemple, si vous avez droit à une prime de fin d'année de 3 000 $ et que vos droits de cotisation à un REER sont au moins de ce montant, vous pourriez demander à votre employeur de verser directement 3 000 $ dans votre REER. Aucun impôt ne serait alors prélevé sur cette somme. En pratique, votre employeur vous demandera votre avis de cotisation fédéral de l'année précédente pour s'assurer que vous avez des droits suffisants de cotisation au REER.

Chapitre 8

Êtes-vous retraité ?

Les revenus de retraite peuvent provenir de plusieurs sources, notamment des régimes de retraite offerts par les employeurs (RPA et RPDB), des régimes gouvernementaux et de votre propre épargne. Nous consacrerons ce chapitre à la revue des incidences fiscales liées à la retraite et aux avantages fiscaux pouvant en découler.

Pension de sécurité de la vieillesse et supplément de revenu garanti

La pension de sécurité de la vieillesse (PSV) est versée à tous les citoyens du Canada dès qu'ils atteignent l'âge de 65 ans. La PSV est payée à la fin de chaque mois à partir du mois suivant le 65ᵉ anniversaire de naissance. Le versement de la pension ne dépend ni des emplois occupés ni des revenus gagnés. En fait, la PSV est versée si les conditions de citoyenneté et de résidence sont satisfaites. Le montant annuel de la PSV versée à un pensionné en 2008 était de 6 082 $.

D'autres paiements peuvent s'ajouter à la PSV lorsque les revenus d'un pensionné, et de son conjoint s'il y a lieu, sont relativement faibles. Il s'agit du supplément de revenu garanti (SRG) et de l'allocation au conjoint, dont le montant varie en fonction des revenus annuels.

Le supplément de revenu garanti (SRG) fournit des prestations supplémentaires en fonction du revenu combiné du bénéficiaire et de son conjoint. Pour l'année 2008, le SRG maximum était de 7 677 $ pour une personne âgée vivant seule et de 10 140 $ pour un couple de pensionnés. Le montant de SRG est réduit de 50 cents par dollar de revenus exception faite de la PSV.

Les prestations du SRG et de la PSV sont **ajustées tous les trimestres** en fonction de l'indice des prix à la consommation. Compte tenu des barèmes applicables au cours du dernier trimestre de l'année 2008, un bénéficiaire de la PSV vivant seul ne peut pas recevoir le SRG si son revenu total annuel (incluant la PSV) excède 21 860 $ environ. Dans le cas d'un couple où les deux conjoints reçoivent la PSV, le revenu total annuel maximum est d'environ 33 000 $.

Si vous demandez pour la première fois le SRG, vous devez présenter un formulaire distinct. Toutefois, le renouvellement annuel se fait généralement automatiquement dans la mesure où vous produisez votre déclaration de revenus fédérale à temps. Par exemple, c'est votre déclaration de revenus de l'année 2007 qui sert à déterminer les prestations du SRG pour la période du 1er juillet 2008 au 30 juin 2009. À compter du 1er juillet 2009, ce sont les revenus indiqués dans votre déclaration de 2008 qui serviront de base de calcul.

L'allocation au conjoint est un montant versé au conjoint marié ou de fait du bénéficiaire de la PSV et est également calculé en fonction des revenus du couple. Le conjoint doit être âgé de 60 à 64 ans pour être admissible à l'allocation au conjoint.

Le conjoint de fait comprend aussi le conjoint de même sexe depuis le 31 juillet 2000.

Lors du décès d'un retraité, la PSV cesse d'être versée et le conjoint survivant âgé de 60 à 64 ans peut devenir admissible à l'allocation au conjoint dans la mesure où ses revenus sont inférieurs à 21 000 $ environ.

La pension de sécurité de la vieillesse reçue est un montant imposable, alors que l'allocation au conjoint et le supplément de revenu garanti ne le sont pas. Vous devez cependant indiquer ces deux derniers montants dans le calcul de votre revenu net et les déduire dans le calcul de votre revenu imposable. Cette gymnastique a pour but de considérer ces revenus dans le calcul du crédit d'impôt personnel pour conjoint à charge et de certains crédits d'impôt remboursables, tels le crédit pour la TPS et la TVQ, le remboursement d'impôts fonciers et le crédit pour maintien à domicile.

Si vous désirez plus de renseignements concernant ces programmes de suppléments, vous pouvez communiquer avec un Centre Service Canada ou consulter leur site Internet : www.service canada.gc.ca.

Devez-vous rembourser la PSV que vous avez reçue?

Il est possible que vous ayez à rembourser une partie ou la totalité de la PSV si vos revenus sont élevés. En 2008, un bénéficiaire de la PSV doit ajouter, à son impôt fédéral à payer pour l'année, 15 % de l'excédent de son revenu net avant rajustements (voir l'appendice A) sur 64 718 $. Autrement dit, chaque dollar de revenu en sus de 64 718 $ vous oblige à rembourser 15 cents de PSV reçue.

Si vous avez reçu la PSV en 2008 et que votre revenu net avant rajustements est de 65 000 $, vous devrez ajouter à votre impôt fédéral à payer de 2008 une somme de 42 $, soit 15 % de la différence entre 65 000 $ et 64 718 $. Puisque vous devez remettre une partie de la PSV reçue, n'oubliez pas de déduire ce montant de votre revenu net au fédéral et au Québec pour 2008. Ainsi, dans l'exemple précédent, le revenu net serait de 64 958 $ (65 000 $ − 42 $).

Les gens qui devront rembourser la totalité de la PSV reçue en 2008 sont ceux qui auront un revenu net avant rajustements (voir l'appendice A) d'au moins 105 265 $.

Retenues d'impôt sur la PSV

L'ARC prélève des impôts à la source sur chacun des versements de PSV lorsque le bénéficiaire a dû rembourser une partie de sa PSV en raison d'un revenu net trop élevé. Il s'agit tout simplement d'un acompte d'impôt à valoir contre l'impôt fédéral, tout comme les retenues effectuées sur un salaire. Le montant d'impôt prélevé mensuellement sur votre PSV demeure le même pendant une période de 12 mois, soit de juillet 2008 à juin 2009. Il sera égal au montant de PSV que vous auriez dû ajouter à votre impôt fédéral en 2007, réparti sur 12 mois, comme si le calcul avait été effectué compte tenu du seuil de revenus applicable pour 2008, soit 64 718 $. Ce dernier montant étant indexé annuellement, la retenue de juillet 2008 à juin 2009 sera légèrement inférieure au montant total de PSV remboursée indiqué sur la déclaration de 2007.

Lorsque vous préparerez votre déclaration de revenus fédérale de 2008, vous calculerez le montant de PSV à ajouter à votre impôt fédéral de 2008 en fonction de votre revenu net de 2008 tel qu'indiqué précédemment. Vous pourrez déduire de votre impôt à payer les sommes qui ont été retenues durant l'année 2008. Par conséquent, si l'impôt retenu est insuffisant, vous devrez payer la différence. Dans le cas contraire, vous serez remboursé.

> ### Exemple
>
> De juillet 2007 à juin 2008, Violange a reçu sa PSV réduite d'une retenue d'impôt de 65 $ par mois. En juillet 2008, la retenue d'impôt a été révisée à 70 $ en fonction du montant de PSV remboursé dans la déclaration de 2007.
>
> Si le revenu net de Violange est de 75 000 $ en 2008, le montant de PSV à rembourser sera de 1 542 $, soit 15 % (75 000 $ − 64 718 $). Les retenues d'impôt de 810 $ prélevées en 2008 sur la PSV, soit 65 $ pour chacun des six premiers mois de 2008 et 70 $ pour les six derniers mois, seront appliquées pour réduire le montant d'impôt à payer. Ainsi, Violange devra débourser la somme de 732 $ (1 542 $ − 810 $) lorsqu'elle préparera sa déclaration de revenus fédérale 2008. La retenue d'impôt sur la PSV sera recalculée pour la période commençant en juillet 2009. Elle sera fixée à un montant légèrement inférieur à 128 $ par mois (1 542 $/12), puisque le seuil de revenus de 64 718 $ sera indexé en 2009.

La retenue d'impôt est calculée en fonction du revenu net d'une année précédente. Si vous commencez à recevoir la PSV en 2009, la retenue sera également calculée en fonction du revenu net déclaré l'année précédente. Si vous n'avez pas produit de déclaration de revenus fédérale pour cette année-là, aucune retenue ne sera effectuée. Par contre, si l'ARC vous demande de produire la déclaration et que vous ne le faites pas, la retenue mensuelle sera égale au montant total de la PSV.

Si vous savez que votre revenu de l'année courante diminuera de façon sensible par rapport au revenu net servant au calcul de la retenue, vous pourrez demander à l'ARC de réduire la retenue ou même de l'annuler, s'il y a lieu. Par exemple, si Violange anticipe une baisse importante de ses revenus pour 2009, elle aurait intérêt à communiquer avec l'ARC pour discuter d'une réduction éventuelle de la retenue d'impôt.

Pensions du Régime de rentes du Québec

Rente de retraite

La pension provenant du Régime de rentes du Québec (RRQ) est versée à tous ceux qui y ont cotisé, que ce soit en tant qu'employés ou en tant que travailleurs autonomes. Le montant de la pension dépend du nombre d'années de cotisation au Régime, des revenus gagnés durant cette période et de l'âge du retraité. Que vous ayez cessé de travailler ou non, vous pouvez recevoir la rente de retraite à 65 ans.

Si vous avez entre 60 et 65 ans, vous pouvez recevoir une rente du RRQ dans l'une des deux situations suivantes : ou bien vous avez pris une entente avec votre employeur pour réduire votre salaire d'au moins 20 % en raison d'une retraite progressive (par exemple, en réduisant votre semaine de travail de cinq à quatre jours) ; ou bien vous cessez de travailler. À cet égard, la Régie des rentes du Québec considère qu'une personne a cessé de travailler si les revenus de travail prévus de cette personne pour les 12 premiers mois suivant le début de la retraite n'excèdent pas 25 % du maximum des gains admissibles établi par la Régie. Cette mesure permet donc de recevoir une rente de retraite du RRQ tout en gagnant un faible revenu de travail. En 2008, le maximum de gains admissibles était de 44 900 $. Ainsi, une personne âgée entre 60 et 65 ans pouvait être considérée comme ayant cessé de travailler en 2008 si ses revenus de travail anticipés pour les prochains 12 mois étaient inférieurs à 11 225 $ (44 900 $ × 25 %).

La rente de retraite versée à une personne âgée entre 60 et 65 ans est réduite de 6 % par année (calculé au taux de 0,5 % par mois). Cette réduction est appliquée au montant qui serait normalement payable à 65 ans. Par exemple, une personne qui décide de recevoir sa rente à 62 ans, soit trois ans avant l'âge de 65 ans, recevra un montant diminué de 18 % de ce qu'elle aurait reçu si elle avait eu 65 ans. Malgré cette réduction, il est ordinairement avantageux de recevoir la rente de retraite dès que vous y êtes admissible. En effet, si vous attendez d'avoir 65 ans pour encaisser votre rente sans réduction, il vous faudra plusieurs années pour récupérer les sommes qui auraient pu vous être versées avant cet âge.

La RRQ vous recommande de présenter une demande de rente de retraite trois mois à l'avance. Par exemple, si vous désirez recevoir votre rente à partir de juillet 2009, il faut en faire la demande avant le 30 avril 2009. La rente de retraite est payée à la fin de chaque mois et fait l'objet d'une indexation annuelle.

Bien que cela soit généralement déconseillé, une personne de 65 ans peut retarder le début de l'encaissement de sa rente sans toutefois dépasser l'âge de 70 ans. Dans un tel cas, le rentier recevra une rente augmentée de 6 % par année de retard.

La division de la rente de retraite entre les conjoints permet de fractionner le revenu et de payer moins d'impôts dans certains cas. En effet, si l'un des conjoints reçoit la rente maximum en plus de ses autres revenus de pension, de placement, etc., alors que l'autre conjoint a très peu de revenus, il peut être avantageux de demander la division de la rente. Cela permet de fractionner le revenu avec une personne dont le taux marginal d'imposition est moins élevé. **La rente de retraite peut être divisée entre deux conjoints mariés, non séparés légalement, si les deux conjoints sont au moins âgés de 60 ans.** La division de la rente est également permise pour les conjoints de fait. Notez que la Régie des rentes du Québec reconnaît un conjoint de fait (de sexe opposé ou de même sexe) lorsque les deux personnes ont vécu en union de fait au moins trois ans. Une seule année de vie maritale est nécessaire si un enfant est né ou à naître de cette union ou si un enfant a été adopté.

La division de la rente tient compte du nombre d'années de mariage ou d'union de fait et du nombre d'années de cotisation au RRQ. Autrement dit, il ne suffit pas d'additionner les rentes auxquelles les conjoints ont droit et de diviser le résultat par deux.

Vous continuerez à recevoir votre rente même si vous retournez au travail. Toutefois, quel que soit votre âge, la cotisation au RRQ est obligatoire dès que le revenu de travail annuel dépasse 3 500 $. **À partir du 1er janvier 2009,** votre rente sera augmentée d'un montant égal à 0,5 % du revenu sur lequel vous aurez cotisé l'année précédente. Ce supplément de rente, réparti sur 12 mois, sera versé chaque année et il sera cumulatif si vous travaillez plusieurs années. Le même principe s'applique si vous recevez votre rente de retraite, après avoir pris entente avec votre employeur pour réduire votre salaire d'au moins 20 % en vue de la retraite. Vous continuerez alors à cotiser au RRQ sur votre revenu d'emploi. Par exemple, votre rente de retraite est de 700 $ par mois. En 2008, vous avez cotisé au RRQ sur des revenus de travail de 24 000 $. En 2009, votre rente sera augmentée de 120 $ répartis sur 12 mois; de plus, votre rente mensuelle passera de 700 $ à 710 $ par mois pour toute votre vie et elle sera indexée annuellement. Si vous continuez de travailler en 2009, votre rente de 710 $ sera augmentée, en 2010, d'une somme supplémentaire correspondant à 0,5 % du revenu cotisé en 2009, et ainsi de suite, tant que vous resterez sur le marché du travail.

Prestation de décès

Le Régime de rentes du Québec prévoit également le paiement de rentes à la suite d'un décès, lorsque le défunt a cotisé pendant un nombre d'années minimum au RRQ. Ces rentes sont: la prestation de décès, la rente de conjoint survivant et la rente d'orphelin.

La prestation de décès est un paiement unique de 2 500 $ versé en priorité à la personne qui a acquitté les frais funéraires.

Rente de conjoint survivant

La rente de conjoint survivant est versée au veuf ou à la veuve d'une personne qui a cotisé au RRQ. Plusieurs facteurs sont considérés dans l'établissement de cette rente, dont l'âge du conjoint survivant ainsi que le nombre d'enfants à sa charge.

Les commentaires énoncés précédemment à l'égard de la reconnaissance des conjoints de fait (de sexe opposé ou de même sexe) sont aussi applicables pour l'admissibilité à la rente de conjoint survivant.

De façon générale, la rente de conjoint survivant est payable, en priorité, à la personne mariée au défunt plutôt qu'au conjoint de fait, dans les cas où il n'y a pas eu séparation légale.

Rente d'orphelin

La rente d'orphelin est versée aux enfants âgés de moins de 18 ans.

Rente d'invalidité

Finalement, le Régime de rentes du Québec prévoit le versement d'une **rente d'invalidité** aux personnes âgées de moins de 65 ans dont l'état de santé répond aux critères établis par la Régie des rentes. Toutefois, une personne ne peut en même temps recevoir la rente de retraite et la rente d'invalidité.

Inclusion dans le calcul du revenu et arrérages

Tous les montants de rentes du RRQ sont imposables et doivent être inclus dans le calcul du revenu net du bénéficiaire. Par conséquent, la rente d'orphelin fait partie du revenu de l'enfant qui la reçoit. La prestation de décès doit être incluse dans le revenu de la succession, au fédéral, seulement si la succession en est bénéficiaire.

Au Québec, la succession doit inclure la prestation de décès dans le calcul de son revenu, peu importe à qui elle a été versée.

Si vous avez reçu, en 2008, une somme de 300 $ ou plus pour des arrérages de rentes du RRQ qui se rapportent à des années avant 2008, vous pouvez demander aux autorités fiscales de calculer vos impôts comme si le montant avait été réparti et reçu dans les années concernées, plutôt qu'en un seul montant.

Sommes provenant d'un REER ou d'un FERR

Nous avons vu au chapitre 7 que toutes les sommes reçues d'un REER sont imposables. Cela inclut notamment tout versement d'une rente effectué dans le cadre d'un REER.

L'échéance d'un REER doit survenir au plus tard dans l'année où le rentier atteint l'âge de 71 ans. Un rentier a plusieurs choix possibles lorsque son REER arrive à échéance :

- encaisser son REER ;
- acquérir une rente viagère avec ou sans durée garantie ;
- acquérir une rente certaine, dont les paiements doivent durer jusqu'à ce que le bénéficiaire (ou son conjoint) atteigne l'âge de 90 ans ;
- transférer son REER dans un fonds enregistré de revenu de retraite (FERR) ;
- ou toute combinaison de ces solutions.

Compte tenu que l'encaissement de la totalité d'un REER implique un montant substantiel d'impôts à payer, les détenteurs de REER favorisent les autres options puisque les impôts deviennent alors payables au fur et à mesure de l'encaissement des revenus de retraite.

Le FERR est un régime qui doit obligatoirement prévoir un versement minimum annuel à compter de l'année suivant le transfert. Vous êtes cependant libre de retirer une somme plus élevée que le minimum requis. Ce dernier correspond à un pourcentage de la valeur des sommes accumulées dans le fonds au début de l'année. Le tableau suivant indique le pourcentage à retirer annuellement en fonction de l'âge atteint en début d'année.

Âge atteint	% minimum à retirer	Âge atteint	% minimum à retirer
71	7,38 %	83	9,58 %
72	7,48 %	84	9,93 %
73	7,59 %	85	10,33 %
74	7,71 %	86	10,79 %
75	7,85 %	87	11,33 %
76	7,99 %	88	11,96 %
77	8,15 %	89	12,71 %
78	8,33 %	90	13,62 %
79	8,53 %	91	14,73 %
80	8,75 %	92	16,12 %
81	8,99 %	93	17,92 %
82	9,27 %	94 et plus	20,00 %

Avant d'avoir atteint l'âge de 71 ans, le retrait minimum d'un FERR est calculé de la façon suivante :

$$\text{Retrait minimum} = \frac{\text{Valeur du FERR au début de l'année donnée}}{(90 - \text{âge du rentier au début de l'année donnée})}$$

Si vous le souhaitez, vous pouvez demander, lorsque vous transférez le montant de votre REER dans un FERR, que l'âge de votre conjoint soit utilisé pour calculer le retrait minimum permis chaque année. Cela permet de réduire le montant du retrait si votre conjoint est plus jeune. Par exemple, si vous avez eu 71 ans en 2008 et votre conjoint 62 ans, le retrait minimum en 2009 sera calculé au moyen de la formule précédente compte tenu de l'âge de votre conjoint. Le résultat obtenu fera en sorte que le retrait minimum sera égal à 3,57 % ($1/_{(90-62)}$) de la valeur du FERR plutôt que 7,38 %.

Finalement, il est permis de reconvertir un FERR en REER tant que le rentier n'a pas atteint l'âge de 71 ans. Toute la valeur du FERR, à l'exception du retrait minimum requis dans l'année de conversion, peut être ainsi transférée directement dans un REER. Une conversion peut être intéressante à la suite d'un changement dans votre situation financière.

Les retraits du FERR peuvent s'échelonner durant le reste de la vie du rentier. **Toutes les sommes reçues d'un FERR sont imposables.**

Si votre conjoint a cotisé à votre REER que vous avez transformé en FERR peu de temps après, il est possible qu'il doive inclure un montant dans le calcul de son revenu. Cela se produira si vous recevez une somme de votre FERR excédant le montant minimum à retirer, et si votre conjoint a contribué à votre REER dans l'année de la réception du paiement ou dans les deux années précédentes. Il s'agit de la même règle expliquée au chapitre 7, sous la rubrique « Contribution au REER du conjoint : outil de planification ».

Une mesure exceptionnelle, annoncée le 27 novembre 2008, permet aux détenteurs de FERR qui ont retiré en 2008 le montant minimum prévu selon les taux indiqués précédemment, de réduire leurs impôts payables pour 2008 en **versant à leur FERR une somme pouvant atteindre jusqu'à 25 % du retrait minimum requis pour cette même année**. Par exemple, un rentier d'un FERR dont le retrait minimum en 2008 était de 10 000 $ pourrait y remettre un montant jusqu'à concurrence de 2 500 $ et obtenir une **déduction équivalente dans le calcul de son revenu pour l'année**

2008. Pour obtenir une déduction en 2008, vous devrez verser la somme à votre FERR **au plus tard** le 1er mars 2009 ou dans les 30 jours suivant l'adoption de cette mesure. Étant donné les événements politiques récents survenus à Ottawa, l'adoption de la mesure n'aura sans doute pas lieu avant le mois de février 2009, de sorte que la date limite pour contribuer au FERR sera le trentième jour suivant l'adoption. Au moment où vous lirez ces lignes, il ne sera peut-être pas trop tard pour réduire vos impôts de 2008.

Sommes reçues d'un RPA et d'un RPDB

Le chapitre 2 explique brièvement les principales caractéristiques des RPA et des RPDB. La rente de retraite provenant du RPA qui existe chez votre employeur est imposable au fur et à mesure que vous la recevez.

Si votre employeur a contribué en votre nom à un RPDB, vous recevrez à votre retraite des montants périodiques qui devront être aussi inclus dans le calcul de votre revenu net.

Pensions de source étrangère

Vous devez inclure les revenus de pension de source étrangère que vous avez reçus en 2008 en les convertissant en dollars canadiens selon le taux de change moyen de l'année. Toutefois, il est possible que vous ayez droit à une déduction dans le calcul de votre revenu imposable si la convention fiscale existant entre le Canada et le pays d'où provient votre pension contient certaines mesures d'allègement. Il est impossible de généraliser en cette matière, puisque **chaque convention fiscale est unique.**

Par exemple, si vous avez reçu des prestations de sécurité sociale des États-Unis, vous pouvez demander une déduction dans le calcul de votre revenu imposable égale à 15 % des prestations reçues.

Si vous avez reçu une pension de la France parce que vous y avez déjà travaillé, vous pourrez demander une déduction égale à la somme incluse dans le calcul de votre revenu net alors qu'aucune déduction n'est prévue pour une pension provenant de l'Angleterre.

Si des retenues d'impôt étranger ont été prélevées sur le revenu de pension de source étrangère, vous pourrez généralement demander un crédit d'impôt étranger à l'égard de la partie de ce revenu qui demeure imposable au Canada. Par exemple, dans le cas d'une pension provenant de l'Angleterre sur laquelle des impôts anglais ont été prélevés, un crédit pour impôt étranger pourrait être réclamé puisque celle-ci est entièrement imposable au Canada contrairement à une pension de source française.

Revenus d'une rente ordinaire

Une rente ordinaire est un placement fait à même votre capital après impôts, c'est-à-dire qu'il ne s'agit pas d'une rente provenant d'un régime enregistré tel qu'un REER, un FERR, un RPA ou un RPDB.

Chaque paiement de rente reçu est composé de capital et d'intérêts. Tout comme un versement hypothécaire, les premiers montants de rentes comprendront beaucoup plus d'intérêts que de capital, et plus l'échéance se rapprochera, plus le capital remboursé sera élevé. Par conséquent, le montant d'intérêts à inclure dans le revenu sera plus grand durant les premières années d'encaissement de la rente.

Certains contrats de rente, appelés **rentes prescrites,** permettent de considérer que les intérêts qui seront gagnés pendant toute la durée de la rente seront répartis et inclus dans le revenu en parts égales pour chacune des années.

Un contrat de rente prescrite doit respecter plusieurs conditions dont celle de prévoir des versements égaux annuels ou selon des intervalles plus courts. La rente doit aussi être versée durant le reste de la vie du rentier ou pendant une durée fixe ne pouvant dépasser le 91e anniversaire du rentier.

Crédit d'impôt fédéral pour revenus de pensions

Si vous êtes âgé de 65 ans ou plus à la fin de l'année, vous pouvez réclamer un crédit d'impôt égal à 15 % des premiers 2 000 $ de revenus de pensions reçus.

Les revenus de pensions admissibles à ce crédit sont les :
- rentes viagères provenant d'un RPA ;
- montants périodiques provenant d'un RPDB ;
- rentes provenant d'un REER ;
- montants provenant d'un FERR ;
- revenus d'intérêts provenant d'une rente ordinaire.

Les sommes reçues du RRQ, la pension de sécurité de la vieillesse, les versements uniques provenant d'un REER ou d'un RPDB ne sont pas admissibles à ce crédit.

Si vous êtes âgé de moins de 65 ans, vous pouvez réclamer ce crédit d'impôt si vous recevez une rente de retraite viagère d'un RPA ou l'un des quatre revenus suivants en raison du décès de votre conjoint:

- montants périodiques provenant d'un RPDB;
- rentes provenant d'un REER;
- montants provenant d'un FERR;
- revenus d'intérêts provenant d'une rente ordinaire.

Plusieurs personnes âgées de 65 ans ou plus ne reçoivent pas de revenus de pensions ou n'ont pas de REER. Il leur est quand même possible d'utiliser le crédit de 2 000 $ en modifiant les habitudes de placement de leurs épargnes. Par exemple, l'achat d'une rente ordinaire ou prescrite permet de recevoir des intérêts donnant droit au crédit de 2 000 $ pour revenus de pensions.

Si vous avez 65 ans et un REER que vous souhaitez transformer en FERR seulement à l'âge de 71 ans, songez quand même à transférer une somme de 14 000 $ de votre REER à votre FERR. Cela vous permettra de retirer sur sept ans une somme de 2 000 $ par année qui vous permettra de réclamer le crédit d'impôt de 2 000 $. Évidemment, cette planification n'a d'intérêt que si le montant reçu du FERR représente votre seul revenu de pension admissible.

Crédit d'impôt fédéral pour personne âgée de 65 ans ou plus

Une personne âgée de 65 ans ou plus au 31 décembre peut avoir droit à un crédit d'impôt fédéral de 15 % calculé sur un montant de base de 5 276 $. **Ce montant est réduit de 15 % du revenu net excédant 31 524 $.** Ainsi, ceux dont le revenu annuel est égal ou supérieur à 66 698 $ n'auront droit à aucun crédit fédéral pour personne âgée de 65 ans ou plus.

Transfert de crédits d'impôt inutilisés entre conjoints au fédéral

Les crédits d'impôt personnels pour revenus de pensions et pour personne âgée de 65 ans ou plus peuvent être transférés entre conjoints lorsqu'un des deux conjoints n'a pas besoin de ces crédits pour réduire son impôt à zéro. Par exemple, si l'unique revenu de votre conjoint est la pension de sécurité de la vieillesse en 2008, vous pouvez bénéficier du transfert du montant pour personne âgée de 65 ans ou plus non utilisé par votre conjoint. En effet, puisque votre conjoint a gagné moins que le montant personnel accordé à tous (voir le chapitre 11), son impôt est nul. Il n'a donc pas besoin du crédit accordé pour personne âgée de 65 ans ou plus.

Le transfert de crédits entre conjoints ne remplace pas les crédits personnels auxquels vous avez droit. Ainsi, dans notre exemple, si vous avez 65 ans, vous pourrez réclamer votre crédit pour personne âgée de 65 ans ou plus. Se rajouteront les crédits que votre conjoint n'utilise pas.

Les crédits transférés par votre conjoint ne seront pas réduits en raison de votre revenu net. Par exemple, si votre revenu net est de 68 000 $, votre crédit pour personne âgée de 65 ans ou plus sera nul. Par contre, si votre conjoint a 65 ans ou plus et n'a comme unique revenu que la PSV, il pourra vous transférer intégralement son crédit fédéral de 791 $ (15 % × 5 276 $). Remplissez l'annexe 2 de la déclaration fédérale pour déterminer le montant du transfert.

Trois crédits en un au Québec

Au Québec, trois crédits sont regroupés en un seul. Il s'agit du **crédit pour personne vivant seule, du crédit pour revenus de retraite et du crédit en raison d'âge.** Vous établissez les montants de base applicables à votre situation ainsi que ceux dont peut bénéficier votre conjoint (ou dont il aurait pu bénéficier s'il n'était pas décédé en 2008). **Le total de ces montants est ensuite réduit de 15 % du revenu familial qui excède 29 645 $.** Le crédit non remboursable est égal à 20 % du montant ainsi calculé.

Pour ce calcul, si vous étiez séparé de votre conjoint au 31 décembre 2008, il sera présumé que vous avez tout de même un conjoint si la séparation se poursuit sur une période de 89 jours ou moins. Par exemple, si vous êtes tous deux séparés depuis le 1er novembre 2008, vous ne serez pas présumé avoir de conjoint au 31 décembre 2008 si vous ne reprenez pas la vie commune pendant la période de 89 jours se terminant le 28 janvier 2009.

Le **revenu familial** représente le total de votre revenu net et celui de votre conjoint s'il y a lieu, même s'il est décédé au cours de l'année 2008.

Crédit pour personne vivant seule

Un montant de base de 1 195 $ est accordé à une personne vivant seule **toute** l'année, dans une maison, dans un appartement ou dans toute autre habitation dans laquelle une personne dort et prépare ses repas. Si vous habitez dans une résidence pour retraités dans laquelle vous ne louez qu'une chambre, vous ne pourrez demander le montant pour personne vivant seule. Si vous êtes admissible, vous devrez joindre à votre déclaration de revenus une copie de votre compte de taxes foncières si vous êtes propriétaire, ou le relevé 4 que vous a remis votre propriétaire si vous étiez locataire au 31 décembre 2008.

Crédit pour revenus de retraite

Le crédit combiné tient compte des premiers 1 500 $ de revenus de retraite reçus en 2008. Les revenus suivants sont admissibles, peu importe votre âge :

- rentes viagères provenant d'un RPA;
- montants périodiques provenant d'un RPDB;
- rentes provenant d'un REER;
- montants provenant d'un FERR;
- revenus d'intérêts provenant d'une rente ordinaire.

Crédit en raison d'âge

Si vous êtes âgé de 65 ans ou plus au 31 décembre 2008, tenez compte d'un montant de 2 200 $. Un montant identique s'ajoute si votre conjoint est aussi âgé de 65 ans ou plus.

Exemple

Robert a 58 ans. Il est retraité et a vécu seul toute l'année 2008. Son revenu net de l'année est de 30 000 $, dont une rente de retraite viagère de 26 000 $ provenant du régime de pensions auquel il participait lorsqu'il était employé. Le crédit pour personne vivant seule, en raison d'âge et pour revenus de retraite, est calculé comme suit :

Personne vivant seule	1 195 $
En raison d'âge	—
Revenus de retraite	1 500 $
Total	2 695 $
Moins excédent sur le revenu familial (30 000 $ − 29 645 $) × 15 %	(53)
	2 642 $
	× 20 %
Crédit total	528 $

Exemple

Fernand et Germaine sont tous deux âgés de 72 ans. Fernand a un revenu net de 18 000 $, dont 8 000 $ est un montant versé par son FERR. Germaine ne reçoit que la pension de sécurité de la vieillesse et un faible revenu d'intérêt, le tout totalisant 6 200 $ pour l'année 2008. Le crédit pour personne vivant seule, en raison d'âge et pour revenus de retraite, est calculé comme suit :

Personne vivant seule	—
En raison d'âge (Fernand)	2 200 $
En raison d'âge (Germaine)	2 200 $
Revenus de retraite (Fernand)	1 500 $
Total	5 900 $
Moins excédent sur le revenu familial (24 200 $ − 29 645 $) × 15 %	—
	5 900 $
	× 20 %
Crédit total	1 180 $

Le crédit total obtenu peut être réclamé par l'un ou l'autre des conjoints ou partagé entre eux. Dans le dernier exemple, Fernand réclamera le crédit total puisque Germaine n'a pas d'impôt à payer en raison de son faible revenu.

Fractionnement de revenus pour les retraités

Afin de tenir compte des défis particuliers que présentent la planification et la gestion du revenu de retraite, et d'offrir une aide ciblée aux pensionnés, le fractionnement du revenu de pension entre conjoints est une mesure permettant aux retraités qui en feront le choix de réduire leur fardeau fiscal. En pratique, un contribuable qui a reçu un **revenu admissible au crédit d'impôt pour pension fédéral** (vu à la page 237) pourra allouer à son conjoint (sans égard à l'âge de ce dernier) **jusqu'à la moitié de ce revenu**. Il est donc important de bien distinguer les revenus donnant droit au crédit d'impôt pour pension selon qu'un individu a atteint 65 ans ou non. Les pensions de la sécurité de la vieillesse ainsi que celles de la Régie des rentes du Québec ne sont pas des revenus pouvant être fractionnés.

Pour effectuer le fractionnement, vous ne devez pas vivre séparé de votre conjoint au 31 décembre 2008 et pendant une période de 90 jours ou plus ayant commencé dans l'année, pour cause d'échec du mariage ou de l'union de fait. Les autorités fiscales considèrent que des conjoints ne vivent pas séparés lorsque des raisons médicales, éducatives ou d'affaires justifient cet état de fait plutôt que l'échec de l'union.

Le fractionnement du revenu est d'application très simple et ne requiert aucun transfert de propriété, ni aucun changement de bénéficiaire, ni aucune modification que ce soit à des contrats ou à des conventions existantes. Pour l'application de l'impôt sur le revenu, la somme choisie est déduite dans le calcul du revenu du cédant (c'est-à-dire la personne qui a effectivement reçu le revenu de pension) et est incluse dans le calcul du revenu du cessionnaire (le conjoint). Tous deux doivent joindre un **formulaire de choix conjoint (formulaire T1032 au fédéral et annexe Q au Québec)** à leurs déclarations de revenus respectives qui devront être produites dans les délais habituels requis, soit au plus tard le 30 avril 2009 ou le 15 juin 2009 pour un travailleur autonome. Il n'est pas obligatoire que le montant choisi au Québec soit le même que celui indiqué dans le choix fédéral. Le choix de fractionner est un choix annuel qui ne vous engage pas pour les années d'imposition futures.

Exemple

Augustin est retraité. Il reçoit une rente de son régime de pension agréé de 54 000 $ par année. Il est également bénéficiaire d'une rente de la RRQ de 6 000 $ par année. Il a aussi effectué un retrait de son FERR en 2008 d'un montant brut de 20 000 $. Son épouse est également bénéficiaire d'une rente de la RRQ de 6 000 $ et d'une rente provenant de son RPA de 8 000 $. Les deux conjoints n'ont pas encore 65 ans. Augustin et son épouse peuvent choisir de fractionner un montant ne dépassant pas la moitié du revenu de pension admissible reçu par Augustin, soit 27 000 $ (54 000 $ × 50 %).

Le tableau suivant indique les montants d'impôt à payer avant et après fractionnement de revenus.

	Augustin	Épouse	Total sans fractionnement	Total avec fractionnement
Fédéral	11 170 $	301 $	11 471 $	
Fédéral	6 069 $	3 865 $		9 934 $
Québec[1]	13 163 $	209 $	13 372 $	
Québec[1]	7 293 $	4 807 $		12 100 $

(1) Tient compte de la contribution au FSS.

Le fractionnement permet donc au couple d'économiser 2 809 $.

Reprenons le même exemple et supposons que les conjoints sont tous deux âgés de plus de 65 ans. Chacun d'eux a les mêmes revenus auxquels s'ajoute un montant de 6 082 $ au titre de la sécurité de la vieillesse. Le montant maximum pouvant faire l'objet du fractionnement correspond au total de la rente de retraite de 54 000 $ et du montant de 20 000 $ provenant du FERR. C'est donc un montant maximum de

37 000 $ qui pourrait faire l'objet du choix. Si ce montant était choisi, Augustin aurait alors un revenu total de 49 082 $ et celui de son épouse serait de 57 082 $, celle-ci ayant déjà une rente de retraite de 8 000 $. Dans une telle situation, le fractionnement optimal consiste à égaliser les revenus des conjoints. Par conséquent, le montant choisi devrait être de 33 000 $. Les résultats seront alors les suivants :

	Augustin	Épouse	Total sans fractionnement	Total avec fractionnement
Fédéral	14 999 $[2]	402 $	15 401 $	
Fédéral	5 827 $	5 827 $		11 654 $
Québec[1]	13 853 $	1 182 $	15 035 $	
Québec[1]	7 248 $	7 248 $		14 496 $

(1) Tient compte de la contribution au FSS.
(2) Incluant un montant de 3 205 $ pour pension de vieillesse à rembourser.

Le fractionnement du revenu de pension permet au couple de réduire le fardeau fiscal fédéral d'un montant égal à 3 747 $. Le fractionnement a permis de réduire le revenu d'Augustin sous le seuil de 64 718 $, de sorte qu'il n'a plus aucun montant à remettre au titre de sa pension de vieillesse. Au Québec, l'économie réalisée est de 539 $.

Le fractionnement de revenus a des répercussions sur plusieurs éléments fiscaux. Certaines sont avantageuses alors que d'autres ne le sont pas. Par exemple, le fractionnement pourrait permettre à votre conjoint d'avoir droit au crédit pour revenus de pension fédéral (2 000 $) si vous lui transférez un montant de votre rente viagère de retraite. Au Québec, un montant de 1 500 $ pourrait être pris en compte. Le montant fractionné pourrait faire augmenter le revenu net du conjoint au-dessus de 31 524 $ et occasionner une diminution de son crédit d'impôt fédéral pour personne âgée de 65 ans et plus ; aussi, une augmentation du revenu net pourrait réduire le montant qui pourrait être accordé pour des frais médicaux. Au Québec, ces considérations ne sont pas pertinentes car c'est le revenu net du couple qui détermine ces crédits. Fractionner ou non n'a aucune incidence sur certains crédits d'impôt remboursables, tels ceux pour la TPS et la TVQ, ainsi que sur le remboursement d'impôts fonciers car ces crédits sont fixés en fonction du revenu net du couple.

Bref, en raison des multiples variables, il est avantageux de vous procurer un logiciel pour comparer plusieurs scénarios possibles ou encore de consulter un professionnel pour vous assister dans la préparation de vos déclarations de revenus.

Lorsque vous choisissez de fractionner un montant avec votre conjoint, vous devez aussi **fractionner les retenues d'impôt à la source** prélevées sur le revenu fractionné dans les mêmes proportions. Par exemple, si vous fractionnez la moitié de votre revenu de pension sur lequel des retenues d'impôt fédéral de 4 000 $ ont été prélevées, vous devrez aussi transférer 2 000 $ de ces retenues d'impôt à votre conjoint. Au Québec, les retenues se transfèrent aussi en proportion du montant fractionné. Les conjoints demeurent solidairement responsables de l'impôt additionnel causé par l'inclusion du revenu fractionné dans la déclaration de revenus du conjoint cessionnaire. Cela est tout à fait logique car il faut se rappeler que le choix de fractionner ne sert qu'à calculer les impôts du couple et que, dans les faits, il n'y a aucun transfert d'argent d'un conjoint à l'autre. Dans le dernier exemple, Augustin a encaissé des revenus de retraite de 74 000 $, dont 33 000 $ ont fait l'objet d'un choix. Ce choix a augmenté les impôts à payer de son épouse d'un montant de 5 425 $ au fédéral et de 6 066 $ au Québec. Augustin demeure donc responsable du paiement de ces impôts additionnels vis-à-vis des autorités fiscales.

Les retraités doivent souvent faire des acomptes provisionnels d'impôt. À cette fin, ils reçoivent de la part des autorités fiscales des confirmations des montants à verser, ceux-ci étant déterminés en fonction de l'impôt payé pour l'année précédente. Il est possible de verser des montants moins élevés que ceux calculés par les gouvernements, en utilisant tout simplement une estimation de l'impôt à payer pour l'année courante. **Au fédéral, il est permis de tenir compte du fractionnement des revenus de retraite pour calculer les acomptes d'impôt.** Par conséquent, le conjoint cédant peut tenir compte de la réduction de son revenu causée par le fractionnement. Par ailleurs, le conjoint cessionnaire qui doit inclure une somme dans son revenu en raison du fractionnement pourrait devenir assujetti aux versements d'acomptes provisionnels. **Le point de vue du Québec est à l'opposé. Les calculs d'acomptes provisionnels ne peuvent pas tenir compte du fractionnement des revenus.** Autrement dit, au Québec, le conjoint qui augmente son revenu à la suite du fractionnement ne deviendra pas assujetti aux acomptes. Le conjoint cédant devra continuer à verser des acomptes au Québec comme si le fractionnement des revenus n'existait pas.

Crédit d'impôt pour déficience mentale ou physique

Un crédit d'impôt calculé sur un montant de base de 7 021 $ au fédéral et de 2 325 $ au Québec est accordé à une personne souffrant d'une ou de plusieurs déficiences graves et prolongées des fonctions physiques ou mentales. La ou les déficiences doivent persister depuis au moins 12 mois, ou être d'une durée prévisible de plus de 12 mois si elles ont commencé dans l'année.

Le crédit pour déficience est accordé à une personne aveugle. Il est aussi accordé à une personne ayant une déficience **limitant de façon marquée** sa capacité d'accomplir **une activité courante de la vie quotidienne** ou l'obligeant à y consacrer un temps excessif, même avec des soins, des médicaments ou l'aide d'appareils indiqués.

La loi établit les activités courantes de la vie quotidienne comme :

- le fait de s'alimenter ou de s'habiller ;
- le fait de parler de façon à se faire comprendre, dans un endroit calme, par une personne de sa connaissance ;
- le fait d'entendre de façon à comprendre, dans un endroit calme, une personne de sa connaissance ;
- les fonctions d'évacuation intestinale ou vésicale ;
- le fait de marcher ;
- la mémoire ;
- la résolution de problèmes, l'atteinte d'objectifs et le jugement (considérés dans leur ensemble) ;
- l'apprentissage fonctionnel à l'indépendance (comprenant les fonctions qui touchent les soins personnels, la santé et la sécurité, les aptitudes sociales et les transactions simples et ordinaires).

L'incapacité d'accomplir des travaux ménagers, des activités sociales ou récréatives ne permet pas de réclamer le crédit pour déficience.

Les personnes qui subissent les effets cumulatifs de limitations multiples importantes pour l'accomplissement de plus d'une activité courante de la vie quotidienne sont aussi admissibles au crédit. Ce changement reconnaît la possibilité qu'une seule limitation ne restreint pas de façon marquée la capacité d'accomplir une activité courante de la vie quotidienne, mais qu'une combinaison de plusieurs limitations peut engendrer un effet équivalant à une limitation marquée. Par exemple, une personne atteinte de sclérose en plaques, qui éprouve continuellement de la fatigue, des états dépressifs et des problèmes d'équilibre, fait face à un effet cumulatif de limitations qui, prises isolément, ne lui permettrait pas de réclamer un crédit pour déficience.

Sont aussi admissibles au crédit les personnes ayant besoin de soins thérapeutiques essentiels pour maintenir une fonction vitale et qui consacrent au moins 14 heures par semaine à ces traitements. Par exemple, tel peut être le cas pour les gens qui reçoivent des traitements de dialyse ou encore des enfants atteints de diabète de type 1 qui ont besoin de nombreuses injections d'insuline quotidiennement. Il existe certaines distinctions entre le fédéral et le Québec concernant les activités qui peuvent être incluses dans les 14 heures hebdomadaires requises; par exemple, au Québec, on peut tenir compte du temps de récupération après un traitement alors que ce temps n'est pas compté au fédéral. Consultez les publications gouvernementales, soit les instructions qui accompagnent le formulaire fédéral T2201 et le guide IN-133 au Québec pour plus de détails sur ce crédit.

Pour réclamer le crédit pour déficience, les formulaires T2201 au fédéral et TP-752.0.14 au Québec doivent être remplis par le médecin traitant ou tout autre professionnel de la santé selon le type de déficience à attester. Le tableau de la page suivante indique la personne apte à remplir les formulaires.

Professionnels de la santé	Types de déficiences
Médecins	Tous les types de déficiences
Optométristes	Déficience visuelle
Audiologistes	Déficience auditive
Ergothérapeutes	Déficiences concernant la capacité de marcher, de s'alimenter ou de s'habiller
Psychologues	Déficience relative à la mémoire, à la résolution de problèmes et à l'apprentissage fonctionnel
Orthophonistes	Déficience découlant d'un trouble de la parole
Physiothérapeutes	Déficience concernant la capacité de marcher

Seul un médecin peut attester de l'effet cumulatif de limitations multiples, sauf si celles-ci sont reliées exclusivement au fait de marcher, de s'alimenter ou de s'habiller, auquel cas, un ergothérapeute est également autorisé à le faire.

Habituellement, lorsqu'un crédit pour déficience a déjà été réclamé dans une année antérieure, il n'est pas nécessaire de fournir d'autres formulaires pour les années suivantes, à moins que l'état de santé de la personne ne se soit amélioré ou que la durée de l'invalidité inscrite sur le certificat ne soit expirée. Cependant, les autorités fiscales pourront vous demander de produire de nouveaux formulaires si vous réclamez le crédit depuis quelques années.

Les frais payés pour un préposé aux soins qui totalisent plus de 10 000 $ ou pour l'hébergement à temps plein en maison de santé ou de repos ne peuvent pas être réclamés à titre de frais médicaux lorsque la personne visée réclame le crédit d'impôt pour déficience.

Consultez la rubrique «Frais médicaux» au chapitre 10 pour plus de détails.

Transfert du crédit pour déficience non utilisé

Au fédéral, le crédit pour déficience peut être transféré au conjoint, dans la mesure où il n'est pas utilisé pour réduire à zéro l'impôt de la personne déficiente. **Au Québec,** tous les crédits d'impôt non remboursables (dont le crédit pour déficience) qui ne peuvent servir à réduire à zéro l'impôt d'une personne peuvent être transférés à son conjoint.

Si la personne déficiente n'a pas de conjoint, son crédit fédéral pour déficience (non utilisé pour réduire à zéro son impôt) pourrait vous être transféré si vous avez subvenu à ses besoins fondamentaux comme la nourriture, le logement ou l'habillement. La personne déficiente peut être votre enfant, petit-enfant, père, mère, grand-père, grand-mère, frère, soeur, oncle, tante, neveu ou nièce. Le transfert du crédit n'est pas possible si une réclamation de frais médicaux pour un préposé totalisant plus de 10 000 $ ou de frais d'hébergement à temps plein en maison de repos a été demandée pour la personne déficiente.

Au Québec, le transfert du crédit d'impôt pour déficience d'une personne à charge n'existe plus. Il a été remplacé par **un crédit d'impôt remboursable pour aidant naturel** à l'égard des personnes à charge de 18 ans et plus. Dans le cas d'un enfant mineur, la valeur du crédit d'impôt pour déficience est intégrée dans les paiements de soutien aux enfants. Consultez les détails au chapitre 11.

Crédit d'impôt remboursable pour maintien à domicile

Ce crédit est accordé au Québec seulement et vise à aider les personnes âgées à demeurer le plus longtemps possible dans leur domicile. Ainsi, les **personnes âgées de 70 ans ou plus qui enga-gent** des dépenses pour obtenir certains services personnels ou domestiques rendus au Québec peuvent demander un crédit d'impôt remboursable.

Plusieurs modifications ont été apportées à cette mesure fiscale en 2008. En premier lieu, le taux du crédit d'impôt a été haussé de 25 % à 30 %. La limite des dépenses admissibles donnant droit au crédit est établie à 15 600 $ par personne et à 21 600 $ pour une personne non autonome. Une personne est considérée comme non autonome lorsque, selon l'attestation écrite d'un médecin, elle dépend et continuera à dépendre en permanence, pour une période prolongée et indéfinie, d'autres personnes pour la plupart de ses besoins et de ses soins personnels, ou elle a besoin d'une surveillance constante en raison d'un trouble mental grave.

Le revenu de la personne âgée et celui de son conjoint doivent être pris en considération à partir de 2008. En effet, le crédit auquel une personne ou un couple a droit est réduit de 3 % de la portion du revenu net familial annuel qui dépasse 50 000 $.

Finalement, des tables de fixation des dépenses admissibles ont été préparées par Revenu Québec afin de simplifier la détermination des montants donnant droit au crédit à l'égard de divers services inclus dans le loyer payé pour habiter une résidence pour personnes âgées. Ces tables permettent d'éviter les divergences d'interprétation et assurent un traitement équitable pour l'ensemble des personnes qui choisissent de vivre en résidence.

Services admissibles au crédit

Les services donnant droit au crédit se divisent en deux groupes. Le premier vise les **services d'aide à la personne** tels que:

- l'assistance pour accomplir une activité quotidienne (s'habiller, se laver, boire et manger, se déplacer à l'intérieur de son habitation);

- l'aide pour préparer les repas ou la préparation (excluant le coût de la nourriture) et la livraison des repas par un organisme communautaire à but non lucratif (par exemple, une popote roulante);

- la surveillance non spécialisée de nuit ou la surveillance continue ainsi que le service d'encadrement de la personne (par exemple, le gardiennage);

- les services infirmiers fournis par un infirmier ou une infirmière, un infirmier ou une infirmière auxiliaire;

- certains services de soutien civique pour faire face aux exigences de la vie quotidienne, comme l'accompagnement pour aller voter, la gestion du budget, l'aide pour remplir des formulaires, y compris l'aide pour remplir les formulaires relatifs aux demandes de versements anticipés du crédit d'impôt pour maintien à domicile d'une personne âgée;

- les services admissibles rendus à un résident d'un centre d'hébergement et de soins de longue durée (CHSLD) public ou privé conventionné (financé par des fonds publics), que ce résident paie en surplus de sa contribution pour être hébergé, donnent droit au crédit.

Le deuxième groupe vise les **services d'entretien** (excluant le coût des produits de nettoyage, des matériaux et de tout autre bien) qui sont fournis à l'égard d'une habitation. Ils comprennent:

- l'entretien ménager des aires de vie (balayage, époussetage, nettoyage);
- l'entretien des appareils électroménagers (nettoyage du four ou du réfrigérateur);
- le nettoyage des tapis et des meubles rembourrés (canapés, fauteuils);
- le nettoyage des conduits d'aération, quand le démontage n'est pas nécessaire;
- le ramonage de la cheminée;
- les services payés à une aide domestique pour l'entretien des vêtements (coût des produits de nettoyage non compris), du linge de maison (rideaux) ou de la literie;
- le nettoyage de l'extérieur de l'habitation, des fenêtres et des gouttières;
- l'entretien de la piscine;
- l'entretien, la fertilisation et la tonte du gazon;
- l'entretien des haies et des plates-bandes;
- l'émondage d'arbres;
- le ramassage de feuilles;
- la pose et l'enlèvement d'un abri saisonnier;
- le déneigement;
- l'enlèvement des ordures par le concierge.

Sont aussi inclus dans ce groupe, les services d'approvisionnement en nécessités courantes et autres courses (excluant le coût des achats), notamment le service de livraison offert par un marché d'alimentation ou une pharmacie.

Pour plus de précisions, voici quelques exemples de **services ne donnant pas droit au crédit pour maintien à domicile:**

- les services concernant des travaux de construction, de réparation et de rénovation;
- les services rendus par des gens de métier pour lesquels une licence délivrée en vertu de la Loi sur le bâtiment est exigée, par exemple les services d'un électricien, d'un peintre, d'un plombier ou d'un menuisier;
- les services rendus hors du Québec;
- les services de coiffure offerts par un coiffeur ou une coiffeuse;
- les services de pédicure et de manucure offerts par une personne spécialisée dans l'un ou l'autre de ces domaines;
- les services de nettoyage à sec par un entrepreneur dont c'est l'entreprise principale;
- l'accompagnement lors de sorties à l'extérieur du Québec;
- l'achat ou la location d'un bracelet de surveillance ou l'installation d'un bouton d'appel;
- l'entretien mécanique des ascenseurs;
- l'installation et l'utilisation d'un système d'alarme, d'urgence ou d'intercom;
- les services inclus dans la contribution à payer pour être hébergé et rendus par le réseau de la Santé et des services sociaux. Ce réseau comprend les CHSLD publics, les CHSLD privés conventionnés (financés par des fonds publics), les centres hospitaliers, les centres de réadaptation, les ressources intermédiaires et les ressources de type familial;
- les services pour vous aider à remplir vos déclarations de revenus.

Finalement les services rendus à une personne âgée, soit par son conjoint, soit par une personne à charge, soit par une personne demandant le crédit remboursable pour aidant naturel (voir le chapitre 11) à l'égard de la personne âgée ne donnent pas droit au crédit remboursable pour maintien à domicile. Aussi, à l'exception des services rendus par les infirmiers et les infirmières, aucun service rendu par un professionnel de la santé n'est admissible au crédit pour maintien à domicile puisqu'il s'agit de frais médicaux (voir le chapitre 10).

Les **personnes âgées vivant dans leur propre maison** peuvent demander le crédit remboursable pour maintien à domicile à l'égard de tous les services classés dans les deux groupes admissibles décrits précédemment.

Les **personnes âgées vivant dans un appartement d'un immeuble à logements**, qui n'est pas une résidence pour personnes âgées, peuvent considérer un montant de dépenses admissibles au crédit égal à 5 % du coût mensuel du loyer, ce dernier étant limité à 600 $ par mois. Autrement dit, le montant admissible au crédit à l'égard du loyer payé ne peut dépasser 30 $ par mois, ce qui correspond à un crédit maximal de 9 $ par mois. Cette attribution forfaitaire est en quelque sorte une façon de reconnaître certains coûts inclus dans un loyer qui seraient autrement admissibles au crédit. Par exemple, le déneigement des entrées et du stationnement de l'immeuble ainsi que la tonte du gazon sont des coûts indirectement inclus dans le montant du loyer.

Bien entendu, la personne âgée vivant dans un appartement d'un immeuble à logements a aussi droit au crédit pour les services d'aide à la personne et les services d'entretien payés énumérés précédemment. Par exemple, les frais payés pour le ménage hebdomadaire de l'appartement seraient admissibles.

Les **personnes âgées vivant dans un immeuble en copropriété** paient des charges de copropriété dont une partie est admissible au crédit pour maintien à domicile, dans la mesure où il s'agit de services d'entretien décrits précédemment. Le syndicat doit utiliser la grille de calcul TPZ-1029.MD.5.C («Coût des services admissibles inclus dans les charges de copropriété») pour déterminer les dépenses admissibles de l'année et remettre à la personne âgée qui en fait la demande un formulaire prescrit lui indiquant sa quote-part.

Une personne âgée vivant dans un immeuble en copropriété peut également demander un crédit pour les services d'aide à la personne et les services d'entretien payés énumérés précédemment. Par exemple, les frais payés pour le nettoyage des tapis de l'unité habitée par la personne âgée seraient admissibles, car cette dépense n'est pas incluse dans les charges de copropriété.

Les personnes âgées vivant en résidence

Un **changement majeur adopté en 2008** concerne la façon de déterminer les montants admissibles au crédit d'impôt remboursable pour maintien à domicile pour une personne âgée qui paie un loyer dans une résidence. **Une résidence est définie** comme un immeuble d'habitation collective destiné à des personnes âgées et où sont offerts, contre le paiement d'un loyer, des chambres, des studios ou des appartements ainsi que des services relatifs à la sécurité et à l'aide à la vie domestique ou sociale. **Ne sont pas considérés comme une résidence** les établissements publics ou privés conventionnés (financés par des fonds publics) qui exploitent un centre hospitalier, un centre d'hébergement et de soins de longue durée (CHSLD) ou un centre de réadaptation visé par la Loi sur les services de santé et les services sociaux.

Lorsque vous signez un bail pour habiter dans une résidence, celui-ci doit être accompagné d'une «Annexe au bail – Services offerts au locataire en raison de sa condition personnelle, entre autres à une personne âgée ou handicapée». Cette annexe décrit les différents services inclus dans le montant de votre loyer. Parmi ces services, Revenu Québec reconnaît que **les cinq services suivants sont admissibles au crédit d'impôt:**

- le **service de buanderie** offert au moins une fois par semaine pour votre literie ou vos vêtements;
- le **service d'entretien ménager** offert au moins une fois par semaine pour le ménage de votre chambre, de votre studio ou de votre appartement;
- le **service alimentaire** comprenant un, deux ou trois repas par jour;
- le **service de soins infirmiers** offert par une infirmière diplômée ou un infirmier diplômé présent dans la résidence au moins sept heures par jour;
- le **service de soins personnels** offert par une préposée ou un préposé aux soins personnels présent dans la résidence au moins sept heures par jour.

Pour éviter toute divergence d'interprétation et d'évaluation, **Revenu Québec a établi des tables** qui attribuent une valeur pour chacun des services énumérés précédemment qui sont offerts par les résidences pour personnes âgées et que les locataires acceptent de payer dans leur loyer mensuel. Aussi, toute personne habitant dans une résidence a droit à un montant de base admissible au crédit d'impôt, et si aucun des cinq services décrits précédemment n'est pas inclus dans le coût de son loyer, seul le montant de base sera accordé. **Trois tables** ont été élaborées selon que la personne âgée de 70 ans et plus vit seule, vit avec son conjoint âgé de moins de 70 ans ou vit avec son conjoint âgé de 70 ans et plus.

Quelle que soit la table utilisée, le total des valeurs accordées pour les différents services sera limité à 65 % du coût du loyer ou 75 % s'il s'agit d'une personne non autonome.

Aucune autre partie du loyer que celle déterminée selon la table applicable ne pourra être considérée comme une dépense admissible aux fins du calcul du crédit d'impôt. Mentionnons que le ministère des Finances du Québec a prévu un programme transitoire de compensation financière afin d'aider les personnes âgées qui subissent une diminution de leur crédit d'impôt par rapport aux versements anticipés qu'ils recevaient avant le 14 mars 2008, jour où les tables de fixation ont été dévoilées. Cette situation pourrait se produire, notamment, dans le cas où le montant versé par anticipation était trop élevé en raison des difficultés éprouvées par certains gestionnaires de résidences pour personnes âgées à déterminer les dépenses admissibles au crédit d'impôt.

Le tableau suivant indique le montant des dépenses admissibles accordé en 2008 pour les divers services selon le montant total du loyer mensuel payé par une personne vivant seule.

Dépenses mensuelles sur une base individuelle			
Loyer mensuel total	égal ou inférieur à 1 000 $	supérieur à 1 000 $ sans excéder 2 000 $	supérieur à 2 000 $
Type de services	Montant donnant droit au crédit	Montant égal au % du loyer total	Montant donnant droit au crédit
Service de base	150 $	15 %	300 $
Service de buanderie (service d'entretien des vêtements et du linge de maison)	50 $	5 %	100 $
Entretien ménager	50 $	5 %	100 $
Service de préparation ou de livraison de repas			
si un repas par jour	100 $	10 %	200 $
si deux repas par jour	150 $	15 %	300 $
si trois repas par jour	200 $	20 %	400 $
Service de soins infirmiers	100 $	10 %	200 $
Service de soins personnels (service d'assistance non professionnelle)			
de base	100 $	10 %	200 $
supplément pour personne non autonome	100 $	10 %	10 % du loyer total mensuel

- La portion du loyer admissible au crédit d'impôt ne peut pas dépasser 65 % du loyer, ou 75 % dans le cas d'une personne non autonome.
- Une personne âgée vivant avec un colocataire doit utiliser la table pour personne seule et son loyer mensuel est calculé en divisant le montant du loyer par le nombre de colocataires.
- Une personne devient admissible à partir du mois où elle atteint 70 ans.

Exemple

Angèle, âgée de 74 ans, a été, pendant toute l'année, locataire d'une chambre dans une résidence pour personnes âgées qui lui offrait un service d'entretien ménager, trois repas par jour et un service de soins infirmiers en contrepartie d'un loyer total mensuel de 930 $ pour les six premiers mois de l'année et de 950 $ pour les six derniers mois. Étant donné que le loyer total mensuel pour chacun des mois de l'année était inférieur à 1 000 $, la valeur maximale des dépenses admissibles incluses dans le loyer total mensuel serait, compte tenu des services dont bénéficie Angèle, de 500 $ par mois. Il s'agit de la valeur de la composante mensuelle de base qui lui est applicable (150 $), à laquelle s'ajoutent la valeur d'un service d'entretien ménager (50 $), d'un service alimentaire de trois repas par jour (200 $) ainsi que la valeur d'un service de soins infirmiers (100 $). Le total étant inférieur, pour chacun des mois de l'année, à 65 % de son loyer total mensuel, il constitue le montant mensuel des dépenses admissibles incluses dans son loyer pour le calcul du crédit d'impôt.

Supposons que le loyer soit de 1 500 $ par mois pour toute l'année pour les mêmes services. La valeur maximale des dépenses admissibles au crédit seraient alors calculées en fonction des pourcentages indiqués dans le tableau précédent pour un total de 50 % du loyer mensuel, soit 750 $ par mois.

S'il n'y avait aucun service admissible au crédit inscrit sur le bail ou l'Annexe au bail, seul un montant de base serait accordé. Pour une personne vivant seule, le montant de base peut varier de 150 $ à 300 $ selon le montant du loyer mensuel payé.

Vous trouverez deux autres tables sur le site de Revenu Québec et dans la publication IN-102 indiquant les valeurs admissibles au crédit pour **un couple habitant en résidence**. L'une s'applique lorsque, au cours d'un mois donné, un seul des conjoints est âgé de 70 ans et plus ; l'autre doit être utilisée lorsque les deux conjoints ont 70 ans et plus.

Pour chacun des services décrits dans ces tables, il y a lieu d'appliquer au loyer total mensuel, le taux attribué à ce service, de comparer le résultat ainsi obtenu avec le montant minimum et le montant maximum accordés pour ce service et de l'ajuster, le cas échéant, afin qu'il ne soit jamais inférieur au montant minimum ni supérieur au montant maximum. Par exemple, la valeur attribuée à un service de trois repas par jour pour deux conjoints âgés de 70 ans et plus correspond à 27 % du loyer mensuel, avec une valeur minimum de 400 $ et maximum de 800 $. Pour un loyer mensuel égal à 1 800 $, le couple aura droit à un montant admissible au crédit d'impôt de 486 $ (1 800 $ × 27 %). Si le loyer est de 1 450 $, le montant admissible correspondra à la valeur minimum de 400 $.

Pour toutes les personnes âgées habitant en résidence, aucun autre montant payé à la résidence en sus du loyer mensuel ne pourra être inclus dans le calcul du crédit d'impôt, à l'exception des sommes supplémentaires payées pour des services infirmiers ou des soins personnels se rapportant uniquement à l'hygiène, à l'habillement, à l'alimentation et aux déplacements, parce que la personne âgée ne jouit pas d'une autonomie suffisante pour prendre soin d'elle-même. De façon générale, les frais qui ne sont pas payés à la résidence ne donneront pas droit au crédit, sauf les soins infirmiers et personnels décrits dans ce paragraphe et quelques autres exceptions décrites dans la publication IN-102.

Par exemple, en raison de ces restrictions, une personne âgée qui se rend dans un salon de coiffure (à l'extérieur ou à l'intérieur de l'immeuble dans lequel elle habite) ne pourra inclure, dans le calcul de ses dépenses admissibles au crédit d'impôt, le montant payé pour le service de coiffure obtenu. Il en sera de même lorsque le service sera fourni dans l'unité de logement par toute personne qui n'est pas un préposé aux soins (par exemple, sont inadmissibles les frais payés à une coiffeuse qui se déplace à domicile).

La demande du crédit d'impôt remboursable

Il existe deux façons pour demander le crédit d'impôt : la demande par versements anticipés ou la demande dans votre déclaration de revenus du Québec. Quelle que soit la façon, le montant du crédit demeure le même. Si votre conjoint et vous avez tous deux droit au crédit, **un seul de vous deux peut présenter une demande**. Par ailleurs, le plafond des dépenses admissibles étant calculé par personne, le total des dépenses par couple peut atteindre 31 200 $ ou un montant plus élevé si les personnes sont non autonomes.

Une demande de versements anticipés convient bien aux frais admissibles inclus dans des dépenses habituelles telles que le loyer mensuel ou les charges de copropriété. Pour une dépense de loyer, vous utilisez le formulaire TPZ-1029.MD.7 et vous fournissez votre bail et l'Annexe au bail si vous habitez une résidence pour personnes âgées ainsi que tout avis de modification au bail. Pour les charges de copropriété, c'est le formulaire TPZ-1029.MD.8 qui est requis. En procédant ainsi, Revenu Québec vous versera par dépôt direct, avant le 1er de chaque mois, le montant du crédit d'impôt remboursable auquel vous avez droit.

Les personnes âgées qui reçoivent des versements anticipés du crédit d'impôt sur une base régulière sont tenues d'aviser Revenu Québec, avec diligence, de tout changement dans leur situation qui est de nature à réduire les versements anticipés auxquels elles ont droit (par exemple, une baisse du loyer, un changement dans les services obtenus de la résidence pour personnes âgées où elles habitent, la rupture de leur union, ou encore une mauvaise estimation de leur revenu familial).

Les dépenses occasionnelles peuvent également faire l'objet d'un versement par anticipation. À cette fin, vous pouvez remplir le formulaire TPZ-1029.MD.9 sur lequel vous devez fournir certains détails concernant les services payés en conservant toutefois vos factures. Vous n'êtes pas obligé de faire une demande au fur et à mesure que vous payez vos factures ; vous pouvez regrouper vos dépenses occasionnelles de l'année et présenter une seule demande au plus tard le 1er décembre de cette même année. Vous recevrez le crédit dans les 30 jours suivant votre demande.

Le montant annuel des versements anticipés est confirmé par Revenu Québec sur le relevé 19. Vous avez **l'obligation de présenter une déclaration de revenus** en indiquant ce montant. De plus, une conciliation devra être effectuée entre le total des montants versés par anticipation et le montant du crédit d'impôt auquel vous avez droit pour l'année. Si, à la suite de cette conciliation, un montant a été reçu en trop, vous devrez le rembourser à Revenu Québec.

Les personnes qui n'ont pas demandé de versements anticipés pour leurs dépenses admissibles de l'année, soit parce qu'il s'agit de dépenses occasionnelles, soit parce qu'elles ignoraient l'existence des versements par anticipation, recevront leur crédit d'impôt remboursable seulement après avoir produit l'annexe requise dans la déclaration de revenus pour l'année en cause. Ceux qui demandent un crédit concernant leur loyer devront fournir la copie de leur bail et de l'Annexe au bail (s'il s'agit d'un loyer payé à une résidence pour personnes âgées) et tout avis de modification au bail.

Peu importe que vous ayez reçu ou non des versements anticipés, vous devez **conserver vos reçus, factures et contrats** concernant vos dépenses admissibles pour une période de six ans suivant l'année de la dépense. Les personnes qui vivent en couple ont souvent une gestion financière commune relativement aux dépenses du ménage, et il est fréquent que les dépenses engagées par l'un des conjoints soient payées par l'autre. Revenu Québec reconnaît qu'une dépense attribuable à un service de soutien à domicile reconnu et fourni à un particulier âgé de 70 ans ou plus et payée par son conjoint, quel que soit son âge, peut constituer une dépense admissible au crédit d'impôt.

Remboursement d'impôts fonciers

Nous discuterons beaucoup plus en détail au chapitre 13 de ce remboursement accordé au Québec seulement. Mentionnons qu'il s'agit d'un remboursement d'une partie des taxes foncières payées. Si vous êtes locataire, les taxes payées correspondent au montant indiqué sur le relevé 4 que vous remet votre propriétaire. Le remboursement est calculé en fonction de votre revenu net et de celui de votre conjoint. Le remboursement est nul lorsque le revenu dépasse un seuil déterminé.

Fonds des services de santé du Québec

Le calcul de la contribution au Fonds des services de santé du Québec est expliqué au chapitre 13. Rappelez-vous que le montant de pension de la sécurité de la vieillesse est exclu du calcul.

Devez-vous verser des acomptes d'impôt ?

Si vous êtes retraité, il est possible que vous receviez la totalité ou une grande partie de vos revenus sans qu'aucune retenue d'impôt à la source n'ait été effectuée. Nous verrons au chapitre 14 que vous pouvez être tenu de payer vos impôts par acomptes trimestriels durant l'année en cours plutôt que d'attendre au 30 avril de l'année suivante.

Chapitre 9

Êtes-vous étudiant ou les personnes à votre charge le sont-elles?

Les étudiants négligent souvent de produire leurs déclarations de revenus parce que leurs revenus sont faibles ou nuls. Nous verrons dans ce chapitre que les étudiants ont parfois droit à des crédits remboursables, tel le crédit fédéral pour la taxe sur les produits et services. Ils peuvent aussi transférer certains avantages fiscaux à leurs parents ou encore reporter des crédits d'impôts pour frais de scolarité et intérêts payés sur des prêts étudiants jusqu'au moment où leurs revenus seront suffisants pour en tirer avantage. Il est donc utile et même avantageux de préparer les déclarations de revenus des étudiants.

Recevez-vous des bourses d'études?

Les bourses d'études et de perfectionnement ne sont pas imposables au fédéral si l'étudiant a droit, dans l'année de réception de la bourse, ou dans l'année suivante ou l'année précédente, au crédit d'impôt pour études dont il est question à la page 264. Essentiellement, cette exemption complète s'adresse aux étudiants inscrits à un programme de formation de niveau collégial ou universitaire, ou aux étudiants inscrits dans un établissement reconnu par le ministre des Ressources humaines et du Développement social dans le but d'acquérir les compétences nécessaires à l'exercice d'une activité professionnelle. Dans les rares cas où un étudiant décrit précédemment n'a pas droit au crédit d'impôt pour études, seuls les premiers 500 $ reçus à titre de bourse sont exemptés.

Les bourses versées à des étudiants de niveau primaire et secondaire ne sont pas imposables.

Au Québec, toutes les bourses d'études sont exemptées d'impôt. Cependant, il faut les inscrire dans le calcul du revenu et demander une déduction correspondante dans le calcul du revenu imposable. Cela a pour effet de prendre en considération le montant de la bourse pour calculer certains crédits d'impôt remboursables, tels le crédit d'impôt remboursable pour la TVQ et la prime au travail.

Que ce soit au fédéral ou au Québec, les bourses d'études ne comprennent pas les prêts consentis par le gouvernement ni les bourses attribuables à l'exercice d'une entreprise ou à l'occupation d'un emploi.

Recevez-vous des subventions de recherche?

Une subvention de recherche est un montant versé à une personne dans le but de poursuivre des travaux de recherche menant à des découvertes scientifiques ou à l'avancement de la science.

Le montant d'une subvention de recherche est imposable. Toutefois, les dépenses raisonnables engagées pour effectuer les recherches peuvent être déduites sans toutefois excéder le montant de subvention reçu. Ces dépenses comprennent celles qui ont été faites dans l'année même où la subvention a été reçue, dans l'année suivante ou dans l'année précédente. Dans ce dernier cas, il ne faudra considérer que les dépenses engagées après que le récipiendaire a obtenu la confirmation de la réception de cette subvention.

Les dépenses raisonnables comprennent les honoraires versés à des adjoints, les frais de laboratoire, le coût des équipements, les frais de voyage, etc. Ne sont pas admissibles les frais de logement ou de repas lorsque le bénéficiaire de la subvention doit s'installer temporairement et séjourner dans un endroit autre que le lieu où il demeure habituellement. Toutefois, les frais de déplacement entre la demeure habituelle et ce lieu de séjour temporaire, les frais de voyage d'un lieu de travail temporaire à un autre ou les frais de voyage d'études sont déductibles. Bien entendu, les dépenses qui sont remboursées ne sont pas déductibles.

Êtes-vous bénéficiaire d'un régime enregistré d'épargne-études ?

Nous avons décrit au chapitre 4 les principales caractéristiques d'un REEE. Les sommes doivent être versées à un étudiant à temps plein ou à temps partiel fréquentant un établissement de niveau postsecondaire, que ce soit un collège ou une université. Sont également admis les établissements d'enseignement canadiens reconnus par le ministre des Ressources humaines et du Développement social, qui offrent des cours visant à donner ou à augmenter la compétence nécessaire à l'exercice d'une activité professionnelle. Le montant à inclure dans le revenu est calculé par le fiduciaire du régime et transmis sur un feuillet T4A au fédéral et sur un relevé 1 au Québec.

Les sommes versées par un REEE ne sont pas admissibles au traitement fiscal privilégié accordé aux bourses d'études.

Saviez-vous que votre REER peut vous aider à financer vos études ?

Il est possible de retirer jusqu'à 10 000 $ annuellement de son REER, en franchise d'impôts, pour financer des **études à temps plein**, qu'il s'agisse des vôtres ou de celles de votre conjoint. Seul l'étudiant qui a droit au montant pour personne ayant une déficience mentale ou physique peut utiliser le REER pour des **études à temps partiel**. Des modalités de remboursement sans intérêt sont prévues à la fin des études. Consultez la rubrique «REER : régime d'encouragement à l'éducation permanente (REEP)» du chapitre 7 pour plus de détails.

Avez-vous déménagé pour travailler ou pour étudier ?

Les étudiants qui déménagent pour commencer à gagner un revenu d'emploi ou d'entreprise, même si ce n'est que pour l'été, peuvent déduire leurs frais de déménagement admissibles s'ils se rapprochent d'au moins 40 kilomètres du lieu de travail. **La déduction de ces frais est limitée au revenu d'emploi ou d'entreprise** gagné durant l'année au nouveau lieu de travail. Les frais non déduits dans l'année faute de revenus pourront être déduits, l'année suivante, contre les revenus d'emploi ou d'entreprise provenant de ce lieu de travail.

Les étudiants qui déménagent pour entreprendre des études à temps plein dans un établissement de niveau postsecondaire situé au Canada ou à l'étranger peuvent déduire des frais de déménagement s'ils ont reçu une bourse non exemptée d'impôt au fédéral ou une subvention de recherche. Le montant de la déduction ne peut excéder le montant de la subvention de recherche réduit des dépenses de recherche admissibles.

Consultez le chapitre 10 pour la liste des principaux frais de déménagement admissibles.

Pour réclamer les frais de déménagement au fédéral, vous devez remplir la formule T1-M et conserver vos reçus pour vérification éventuelle. Au Québec, vous devez fournir vos reçus et la formule TP-348.

Frais de scolarité

Les frais de scolarité, qu'ils soient payés par l'étudiant lui-même ou par ses parents, permettent à l'étudiant de réclamer un **crédit d'impôt calculé à un taux de 15 % au fédéral et de 20 % au Québec.**

Les frais de scolarité doivent respecter trois conditions pour être admissibles:

- le total des frais payés à chaque établissement d'enseignement doit dépasser 100 $ alors qu'au Québec, tous les frais sont admissibles dès que le total excède 100 $. Des reçus officiels doivent être fournis;

- les frais doivent être payés pour des cours (à temps plein ou à temps partiel) offerts au Canada en 2008;

- les frais doivent être payés pour des cours de niveau postsecondaire offerts par une université ou par un collège, ou pour des cours donnés par des établissements reconnus par le ministre des Ressources humaines et du Développement social, visant à acquérir des compétences professionnelles dans les cas où l'étudiant est âgé d'au moins 16 ans à la fin de l'année 2008.

Les frais de scolarité comprennent les suivants:
- frais d'admission;
- frais d'utilisation de bibliothèque ou de laboratoire;
- frais d'exemption;
- frais d'examen et de révision;
- frais de demande d'admission;
- frais de confirmation;
- frais de délivrance de certificat, de diplôme ou de grade;
- frais de participation à des séminaires à l'égard d'un programme d'études;

- frais obligatoires de services informatiques ;
- droits universitaires ;
- coût des livres inclus dans le coût total d'un cours par correspondance ;
- frais accessoires obligatoires exigés par l'établissement d'enseignement auprès de l'ensemble des étudiants, tels les droits exigés pour des services de santé, de sport et autres services divers. Le montant maximum de ces frais est de 250 $ si ceux-ci n'ont pas à être payés par tous les étudiants.

En général, les frais de formation continue exigés par un organisme professionnel sont admissibles au crédit pour frais de scolarité au fédéral et au Québec dans la mesure où l'une des exigences minimums pour devenir membre de cet organisme est de détenir un diplôme d'études postsecondaires.

En matière de **frais d'examen, la Loi sur les impôts du Québec** indique spécifiquement que de tels frais **payés à un ordre professionnel** pour en devenir membre sont admissibles au crédit pour frais de scolarité. Peuvent être aussi inclus les frais d'examen (et d'examen préliminaire) payés à une organisation professionnelle canadienne ou américaine, pour autant que la réussite d'un tel examen soit requise comme condition de délivrance d'un permis d'exercice par un ordre professionnel ou par l'Institut canadien des actuaires.

Au fédéral, les frais d'examen peuvent être admis s'ils font partie intégrante d'un programme d'études. Par ailleurs, la position fédérale est très restrictive. En effet, dans le cas des frais d'examen qu'un candidat à l'exercice de la médecine doit payer au Collège des médecins ou à une association médicale canadienne, l'ARC refuse d'accorder le crédit pour frais de scolarité sous prétexte que ces organismes ne sont pas des établissements d'enseignement. Il serait souhaitable que le fédéral précise la législation quant aux frais d'examen tout comme l'a fait le Québec, car il est difficile actuellement de comprendre la nuance que veut apporter l'ARC.

Les frais de scolarité ne comprennent pas les frais payés à des écoles privées de niveau primaire ou secondaire, les frais d'activités parascolaires, sociales ou sportives ; les frais médicaux ; les frais de transport et de stationnement ; les frais de pension et de logement ; les frais d'accessoires tels que les uniformes, les équipements et les fournitures, les livres et les manuels ; les frais pour droits d'adhésion ou cotisations d'admission à des associations professionnelles ou étudiantes ; les frais accessoires liés à l'acquisition de biens durables par les étudiants.

Certains frais payés à des établissements d'enseignement à l'étranger sont également admissibles. Il s'agit, de façon générale, des frais payés à une université étrangère pour des études à temps plein d'une durée d'au moins 13 semaines consécutives. Au cours des dernières années, plusieurs contribuables ont été entendus par la Cour canadienne de l'impôt concernant l'admissibilité de frais payés à une université étrangère pour des cours offerts sur Internet. Le débat consistait à savoir si fréquenter l'université signifiait d'y être présent physiquement. L'ARC a finalement émis une politique claire applicable à partir de 2007 et accorde le crédit pour frais de scolarité pour de tels cours. Si l'ARC ne vous a pas accordé le crédit pour frais de scolarité pour une situation semblable survenue avant 2007, vous pouvez faire opposition si le délai n'est pas expiré (voir le chapitre 14).

Les étudiants qui habitent près de la frontière et qui doivent faire la navette entre le Canada et les États-Unis peuvent déduire les frais payés à des institutions situées aux États-Unis offrant des cours de niveau postsecondaire.

Crédit d'impôt pour études

Le montant relatif aux études est un crédit accordé seulement au fédéral pour des étudiants qui fréquentent le collège, l'université ou un établissement reconnu par le ministre des Ressources humaines et du Développement social. Dans ce dernier cas, l'étudiant est admissible au crédit d'impôt pour études s'il est âgé d'au moins 16 ans à la fin de l'année 2008. Les étudiants à temps partiel ont aussi droit au crédit dans la mesure où un cours s'échelonne sur au moins trois semaines consécutives et comporte au moins 12 heures par mois.

Le montant alloué est de **400 $ par mois dans le cas d'un étudiant à temps plein et de 120 $ par mois pour un étudiant à temps partiel.** Le taux de crédit applicable est de 15 %. Par exemple, en 2008, un étudiant à temps plein pendant huit mois peut réclamer un crédit de 480 $, soit (400 $/mois × 8 mois × 15 %). Les personnes handicapées qui étudient à temps partiel sont admissibles au montant de 400 $ par mois. Elles doivent joindre le formulaire T2202 à leur déclaration si leur déficience n'est pas attestée sur le formulaire T2201.

Une personne qui reçoit une allocation ou un remboursement de frais relatifs à son programme d'études n'est pas admissible au crédit. Toutefois, les étudiants qui reçoivent une aide imposable pour des études postsecondaires selon les termes de la Loi sur l'assurance-emploi ou d'un programme semblable fourni par une province, ou encore d'un programme de formation parrainé par le ministère des Ressources humaines et du Développement social peuvent réclamer le crédit pour études.

Vous trouverez sur les formulaires prescrits T2202 ou T2202A, émis par l'établissement d'enseignement, le nombre de mois admissibles au montant relatif aux études de même que les frais de scolarité payés.

Crédit d'impôt pour manuels

Ce crédit fédéral est similaire au crédit pour études. Le montant alloué est établi en fonction du nombre de mois d'études à temps plein ou à temps partiel servant au calcul du crédit pour études. Ainsi, **une somme de 65 $ par mois d'études à temps plein ou de 20 $ par mois d'études à temps partiel** peut être demandée par l'étudiant et le crédit sera calculé au taux de 15 %. Les personnes handicapées étudiant à temps partiel pourront réclamer le montant mensuel de 65 $. Nul besoin de conserver des factures d'achat de manuels.

Report des crédits scolaires

Les crédits pour frais de scolarité, pour études et pour manuels peuvent être **reportés au fédéral** dans la mesure où l'étudiant n'en a pas besoin pour réduire son impôt de l'année courante à zéro. Les crédits ainsi reportés doivent être utilisés aussitôt qu'il y a de l'impôt à payer dans l'année ou les années suivantes. Aussi, les crédits reportés doivent être réclamés avant ceux qui se rapportent à l'année courante. Autrement dit, au fédéral, on doit utiliser les crédits les plus vieux en premier.

Au Québec, l'étudiant n'est pas obligé de réduire son impôt à zéro ; il peut donc reporter son crédit pour frais de scolarité à toute année ultérieure et utiliser le montant de son choix.

Toutefois, il n'est généralement pas recommandé de reporter un crédit, puisque sa valeur est fixe, peu importe le niveau de revenu imposable. L'exemple suivant illustre le mécanisme de report.

Exemple

Justin est étudiant à temps plein en 2008. Il a aussi gagné des revenus d'emploi et aurait un montant d'impôt payable au fédéral de 90 $ compte tenu de son crédit personnel de base. Au Québec, il n'a rien à payer. Au fédéral, il est obligé de réduire son solde à 0 $ en utilisant un montant de 90 $ de crédits scolaires, soit 600 $ à 15 %.

	Fédéral	Québec
Frais de scolarité	2 000 $	2 000 $
Montant pour études (400 $ × 8 mois)	3 200 $	—
Montant pour manuels (65 $ × 8 mois)	520 $	—
Total	5 720 $	2 000 $
Montant nécessaire pour réduire l'impôt de l'étudiant à 0	(600)	—
Montant à reporter	5 120 $	2 000 $

N'oubliez pas de remplir les annexes 11 au fédéral et T au Québec afin de garder la trace des montants non utilisés.

Vos avis de cotisation reçus de l'ARC et de Revenu Québec concernant vos déclarations de revenus 2007 indiquent le solde inutilisé des montants pour études et frais de scolarité à la fin de l'année 2007 dans la mesure où vous avez bien rempli les annexes à cet effet au cours des années antérieures. Vous pouvez également consulter «Mon dossier» sur le site de l'ARC pour connaître le montant inutilisé au fédéral.

Transfert des crédits scolaires au fédéral

Au fédéral, l'étudiant peut choisir de transférer plutôt que de conserver ses crédits scolaires pour une utilisation ultérieure. Le transfert peut être partiel, ce qui permet à l'étudiant de conserver un certain montant à reporter. **Le montant maximum qui peut être transféré est de 5 000 $ de frais moins le montant utilisé par l'étudiant.** Bien entendu, le montant transféré réduit d'autant le montant du crédit à reporter pour l'étudiant.

Dans l'exemple précédent, Justin pourrait transférer un montant de 4 400 $ (5 000 $ − 600 $) et il lui resterait un solde à reporter en 2009 de 720 $.

Si l'étudiant décide de conserver le montant inutilisé de crédit pour s'en servir au cours des années suivantes, il ne pourra pas le transférer à quelqu'un d'autre dans une année ultérieure. Dans notre exemple, le montant de 4 400 $ est transférable en 2008. Si l'étudiant ne le transfère pas et qu'il se rend compte qu'il ne peut utiliser ce montant en 2009 car il n'a pas d'impôt à payer, il ne pourra pas le transférer en 2009. Il devra plutôt le reporter en 2010.

Le transfert de crédit peut se faire en faveur du conjoint de l'étudiant. Si le conjoint ne réclame pas l'étudiant comme conjoint à charge et ne bénéficie d'aucun transfert de crédits entre conjoints, ou tout simplement **si l'étudiant est célibataire**, alors celui-ci peut désigner un seul parent ou un seul des grands-parents pour lui transférer ses crédits pour études et frais de scolarité.

Lorsqu'un montant est transféré, l'étudiant doit remplir et signer le formulaire T2202A (ou T2202 s'il y a lieu) au verso et le remettre à la personne désignée par le transfert.

Transfert de frais de scolarité au Québec

Depuis 2007, le Québec adopte des règles de transfert de frais de scolarité semblables à celles du fédéral. Ainsi, un étudiant peut transférer la totalité ou une partie du crédit pour frais de scolarité qu'il n'utilise pas pour réduire son impôt de 2008 à zéro. Le **montant maximum transférable** correspond à l'excédent de 20 % des frais de scolarité payés pour l'année 2008 sur le montant d'impôt à payer établi après avoir pris en compte le crédit de base et quelques autres crédits, notamment ceux relatifs aux cotisations syndicales, aux dons et aux frais médicaux. Le transfert doit se faire en utilisant l'annexe T sur laquelle l'étudiant désigne une seule personne, soit un de ses parents ou de ses grands-parents, choisie comme bénéficiaire. La partie du crédit non transférée demeure disponible pour utilisation future par l'étudiant seulement.

Exemple

Sandrine a un montant de frais de scolarité non déduits en 2007 égal à 2 500 $. En 2008, les frais payés sont de 3 200 $ pour deux sessions d'études à temps plein. Son impôt du Québec à payer pour 2008, après avoir pris en compte les crédits permis, est de 120 $. Sandrine souhaite transférer le montant maximum de ses frais de scolarité à sa mère. Ce montant équivaut à 520 $, soit 20 % des frais payés pour 2008 (640 $) en sus de 120 $. Sandrine ne peut pas transférer le crédit relatif aux frais payés avant 2008. Ce montant demeurera toutefois disponible pour elle pour les prochaines années.

Le transfert des frais de scolarité permet de réduire l'impôt payable du bénéficiaire du transfert pour l'année courante. C'est donc **un avantage financier immédiat**. Autrement, l'étudiant pourrait bénéficier du même avantage financier mais seulement lorsqu'il aura assez de revenus lui occasionnant de l'impôt à payer. Étant donné que ce sont souvent les parents qui assument le coût des études de leurs enfants, le transfert des frais de scolarité reconnaît cet apport.

Québec : enfants aux études et transfert de la contribution parentale reconnue

Si vous avez un enfant âgé de 17 ans ou moins à la fin de l'année 2008 qui poursuit à temps plein un programme de formation professionnelle ou des études postsecondaires, vous pouvez demander un montant de 1 885 $ pour chaque session d'études complétée (maximum de deux par année) dans votre déclaration de revenus du Québec. À cette fin, un relevé 8 est émis au nom de l'étudiant indiquant 1 885 $ ou 3 770 $ selon le nombre de sessions complétées. Ce dernier montant doit être réduit d'un montant égal à 80 % du revenu net de l'enfant, excluant le revenu provenant de bourses d'études. L'excédent ainsi calculé donne droit à un crédit d'impôt non remboursable calculé au taux de 20 %.

Si votre enfant est âgé de 18 ans ou plus au 31 décembre 2008 et qu'il poursuit un programme de formation professionnelle ou des études postsecondaires, il s'agit alors d'un **étudiant admissible**. Chaque étudiant admissible reçoit un relevé 8 indiquant un montant de 1 885 $ pour chaque session d'études complétée (maximum de deux par année). Le montant inscrit sur le relevé 8 s'ajoute à un montant de base de 2 960 $. Le montant total ainsi obtenu de 6 730 $ pour un étudiant qui a complété deux sessions, ou de 4 845 $ lorsqu'une seule session a été complétée, est ensuite réduit par un montant égal à 80 % du revenu imposable de l'étudiant. L'excédent, s'il y a lieu, appelé **« la contribution parentale reconnue »**, est alors transférable à un des parents désignés par l'étudiant. L'enfant peut aussi partager le montant entre ses deux parents. **Le montant transféré au parent permet à ce dernier de demander un crédit d'impôt non remboursable égal à 20 % de la contribution parentale reconnue.**

Exemple

Francis a 20 ans. Il a complété deux sessions universitaires en 2008 et a reçu un relevé 8 qui indique un montant de 3 770 $. Les calculs suivants démontrent que le montant de la contribution parentale reconnue diminue au fur et à mesure que le revenu imposable de l'étudiant augmente.

Revenu imposable	0 $	4 500 $	9 000 $
Montant de base	2 960	2 960	2 960
Relevé 8	3 770	3 770	3 770
Total	6 730	6 730	6 730
Revenu imposable × 80 %	(0)	(3 600)	(7 200)
Contribution parentale reconnue	6 730	3 130	0
Crédit d'impôt pour le parent (20 %)	1 346 $	626 $	0 $

Une réduction du montant de base de 2 960 $ est applicable pour l'année au cours de laquelle l'étudiant admissible atteint l'âge de 18 ans. Cette réduction tient compte du fait qu'un paiement de soutien aux enfants est versé au parent par la Régie des rentes du Québec jusqu'à ce qu'un enfant atteigne l'âge de 18 ans.

Il est important de retenir que pour bénéficier du transfert de la contribution parentale reconnue, **le parent doit s'assurer que l'étudiant admissible remplit une déclaration de revenus du Québec et l'annexe S** qui sert à calculer le montant transférable et à désigner le ou les parents.

Crédit d'impôt à l'égard des intérêts payés sur un prêt étudiant

Afin d'alléger le fardeau d'endettement des étudiants, un **crédit d'impôt non remboursable est accordé à l'égard des intérêts payés** en remboursement de prêts étudiants durant l'année. Plus précisément, **un prêt étudiant est considéré comme tel lorsqu'il est visé par l'une des lois suivantes** : la Loi sur l'aide financière aux études, la Loi fédérale sur les prêts aux étudiants, la Loi fédérale sur l'aide financière aux étudiants et une loi d'une province autre que le Québec régissant l'octroi d'aide financière aux étudiants de niveau postsecondaire.

Ce crédit est égal à 15 % au fédéral et à 20 % au Québec des intérêts payés durant l'année par l'étudiant ou une personne qui lui est liée (parent, conjoint, frère, sœur).

Le crédit peut être demandé au cours de l'année durant laquelle il est gagné ou dans les cinq années qui suivent. Au Québec, le crédit peut être reporté à toute année ultérieure, sans égard à la limite de cinq ans. Toutefois, le crédit n'est pas transférable.

Un relevé qui fait état des paiements d'intérêts doit être fourni par les institutions financières et joint aux déclarations de revenus.

Crédit pour laissez-passer de transport

Ce crédit d'impôt fédéral est non remboursable et est égal à 15 % du coût des laissez-passer de transport en commun utilisés en 2008. Un étudiant qui n'a pas d'impôt fédéral à payer ne tirera aucun bénéfice de ce crédit. Toutefois, s'il est âgé de 18 ans ou moins en 2008, l'un de ses parents pourra bénéficier du crédit. Les détails relatifs à cette mesure sont expliqués au chapitre 10. Il est important de conserver les laissez-passer admissibles au crédit.

Crédit remboursable pour la taxe sur les produits et services (TPS)

Tout étudiant âgé de 19 ans au 31 décembre 2008 ou qui aura 19 ans entre le 1er janvier 2009 et avant le 1er avril 2010 devrait remplir une déclaration de revenus fédérale pour l'année 2008 et demander le crédit remboursable pour la TPS. Le crédit de base, d'un montant d'environ 60 $ par trimestre, sera versé au début des mois de juillet et d'octobre 2009 ainsi qu'aux mois de janvier et d'avril 2010, à condition que l'étudiant ait 19 ans ou plus immédiatement avant le début du trimestre en question.

Si vous avez atteint l'âge de 19 ans entre le 1er janvier 2008 et avant le 1er avril 2009, vous êtes devenu admissible à recevoir le crédit pour la TPS pour l'un ou plusieurs des versements payables de juillet 2008 à avril 2009 inclusivement. Toutefois, si vous n'avez pas présenté de déclaration de revenus pour l'année 2007 ni pour 2006 (pour ceux qui ont eu 19 ans entre le 1er janvier 2008 et le 31 mars 2008), vous n'avez reçu aucun montant relatif au crédit pour la TPS. Il est toutefois possible de remédier à cette situation en écrivant à l'ARC et en produisant une déclaration fédérale pour l'année 2007 (et 2006 s'il y a lieu), même si vous n'avez aucun revenu à déclarer. Vous trouverez au chapitre 13 un exemple de calcul du crédit remboursable pour la TPS.

Crédit d'impôt remboursable pour la taxe de vente du Québec et remboursement d'impôts fonciers

Les étudiants âgés d'au moins 19 ans au 31 décembre 2008 peuvent avoir droit à un crédit remboursable pour la taxe de vente du Québec égal à 174 $ ou à 292 $ s'ils vivent seuls. Cependant, l'étudiant n'aura pas droit à ce crédit si l'un de ses parents bénéficie du transfert de la contribution parentale reconnue à son égard ou le désigne dans le calcul de la prime au travail. Consultez le chapitre 13 à la page 342 pour plus de précisions.

Un crédit remboursable au titre des impôts fonciers est également disponible si l'étudiant était locataire au 31 décembre 2008.

Les crédits de taxe de vente et d'impôts fonciers sont réduits au fur et à mesure que les revenus augmentent. Pour plus de détails concernant ces crédits, consultez le chapitre 13.

Chapitre 10

Avez-vous oublié des déductions ou des crédits d'impôt?

Frais de déménagement

Si vous avez changé d'emploi en 2008 ou si vous avez commencé à exploiter une entreprise et que vous avez dû déménager à l'intérieur du Canada, vous pouvez déduire des frais de déménagement. Vous êtes également admissible à cette déduction si vous avez déménagé à la suite d'une mutation exigée par votre employeur. Les frais de déménagement sont déductibles s'ils vous ont permis de vous rapprocher d'au moins 40 kilomètres de votre nouveau lieu de travail.

La déduction des frais de déménagement est limitée au revenu d'emploi ou d'entreprise gagné au nouveau lieu de travail durant l'année. Les montants non déduits peuvent être réclamés dans une année suivant celle du déménagement, toujours sous réserve du revenu gagné au nouveau lieu de travail. Par exemple, Françoise, native de Sherbrooke, travaille à Montréal depuis 12 ans. Son employeur a ouvert une succursale à Sherbrooke et en a offert la direction à Françoise. Celle-ci a accepté avec joie et est déménagée en novembre 2008. Elle a engagé des frais de déménagement de 5 300 $. Le revenu d'emploi qu'elle a gagné à Sherbrooke pour le reste de l'année 2008 est de 4 700 $.

Françoise pourra donc déduire 4 700 $ de frais de déménagement en 2008, puisque la déduction est limitée au revenu gagné à son nouveau lieu de travail. La somme de 600 $ pourra être réclamée en 2009.

Les frais de déménagement admissibles en déduction comprennent les suivants :
- frais de transport et d'entreposage des meubles ;
- frais de résiliation de bail de l'ancienne résidence ;
- publicité, commissions de l'agent immobilier et pénalité pour le paiement de l'hypothèque avant échéance liées à la vente de l'ancienne résidence ;
- frais juridiques et droits de mutation («taxe de bienvenue») liés à l'achat de la nouvelle résidence seulement si l'ancienne résidence est vendue en raison du déménagement ;
- frais de repas et de logement temporaire engagés pour les membres de la famille près de l'ancienne ou de la nouvelle résidence, pour une période maximale de 15 jours ;
- frais de déplacement comprenant les frais de logement et de repas pour les membres de la famille pendant le trajet ;
- coût de la révision de documents juridiques pour tenir compte de la nouvelle adresse, du remplacement des permis de conduire et des certificats d'immatriculation ainsi que des frais de branchement et de débranchement aux services publics ;
- intérêts hypothécaires, taxes foncières, coût de chauffage et prime d'assurance (sans excéder un montant de 5 000 $) relatifs à une résidence qui demeure inoccupée après un déménagement (si des efforts sérieux sont faits en vue de la vendre).

Les frais sont déductibles dans l'année au cours de laquelle ils sont payés. Il est possible que certains frais ne soient payés que dans une année suivant le déménagement. Par exemple, la vente de votre ancienne résidence pourrait survenir dans l'année suivant votre déménagement. Dans un tel cas, vous pourrez déduire les frais relatifs à la vente (mentionnés dans le tableau ci-dessus) sous réserve du revenu gagné à votre nouveau lieu d'emploi.

Lorsqu'un employeur rembourse une partie ou la totalité des frais de déménagement indiqués ci-dessus, ce remboursement n'est pas imposable pour l'employé. Bien entendu, l'employé ne pourra demander une déduction que pour la partie de ces frais qui ne lui est pas remboursée.

L'ARC indique, dans une publication destinée aux employeurs, certains frais de déménagement non déductibles par un employé mais pouvant être remboursés par l'employeur sans être considérés comme un avantage imposable si ceux-ci sont raisonnables. Y sont mentionnés les frais de voyage pour la recherche d'un logement dans la nouvelle localité, y compris les frais de garde d'enfants et d'animaux domestiques, ainsi que le coût des adaptations et modifications apportées au mobilier et aux accessoires fixes existants pour permettre leur utilisation dans la nouvelle résidence.

Si l'employé reçoit une somme forfaitaire de son employeur, qu'il peut utiliser à sa guise pour payer ses frais de déménagement, cette somme sera incluse dans son revenu d'emploi et inscrite sur ses feuillets T4 et relevé 1. Par contre, l'employé pourra déduire les frais admissibles décrits précédemment.

Une allocation versée par votre employeur à l'égard de certains frais accessoires de réinstallation ou de déménagement, sans que vous ayez à présenter de reçus, n'est pas imposable au fédéral jusqu'à concurrence de 650 $. Au Québec, une telle allocation n'est pas imposable jusqu'à concurrence d'un montant équivalant à deux semaines de salaire calculé selon le salaire versé au nouveau lieu de travail. Si vos frais de déménagement déductibles sont plus élevés que cette allocation, vous pourrez déduire l'excédent.

Une somme versée par un employeur à un employé pour le dédommager d'une perte subie lors de la vente de sa maison en raison d'un changement de lieu de travail est imposable. Cependant, si la réinstallation de l'employé fait en sorte que sa nouvelle résidence est située à au moins 40 kilomètres plus près du nouveau lieu de travail que son ancienne résidence, une partie de la compensation reçue pour la perte subie à la vente de l'ancienne résidence n'est pas imposable. En effet, la première tranche de 15 000 $ n'est pas imposable et la moitié du montant qui excède 15 000 $ est aussi exempte d'impôts. Par exemple, sur une compensation pour perte de 25 000 $, seul un montant de 5 000 $ est imposable $(25\,000 - 15\,000) \times 50\,\%$.

De plus, tout remboursement ou toute indemnité accordé directement ou indirectement par un employeur pour subventionner l'achat ou le droit d'utilisation d'une nouvelle résidence est imposable. Par exemple, un avantage imposable existe lorsqu'un employeur dédommage un employé dans le cadre d'un déménagement de Montréal vers Toronto pour des intérêts hypothécaires plus élevés touchant la nouvelle résidence.

Pour réclamer les frais de déménagement, vous devez remplir le formulaire T1-M au fédéral et TP-348 au Québec. Vous êtes tenu d'annexer vos reçus au Québec, alors qu'au fédéral vous devez les conserver dans le cas d'une vérification éventuelle.

Si vous êtes étudiant, consultez le chapitre 9 pour connaître les situations qui vous permettent de déduire des frais de déménagement.

Frais d'opposition

Les frais d'opposition sont des frais comptables ou juridiques engagés pour obtenir des conseils ou de l'assistance lorsque vous entreprenez des démarches pour contester un avis de cotisation.

L'avis de cotisation est le document que vous envoient l'ARC et Revenu Québec pour confirmer que votre déclaration de revenus est exacte ou erronée. S'il y a une erreur, celle-ci est généralement expliquée par un bref message sur l'avis et votre remboursement ou votre montant à payer est corrigé en conséquence.

Si vous n'êtes pas d'accord avec l'avis de cotisation, vous pouvez le contester par un avis d'opposition. Nous discuterons davantage des procédures à suivre pour contester un avis de cotisation au chapitre 14. Rappelez-vous toutefois que les honoraires professionnels que vous paierez pour contester, qu'il s'agisse de montants payés à des comptables, à des avocats, à des notaires ou à d'autres professionnels, sont déductibles de votre revenu.

De même, les honoraires payés pour contester une décision relative à l'assurance-emploi, au Régime de pensions du Canada ou au Régime de rentes du Québec sont également déductibles.

Les autorités fiscales encouragent fortement les contribuables ou leurs représentants à tenter de régler les situations conflictuelles avant de présenter un avis d'opposition formel. Par conséquent, par politique administrative, les frais comptables ou juridiques engagés dans de telles démarches sont déductibles même si aucun avis d'opposition à la cotisation n'est déposé.

Rente d'étalement pour un artiste reconnu

Cette mesure spécifique au Québec permet aux artistes d'étaler leur revenu provenant d'activités artistiques en achetant une rente qui reporte l'encaissement d'une partie des revenus et le paiement des impôts afférents sur les sept années suivantes. Les artistes admissibles sont ceux visés soit dans la Loi sur le statut professionnel des artistes des arts visuels, des métiers d'art et de la littérature et sur leurs contrats avec les diffuseurs, soit dans la Loi sur le statut professionnel et les conditions d'engagement des artistes de la scène, du disque et du cinéma.

En 2008, les artistes peuvent acheter une rente dont le montant peut être égal à l'ensemble de leurs revenus de source artistique qui est en sus du total de 25 000 $ et de la déduction pour droits d'auteur si de tels droits sont inclus dans le revenu de l'artiste. La déduction pour droits d'auteur est égale aux droits reçus lorsque le total ne dépasse pas 15 000 $. Lorsque le montant des droits varie entre 15 000 $ et 30 000 $, la déduction est égale à 15 000 $. Si le total des droits varie entre 30 000 $ et 60 000 $, la déduction est égale à 15 000 $ moins 0,50 $ pour chaque dollar de droit en sus de 30 000 $. La déduction pour droits d'auteur est nulle lorsque les droits d'auteur annuels atteignent 60 000 $.

Par exemple, supposons un auteur ayant reçu des droits d'auteur totalisant 46 000 $ en 2008. Il peut d'abord obtenir une déduction pour droits d'auteur de 7 000 $. Il pourrait réduire davantage son revenu de 2008 en achetant une rente en 2008 ou au cours des 60 premiers jours de 2009 pour le montant qui excède 25 000 $ et sa déduction de 7 000 $. Autrement dit, il pourrait acheter une rente d'un montant de 14 000 $ (46 000 $ − 32 000 $). Ainsi, en 2008, son impôt du Québec serait calculé sur un revenu de 25 000 $ en supposant que l'artiste n'ait aucun autre revenu. La rente pourrait prévoir jusqu'à sept paiements annuels égaux de 2 000 $ chacun commençant en 2009, plus les intérêts. Ainsi, l'artiste étalera les impôts à payer sur la somme de 14 000 $ sur sept ans (ou moins s'il en fait le choix) et paiera l'impôt en fonction de son revenu imposable des années suivantes. Cette mesure vise essentiellement à uniformiser les revenus de l'artiste pour éviter de trop grandes fluctuations des montants d'impôt à payer d'une année à l'autre. Il est à noter que la rente doit être assortie d'un droit d'en demander le paiement total ou partiel à tout moment, favorisant ainsi un meilleur contrôle des encaissements.

Dons de bienfaisance

L'expression « dons de bienfaisance » est employée dans la loi pour désigner les dons de charité. Des crédits d'impôt sont accordés pour des dons faits à des organismes canadiens de bienfaisance, à des associations de sport amateur, à des municipalités canadiennes, à l'Organisation des Nations Unies et à certaines universités étrangères. La valeur d'un don doit exclure tout avantage auquel vous avez droit. Par exemple, supposons qu'en contrepartie d'un don de 500 $ à un organisme canadien de bienfaisance, vous soyez convié à un repas gastronomique d'une valeur de 150 $. Votre reçu pour don devrait indiquer un montant admissible au crédit pour don de 350 $. **Au fédéral seulement**, les montants payés pour la formation religieuse à des établissements d'enseignement primaire et secondaire sont considérés comme des dons de bienfaisance. Les établissements en question doivent émettre un reçu officiel pour ces montants seulement.

Les dons donnent droit à un crédit d'impôt égal à 15 % au fédéral et à 20 % au Québec lorsque le total des dons est de 200 $ ou moins. Le montant de dons en sus de 200 $ donne droit à un crédit de 29 % au fédéral et de 24 % au Québec. Le tableau suivant indique les économies d'impôt réalisées compte tenu de la réduction fédérale pour l'abattement d'impôt applicable aux résidents du Québec.

Dons	Fédéral	Québec	Total
Les premiers 200 $	12,5 %	20,0 %	32,5 %
Au-delà de 200 $	24,2 %	24,0 %	48,2 %

La règle générale, tant au fédéral qu'au Québec, consiste à appliquer une **limite annuelle** au total des dons réclamés. Le total réclamé en 2008 **ne peut excéder 75 % du revenu net**. Peuvent s'ajouter à cette limite 25 % du gain en capital imposable découlant du don d'un bien et 25 % de la récupération provenant du don d'un bien amortissable. Autrement dit, la totalité d'un gain en capital et de la récupération générés par le don d'un bien peut être compensée par le crédit pour dons.

La loi prévoit une **exception** concernant le don de **fonds de terre écosensibles**, dont la préservation et la conservation sont importantes pour la protection du patrimoine environnemental, ainsi que le don de **biens «dits culturels»** en raison de leur intérêt et de leur importance, en éliminant la limite de 75 % du revenu net.

Vous pouvez réclamer les dons dans l'année où vous les avez effectués ou durant l'une des cinq années suivantes, en respectant toujours la limite applicable (75 %) calculée en fonction du revenu net de l'année dans laquelle vous ferez votre réclamation.

Tous les dons doivent être justifiés par des reçus officiels pour fins d'impôts, indiquant, entre autres, le numéro d'enregistrement de l'organisme de bienfaisance. Tout autre reçu sera refusé par les autorités fiscales. Vous pouvez vérifier l'enregistrement d'un organisme de bienfaisance en consultant le site de l'ARC.

L'ARC et Revenu Québec permettent qu'un seul des deux conjoints réclame l'ensemble des dons effectués, peu importe à quel nom sont émis les reçus. Si le total de vos dons annuels ainsi que ceux de votre conjoint ne dépasse pas 200 $ pour 2008, vous pourriez décider de ne pas les réclamer en 2008 et attendre l'année suivante. Si l'addition des dons de 2008 à ceux de 2009 vous permet de dépasser le seuil de 200 $, vous obtiendrez ainsi un crédit d'impôt supérieur tel qu'illustré dans le tableau précédent.

Le crédit pour dons de bienfaisance est un crédit non remboursable, c'est-à-dire qu'il sert à réduire l'impôt à payer. Si vous n'avez pas d'impôt à payer, vous ne recevrez pas le remboursement des crédits pour dons de bienfaisance. Dans ce cas, vous pourriez reporter vos dons à l'année suivante, étant donné que les dons peuvent être déduits dans l'une des cinq années suivantes.

Vous pouvez effectuer des dons en nature. Par exemple, vous pourriez donner des placements, une résidence, une œuvre d'art ou tout autre bien à un organisme de bienfaisance. Dans de tels cas, vous devrez faire évaluer le bien faisant l'objet du don, de préférence par un évaluateur indépendant. **La valeur du bien** établie constitue le montant maximum que vous pouvez réclamer à titre de don de bienfaisance, sous réserve de la limite indiquée précédemment. Notez que la valeur établie pour une œuvre d'art donnée à un musée situé au Québec est majorée de 25 % pour le calcul du crédit pour dons dans la déclaration de revenus du Québec.

Pour contrer la prolifération de certains abris fiscaux qui consistent à acheter des biens dans l'intention de les donner, la valeur d'un bien donné peut être limitée au moindre de son coût pour le donateur ou de sa valeur réelle. Cette mesure s'applique notamment lorsqu'un bien fait l'objet d'un don dans les trois années suivant son acquisition par le donateur. Certains biens sont toutefois exclus de l'application de cette mesure, notamment les biens immeubles situés au Canada, les titres cotés en Bourse, les fonds de terre écosensibles et les biens «dits culturels».

Le don d'un bien vous oblige aussi à calculer le gain en capital s'il y a lieu. En effet, sous réserve des règles concernant les arrangements de dons décrites précédemment, vous êtes réputé avoir vendu le bien à la valeur établie au moment du don. Pour limiter l'impôt éventuel sur le gain en capital, une règle spéciale vous permet de choisir le prix de vente présumé du bien donné, celui-ci devant s'établir entre le coût du bien et la valeur marchande au moment du don. Bien entendu, un tel choix détermine à la fois le prix de vente présumé du bien et la valeur du don pour crédit d'impôt. Des mesures d'exception existent : ainsi, **aucun gain en capital n'est imposé lorsqu'un bien «dit culturel» est donné. Il en est de même pour les dons de certains types d'investissements (telles des actions de sociétés cotées en Bourse) et de fonds de terre écosensibles effectués après le 1er mai 2006.** L'exemption d'impôt sur le gain en capital est un incitatif très intéressant pour les donateurs. Par exemple, vous détenez des actions d'une société cotée en Bourse d'une valeur de 5 000 $, dont le coût est de 2 000 $. Si vous les vendez pour ensuite donner le montant de 5 000 $ à l'organisation de bienfaisance, vous devrez payer l'impôt sur le gain en capital imposable de 1 500 $, ce qui représente un montant d'impôt de 720 $ calculé au taux marginal le plus élevé en 2008, soit 48 %. Si vous transférez directement les actions à l'organisme de bienfaisance, aucun gain en capital ne sera imposé et l'organisme aura reçu une valeur de 5 000 $. Dans les deux cas, vous aurez droit à un crédit pour dons de 5 000 $.

Dons de bienfaisance : mesures applicables au Québec seulement

Le don d'une œuvre d'art à un organisme de bienfaisance non relié au domaine des arts n'est admissible au crédit qu'au moment où l'organisme vend l'œuvre en question. La vente doit avoir lieu au plus tard avant la fin de la cinquième année civile qui suit l'année du don. De cette façon, le gouvernement du Québec s'assure que les avantages fiscaux liés à de tels dons servent véritablement à la mission poursuivie par l'organisme de bienfaisance, soit au moment où les fonds deviennent disponibles.

Depuis le 30 juin 2006, le Québec accorde un crédit pour les dons effectués à des organismes culturels ou de communication formés exclusivement dans un but non lucratif.

Depuis le 24 mars 2006, le don d'un **instrument de musique** à un établissement d'enseignement reconnu (de niveau primaire, secondaire, collégial ou universitaire) ou à tout établissement faisant partie du réseau du Conservatoire de musique et d'art dramatique du Québec donne droit à un crédit pour don valable au Québec seulement. Le gain en capital réalisé par le donateur s'il y a lieu n'est pas imposable au Québec et la limite générale établie à 75 % du revenu net n'est pas appliquée à ce type de don.

Frais médicaux

Vous pouvez demander un crédit d'impôt non remboursable de 15 % **au fédéral** à l'égard des frais médicaux (après abattement, cela représente une économie nette au fédéral de 12,5 %). Les frais médicaux payés pour vous-même, pour votre conjoint et pour vos enfants (ou petits-enfants) âgés de 17 ans ou moins en 2008 sont réduits d'un montant égal à 3 % de votre revenu net (sans dépasser 1 962 $). Vous pourrez ajouter les frais médicaux payés pour chacune des personnes à votre charge âgées de 18 ans ou plus en 2008 dans la mesure où ces frais dépassent 3 % du revenu net de cette personne (sujet au plafond de 1 962 $). Toutefois, le montant de frais médicaux réclamés ne peut dépasser 10 000 $ par personne à charge. En plus de vos enfants (incluant les petits-enfants) âgés de 18 ans ou plus, une autre personne à charge peut être votre père, votre mère, votre grand-père, votre grand-mère, votre oncle, votre tante, votre frère, votre sœur, votre neveu ou votre nièce. Elle doit résider au Canada et vous devez subvenir à ses besoins essentiels (tels la nourriture, les vêtements, le logement) de façon régulière et constante. En conclusion, ce sont les faits entourant une situation particulière qui déterminent si une personne est à votre charge ou non.

Exemple

Solange a un revenu net de 42 000 $. En 2008, elle a payé des frais médicaux pour Fannie, sa fille de 14 ans, et elle-même totalisant 1 500 $. Solange a également payé des frais d'orthodontie de 10 500 $ pour Julie, sa fille de 19 ans qui est étudiante. Celle-ci a un revenu net de 3 500 $ pour l'année 2008.

Les frais médicaux que Solange pourra inscrire dans sa déclaration de revenus fédérale sont calculés comme suit :

Frais payés pour Solange et sa fille de 14 ans	1 500 $
Moins : 3 % × revenu net de Solange	(1 260)
Frais médicaux pour Solange et Fannie	240 $
Frais payés pour sa fille de 19 ans	10 500 $
Moins : 3 % du revenu net de Julie	(105)
Frais médicaux pour Julie	10 395 $
Plafond par personne à charge	10 000 $
Total des frais médicaux à inscrire dans la déclaration de Solange	10 240 $

Solange inscrira le montant de 10 240 $ à l'annexe 1 de sa déclaration. Sa réduction nette d'impôt fédéral sera de 1 280 $ (10 240 $ × 12,5 %).

Généralement, il sera avantageux au fédéral, pour un couple, de réclamer le crédit pour frais médicaux engagés dans la déclaration de revenus du conjoint qui a le revenu net le moins élevé. Par contre, si le conjoint a un revenu trop bas et qu'il ne peut réclamer la totalité du crédit, il y aura lieu d'effectuer des calculs afin de déterminer lequel des conjoints peut bénéficier du meilleur crédit possible.

Au Québec, les frais médicaux payés pour votre conjoint, les personnes à votre charge et vous-même doivent être réduits d'un montant égal à 3 % du total de votre revenu net et de celui de votre conjoint. Dans ce contexte, une personne est à votre charge si elle habite ordinairement avec vous pendant l'année et si vous subvenez à ses besoins. Si une telle personne n'habite pas avec vous en raison d'une déficience mentale ou physique, elle sera réputée habiter avec vous. Votre enfant, votre petit-enfant, votre frère, votre sœur, votre neveu, votre nièce, votre oncle, votre tante, votre grand-oncle, votre grand-tante, votre père, votre mère, votre grand-père, votre grand-mère ou tout autre ascendant en ligne directe peuvent faire partie des personnes à votre charge. Le crédit pour frais médicaux est calculé au taux de 20 %. Dans l'exemple précédent, le montant pour frais médicaux à inscrire dans la déclaration de Solange serait de 10 740 $ (12 000 $ − 1 260 $) et sa réduction d'impôt du Québec est de 2 148 $ (10 740 $ × 20 %).

Les frais médicaux que vous pouvez réclamer en 2008 doi-vent avoir été payés durant une période de 12 mois se termi-nant en 2008 et doivent être justifiés par des reçus indiquant la date du paiement, le nom du patient et le nom du professionnel de la santé consulté.

Exemple

Antoine et Kim sont mariés. Le revenu net d'Antoine est de 38 000 $ et celui de Kim de 13 000 $. En octobre 2007, Antoine a commencé un trai-tement dentaire dont le coût a été de 4 000 $ payé en huit versements de 500 $ jusqu'en mai 2008. Mis à part la prime mensuelle de 40 $ payée par Antoine pour un régime d'assurance couvrant les médicaments de base, aucuns autres frais n'ont été payés en 2008. Aucun crédit pour frais médi-caux n'a été réclamé en 2007.

Au fédéral, il est plus avantageux de réclamer le crédit dans la déclara-tion de Kim, car seuls les premiers 390 $ de frais ne seront pas admissibles (13 000 $ × 3 %). Aussi, Kim choisit de calculer le crédit en regroupant les frais sur une période de 12 mois.

Frais payés d'octobre 2007 à septembre 2008	4 480 $
Moins : (13 000 $ × 3 %)	(390)
Frais médicaux admissibles	4 090 $
Crédit fédéral (4 090 $ × 15 %)	613 $

Au Québec, les frais médicaux admissibles au crédit seront moins élevés, car le revenu des deux conjoints doit être pris en considération.

Frais payés d'octobre 2007 à septembre 2008	4 480 $
Moins : (13 000 $ + 38 000 $) × 3 %	(1 530)
Frais médicaux admissibles	2 950 $
Crédit du Québec (2 950 $ × 20 %)	590 $

En faisant les calculs précédents sur la base de l'année civile, le montant non admissible égal à 3 % du revenu net aurait été pris en compte pour chacune des deux années. Au total, le montant réclamé sur deux ans aurait été inférieur au montant réclamé en 2008. Si vous avez payé des frais médicaux en 2008 à l'égard des-quels vous ne pouvez réclamer de crédit en raison de revenus trop élevés, conservez vos reçus et tentez de planifier certains traite-ments ou soins au début de l'année 2009. De cette façon, vous pour-riez peut-être bénéficier d'un crédit en 2009 en utilisant une période de 12 mois chevauchant les années 2008 et 2009.

Au fédéral et au Québec, les frais médicaux comprennent les frais payés pour la période de 12 mois choisie pour des services relatifs à la santé rendus au cours de cette même période par un médecin ou un praticien autorisé par la loi à exercer sa profession dans la province où il fournit ses services. Par exemple, les **praticiens régis par le Code des professions du Québec** sont :

- les acupuncteurs ;
- les audiologistes ;
- les chiropraticiens ;
- les dentistes ;
- les diététistes ;
- les ergothérapeutes ;
- les hygiénistes dentaires ;
- les infirmiers ;
- les inhalothérapeutes ;
- les médecins ;
- les optométristes ;
- les orthophonistes ;
- les physiothérapeutes ;
- les podiatres ;
- les sages-femmes.

Seuls certains services rendus par les professionnels suivants sont considérés à titre de frais médicaux :

- les services de thérapie et de réadaptation rendus par un psychologue ;
- les services de thérapie rendus par un thérapeute conjugal et familial ;
- les services de psychothérapie et de réadaptation aux victimes d'un accident ou aux personnes souffrant d'une maladie ou d'un handicap rendus par un travailleur social ;
- les services de psychothérapie rendus par un conseiller d'orientation ou un psychoéducateur dûment accrédité à titre de psychothérapeute par l'Ordre professionnel des conseillers et des conseillères d'orientation et des psychoéducateurs et psychoéducatrices du Québec.

Les professions suivantes ne sont pas régies par le Code des professions du Québec. Toutefois, elles sont reconnues dans la Loi sur les impôts du Québec et les frais payés à ces personnes sont admissibles à titre de frais médicaux dans votre déclaration de revenus du Québec seulement :

- les frais payés aux homéopathes, aux naturopathes, aux ostéopathes et aux phytothérapeutes ;

- les frais payés à des psychanalystes ou à des sexologues pour des services de thérapie;
- les frais payés à des psychothérapeutes pour des services de thérapie et de réadaptation.

Le coût des **médicaments prescrits** par un médecin ou par un dentiste et enregistrés par un pharmacien est admissible au crédit d'impôt. Afin d'éviter toute interprétation concernant certains produits tels que les vitamines ou les suppléments, la loi a été modifiée pour préciser que **les produits qui peuvent être achetés sans ordonnance ne sont pas admissibles**. Cette précision s'applique pour les médicaments achetés depuis le 27 février 2008. De rares exceptions sont prévues pour que certains produits, notamment l'insuline et l'oxygène, demeurent admissibles au crédit même si une ordonnance n'est pas requise pour s'en procurer.

Les frais payés pour les biens et services suivants sont aussi admissibles à titre de frais médicaux:

- frais payés à un hôpital;
- transport par ambulance;
- lunettes, verres de contact prescrits par un ophtalmologiste ou par un optométriste (**au Québec, le coût pour des montures de lunettes est limité à 200 $** par personne par période de 12 mois consécutifs;
- coût d'achat ou de location d'un fauteuil roulant ou de béquilles;
- chaussures ou appareils orthopédiques;
- membre artificiel, prothèse vocale ou auditive;
- sous-vêtements jetables, couches ou autres produits pour cause d'incontinence;
- analyses de laboratoire et examens radiologiques;
- coût d'achat et d'entretien (soins et nourriture) d'un chien dressé pour les personnes atteintes de cécité, de surdité, d'autisme grave, d'épilepsie grave ou de déficience limitant de façon marquée l'usage des bras ou des jambes;
- un montant (n'excédant pas 5 000 $) qui représente 20 % du prix payé pour une fourgonnette adaptée pour le transport en fauteuil roulant;
- primes versées à un régime privé d'assurance-maladie;
- primes versées au régime public d'assurance-médicaments du Québec (au fédéral, la prime est considérée comme payée lorsqu'elle devient exigible, soit le 30 avril suivant l'année civile visée par la prime; au Québec, le paiement est réputé fait en date du 31 décembre de l'année visée par la prime);
- frais raisonnables de transformation ou de construction pour adapter une habitation permettant à une personne ne jouissant pas d'un développement physique normal ou ayant un handicap moteur grave et prolongé d'y avoir accès (ces frais ne doivent normalement pas avoir pour effet d'augmenter la valeur de l'habitation et sont tels qu'ils ne seraient pas habituellement engagés par des personnes jouissant d'un développement physique normal ou n'ayant pas un handicap moteur grave et prolongé);
- frais raisonnables de déplacement engagés pour obtenir des soins médicaux (incluant les frais pour un accompagnateur si le patient ne peut voyager seul) dans un lieu situé à au moins 80 kilomètres du lieu de résidence du patient s'il n'est pas possible d'obtenir de soins médicaux sensiblement équivalents dans le lieu de résidence du patient. Les frais peuvent être établis en utilisant la méthode simplifiée, c'est-à-dire un tarif fixe par repas et par kilomètre déterminé annuellement par les autorités fiscales et diffusé sur le site Web de l'ARC sous la rubrique «Taux»;

- cours de formation suivis pour prodiguer des soins à un proche parent à charge atteint d'une déficience mentale ou physique ;
- les sommes supplémentaires versées par une personne atteinte de la maladie cœliaque pour des produits alimentaires sans gluten (comparativement à des produits semblables avec gluten), si un médecin atteste que la personne doit suivre une diète sans gluten ;
- des frais payés pour des services de lecture destinés à des personnes aveugles ou ayant des troubles d'apprentissage graves, et pour des services d'intervention pour des personnes sourdes et aveugles ;
- des sommes payées pour de la marihuana achetée auprès de Santé Canada par un patient autorisé à en faire usage ;
- **au Québec seulement**, les frais payés pour des séances d'oxygénothérapie hyperbare fournies à une personne atteinte d'un trouble neurologique grave et prolongé qui obtient un certificat médical TP-752.0.14.

Au Québec, les dépenses engagées pour l'obtention de services médicaux, paramédicaux ou dentaires fournis **à des fins purement esthétiques ne sont plus admissibles à titre de frais médicaux**, étant donné que l'obtention de tels services ne repose aucunement sur une raison médicale. Il s'ensuit que les services purement esthétiques tels que la liposuccion, le lissage du visage (*lifting*), les injections de Botox et le blanchiment des dents sont exclus de la liste des frais admissibles.

Nous vous recommandons de consulter les publications suivantes qui fournissent une **liste complète des frais médicaux admissibles**, soit le bulletin d'interprétation IT-519R2 de l'ARC et le guide IN-130 («Les frais médicaux») publié par Revenu Québec. Ces documents sont offerts sur le site Internet de l'ARC et de Revenu Québec.

Une personne atteinte d'une déficience physique ou mentale grave et prolongée selon les critères énoncés à la page 244, peut choisir de réclamer le crédit pour déficience ou d'inclure dans ses frais médicaux, si cela est plus avantageux, les frais payés pour les services d'un préposé à temps plein ou les frais de séjour à temps plein dans une maison de santé ou de repos. L'expression «**temps plein**» signifie que la personne nécessite des soins constants. Une **maison de santé ou de repos** se caractérise par ses équipements et ses installations spécialement conçus pour donner les soins requis selon le type de déficience, et par un nombre suffisant de professionnels de la santé qualifiés présents jour et nuit. **Au Québec, à compter de 2008, une personne handicapée ne peut inclure un montant payé à une résidence pour personnes âgées (tel que défini à la page 251) dans ses frais médicaux.** Avant 2008, Revenu Québec considérait qu'une résidence pour personnes âgées pouvait se qualifier d'endroit spécialisé, de sorte qu'une personne déficiente pouvait inclure dans ses frais médicaux la totalité du loyer payé à une résidence.

Une personne peut, **en raison d'une déficience**, faire appel de temps à autre à **un préposé à temps partiel** pour recevoir des soins. Les montants ainsi payés au titre de la rémunération du préposé peuvent donner droit au crédit d'impôt pour frais médicaux, jusqu'à concurrence d'un montant de 10 000 $ sans affecter l'admissibilité au crédit pour déficience. Si vous habitez dans une résidence pour personnes âgées, une partie du loyer payé peut représenter des frais de préposé, tels les frais de préparation de repas, les frais d'entretien ménager de l'appartement, les frais pour certains soins personnels, etc. **Au Québec, à compter de 2008**, ces frais ne pourront être inclus dans les frais médicaux si la personne déficiente ou son conjoint a droit au crédit remboursable pour maintien à domicile à l'égard de ces frais.

L'avantage imposable au titre des montants payés par un employeur au bénéfice d'un employé, dans le cadre d'un régime d'assurance pour frais médicaux (voir le chapitre 2), est admissible au crédit pour frais médicaux. Puisque cet avantage n'est imposable qu'au Québec, n'incluez pas sa valeur dans le total de vos frais médicaux inscrits dans votre déclaration fédérale.

Bien entendu, les frais médicaux pour lesquels vous recevez un remboursement provenant d'une assurance-maladie, privée ou collective, ne peuvent être réclamés. Si vous avez reçu un remboursement partiel, vous pouvez inclure dans le total de vos frais médicaux admissibles la portion qui ne vous a pas été remboursée.

Certaines sommes payées pour des produits et services de soutien aux personnes atteintes de déficience mentale ou physique pour leur permettre d'accomplir les tâches d'un emploi ou d'exploiter une entreprise peuvent être déduites au fédéral et au Québec dans le calcul de leur revenu au lieu d'être incluses dans le calcul des frais médicaux. Par exemple, le coût d'une imprimante en braille pourrait être déduit s'il permet à une personne aveugle de gagner un revenu d'emploi. Aussi, les frais de préposé aux soins sont visés par cette mesure. Les dépenses déductibles sont limitées soit au revenu d'emploi, soit au revenu d'entreprise gagné par la personne déficiente. Les dépenses payées pour permettre à une personne déficiente de fréquenter un établissement d'enseignement sont également déductibles sous réserve d'un montant maximum. Consultez la publication RC-4064 publiée par l'ARC pour trouver quelles sont les dépenses déductibles et remplissez le formulaire fédéral T-929 et TP-358.0.1 au Québec.

Crédit d'impôt remboursable pour frais médicaux

Ce crédit d'impôt s'adresse aux individus à revenus modestes de 18 ans ou plus au 31 décembre 2008 et dont le revenu pour l'année inclut au moins 3 040 $ (2 640 $ au Québec) de revenus provenant d'un emploi ou d'une entreprise. Toutefois, vous ne pouvez pas demander ce crédit au Québec si votre revenu d'emploi est exclusivement composé d'avantages imposables découlant d'un emploi antérieur. De plus, le revenu d'entreprise doit provenir d'une entreprise dans laquelle vous participez activement.

Ce crédit d'impôt remboursable plafonné à 1 041 $ au fédéral et à 1 032 $ au Québec est égal à 25 % du total des dépenses pour produits et services de soutien aux personnes handicapées et des frais médicaux admissibles au crédit non remboursable. Le crédit fédéral est réduit de 5 % du revenu net familial qui dépasse 23 057 $. Si le revenu familial excède 43 877 $, le crédit est nul. Au Québec, le crédit est réduit de 5 % du revenu net familial excédant 19 955 $, de sorte que le crédit est nul lorsque le revenu familial atteint 40 595 $.

Une personne peut très bien réclamer à la fois le crédit pour frais médicaux et le crédit remboursable, s'il y a lieu.

Crédit pour laissez-passer de transport

Ce crédit d'impôt fédéral est non remboursable et est égal à 15 % du coût des laissez-passer mensuels de transport en commun utilisés en 2008. Vous pouvez demander le crédit pour vous-même, pour votre conjoint et pour vos enfants âgés de moins de 19 ans à la fin de l'année 2008. Le crédit peut être réparti ; par exemple, si votre enfant a droit à un crédit de 100 $ alors qu'il a 20 $ d'impôt à payer au fédéral, vous pourrez réclamer les 80 $ qu'il n'utilise pas. Aussi, vous pourrez réclamer la totalité si l'enfant ne demande pas le crédit. Il s'agit tout simplement de s'entendre afin de ne pas réclamer plus que ce qui est permis.

Il est important de conserver les laissez-passer admissibles au crédit. Ils doivent notamment indiquer les renseignements suivants : qu'il s'agit d'un laissez-passer mensuel, la date ou la période à laquelle il est valide, le nom de la société de transport qui émet le laissez-passer, le montant payé et l'identité de l'usager. Si tous ces renseignements n'apparaissent pas sur le laissez-passer, vous devez obtenir un reçu daté ou conservez vos chèques annulés ou relevés de cartes de crédit.

Les cartes de paiement électronique sont admissibles au crédit pour laissez-passer de transport. La carte de paiement est admissible si elle couvre le coût d'au moins 32 parcours d'aller simple pour une période ininterrompue d'une durée maximale de 31 jours. Un aller simple sera considéré comme un parcours ininterrompu entre le lieu de départ et le lieu de destination.

Pour ne pas pénaliser les gens qui préfèrent payer leurs laissez-passer à la semaine plutôt qu'au mois, les laissez-passer hebdomadaires sont également admissibles si vous achetez au moins quatre laissez-passer hebdomadaires **consécutifs**. Un laissez-passer hebdomadaire est admissible s'il peut être utilisé de façon illimitée pour le transport en commun au cours d'une période comptant entre cinq et sept jours.

Déduction pour habitants de régions éloignées

Une déduction est accordée aux personnes qui habitent dans les **régions nordiques** du Canada (régions habituellement isolées) ou dans des **zones intermédiaires**. La publication fédérale T4039 contient le nom de toutes les régions nordiques ou en zone intermédiaire au Canada. Par exemple, Natashquan, Schefferville et bien d'autres localités font partie des régions nordiques du Québec. Sont inclus notamment dans les zones intermédiaires : les Îles-de-la-Madeleine, Chibougamau, Matagami et plusieurs autres régions.

Un **montant de base de 8,25 $ par jour** peut être déduit en 2008, au fédéral et au Québec, par une personne qui vit **en région nordique** pendant au moins six mois consécutifs, commençant ou se terminant en 2008. Une personne qui habite seule peut demander une déduction additionnelle pour le maintien de son habitation (maison, logement, maison mobile, etc.) égale à 8,25 $ pour chaque jour de 2008 inclus dans la période. Par exemple, si vous avez habité un appartement, seul, en région nordique depuis septembre 2007 et avez quitté l'endroit le 31 mai 2008 (plus de six mois consécutifs), vous pourrez demander une déduction de 16,50 $ par jour pour les 151 jours de 2008 (1er janvier au 30 mai inclusivement).

Lorsque plusieurs personnes habitent ensemble, chacune d'elles peut demander le montant de base dans sa déclaration de revenus. Toutefois, si plus d'un occupant demande le montant de base pour la même période, aucun autre occupant ne peut demander le montant additionnel relatif à l'habitation pour cette période.

Par exemple, dans le cas d'un couple, chacun des conjoints peut demander le montant de base de 8,25 $. Aucun d'eux ne peut ajouter le montant additionnel. Il peut alors être avantageux de déterminer lequel des conjoints a le revenu imposable le plus élevé afin qu'un seul réclame le montant de base et le montant additionnel, soit 16,50 $ par jour. Dans un tel cas, l'autre conjoint ne peut déduire aucun montant. Si trois colocataires vivent dans le même appartement, chacun d'eux aurait droit au montant de base, mais aucun n'aurait droit au montant additionnel.

Les mêmes règles s'appliquent aux habitants des zones intermédiaires, sauf que le montant déductible est égal à 50 % du montant calculé pour les habitants de régions nordiques.

Si vous êtes employé dans une région éloignée, il est possible que votre employeur assume certains frais de voyage personnels, comme vous permettre d'aller en vacances ou pour raison médicale. Bien entendu, ces frais représentent un avantage imposable et sont inclus dans votre revenu d'emploi. Par ailleurs, vous pouvez demander une déduction pour un maximum de deux voyages par année payés par votre employeur. Il n'y a pas de limite pour les voyages payés par l'employeur pour des raisons médicales.

Si vous habitez en zone intermédiaire, seulement la moitié de la déduction pour voyages vous sera accordée.

Les formulaires T2222 au fédéral et TP-350.1 au Québec doivent être remplis pour demander la déduction pour habitants de régions éloignées. Vous y trouverez aussi tous les détails relatifs à la déduction pour voyage. Notez que la déduction est prise en compte, au fédéral, dans le calcul du revenu imposable, alors qu'au Québec, cette déduction intervient dans le calcul du revenu net.

Au Québec, il existe aussi un crédit d'impôt remboursable destiné aux habitants de 14 municipalités constituées conformément à la Loi sur les villages nordiques et l'Administration régionale Kativik. Ce crédit est établi en fonction du nombre de mois au cours desquels la personne a habité dans un village nordique, de la composition de son ménage et de son revenu familial. La demande du crédit se fait en remplissant l'annexe I de la déclaration.

Quelques déductions purement québécoises

Il existe au Québec certains régimes ou mécanismes qui favorisent l'investissement dans divers secteurs économiques. Pour encourager les contribuables à participer, des incitatifs fiscaux sont accordés. Nous traiterons dans les prochaines rubriques du régime actions-croissance PME et des sociétés de placements dans l'entreprise québécoise.

Les déductions fiscales accordées par ces régimes ne sont admises que dans le calcul de votre revenu imposable au Québec.

Régime Actions-croissance PME

Le **régime Actions-croissance PME** vise à encourager l'investissement dans des sociétés de petite taille ayant un actif inférieur à 100 millions de dollars. L'émission publique d'actions ordinaires de ces sociétés donne droit à une **déduction égale à 100 % de leur coût rajusté** (soit le coût d'acquisition sans tenir compte des frais d'emprunt, de courtage, de garde ou des autres frais semblables qui s'y rattachent). La déduction à l'égard du régime Actions-croissance PME ne peut dépasser 10 % de votre revenu total. Le revenu total est défini comme votre revenu net tel que vous l'avez établi dans votre déclaration de revenus du Québec, moins les montants d'exemption pour gains en capital et de certaines prestations (CSST, SAAQ, etc.) déduits dans le calcul de votre revenu imposable s'il y a lieu.

La période de détention minimale dans le régime est de trois années civiles complètes. On parlera donc de la règle des «quatre 31 décembre». Par exemple, un achat d'actions donnant droit à une déduction de 5 000 $ en 2008 vous obligera à conserver dans votre régime des actions dont le coût rajusté sera d'au moins 5 000 $ jusqu'au 31 décembre 2011 inclusivement. À défaut, un montant devra être inclus dans le calcul de votre revenu au Québec. Aussi, des actions vendues à l'intérieur de la période de trois ans doivent être remplacées par des actions de couverture dans un délai bien défini pour éviter l'inclusion d'un montant dans le calcul du revenu. La période pour remplacer les actions vendues débute le jour suivant la vente des actions et se termine le dernier jour du deuxième mois suivant le mois de la vente. Par exemple, si un investisseur effectue une vente le 1er mars d'une année, il devra acquérir des actions de couverture au plus tard le 31 mai suivant. La période de remplacement est écourtée pour toute vente effectuée en novembre ou en décembre d'une année donnée car, dans ces cas, les actions de remplacement doivent être acquises au plus tard le 31 décembre de la même année. La liste des actions de couverture disponibles sur le marché sera fournie par l'Autorité des marchés financiers (AMF).

Les achats et les ventes d'actions à l'intérieur du régime Actions-croissance PME sont indiqués sur un relevé 7. Le formulaire TP-965.55 sert à calculer le montant de la déduction ou du montant à inclure dans votre revenu s'il y a lieu.

Le gouvernement du Québec prévoit que le régime Actions-croissance PME aura une durée limitée et prendra fin le 31 décembre 2009 à l'égard des émissions donnant droit à une déduction.

Bien que le régime d'Actions-croissance PME soit un incitatif fiscal québécois, les revenus de dividendes versés sur ces actions sont imposables tant au fédéral qu'au Québec. Les intérêts payés pour acheter ces titres ainsi que les frais de gestion peuvent être déduits au fédéral et au Québec (dans ce dernier cas, sous réserve de la limite à la déductibilité des frais de placements expliquée au chapitre 4).

Vous devez également calculer tout gain ou toute perte en capital découlant de la vente d'actions selon les règles expliquées au chapitre 5.

Le régime d'investissement coopératif (RIC)

Certaines coopératives, dont les coopératives de travail et de producteurs qui exploitent une entreprise agricole, ainsi que celles ayant obtenu un certificat d'admissibilité du ministère du Développement économique, de l'Innovation et de l'Exportation, peuvent émettre des parts privilégiées à leurs membres ou employés assorties d'un avantage fiscal. Ces parts ne peuvent être rachetées par la coopérative qu'après une période d'au moins cinq ans suivant leur émission. Les parts émises depuis le 24 mars 2006 peuvent être rachetées avant l'expiration du délai de cinq ans dans des circonstances très précises, notamment à la suite du décès du détenteur ou en cas de cessation d'emploi ou d'invalidité d'un détenteur qui était employé de la coopérative. Ce rachat anticipé occasionnera un impôt spécial à payer par le détenteur, calculé en proportion du nombre de jours écoulés entre le jour du rachat et le jour correspondant à l'expiration du délai de cinq ans.

L'avantage fiscal pour l'acquéreur d'une part consiste en une déduction égale à 125 % du prix d'achat de la part. La déduction ne peut toutefois excéder 30 % du revenu total (tel que défini pour le régime actions-croissance PME). Un montant non déduit au cours de l'année courante peut être réclamé au cours des cinq années suivantes, sous réserve de la limite de 30 % du revenu total.

La société de placements dans l'entreprise québécoise (SPEQ)

Une SPEQ est une société dont le but consiste à investir dans d'autres sociétés privées qui exploitent une entreprise admissible dans un des domaines prévus par la loi. Les secteurs économiques favorisés comprennent, entre autres, la fabrication, le recyclage, le tourisme, la production cinématographique et la protection de l'environnement.

À titre d'investisseur dans une SPEQ, vous avez droit à une déduction égale à 150 % de la somme investie en actions ordinaires dans une société ayant moins de 25 millions d'actifs ou à 125 % de la somme investie en actions ordinaires dans une société ayant entre 25 et 50 millions d'actifs. Un placement en actions convertibles peut donner droit à une déduction de 100 % ou de 75 % selon le montant total des actifs de l'entreprise tel qu'indiqué précédemment.

La déduction relative à une SPEQ ne peut excéder 30 % de votre revenu total, comme défini pour la déduction au titre du régime Actions-croissance PME.

Si, en raison de cette limite, vous ne pouvez utiliser complètement votre déduction, vous pourrez le faire dans les cinq prochaines années.

Les SPEQ sont visées par un moratoire d'une durée indéterminée annoncé le 12 juin 2003. Par conséquent, il n'y a eu aucune émission de tels placements depuis plus de cinq ans.

Pertes agricoles restreintes

Avez-vous entendu parler de la possibilité d'investir dans le domaine de l'élevage des chevaux ou des autruches ? Savez-vous que des règles spéciales existent pour **restreindre la déduction de pertes provenant d'entreprises agricoles** ? En effet, lorsque l'agriculture n'est pas votre principale source de revenus, les premiers 2 500 $ de perte agricole sont déductibles et le reste n'est déductible qu'à 50 %, sans excéder 6 250 $. Par conséquent, la somme maximale déductible à titre de perte agricole dans l'année est limitée à 8 750 $. Le montant non déductible peut être reporté soit aux 3 années antérieures, soit aux 20 années suivantes (10 années pour les pertes subies avant 2006) à l'encontre de revenus agricoles seulement.

Le Fonds de solidarité des travailleurs du Québec (FSTQ) et le Fondaction

L'achat d'actions d'un de ces fonds durant l'année ou dans les 60 premiers jours de l'année suivante vous permet d'obtenir, tant au fédéral qu'au Québec, un crédit d'impôt égal à 15 % de la somme investie. En 2008, le crédit maximum accordé par chaque palier de gouvernement est de 750 $, ce qui nécessite un investissement de 5 000 $.

Aucun crédit d'impôt n'est accordé à l'achat d'actions du FSTQ ou du Fondaction si vous avez atteint l'âge de 65 ans. Il en est de même si vous êtes à la retraite ou à la préretraite et âgé de 55 ans ou plus, sauf si vous gagnez un revenu d'entreprise ou d'emploi supérieur à 3 500 $. Cette exception permet aux gens de moins de 65 ans de contribuer au FSTQ ou au Fondaction s'ils gagnent un revenu d'appoint et bien qu'ils soient à la retraite.

Au Québec seulement, vous pouvez reporter une partie ou la totalité du crédit calculé pour l'achat d'actions du FSTQ ou du Fondaction à une année suivante. Le crédit n'étant pas remboursable, cette mesure est utile si votre crédit est supérieur à l'impôt que vous auriez autrement à payer. Il est également possible de transférer la partie inutilisée de votre crédit pour réduire l'impôt de votre conjoint, au Québec seulement.

Les actions du FSTQ ou du Fondaction acquises en 2008 et dans les 60 premiers jours de 2009 peuvent être transférées dans un REER et vous donner droit à une déduction dans le calcul de votre revenu net de 2008, dans la mesure où vous respectez le plafond annuel de cotisations permises au REER comme expliqué au chapitre 7.

Dans un but de fractionnement des revenus à la retraite, les actions du FSTQ et du Fondaction pourraient également être transférées au REER de votre conjoint, sauf si ce dernier est âgé de 65 ans et plus ou s'il est un préretraité de 55 ans et plus dont les revenus de travail sont inférieurs à 3 500 $.

La combinaison des crédits d'impôt et des économies d'impôt réalisés à la suite du transfert dans le REER est très intéressante pour l'investisseur, comme le démontre l'exemple suivant.

Exemple

Viviane a gagné un revenu d'environ 44 000 $ en 2008. Elle a donc un taux marginal d'impôt de 38,4 %. Elle investit le maximum permis en actions du FSTQ en janvier 2009, soit 5 000 $, et profite aussi de la possibilité de transférer ces actions dans un REER. Viviane calcule que cet investissement lui permet d'économiser 3 420 $, déterminé comme suit :

Économies d'impôt grâce au REER selon le taux marginal (5 000 $ × 38,4 %)	1 920 $
Crédit d'impôt pour actions du FSTQ	
• Fédéral (5 000 $ × 15 %)	750 $
• Québec (5 000 $ × 15 %)	750 $
Total des économies d'impôt	3 420 $

Viviane récupère donc 3 420 $ sur un investissement de 5 000 $.

Depuis 2003, les **intérêts payés** à l'égard d'un emprunt pour acquérir des actions du FSTQ et du Fondaction ne sont plus déductibles au Québec. Au fédéral, les intérêts ne sont pas déductibles s'il est clair que les politiques adoptées par ces organismes empêchent tout versement de dividendes.

Les actions du FSTQ ou du Fondaction, qu'elles soient transférées dans un REER ou non, ne peuvent être généralement rachetées qu'à l'occasion de la retraite ou de la préretraite. Par conséquent, un rachat est possible si vous avez atteint l'âge de 55 ans et si vous êtes à la retraite ou à la préretraite, ou encore si vous avez atteint l'âge de 65 ans dans les autres cas. Aussi, les actions peuvent être rachetées dans certains cas spéciaux tels qu'un retour aux études à temps plein, un démarrage d'entreprise, une diminution des revenus familiaux causée par une cessation d'emploi ou une invalidité temporaire. Un délai de détention minimum des actions peut également être exigé par le FSTQ ou le Fondaction avant de procéder à leur rachat.

Le FSTQ et le Fondaction prévoient aussi, sous certaines conditions, le rachat d'actions pour bénéficier du **RAP** ou pour poursuivre des études à temps plein selon les modalités expliquées au chapitre 7 sous la rubrique «REER: régime d'encouragement à l'éducation permanente (REEP)». Les remboursements prévus sur 15 ans pour le RAP et 10 ans pour le REEP devront être faits en achetant des actions de remplacement du FSTQ ou du Fondaction qui ne donneront pas droit au crédit d'impôt. De plus, si les actions de remplacement ne sont pas acquises annuellement, chacun des gouvernements appliquera un impôt spécial de 15 % calculé sur le montant d'actions de remplacement non acquises. Il s'agit en quelque sorte de rembourser les crédits obtenus, puisque le FSTQ et le Fondaction n'autorisent en général les rachats qu'à l'âge de la retraite ou de la préretraite. Le FSTQ et le Fondaction informeront les actionnaires du montant qu'ils devront acquérir au cours de chaque année et seront tenus de leur émettre un feuillet de renseignements en cas de défaut.

Le prix de rachat des actions du FSTQ ou du Fondaction n'est pas garanti. Il s'agit d'actions et, comme toute autre action, le prix varie en fonction de la performance des sociétés dans lesquelles les sommes ont été investies. La qualité de la performance des investissements sera surtout importante au moment où les actions seront rachetées, soit à votre retraite. Nous vous conseillons d'être prudent et de ne pas mettre tous vos œufs dans le même panier. Pratiquez une politique de diversification pour vos REER, comme pour tout autre portefeuille de placements: investissez dans plusieurs types de REER.

Il existe d'autres fonds, appelés société à capital de risque de travailleurs, constitués en vertu de lois d'autres provinces et pour lesquels vous pouvez obtenir le crédit d'impôt fédéral. Ces fonds ont plusieurs points en commun avec le FSTQ et le Fondaction. Toutefois, ces sociétés n'étant pas sous juridiction québécoise, aucun crédit ne peut être réclamé dans votre déclaration de revenus du Québec.

Capital régional et coopératif Desjardins

L'objectif principal de Capital régional et coopératif Desjardins est de recueillir du capital de risque pour favoriser la capitalisation des coopératives et investir dans certaines régions du Québec, notamment l'Abitibi-Témiscamingue, le Bas-Saint-Laurent, la Côte-Nord, la Gaspésie, les Îles-de-la-Madeleine, la Mauricie, le Nord-du-Québec et le Saguenay–Lac-Saint-Jean.

L'achat d'actions donne droit à un crédit d'impôt non remboursable applicable en réduction de l'impôt du Québec seulement. Ce crédit, qui vous sera confirmé sur un relevé 26, est égal à 50 % du montant investi. Un individu ne peut investir plus de 5 000 $ pour la période comprise entre le 1er mars 2008 et le 28 février 2009, et le crédit d'impôt maximum ne peut excéder 2 500 $. Les actions ne peuvent être transférées dans un REER.

De façon générale, les actions du fonds ne pourront être rachetées par Capital régional et coopératif Desjardins qu'à la demande d'un investisseur qui les aura détenues pendant au moins sept ans. Le décès, l'invalidité ou d'autres événements exceptionnels permettront de déroger à cette règle. Toutefois, le rachat des actions par le fonds avant que la période de sept ans soit écoulée entraînera un remboursement proportionnel du crédit obtenu lors de l'acquisition, calculé en fonction du nombre de jours à courir avant la fin de la période de sept ans.

Le détenteur d'actions devra calculer le gain ou la perte en capital découlant du rachat d'actions selon les règles habituelles discutées au chapitre 5. Toutefois, dans l'éventualité où une perte en capital surviendrait, celle-ci devra être réduite d'un montant égal au crédit d'impôt obtenu et non remboursé.

Depuis 2003, les **intérêts payés** à l'égard d'un emprunt pour acquérir des actions du fonds de Capital régional et coopératif Desjardins ne sont plus déductibles au Québec. Au fédéral, les intérêts ne sont pas déductibles s'il est clair que les politiques adoptées par cet organisme empêchent tout versement de dividendes.

Contributions politiques

Les contributions politiques versées dans l'année donnent droit à des crédits d'impôt non remboursables au fédéral et au Québec. Des reçus officiels doivent être annexés à vos déclarations de revenus pour bénéficier de ces crédits.

Au fédéral, seules les contributions à des partis politiques fédéraux sont admissibles. Le crédit fédéral ne peut dépasser 650 $ et est calculé de la façon suivante.

- Si la contribution est de 400 $ ou moins, le crédit est de 75 % du montant de la contribution.

- Si la contribution est de plus de 400 $ mais inférieure à 750 $, le crédit est de 300 $ plus 50 % du montant qui excède 400 $.

- Si la contribution est plus élevée que 750 $, le crédit est de 475 $ plus 33 ⅓ % du montant qui excède 750 $.

Pour bénéficier du crédit maximum de 650 $, votre contribution doit être de 1 275 $.

Au Québec, un crédit d'impôt est accordé pour les contributions politiques versées aux partis politiques provinciaux et municipaux du Québec. Le crédit d'impôt est égal à 75 % des contributions versées à des partis municipaux, jusqu'à concurrence de 140 $, et des contributions versées aux partis politiques du Québec jusqu'à concurrence de 400 $. La valeur maximale du crédit peut donc atteindre 405 $, soit 105 $ au niveau municipal et 300 $ au niveau provincial.

Chapitre 11

Quelle est votre situation familiale ?

Les lois fiscales contiennent plusieurs dispositions pour tenir compte de la situation familiale, notamment en accordant plusieurs réductions d'impôt, et il est souvent difficile de s'y retrouver.

Tout d'abord : vos montants personnels de base

Comme nous l'avons expliqué au chapitre 1, des montants de base accordés pour certaines situations personnelles sont transformés en crédits d'impôt. **Les crédits sont calculés au taux de 15 % au fédéral et de 20 % au Québec.** Les prochaines pages sont consacrées à la revue des montants de base alloués pour différentes situations personnelles. Vous pouvez consulter les tableaux à la fin de ce chapitre (voir les pages 320 et 321) pour convertir le montant de base en crédit d'impôt.

Chaque personne a droit à un **montant personnel de base de 9 600 $ au fédéral**. Il s'agit en quelque sorte d'une franchise d'impôt pour les premiers dollars de revenus gagnés. **Au Québec, le montant de base est égal à 10 215 $.**

Les bénéficiaires d'indemnités reçues en remplacement du revenu de travail ou en compensation à la suite du décès d'une personne qui était le soutien financier de membres de sa famille, généralement versées par la CSST ou la SAAQ, doivent réduire le montant personnel de base pour le Québec seulement. Cet ajustement est nécessaire en raison du fait que ces indemnités prennent déjà en considération les besoins essentiels reconnus par le montant personnel de base. Vous recevrez donc un relevé 5 indiquant le montant des indemnités reçues et, s'il y a lieu, le montant qui réduira votre montant personnel de base.

Vivez-vous seul ?

Au Québec, un montant de 1 195 $ est accordé à une personne vivant seule **toute** l'année dans une maison, dans un appartement ou dans toute autre habitation semblable dans laquelle une personne dort et prépare ses repas. Une chambre dans une pension n'est pas un logement admissible. Le montant pour personne seule est réduit de 15 % de l'excédent du revenu net sur 29 645 $, de sorte qu'une personne ayant un revenu net égal ou supérieur à 37 612 $ n'aura droit à aucun crédit.

Une personne vivant seule avec des enfants âgés de 18 ans et moins, ou qui ont plus de 18 ans et qui fréquentent l'école à temps plein, peut avoir droit au crédit pour personne vivant seule. Celle vivant avec un colocataire ou encore avec ses parents ne peut demander ce crédit.

Si vous êtes âgé de 65 ans ou plus au 31 décembre 2008 ou si vous recevez un revenu de retraite admissible, calculez votre crédit pour personne vivant seule tel qu'il est expliqué au chapitre 8.

Pour réclamer le montant pour personne vivant seule, vous devez joindre à votre déclaration de revenus une copie de votre compte de taxes foncières si vous êtes propriétaire, ou le relevé 4 qui vous est remis par votre propriétaire si vous étiez locataire au 31 décembre 2008.

Subvenez-vous aux besoins de votre conjoint ?

Nous avons expliqué au chapitre 1 que **le conjoint est soit la personne avec laquelle vous êtes marié, soit la personne légalement reconnue selon les termes de l'union civile, soit la personne avec laquelle vous vivez en union conjugale depuis au moins 12 mois.** Une personne avec laquelle vous vivez depuis moins de 12 mois peut aussi être votre conjoint, si un enfant est né de votre union avec cette personne.

Si vous subvenez aux besoins de votre conjoint à un moment donné dans l'année, vous pouvez réclamer un montant de base de 9 600 $ **au fédéral** si votre conjoint a un revenu net égal à zéro pour l'année. Autrement, chaque dollar de revenu net réduit d'autant le montant de base.

Si vous vous êtes marié durant l'année, vous devez considérer le revenu net du conjoint pour toute l'année et non seulement le revenu net après le mariage. Si vous vous êtes séparé de votre conjoint en 2008 et que vous ne vous êtes pas réconciliés à la fin de l'année (dans le cas d'un conjoint de fait, la séparation doit durer 90 jours ou plus et doit comprendre le 31 décembre 2008), considérez le revenu net gagné par le conjoint avant la séparation.

Au Québec, le montant pour conjoint à charge est remplacé par le transfert de crédits d'impôt non remboursables entre conjoints. Cette mesure fait en sorte que les crédits non remboursables puissent être utilisés par l'un des conjoints lorsque l'un d'eux n'a pas suffisamment d'impôt à payer. Autrement dit, c'est un système qui permet de maximiser l'utilisation des crédits d'impôt. Consultez le chapitre 13 à ce sujet.

Enfants à charge de moins de 18 ans

Un montant de 2 038 $ par enfant de moins de 18 ans à la fin de l'année est accordé au fédéral, peu importe que celui-ci ait des revenus ou non. Lorsque l'enfant vit avec ses deux parents pendant toute l'année (un parent comprend le conjoint de fait d'un parent biologique, par exemple), le crédit peut être demandé par l'un ou l'autre des parents. Autrement, dans le cas d'une famille monoparentale, par exemple, c'est le parent avec qui l'enfant vit habituellement qui pourra demander le montant de 2 038 $.

Au Québec, aucun crédit n'est accordé pour les enfants mineurs car l'aide est accordée aux familles par le versement des paiements de soutien aux enfants. Toutefois, dans le cas d'un enfant mineur qui fréquente à **temps plein** un établissement d'enseignement offrant des cours de formation professionnelle ou des cours de niveau postsecondaire, le parent peut demander un montant de 1 885 $ par session (maximum deux par année). Une réduction de ce montant, égale à 80 % du revenu net de l'enfant sans égard au revenu provenant d'une bourse d'études, doit être prise en compte. Par exemple, un enfant de 17 ans qui est inscrit au cégep pour une session en 2008 et qui a gagné un revenu d'emploi de 1 200 $ en 2008, vous permet de réclamer un montant à son égard de 925 $ (1 885 $ − 960 $).

Enfants à charge de 18 ans ou plus

Au fédéral, un montant de 4 095 $ peut être réclamé pour chaque enfant âgé de 18 ans ou plus au 31 décembre 2008, seulement s'il est **à votre charge en raison d'un handicap physique ou mental**. Le montant de 4 095 $ est réduit du revenu net de l'enfant qui dépasse 5 811 $. Si le revenu net de l'enfant est égal ou supérieur à 9 906 $, consultez la rubrique « Montant pour aidants naturels ».

Au Québec, des mesures différentes s'appliquent aux enfants à charge de 18 ans ou plus, selon qu'il s'agit d'un **étudiant admissible** ou non. Consultez la rubrique « Québec : enfants aux études et transfert de la contribution parentale reconnue » du chapitre 9. **Si un enfant de 18 ans et plus à votre charge n'est pas un étudiant admissible, vous pourrez demander à son égard un montant de base égal à 2 740 $.** Une réduction de ce montant, égale à 80 % du revenu net de l'enfant sans égard au revenu provenant d'une bourse d'études, doit être prise en compte. Si l'enfant a eu 18 ans en 2008, le montant de base de 2 740 $ est réduit.

Si vous avez un enfant âgé de 18 ans ou plus au 31 décembre 2008 **à votre charge en raison d'un handicap physique ou mental**, vous pouvez également demander, dans votre déclaration du Québec, le crédit d'impôt remboursable pour aidant naturel dont il est question plus loin dans ce chapitre.

Êtes-vous chef d'une famille monoparentale ?

L'expression « famille monoparentale » fait référence à une personne célibataire, divorcée, séparée ou veuve ayant un ou plusieurs enfants à sa charge à un moment dans l'année.

Au fédéral, cette personne peut demander un montant **pour équivalent de conjoint** à l'égard d'un de ses enfants (incluant les frères et les sœurs) de 18 ans ou moins au 31 décembre 2008, ou de plus de 18 ans s'il est atteint d'un handicap physique ou mental. L'enfant doit normalement vivre avec la personne qui réclame le montant d'équivalent. Par exemple, l'enfant qui ne réside pas avec vous en raison de ses études est tout de même considéré comme vivant normalement avec vous. Il est possible de demander le montant pour équivalent dans l'année du mariage sous réserve que vous n'aviez pas de conjoint pour la période de l'année précédant le mariage. Par exemple, si vous avez un enfant de 18 ans ou moins et que vous vous êtes marié en 2008, vous pourrez demander le montant pour équivalent à l'égard de votre enfant en 2008, car vous n'avez pas vécu avec un conjoint durant toute l'année. Si vous avez vécu en union de fait durant la période de l'année précédant le mariage, vous ne pourrez pas demander le montant pour équivalent puisque vous aurez eu un conjoint durant toute l'année. Aussi, s'il y a eu séparation dans l'année et réconciliation avant la fin de l'année, il sera possible de demander le montant pour équivalent à l'égard d'un enfant pour la période dans l'année où vous êtes en mesure de démontrer que vous n'aviez pas de conjoint ou si vous en aviez un, que vous ne viviez pas avec lui, n'étiez pas à sa charge et ne subveniez pas à ses besoins.

Le montant d'équivalent est égal à 9 600 $ et est réduit pour chaque dollar de revenu net gagné par l'enfant. **L'enfant réclamé à titre d'équivalent ne peut pas être réclamé en plus comme enfant à charge en raison d'un handicap ni comme personne donnant le droit au montant pour aidants naturels.** De plus, un seul montant pour équivalent est accordé par résidence. Si le montant d'équivalent à l'égard d'une personne handicapée de 18 ans ou plus est inférieur au montant que vous pourriez réclamer à l'égard de cette même personne à titre d'aidant naturel (maximum 4 095 $) ou de personne à charge handicapée (maximum 4 095 $), un ajustement sera fait pour que vous ayez droit au plus élevé des deux montants. Cette situation survient lorsque le revenu de la personne handicapée est supérieur à 5 505 $.

Si vous demandez un montant pour équivalent de conjoint à l'égard d'un enfant de moins de 18 ans, vous seul pourrez bénéficier du montant de 2 038 $, tel que discuté précédemment.

Au Québec, vous êtes chef d'une famille monoparentale si vous respectez les trois critères suivants :

- vous ne devez pas avoir de conjoint ; ou

- si vous en avez un, vous ne vivez pas avec lui, vous n'êtes pas à sa charge et vous ne subvenez pas à ses besoins ;

- vous ne vivez pas maritalement avec une autre personne.

Si vous vivez avec un enfant de moins de 18 ans à la fin de l'année 2008, ce sont les paiements de soutien aux enfants versés par la Régie des rentes du Québec qui seront bonifiés pour tenir compte de votre situation de monoparentalité. Si l'enfant avec lequel vous vivez est un «étudiant admissible» au sens du chapitre 9, vous pourrez bénéficier d'un montant de 1 485 $ pour famille monoparentale. Si l'étudiant admissible a eu 18 ans en 2008, le montant de 1 485 $ sera réduit pour tenir compte du nombre de mois pendant lesquels des paiements de soutien aux enfants ont été versés à son égard. Le montant pour famille monoparentale est réduit de 15 % de l'excédent de votre revenu net sur 29 645 $. Si vous avez aussi droit au montant pour personne vivant seule (voir à la page 296), c'est le total du montant pour personne vivant seule (1 195 $) et du montant pour famille monoparentale (1 485 $) qui sera réduit par l'excédent de votre revenu net sur 29 645 $.

Transfert de crédits au fédéral par un enfant handicapé

L'enfant à charge âgé de 18 ans ou plus au 31 décembre 2008 et atteint d'un handicap physique ou mental peut vous donner droit à un montant pour enfant à charge tel que vu précédemment.

Par ailleurs, **quel que soit son âge, un enfant handicapé a droit à un montant personnel de 7 021 $ au fédéral** si son handicap est grave et prolongé selon les critères établis au chapitre 8 à la rubrique «Crédit d'impôt pour déficience mentale ou physique». Dans la plupart des cas, l'enfant n'utilise pas ce montant puisqu'il a peu ou pas de revenu. Dans ce cas, la partie inutilisée par l'enfant peut être transférée au parent, ce qui a également été vu au chapitre 8 à la rubrique «Transfert du crédit pour déficience non utilisé».

Un montant additionnel de 4 095 $ peut être transféré au fédéral si l'enfant handicapé est âgé de moins de 18 ans au 31 décembre 2008. Ce supplément de 4 095 $ est réduit des frais de garde d'enfants et de préposé aux soins déduits ou réclamés à titre de frais médicaux à l'égard de cet enfant qui excèdent 2 399 $.

Au Québec, le transfert de crédit pour déficience par un enfant handicapé a été aboli en 2006 et remplacé par le crédit d'impôt remboursable pour aidants naturels dont il est question à la page 302.

Montant pour aidants naturels

Ce montant donne droit à un **crédit d'impôt fédéral** de 15 % aux personnes qui hébergent un de leurs **proches âgé de 65 ans ou plus**. Il peut s'agir de votre mère, de votre père, de votre grand-mère ou de votre grand-père. **Le montant de base est de 4 095 $** et est réduit du revenu de la personne à charge qui excède 13 986 $. Si le revenu net de la personne à charge est égal ou supérieur à 18 081 $, le crédit sera nul.

Le montant pour aidants naturels peut aussi être accordé pour une **personne âgée de 18 ans ou plus à votre charge en raison d'une déficience mentale ou physique et qui habite avec vous**. Il peut s'agir de votre enfant, de votre frère ou de votre sœur, de votre neveu ou de votre nièce, de votre oncle ou de votre tante, d'un de vos parents ou de vos grands-parents. Dans un tel cas, il sera plus avantageux de demander le montant pour aidants naturels que le montant pour personne à charge handicapée, car ce dernier est nul lorsque le revenu net de la personne atteint 9 906 $.

Les autres personnes à charge

Au fédéral, les autres personnes à charge, à part vos enfants, sont :

- vos parents et grands-parents (incluant ceux de votre conjoint) ;

- vos frères, sœurs, oncles, tantes, neveux, nièces (incluant ceux de votre conjoint), tous âgés de 18 ans ou plus au 31 décembre 2008.

Ou bien, vous subvenez aux besoins de l'une de ces personnes parce qu'elle est handicapée. Dans ces cas, un montant maximum de 4 095 $ peut être réclamé.

Ou bien, il s'agit d'un de vos parents ou grands-parents qui a habité avec vous et pour lequel vous pouvez demander un **montant pour aidants naturels**.

Si vous êtes célibataire, veuf, séparé ou divorcé, sans conjoint de fait, vous pouvez réclamer au fédéral un montant pour équivalent de conjoint dont le maximum est de 9 600 $. Ce montant est accordé à l'égard d'un de vos proches qui habite avec vous et qui est entièrement à votre charge à un moment quelconque dans l'année. Un proche admissible est soit votre enfant, petit-enfant, frère ou sœur, âgé de moins de 18 ans, ou de 18 ans ou plus s'il est handicapé. Un de vos parents ou grands-parents pourrait aussi être admissible. Une seule personne dans votre habitation peut vous donner droit au montant d'équivalent. Par exemple, si vous vivez seul avec votre enfant de cinq ans et votre mère âgée de 60 ans qui souffre d'un handicap, vous demanderez le montant pour équivalent de conjoint pour votre enfant et un montant pour autre personne à charge handicapée à l'égard de votre mère, sous réserve de son revenu annuel. Reportez-vous à la rubrique « Êtes-vous chef d'une famille monoparentale ? » pour le calcul du montant d'équivalent ainsi que les restrictions applicables.

Au Québec, les autres personnes à charge ont 18 ans ou plus au 31 décembre 2008, habitent ordinairement avec vous et ne sont pas des « étudiants admissibles ». Les personnes suivantes sont admissibles :

- vos parents et grands-parents (incluant ceux de votre conjoint) ;

- vos frères, sœurs, oncles, tantes, neveux, nièces (incluant ceux de votre conjoint).

Le montant de base pouvant être réclamé pour chacune de ces personnes est de 2 740 $. Ce montant est réduit d'un montant égal à 80 % du revenu net gagné par la personne à charge (excluant les bourses d'études).

Lorsqu'une personne à charge a eu 18 ans dans l'année 2008, le montant de 2 740 $ doit être réduit. En fait, les montants seront déterminés en proportion du nombre de mois entiers suivant le mois du 18e anniversaire de cette personne.

Lorsque vous demandez un montant au fédéral pour l'une de ces autres personnes à charge handicapées, ou que vous auriez pu le faire si son revenu avait été moins élevé, vérifiez si vous pouvez bénéficier du transfert du crédit pour déficience que la personne handicapée n'utilise pas dans le calcul de son impôt à payer. Voyez les explications à la rubrique «Transfert de crédits au fédéral par un enfant handicapé», à la page 300.

Une personne à charge ne compte qu'une fois

Il est possible que deux personnes puissent demander un montant pour personne à charge à l'égard de la même personne, par exemple des parents séparés ayant la garde partagée d'un enfant, ou encore un parent âgé ayant vécu avec sa fille pendant quelques mois durant l'année et avec son fils une autre partie de l'année. Dans un tel cas, un seul montant pour la personne à charge est accordé. Les personnes qui y ont droit peuvent à ce moment s'entendre entre elles pour faire la répartition. Exceptionnellement, le montant de 9 600 $ pour équivalent ainsi que le montant de 2 038 $ pour un enfant de moins de 18 ans ne peuvent pas être partagés au fédéral. Une seule personne y a droit.

Crédit d'impôt remboursable pour aidants naturels

Si vous hébergez un «**proche admissible**» tout au long d'une période de 365 jours consécutifs, dont au moins 183 jours sont en 2008, vous pourrez réclamer, au Québec, un crédit de base de 568 $ qui pourra être bonifié jusqu'à 1 033 $ selon le niveau de revenu du proche admissible. Ce crédit est totalement remboursable.

Un «proche admissible» comprend les personnes suivantes:

- votre enfant;
- votre petit-fils et votre petite-fille;
- votre neveu et votre nièce;
- votre frère et votre sœur;
- votre père et votre mère;
- votre grand-père et votre grand-mère;
- votre oncle et votre tante;

- votre grand-oncle et votre grand-tante;
- tout autre ascendant en ligne directe;
- toutes ces personnes par rapport à votre conjoint.

Le «proche admissible» âgé de 70 ans ou plus, qui est un de vos parents, un de vos grands-parents, un de vos oncles ou grands-oncles, une de vos tantes ou grands-tantes, que vous hébergez durant le nombre de jours requis, vous donne droit au crédit de base de 568 $. S'ajoute un supplément de 465 $ lorsque le revenu du proche hébergé est inférieur ou égal à 20 650 $. Le supplément de 465 $ est réduit à raison d'un taux de 16 % pour chaque dollar de revenu gagné par le proche en sus de 20 650 $. Par conséquent, si le revenu du proche est égal ou supérieur à 23 557 $, le crédit d'impôt remboursable dont vous pourrez bénéficier sera équivalent au crédit de base de 568 $.

Tout proche admissible âgé de 18 ans et plus (tel qu'indiqué dans la liste précédente) habitant avec vous, **qui n'a pas atteint l'âge de 70 ans,** vous donne droit au crédit remboursable **seulement si celui-ci est atteint d'une déficience** mentale ou physique grave et prolongée selon les critères expliqués à la rubrique «Crédit d'impôt pour déficience mentale ou physique». Le formulaire TP-752.0.14 dûment signé par un médecin ou tout autre professionnel de la santé (voir à la page 246), attestant la déficience du proche hébergé, devra être fourni par la personne voulant bénéficier du crédit d'impôt remboursable.

La période de cohabitation de 183 jours avec un proche admissible atteint d'une déficience peut se partager en deux périodes d'au moins 90 jours consécutifs si le proche a été hébergé alternativement à deux endroits différents par deux membres d'une même famille. Par exemple, si vous avez hébergé votre mère âgée de 65 ans, atteinte d'une déficience, pendant quatre mois consécutifs en 2008 et que votre sœur l'a ensuite hébergée pour 115 jours consécutifs en 2008, votre sœur et vous pourrez vous partager le crédit remboursable d'un montant maximum de 1 033 $ à l'égard de votre mère. Une personne hébergée ne donne droit qu'à un seul crédit remboursable, peu importe qu'elle ait été hébergée par un ou plusieurs membres de sa famille.

Tel qu'indiqué ci-dessus, **vous pourrez demander un crédit remboursable pour aidant naturel à l'égard d'un enfant handicapé de 18 ans et plus au 31 décembre 2008.** Ce crédit n'est pas accordé pour un enfant mineur parce que les paiements de soutien aux enfants versés par la Régie des rentes du Québec jusqu'à ce que l'enfant atteigne l'âge de 18 ans comprennent un supplément pour enfant handicapé.

Finalement si vous réclamez un crédit remboursable pour aidants naturels à l'égard d'un enfant handicapé ayant eu 18 ans en 2008, le montant du crédit déterminé selon les règles décrites ci-dessus sera calculé en proportion du nombre de mois complets écoulés en 2008 suivant le jour du 18e anniversaire. Jusqu'au mois du 18e anniversaire, ce sont les paiements de soutien aux enfants qui étaient versés.

Crédit d'impôt pour les frais de relève payés par les aidants naturels

Un nouveau crédit d'impôt remboursable est accordé au Québec à partir de 2008 pour soutenir les personnes qui agissent comme aidant naturel. Ce crédit est égal à 30 % des frais payés par l'aidant naturel, jusqu'à concurrence de 5 200 $, pour obtenir **des services spécialisés de relève pour la garde et surveillance** d'une personne qui habite ordinairement avec l'aidant et qui est atteinte d'une incapacité significative. Davantage orienté vers les aidants naturels à faible et moyen revenu, le crédit est réduit d'un montant égal à 3 % du total du revenu de l'aidant et de son conjoint qui dépasse 50 000 $.

La personne dont s'occupe l'aidant naturel doit être âgée d'au moins 18 ans et est soit son conjoint, soit toute autre personne qui est un «proche admissible» au sens donné sous la rubrique précédente, «Crédit d'impôt remboursable pour aidants naturels». Cette personne doit être atteinte d'une déficience grave et prolongée lui donnant droit au crédit pour déficience (voir le chapitre 8) ou doit recevoir des soins palliatifs.

Sont admissibles au crédit les frais payés par l'aidant naturel pour des services de soins à domicile fournis par une personne qui détient un diplôme reconnu, soit:

- un diplôme d'études professionnelles (DEP) en assistance à la personne à domicile;

- un DEP en assistance à la personne en établissement de santé;

- un DEP en santé, assistance et soins infirmiers;

- un diplôme d'études collégiales (DEC) en soins infirmiers;

- un baccalauréat (BAC) en sciences infirmières;

- tout autre diplôme permettant à la personne d'agir à titre d'aide familiale, d'aide de maintien à domicile, d'auxiliaire familial et social, d'aide-infirmier, d'aide-soignant, de préposé aux bénéficiaires, d'infirmier auxiliaire et d'infirmier.

Une personne sera réputée posséder un diplôme reconnu lorsqu'elle sera à l'emploi d'une entreprise d'économie sociale accréditée par le ministère de la Santé et des Services sociaux pour offrir des services spécialisés de relève.

Les frais payés ne sont pas admissibles s'ils sont pris en considération par l'aidant naturel ou par toute autre personne dans le calcul du crédit pour frais médicaux ou du crédit d'impôt remboursable pour maintien à domicile.

Dans le cas où plus d'un individu pourrait se qualifier d'aidant naturel à l'égard d'une même personne, c'est celui qui agit comme principal soutien qui pourra demander le crédit d'impôt pour les frais de relève.

La demande du crédit d'impôt pour les frais de relève doit être appuyée par des reçus délivrés par les fournisseurs de services contenant le numéro d'assurance sociale lorsque le fournisseur est un particulier.

Services de relève bénévole

Dans le même ordre d'idées, le Québec encourage les bénévoles à offrir leurs services aux aidants naturels pour leur permettre de prendre un temps d'arrêt. L'aidant naturel peut octroyer jusqu'à 1 000 $ de crédit d'impôt aux bénévoles en allouant un montant n'excédant pas 500 $ à tout bénévole qui lui aura fourni **au moins 400 heures de services de relève** au cours de l'année 2008. L'aidant naturel peut donc octroyer à sa discrétion des montants de 500 $ ou moins à plusieurs bénévoles, dans la mesure où le total annuel ne dépasse pas 1 000 $. Pour administrer cela, Revenu Québec demande à l'aidant naturel de produire un relevé 23 au plus tard le dernier jour de février 2009. Celui-ci doit indiquer le nom du bénévole, le nom de l'aidant naturel, le nom du bénéficiaire des soins ainsi que le montant octroyé. Le bénévole joindra ce document à sa déclaration de revenus et pourra obtenir de Revenu Québec le paiement du montant octroyé sous forme de crédit d'impôt remboursable. **Aucun crédit n'est remboursé si le bénévole est un parent, un enfant, un frère ou une sœur du bénéficiaire des soins, ou le conjoint d'une de ces personnes.**

Crédits d'impôt pour frais d'adoption

Au Québec, il s'agit d'un crédit remboursable égal à 50 % des frais d'adoption admissibles payés et celui-ci est limité à 10 000 $ par enfant, soit 20 000 $ × 50 %. Les frais payés après l'ouverture du dossier relatif à l'adoption auprès du ministre de la Santé et des

Services sociaux ou d'un organisme agréé jusqu'au jour où le jugement définitif d'adoption a été rendu en 2008 sont admissibles. Ils comprennent:

- les frais judiciaires, extrajudiciaires ou administratifs payés pour obtenir un jugement d'adoption au Québec ou la reconnaissance judiciaire au Québec d'une décision d'adoption de l'enfant rendue hors du Québec;
- les frais judiciaires, extrajudiciaires ou administratifs payés en vue d'obtenir un certificat de conformité délivré selon la Convention sur la protection des enfants et la coopération en matière d'adoption internationale;
- les frais de traduction de dossier;
- les frais exigés par les organismes agréés par le ministère de la Santé et des Services sociaux;
- les frais inhérents à une exigence imposée par une autorité gouvernementale (tels les frais payés pour la délivrance d'un passeport étranger à l'enfant, pour l'ouverture de dossier, pour l'examen médical, etc.);
- les frais de voyage et de séjour nécessaires occasionnés par l'adoption d'un enfant, dont le montant est raisonnable et qui ne font l'objet d'aucun remboursement;
- les frais reliés à l'évaluation psychosociale des parents adoptifs;
- les frais exigés par l'institution étrangère qui a subvenu aux besoins de l'enfant.

Une copie du jugement définitif d'adoption devra accompagner la déclaration de revenus du Québec pour justifier la réclamation du crédit d'impôt remboursable. Vous devrez également remplir le formulaire TP-1029.8.63.

Au fédéral, il s'agit d'un crédit d'impôt **non remboursable**. Le crédit est calculé au taux de 15 % sur le montant total des frais d'adoption admissibles sous réserve d'un maximum de 10 643 $ par enfant adopté. Le crédit représente donc une réduction d'impôt de 1 596 $ tout au plus.

Le crédit fédéral doit être demandé dans l'année où l'ordonnance d'adoption est délivrée ou dans l'année où l'enfant commence à vivre avec son parent adoptif si elle survient après. Les frais admissibles comprennent les frais engagés depuis l'ouverture du dossier auprès du ministère provincial responsable des adoptions jusqu'au jour de l'ordonnance et sont essentiellement les mêmes que ceux énumérés précédemment.

Les parents adoptifs peuvent se partager le crédit entre eux dans la mesure où le total des frais pour un enfant adopté ne dépasse pas les limites de 20 000 $ au Québec et de 10 643 $ au fédéral.

Crédit d'impôt remboursable pour le traitement de l'infertilité

Le Québec accorde un crédit remboursable pour les frais reliés à l'insémination artificielle et à la fécondation *in vitro*. Ce crédit est égal à 50 % des frais payés en 2008 et est limité à 10 000 $. Notez que les frais servant au calcul de ce crédit remboursable ne peuvent servir au calcul du crédit pour frais médicaux au Québec.

Déduction des frais de garde d'enfants au fédéral

Les frais de garde d'enfants peuvent être déductibles au fédéral lorsqu'ils sont payés **pour des enfants âgés de 16 ans ou moins au 31 décembre 2008 (nés en 1992 ou après).** Les enfants de plus de 16 ans sont admissibles s'ils sont à charge en raison d'un handicap physique ou mental.

Pour être déduits, les frais de garde doivent être payés pour vous permettre, ou pour permettre à votre «**soutien**», d'occuper un emploi, d'exploiter une entreprise, d'exercer une profession, d'entreprendre des travaux de recherche subventionnés ou d'étudier à temps plein ou à temps partiel dans un établissement de niveau secondaire, collégial ou universitaire. Le «soutien» est, dans la majorité des cas, votre conjoint. Dans certains cas particuliers, lorsque des personnes habitant ensemble ne répondent pas à la définition de conjoints (voir le chapitre 1), le soutien peut aussi être la personne qui réclame un montant pour enfant à charge.

Le soutien doit vivre avec vous à un moment durant l'année 2008 et au cours des deux premiers mois de 2009. Par conséquent, si vous vous êtes séparé ou si vous avez divorcé en 2008 et que vous n'avez pas repris la vie commune durant les deux premiers mois de 2009, il n'existe pas de soutien.

Les **frais de garde sont** ceux payés aux personnes et aux organismes suivants :

- les amis ou les voisins ;
- les membres de la famille âgés de 18 ans ou plus (à l'exception des parents de l'enfant et du soutien) ;
- les prématernelles et les garderies ;
- les établissements scolaires offrant les services de garde ;
- les camps de jour, les colonies de vacances, les écoles de sport et les pensionnats (frais admissibles limités aux montants indiqués dans le tableau de la page 309).

Ne sont pas des frais de garde : les frais médicaux, les frais d'habillement, les frais de transport, les frais d'éducation, les frais de logement et de pension (sauf ceux inclus dans les frais de pensionnats ou de camps de jour), les frais payés à des personnes pour lesquelles un des soutiens réclame un montant de personne à charge. **Les frais de 7 $ par jour par enfant fixés par le gouvernement du Québec** pour des services de garde offerts par un centre de la petite enfance, par un service de garde en milieu familial ou par une garderie sont admissibles au fédéral. Tous les frais doivent être justifiés par des reçus indiquant clairement le nom de l'organisme et, dans les cas où les services sont rendus par un particulier, vous devez obtenir son numéro d'assurance sociale.

Les frais de garde sont généralement déductibles par le «soutien» ayant le revenu net le moins élevé, peu importe lequel des conjoints a payé les frais.

Une personne peut déduire à titre de frais de garde un montant n'excédant pas le plus petit des montants suivants:

- les frais de garde admissibles payés par la personne et le soutien;
- les deux tiers de son «**revenu gagné**»;
- le total de:
    - 7 000 $ par enfant âgé de six ans ou moins à la fin de 2008 (né en 2002 ou après),
    - 10 000 $ par enfant souffrant d'une déficience grave et prolongée attestée par un médecin sur le formulaire T2201 (voir la définition au chapitre 8),
    - 4 000 $ par enfant âgé entre 7 et 16 ans ou de plus de 16 ans avec un handicap non considéré comme grave et prolongé.

Le «**revenu gagné**» est le total du revenu d'emploi, du revenu d'entreprise, des rentes d'invalidité versées par la Régie des rentes du Québec ou le Régime de pensions du Canada, des bourses d'études imposables et des subventions de recherche reçues ainsi que des suppléments de revenu d'emploi reçus dans le cadre de projets parrainés par le gouvernement du Canada. Bien que l'expression soit la même, ne la confondez pas avec le revenu gagné utilisé pour établir votre contribution au REER (voir le chapitre 7).

En raison de la restriction applicable au revenu gagné, si votre «soutien» ou vous-même n'avez aucun revenu gagné, aucuns frais de garde ne peuvent être déduits au fédéral, à moins qu'une des situations particulières décrites dans les prochains paragraphes ne survienne. Autrement dit, si vous avez plusieurs enfants en bas âge et qu'un des deux conjoints décide de laisser son emploi pour quelques années, aucune déduction pour frais de garde ne sera permise au fédéral puisque l'un des deux conjoints n'a pas de revenu gagné.

Dans certains cas, il est permis au soutien du couple ayant le revenu net le plus élevé de déduire une partie des frais de garde au fédéral. Ces situations particulières surviennent si des frais de garde ont été engagés pendant que le soutien ayant le revenu net le moins élevé:

- est aux études à temps plein dans un établissement d'enseignement secondaire, dans un collège ou dans une université;

- est hospitalisé, alité ou confiné à un fauteuil roulant pendant au moins deux semaines ;

- est incapable de s'occuper des enfants pour une période indéfinie en raison d'un handicap mental ou physique ;

- effectue un séjour en prison pour au moins deux semaines ;

- vit séparé de l'autre soutien pendant au moins 90 jours en 2008, incluant le 31 décembre 2008, mais avec lequel il s'est réconcilié durant les 60 premiers jours de 2009.

Dans les cas énumérés ci-dessus, **le soutien ayant le revenu net le plus élevé peut déduire les frais de garde payés,** en respectant les limites générales. Toutefois, la déduction, **au fédéral,** ne peut excéder le total des montants suivants :

- 175 $ par semaine* pour chaque enfant de six ans ou moins à la fin de 2008 (né en 2002 ou après) ;
- 250 $ par semaine* pour chaque enfant souffrant d'une déficience grave et prolongée attestée par un médecin sur le formulaire T2201 ;
- 100 $ par semaine* pour chaque enfant âgé entre 7 et 16 ans ou de plus de 16 ans avec un handicap non considéré comme grave et prolongé.

* Semaine d'études à temps plein, d'incapacité, etc.

Le conjoint ayant le revenu le plus élevé peut déduire des frais de garde lorsque l'autre conjoint poursuit des **études à temps partiel.** Toutefois, le montant admissible ne peut excéder le moins élevé des montants suivants :

- frais de garde admissibles payés par ce conjoint et le soutien ;

- deux tiers du revenu gagné du conjoint ayant le revenu le plus élevé ;

- le total des montants indiqués dans le tableau ci-dessus en remplaçant le mot «semaine» par «mois d'études à temps partiel».

C'est le soutien ayant le revenu le plus élevé qui doit calculer en premier lieu le montant de la déduction permise. Par la suite, on calcule le montant admissible pour le soutien ayant le revenu net le plus bas en réduisant le résultat obtenu du montant réclamé par l'autre soutien.

Exemple

Luc et Josée sont mariés et ont deux enfants de 5 et 12 ans. Josée était aux études à temps plein durant les 16 premières semaines de 2008. Elle a trouvé un emploi en mai 2008 et a gagné 9 000 $. Luc a gagné un revenu de 40 000 $. Des frais de garde ont été payés pour le plus jeune enfant à raison de 140 $ par semaine durant toute l'année. L'enfant âgé de 12 ans a été gardé durant l'été et les frais ont été de 1 400 $. Tous les frais de garde ont été payés par Luc.

Malgré une contribution au REER et d'autres déductions réclamées, Luc a un revenu net plus élevé que Josée pour l'année 2008.

Déduction pour Luc :
a) Frais payés (140 $ × 52 semaines + 1 400 $)	8 680 $
b) (175 $ + 100 $) × 16 semaines pendant lesquelles Josée était aux études	4 400 $
c) Limites : 7 000 $ (5 ans) + 4 000 $ (12 ans)	11 000 $
d) $2/_3$ × 40 000 $	26 667 $
Déduction : le plus petit montant, soit b)	4 400 $

Déduction pour Josée :
a) Frais payés	8 680 $
b) Limites : 7 000 $ (5 ans) + 4 000 $ (12 ans)	11 000 $
c) $2/_3$ × 9 000 $	6 000 $
Le plus petit montant, soit c)	6 000 $
Moins : montant réclamé par Luc	(4 400)
Déduction pour Josée	1 600 $

Au total, Luc et Josée déduiront 6 000 $. On peut remarquer que la limite de 175 $ et de 100 $ par semaine applicable pour Luc pendant les semaines où Josée était aux études repose sur le nombre d'enfants admissibles et non sur le fait que des frais ont été payés pour chacun des enfants durant cette période. En effet, même si aucuns frais pour l'enfant de 12 ans n'ont été payés lorsque Josée était aux études, un montant de 100 $ par semaine est alloué.

Un chef de famille monoparentale, qui est aux études à temps plein ou à temps partiel dans un établissement d'enseignement secondaire, collégial ou universitaire, peut demander une déduction pour des frais de garde s'il n'a aucun revenu gagné. En effet, une des limites applicables aux étudiants est égale aux **deux tiers du revenu net**. Ainsi, un **étudiant aux études à temps plein ou à temps partiel** peut déduire, en 2008, le moins élevé des montants suivants :

- frais payés non déduits selon les règles générales ;
- deux tiers du revenu net ;
- 7 000 $, 10 000 $ ou 4 000 $ par enfant selon son âge ;
- le total des montants indiqués dans le tableau de la page 309 pour chaque semaine d'études à temps plein ou pour chaque mois d'études à temps partiel, selon le cas.

Lorsque les deux parents sont aux études durant la même période, c'est le conjoint ayant le revenu net le plus élevé qui peut réclamer la déduction des frais de garde (non déduits selon les règles générales) en utilisant les limites applicables aux étudiants à temps plein ou à temps partiel selon le cas.

Le crédit d'impôt remboursable pour frais de garde au Québec

Il s'agit d'un crédit d'impôt remboursable que le Québec accorde à l'égard des frais de garde d'enfants lorsqu'ils sont payés **pour des enfants âgés de 16 ans ou moins au 31 décembre 2008 (nés en 1992 ou après).** Les enfants de plus de 16 ans sont admissibles s'ils sont à charge en raison d'un handicap physique ou mental.

Tout comme au fédéral, les frais de garde doivent être payés pour vous permettre, ou pour permettre à votre «**conjoint admissible**», d'occuper un emploi, d'exploiter une entreprise, d'exercer une profession, d'entreprendre des travaux de recherche subventionnés ou d'étudier à temps plein ou à temps partiel dans un établissement de niveau secondaire, collégial ou universitaire. Si votre conjoint admissible ou vous êtes en recherche active d'un emploi, vous serez aussi éligible au crédit pour frais de garde.

Le «conjoint admissible» est, dans la majorité des cas, votre conjoint. Il doit vivre avec vous à un moment durant l'année 2008 et au cours des deux premiers mois de 2009. Par conséquent, si vous vous êtes séparé ou si vous avez divorcé en 2008 et que vous n'avez pas repris la vie commune durant les deux premiers mois de 2009, il n'existe pas de «conjoint admissible».

Les **frais de garde admissibles au crédit d'impôt du Québec sont** essentiellement les mêmes que ceux énumérés à la page 307, incluant les montants restreints pour les pensionnats et les colonies de vacances. **Toutefois, le Québec n'accorde aucun crédit pour les frais de 7 $ par jour.** C'est la raison pour laquelle vous recevez deux types de reçus d'une telle garderie, l'un pour le fédéral qui inclut la contribution de 7 $ par jour et l'autre, un relevé 24 pour le Québec indiquant un montant inférieur et excluant la contribution de 7 $ par jour. Seules les personnes qui ne détiennent pas de permis délivré en vertu de la Loi sur les centres de la petite enfance et les autres services de garde à l'enfance sont exemptées de la production des relevés 24. Toutefois, elles doivent tout de même vous remettre des reçus indiquant leur nom et leur numéro d'assurance sociale.

Depuis 2007, le Québec a simplifié de façon remarquable le calcul du crédit d'impôt remboursable pour frais de garde. Ainsi, l'ensemble des frais de garde admissibles payés par vous ou par votre conjoint admissible vous donnera droit à un crédit d'impôt. **La seule limite applicable** demeure le total de :

- 7 000 $ par enfant âgé de six ans ou moins à la fin de 2008 (né en 2002 ou après) à l'égard duquel des frais de garde ont été payés;
- 10 000 $ par enfant souffrant d'une déficience grave et prolongée attestée par un médecin sur le formulaire TP752.0.14 (voir la définition au chapitre 8) à l'égard duquel des frais de garde ont été payés;
- 4 000 $ par enfant âgé entre 7 et 16 ans ou de plus de 16 ans avec un handicap non considéré comme grave et prolongé à l'égard duquel des frais de garde ont été payés.

Le Québec a complètement éliminé la notion de «revenu gagné». En supposant la même situation mentionnée précédemment dans le cadre de l'application des règles fédérales, si vous avez plusieurs enfants en bas âge et qu'un des deux conjoints décide de laisser son emploi pour quelques années, des frais de garde admissibles pourront donner droit au crédit d'impôt du Québec s'ils permettent à l'autre conjoint d'occuper un emploi, d'exploiter une entreprise, etc.

Le taux du crédit d'impôt remboursable est fixé en fonction du revenu net total des deux conjoints. Le taux est égal à 75 % tant que le revenu net total n'excède pas 30 795 $. Le taux diminue de 1 % par tranche de revenu additionnelle d'environ 1 140 $, jusqu'à ce que le revenu net atteigne 85 535 $. Dans tous les cas où le revenu net est supérieur à 85 535 $, le taux du crédit est égal à 26 %.

Le crédit d'impôt pour frais de garde peut être réclamé par l'un ou l'autre des conjoints, ou partagé entre eux à leur guise.

Exemple

Reprenons le cas de Luc et de Josée pour déterminer le montant des frais de garde admissibles au crédit d'impôt du Québec.

a) Total des frais de garde admissibles payés par les conjoints	8 680 $
b) Limites : 7 000 $ (5 ans) + 4 000 $ (12 ans)	11 000 $

Le total des frais payés est admissible au crédit d'impôt. Si le revenu net total des deux conjoints est supérieur à 85 535 $, le crédit, calculé au taux de 26 %, sera égal à 2 256,80 $. L'un des deux conjoints peut réclamer le montant total du crédit, ou ils peuvent convenir d'une répartition entre eux.

Les taux de crédit d'impôt applicables seront révisés pour 2009 et permettront aux familles de classe moyenne de bénéficier d'un meilleur remboursement. La table des taux applicables en 2008 accorde un taux de remboursement des frais de garde égal à 60 % lorsque le revenu familial est d'environ 48 000 $. À partir de ce montant, le taux diminue de 1 % par tranches de 1 140 $ environ et atteint 26 % lorsque le revenu familial est égal ou supérieur à 85 535 $. **En 2009, le taux de remboursement sera égal à 60 %** lorsque le revenu familial se situera entre 46 755 $ et 82 100 $, et diminuera de 2 % par tranches de 1 155 $ environ. Les familles dont le revenu sera égal ou supérieur à 100 550 $ auront droit au taux de remboursement le plus bas égal à 26 %. Autrement dit, en 2009, les familles dont le revenu se situe entre 48 000 $ et 100 000 $ verront leur crédit d'impôt pour frais de garde augmenter au Québec. Par exemple, pour un revenu familial de 60 000 $, le taux de remboursement en 2008 est de 49 %, alors qu'il sera de 60 % en 2009. Pour un revenu familial de 75 000 $, le taux en 2008 est de 36 % et il sera augmenté à 60 % en 2009.

Il est possible de demander à Revenu Québec de vous verser par anticipation le montant du crédit d'impôt pour frais de garde auquel vous pensez avoir droit pour l'année. Cela permet de bénéficier du crédit d'impôt au fur et à mesure que les frais de garde sont payés. **Pour demander des versements du crédit par anticipation pour l'année 2009**, vous devez poster à Revenu Québec le formulaire TPZ-1029.8.F et y joindre les documents nécessaires. Notamment, la personne assurant le service de garde doit vous remettre une confirmation écrite du tarif et du nombre de jours de garde prévu. Si le montant du crédit estimé est supérieur à 1 000 $ (cette condition ne s'applique pas si vous êtes également bénéficiaire d'une prime au travail de plus de 500 $ pour l'année 2009), vous recevrez en quatre versements égaux le montant du crédit estimé, à la condition que Revenu Québec ait reçu votre demande au plus tard le 31 décembre 2008. Si votre demande est faite au cours du premier trimestre de 2009, vous recevrez le crédit estimé en trois paiements. La date limite pour soumettre une demande de versements anticipés pour l'année 2009 est fixée au 1er septembre 2009.

Vous devez informer Revenu Québec de tout changement dans votre situation ou celle de votre famille, qui pourrait faire en sorte que le montant de vos versements anticipés du crédit d'impôt soit modifié. C'est le cas, par exemple, si les frais de garde que vous devez payer sont inférieurs à ceux que vous aviez prévus ou ne donnent pas droit au crédit d'impôt.

Toute personne ayant reçu des versements anticipés relatifs au crédit pour frais de garde d'enfant doit produire une déclaration de revenus du Québec et ajouter le montant ainsi reçu, indiqué sur le relevé 19, à son impôt du Québec à payer. Par ailleurs, cette personne calculera le crédit pour frais de garde selon les règles habituelles et pourra déduire ce montant de son impôt à payer. De cette manière, si les versements anticipés que vous avez reçus sont inférieurs ou plus élevés que le crédit calculé en produisant votre déclaration de revenus, la différence sera prise en compte dans la détermination de votre solde d'impôt à payer ou de votre remboursement, selon le cas.

Crédit d'impôt fédéral pour la condition physique des enfants

Un crédit d'impôt non remboursable est accordé au fédéral à l'égard de **frais payés en 2008** pour inscrire un enfant à un programme d'activités physiques si ce dernier a moins de 16 ans à un moment donné de l'année. Le total des frais payés pour chacun de vos enfants admissibles, sans excéder 500 $ par enfant, permet de réclamer un crédit de 15 %. Le crédit maximum est donc égal à 75 $ par enfant. Des frais payés pour un enfant de moins de 18 ans qui a droit au crédit pour déficience mentale ou physique sont également admissibles selon les mêmes limites, et un crédit additionnel de 75 $ est accordé lorsque le montant dépensé pour les activités physiques concernant cet enfant est d'au moins 100 $. Par exemple, si vous avez payé 200 $ pour des cours de natation pour votre enfant handicapé de 17 ans, vous aurez droit à un crédit de 30 $ (200 $ x 15 %) et à un crédit additionnel de 75 $ parce que les frais payés sont d'au moins 100 $. Il n'est pas possible de doubler le crédit dans les cas où une personne et son conjoint paieraient chacun 500 $ pour un même enfant. Les deux conjoints doivent s'entendre pour se partager un seul montant de 500 $.

Une «activité physique» désigne une activité supervisée convenant aux enfants, qui contribue à l'endurance cardiorespiratoire et à un ou plusieurs des aspects suivants : force musculaire, endurance musculaire, souplesse et équilibre. Par exemple, le hockey, le karaté, le football, la natation et la randonnée pédestre sont des activités physiques acceptées. Les activités sportives qui font appel à des véhicules motorisés, par exemple les cours de motoneige, sont exclues. L'équitation est une activité admissible.

Un programme d'activités physiques admissible est un programme hebdomadaire d'une durée de huit semaines consécutives dans le cadre duquel environ 90 % des activités contribuent à une meilleure condition physique en renforçant les aspects décrits précédemment. Aussi, un programme d'une durée d'au moins cinq jours consécutifs (comme un camp d'été) est admissible si plus de 50 % des activités quotidiennes comprennent une part importante d'activités physiques. Les activités physiques qui font partie d'un programme d'enseignement d'une école ne sont pas admissibles au crédit.

D'autres critères administratifs permettent aux organisations, qui offrent des programmes comprenant plusieurs types d'activités, de distinguer la fraction des coûts attribuables aux activités physiques et d'émettre les reçus en conséquence.

Les frais payés pour les activités physiques peuvent inclure les frais d'administration, de cours et de location des installations. Cependant, la partie des frais relatifs aux coûts liés à l'hébergement, au déplacement ou à la nourriture ne peut donner droit au crédit d'impôt. Finalement, des frais payés et déduits au titre de frais de garde d'enfants ne peuvent pas être utilisés pour obtenir un crédit d'impôt pour activités physiques.

Prestation fiscale pour enfants

La **prestation fiscale pour enfants (PFE)** varie en fonction du nombre d'enfants et prend en considération le revenu net familial. Le montant de la prestation décroît en fonction des revenus.

Cette prestation répartie en 12 versements est payée généralement à la mère. De janvier à juin 2008, la prestation a été calculée compte tenu du revenu net familial de 2006. De juillet 2008 à juin 2009, la prestation est calculée en fonction du revenu net familial de 2007.

Brièvement, la prestation fiscale pour enfants correspond à un montant de 1 307 $ par enfant, pour les deux premiers enfants admissibles, et à un montant de 1 398 $ pour les autres. Le total des prestations est réduit en fonction du revenu net familial. Vous trouverez sur le site de l'ARC les niveaux de revenus à partir desquels la prestation fiscale n'est plus versée de même qu'un calculateur de prestations. Par exemple, un couple avec deux enfants est admissible pour la PFE de juillet 2008 à juin 2009, dans la mesure où le revenu net familial de l'année 2007 était inférieur à 103 235 $. En plus des prestations de base, le supplément de la prestation nationale pour enfants s'ajoute pour les familles à revenus modestes ainsi qu'un supplément (pouvant atteindre 2 395 $ par année) par enfant handicapé à l'égard duquel vous avez déjà produit le formulaire T2201 attestant son handicap.

Notez que tous les montants de base des prestations ainsi que les niveaux de revenus à partir desquels les prestations cessent d'être versées sont indexés annuellement.

Il est essentiel que les deux conjoints produisent leurs déclarations de revenus afin que la prestation fiscale pour enfants soit versée. À cet effet, l'ARC envoie à certaines personnes admissibles n'ayant aucun revenu ou que de faibles revenus de placements, une déclaration d'une page sans calcul sur laquelle le revenu du conjoint doit être indiqué. Si vous n'avez pas reçu un tel formulaire, remplissez tout de même une déclaration fédérale même si vous n'avez pas de revenus à déclarer.

La prestation est versée jusqu'à ce que l'enfant atteigne l'âge de 18 ans. Si votre conjoint décède ou s'il y a rupture de votre couple, vous pouvez demander que le calcul de la prestation fiscale soit effectué en ne tenant pas compte du revenu du conjoint.

Si vous partagez la garde d'un enfant avec votre ex-conjoint pour des périodes plus ou moins égales (que ce soit quatre jours avec l'un et trois jours avec l'autre, une semaine chez l'un et une semaine chez l'autre ou toute autre rotation semblable), chacun sera admissible à la prestation fiscale, en période d'alternance, de six mois en six mois. Il s'agit d'une politique administrative pour pallier le fait que la loi ne reconnaît pas qu'il puisse y avoir deux personnes en même temps qui reçoivent la prestation fiscale pour un même enfant.

La prestation fiscale pour enfants n'est imposable ni au fédéral ni au Québec.

Prestation universelle pour la garde d'enfants (PUGE)

Depuis juillet 2006, les familles reçoivent un montant mensuel de **100 $ pour chaque enfant de moins de six ans**, peu importe que l'enfant fréquente ou non une garderie. Cette prestation, versée par le gouvernement du Canada, ne tient pas compte du revenu familial. Toutes les familles ayant déjà fait une demande pour recevoir la prestation fiscale pour enfants sont automatiquement inscrites pour recevoir la PUGE. Si vous avez un enfant de moins de six ans et n'avez jamais présenté de demande pour recevoir la prestation fiscale pour enfants en raison d'un revenu familial trop élevé, vous devrez alors présenter une demande pour recevoir la PUGE.

La PUGE est un revenu imposable tant au fédéral qu'au Québec pour le conjoint ayant le revenu le moins élevé. Un relevé annuel RC-62 est émis par Ressources humaines et Développement social Canada indiquant le montant imposable. Notez que la PUGE n'est pas incluse dans le revenu familial pour déterminer la prestation fiscale pour enfants ni pour établir le crédit remboursable pour la TPS. **Au Québec,** l'ajout de la PUGE se fait pour le calcul du revenu imposable de sorte que tous les crédits d'impôt remboursables ou non remboursables calculés en fonction du revenu net ne sont pas affectés par la PUGE.

Soutien aux enfants

Le programme de soutien aux enfants est administré par la Régie des rentes du Québec.

Tout comme pour la PFE, les paiements de soutien aux enfants ne sont pas imposables et varient en fonction du nombre d'enfants âgés de moins de 18 ans et du revenu familial. Les versements sont établis pour une période de 12 mois qui débute en juillet et se termine en juin de l'année suivante. De juillet 2008 à juin 2009, les calculs tiennent compte du revenu familial de l'année 2007.

Les paiements de soutien sont versés tous les trimestres, soit au début des mois de janvier, avril, juillet et octobre. Si vous le souhaitez, vous pouvez demander à la Régie des rentes des versements mensuels plutôt que trimestriels.

Les prestations sont indexées annuellement. En 2008, les montants maximums étaient les suivants :

- 2 116 $ pour le 1er enfant ;
- 1 058 $ pour le 2e enfant et pour le 3e enfant ;
- 1 586 $ pour le 4e enfant et pour chacun des suivants ;
- 741 $ pour une famille monoparentale.

Un supplément mensuel de 167 $ s'ajoute pour un enfant handicapé. Les prestations sont graduellement réduites lorsque le revenu familial d'un couple est supérieur à 43 654 $ ou à 31 984 $ dans le cas d'un parent chef de famille monoparentale.

Ce qui distingue le soutien aux enfants de la PFE, c'est que toutes les familles avec des enfants âgés de moins de 18 ans ont droit à un montant minimum de paiement de soutien. Il en est ainsi car les crédits d'impôt non remboursables pour enfants à charge de moins de 18 ans sont totalement disparus du calcul de l'impôt à payer des parents.

Les paiements minimum de soutien aux enfants pour 2008 étaient de :

- 594 $ pour le 1er enfant ;
- 548 $ pour le 2e enfant et pour chacun des suivants ;
- 297 $ pour une famille monoparentale.

Jusqu'à la fin de l'année 2006, la Régie des rentes du Québec était dépendante de l'Agence du revenu du Canada concernant l'admissibilité des contribuables aux paiements de soutien. En effet, il n'était pas nécessaire d'aviser la Régie pour une naissance ou pour un changement d'état civil. Un contact avec l'ARC était suffisant, car celle-ci transmettait toutes les informations requises à la Régie. **Depuis janvier 2007, la Régie est complètement autonome** dans le but de mieux tenir compte de la réalité des familles d'aujourd'hui. **En pratique, cela veut dire que tout changement, tels un divorce, un mariage, une rupture ou une nouvelle union, doit être communiqué à la Régie avant la fin du mois qui suit celui au cours duquel le changement de situation survient.** Exceptionnellement, la Régie est directement informée de la naissance ou du décès d'un enfant au Québec par le Directeur de l'état civil. Les changements de situation peuvent permettre la révision du montant établi au titre d'un paiement de soutien aux enfants. À titre d'exemple, un paiement de soutien aux enfants versé à une mère de famille monoparentale tient compte d'un montant annuel variant entre 297 $ et 741 $ étant donné que la personne vit sans conjoint. La venue d'un nouveau conjoint éliminera ce montant dans le calcul des paiements de soutien à partir du mois suivant l'événement.

Les paiements de soutien sont versés à une seule personne par famille. La Régie a établi des règles pour déterminer lequel des conjoints sera bénéficiaire des paiements de soutien dans le cas de familles recomposées ou non. Aussi, **les parents d'enfants dont la garde est partagée** peuvent bénéficier simultanément du paiement de soutien aux enfants si chacun assume au moins 40 % du temps de garde à l'égard de l'enfant. En fait, chacun des parents reçoit la moitié des paiements de soutien qu'il aurait autrement reçus s'il avait eu la garde exclusive de l'enfant. Un parent est tenu d'informer la Régie lorsqu'une garde partagée entre en vigueur ou lorsqu'un changement est apporté dans le mode de répartition du temps de garde de l'enfant avant la fin du mois qui suit celui au cours duquel le changement de situation survient.

Pour plus de détails concernant les paiements de soutien aux enfants, consultez le site de la Régie des rentes (rrq.gouv.qc.ca).

Régime québécois d'assurance parentale (RQAP)

Le RQAP est entré en vigueur le 1er janvier 2006. Ce régime remplace les prestations de maternité et les prestations parentales administrées antérieurement dans le cadre du programme fédéral d'assurance-emploi. Les prestations versées en vertu de la Loi sur l'assurance parentale sont entièrement imposables.

En raison de ce remaniement, les cotisations d'assurance-emploi prélevées sur les salaires des employés du Québec sont réduites et une nouvelle cotisation calculée au taux de 0,45 % du salaire est prélevée à la source par l'employeur. Ce dernier doit lui-même contribuer au taux de 0,63 %. Le montant maximal de salaire assujetti aux cotisations à l'égard du RQAP était de 60 500 $ en 2008. Ainsi, la cotisation maximale d'un employé au RQAP était de 272,25 $ en 2008.

Un travailleur autonome contribue également au RQAP et sa cotisation est égale à 0,80 % de son revenu net d'entreprise, sous réserve d'un montant maximal équivalent applicable à un salarié, soit 60 500 $.

À l'instar des cotisations au Régime de rentes du Québec et à l'assurance-emploi, les cotisations payées par un salarié au RQAP donnent droit à un crédit d'impôt non remboursable de 15 % au fédéral. La cotisation payée par un travailleur autonome est scindée en deux montants, l'un étant déductible du revenu net d'entreprise et l'autre donnant droit à un crédit d'impôt non remboursable au fédéral seulement.

Tableau des montants personnels au fédéral pour l'année 2008	Montant de base	Crédit 15 %
Montant personnel	9 600 $	1 440 $
Conjoint à charge *réduit de chaque dollar de revenu net*	9 600 $	1 440 $
Équivalent *réduit de chaque dollar de revenu net*	9 600 $	1 440 $
Enfant de moins de 18 ans à la fin de 2008	2 038 $	306 $
Personnes à charge nées en 1990 ou avant, souffrant d'un handicap physique ou mental *réduit du revenu net* *excédant 5 811 $*	4 095 $	614 $
Montant pour déficience grave et prolongée*	7 021 $	1 053 $
Montant additionnel pour déficience d'une personne de moins de 18 ans* *réduit des frais de garde ou de préposé* *excédant 2 399 $*	4 095 $	614 $
Montant pour personne âgée de 65 ans ou plus *réduit de 15 % du revenu net* *excédant 31 524 $*	5 276 $	791 $
Aidants naturels *réduit du revenu* *excédant 13 986 $*	4 095 $	614 $
Montant pour revenus de retraite admissibles	2 000 $	300 $
Montant pour études et pour manuels* études à temps plein études à temps partiel	465 $/mois 140 $/mois	70 $ 21 $
Montant pour la condition physique des enfants maximum par enfant maximum par enfant handicapé	500 $ 1 000 $	75 $ 150 $

* Montant transférable au parent s'il est non utilisé par l'enfant à charge pour réduire son impôt à 0.

Tableau des montants personnels au Québec pour l'année 2008	Montant de base	Crédit 20 %
Montant personnel	10 215 $	2 043 $
Montant par session d'études pour enfant mineur (maximum deux sessions par enfant)*	1 885 $	377 $
Montant pour autre personne à charge majeure* (P)	2 740 $	548 $
Contribution parentale pour enfant majeur aux études (P)		
1 session	4 845 $	969 $
2 sessions	6 730 $	1 346 $
réduit de 80 % du revenu imposable de l'enfant		
Montant pour déficience grave et prolongée	2 325 $	465 $
Montant pour personne vivant seule**	1 195 $	239 $
Montant pour famille monoparentale à l'égard d'un enfant majeur aux études** (P)	1 485 $	297 $
Montant pour personne âgée de 65 ans ou plus**	2 200 $	440 $
Montant pour revenus de retraite admissibles**	1 500 $	300 $
Crédit d'impôt remboursable pour aidant naturel d'un proche admissible*** (P)		
montant minimum	—	568 $
montant additionnel réduit de 16 % du revenu net du proche excédant 20 650 $	—	465 $

*   Réduit de 80 % du revenu net (excluant les bourses d'études) de l'enfant ou de la personne à charge.

**   Une personne admissible à l'un ou plusieurs des montants indiqués doit les totaliser ainsi que ceux applicables à son conjoint, et réduire ce total de 15 % du revenu net familial excédant 29 645 $.

*** Âgé de 70 ans et plus ou de 18 ans et plus si le proche est atteint d'une déficience.

(P) Si la personne visée par le crédit a atteint l'âge de 18 ans en 2008, les montants des crédits seront réduits.

Chapitre 12

Êtes-vous séparé
ou divorcé?

Les conséquences fiscales d'un divorce ou d'une séparation sont souvent reléguées au second plan. Parfois, ce n'est qu'au moment de faire leurs déclarations de revenus que les gens se rendent compte qu'ils n'ont pas bien compris l'incidence fiscale de l'entente intervenue avec l'ex-conjoint. Nous traiterons dans ce chapitre des questions les plus couramment posées lorsqu'il y a un divorce ou une séparation.

Deux types de pension alimentaire

Depuis le 1er mai 1997, il y a lieu de distinguer entre la **pension alimentaire** et la **pension alimentaire pour enfants**. La première est imposable pour le bénéficiaire et déductible pour le payeur, alors que la seconde est libre d'impôts.

Une pension alimentaire est imposable et déductible si les cinq critères suivants sont respectés :

- les paiements sont destinés à subvenir aux besoins de l'ancien conjoint et des enfants issus de l'union ;
- les paiements sont payés à titre d'allocation périodique ;
- les paiements sont versés à l'ancien conjoint (marié ou de fait) s'il vit séparé du payeur ;
- l'ancien conjoint peut utiliser les sommes à son entière discrétion ;
- la pension est visée par un jugement ou par un accord écrit.

Pour tout jugement ou accord écrit de séparation conclu après le 30 avril 1997, une pension alimentaire ne sera imposable et déductible que si l'entente indique clairement que la pension est réservée uniquement au **bénéfice de l'ancien conjoint.**

Pension alimentaire pour enfants

Une pension alimentaire pour enfants est une pension alimentaire qui respecte les critères mentionnés précédemment, et qui est visée dans un **jugement ou un accord écrit de séparation conclu après le 30 avril 1997.** Une pension versée au bénéfice de l'ancien conjoint et des enfants, ou au bénéfice des enfants uniquement, porte le nom de pension alimentaire pour enfants. Une pension versée au bénéfice exclusif de l'ancien conjoint n'est pas une pension alimentaire pour enfants.

La pension alimentaire pour enfants est libre d'impôts. Ce n'est pas un revenu pour le bénéficiaire ni une déduction pour le payeur.

Si un jugement ou un accord écrit de séparation a été conclu avant mai 1997, il est possible de faire appliquer les nouvelles règles de non-imposition/non-déduction concernant les pensions alimentaires pour enfants dans les cas suivants :

- s'il y a modification ou remplacement du jugement ou de l'accord après avril 1997 pour augmenter ou pour diminuer la pension alimentaire pour enfants ;

- si le bénéficiaire et le payeur choisissent conjointement d'appliquer la nouvelle mesure de non-imposition/non-déduction (sans modification des montants de pension) en présentant les formulaires T1157 au fédéral et TP-312 au Québec ;

- si le jugement ou l'accord conclu avant mai 1997 prévoit que les règles de non-imposition/non-déduction s'appliqueront à compter d'une date postérieure au 30 avril 1997.

Si le jugement ou l'accord prévoit un montant payable à titre de pension alimentaire pour le bénéfice des enfants et un autre payable pour le bénéfice exclusif de l'ancien conjoint, **c'est la pension alimentaire pour enfants qui sera considérée comme versée en premier**. Le payeur pourra demander une déduction à l'égard de la pension alimentaire versée pour le bénéfice exclusif du conjoint seulement s'il a versé le montant payable pour le bénéfice des enfants. De même, le bénéficiaire n'aura pas à inclure dans le calcul de son revenu la pension alimentaire reçue si celle pour le bénéfice des enfants n'a pas été versée en totalité.

Exemple

En vertu d'un jugement prononcé le 3 juillet 2008, Alexis doit verser à Dominique, son ex-conjointe, une pension alimentaire pour enfants de 300 $ par mois et une pension alimentaire au bénéfice exclusif de Dominique de 400 $ par mois. Ainsi, en 2008, Alexis aurait dû verser 1 800 $ pour l'enfant (300 $ × 6 mois) et 2 400 $ (400 $ × 6 mois) pour son ex-conjointe. Supposons qu'il n'ait effectué qu'un seul versement de 700 $ durant l'année 2008. Puisque la pension alimentaire pour enfants due pour l'année 2008 n'a pas été totalement versée, Alexis ne peut déduire aucune somme à l'égard de la pension versée au bénéfice exclusif de Dominique. Cette dernière n'aura pas à inclure la somme de 700 $ dans son revenu, car la somme reçue est réputée être une pension alimentaire pour enfants.

Les arrérages de pension alimentaire pour enfants s'ajoutent à la pension alimentaire payable pour l'année suivante. Dans l'exemple, Alexis a une pension alimentaire pour enfants à payer en 2009 égale à 4 700 $, représentée par un montant de 1 100 $ pour les arrérages de 2008 (1 800 $ − 700 $) et un montant de 3 600 $ pour la pension de l'année courante. Aucune déduction concernant la pension alimentaire au bénéfice du conjoint ne peut être réclamée jusqu'à ce que tous les montants de pension alimentaire pour enfants soient réglés.

Si Alexis avait versé 3 500 $ en 2008, il n'y aurait pas d'arrérages au titre de la pension alimentaire pour enfants. Une déduction de 1 700 $ serait permise pour le paiement de la pension alimentaire au bénéfice du conjoint en 2008. Il resterait 700 $ d'arrérages au titre de la pension alimentaire au bénéfice du conjoint. Ces arrérages seront déductibles dans une année subséquente seulement si la pension alimentaire pour enfants est totalement acquittée.

Caractéristiques des pensions alimentaires

Qu'il s'agisse de pension alimentaire ou de pension alimentaire pour enfants, les paiements effectués doivent être sous forme d'**allocation**. Autrement dit, le bénéficiaire n'a pas à rendre compte de l'utilisation des sommes reçues.

Les paiements doivent être déterminés d'avance dans le jugement ou l'accord. Ils peuvent aussi être rajustés en fonction de certains facteurs ; par exemple, les paiements peuvent être indexés chaque année en fonction de l'indice des prix à la consommation. Comme nous le verrons plus loin dans ce chapitre, les pensions alimentaires pour enfants sont des montants déterminés en fonction de tables de calcul fournies par le gouvernement.

Les paiements doivent être faits périodiquement, c'est-à-dire à intervalles réguliers. Par exemple, des paiements faits tous les mois, tous les trimestres ou tous les ans sont des paiements périodiques. Les paiements forfaitaires pour acquitter une obligation découlant de la dissolution du régime matrimonial (Loi sur le patrimoine familial) ne sont ni déductibles ni imposables.

De même, si les ex-conjoints s'entendent pour mettre fin au versement périodique de la pension alimentaire en réglant par le **versement d'une somme globale,** celle-ci ne sera pas déductible ni imposable.

Cependant, si le paiement forfaitaire correspond à un nombre précis de paiements périodiques non effectués, il s'agit d'un **règlement d'arrérages** qui est déductible ou imposable, dans la mesure où il ne s'agit pas d'arrérages à l'égard d'une pension alimentaire pour enfants. Il est à noter qu'au Québec, le payeur d'un montant d'arrérages de 300 $ ou plus a l'obligation de répartir la déduction du montant sur les années auxquelles elle se rapporte plutôt que de réclamer la déduction dans l'année du paiement. À cette fin, le formulaire TP-766.2 doit être rempli. **Au fédéral,** la déduction est permise dans l'année du paiement.

Au fédéral, le bénéficiaire d'un paiement d'arrérages de 3 000 $ ou plus peut choisir de faire calculer l'impôt comme si le montant avait été reçu dans les années auxquelles il se rapporte. Le choix existe aussi au Québec si le montant d'arrérages est de 300 $ ou plus. Le but est de permettre au bénéficiaire de payer moins d'impôt s'il avait un taux d'impôt moins élevé dans les années antérieures. Toutefois, l'ARC et Revenu Québec tiendront compte dans les calculs des intérêts à payer sur l'impôt payable pour les années antérieures. Donc, même si vous choisissez de faire calculer l'impôt en répartissant le montant d'arrérages sur les années antérieures, soyez assuré que l'ARC et Revenu Québec feront les calculs et que les résultats les plus avantageux vous seront accordés.

Si, à la suite d'un jugement, vous devez rembourser des sommes à l'égard d'une pension alimentaire reçue et incluse dans le calcul de votre revenu, le montant remboursé sera déductible. La personne qui reçoit, durant l'année, un remboursement devra l'inclure si elle a déduit les paiements originaux dans une année antérieure.

Montants versés avant la date du jugement

Les paiements de pension alimentaire (et de pension alimentaire pour enfants) doivent être versés à la suite d'un jugement ou d'un accord écrit. **Il est toutefois possible de considérer les montants**

versés avant la date du jugement ou de l'accord comme des montants de pension alimentaire si les deux conditions suivantes sont remplies. D'une part, ces montants ont été payés au cours de l'année du jugement ou au cours de l'année précédente et, d'autre part, le jugement ou l'accord écrit précise que les paiements sont considérés comme versés conformément à ce jugement ou à cet accord.

Lorsqu'un jugement ou un accord écrit a été fait après le 30 avril 1997 et avant le 1er janvier 1999 et qu'il y est indiqué précisément que des paiements faits avant le 1er mai 1997 le sont en vertu de cet accord, ce dernier sera considéré comme être entré en vigueur avant le 1er mai 1997 si la pension alimentaire pour enfants payable mensuellement demeure la même que le dernier paiement fait avant le 1er mai 1997. Dans une telle situation, la pension alimentaire pour enfants demeure imposable et déductible jusqu'au moment d'une révision future du montant de la pension.

Par exemple, Tony et Héléna se sont séparés le 1er février 1997. Depuis ce temps, Tony a versé à Héléna 325 $ par mois pour subvenir à ses besoins ainsi qu'à ceux de leur fils. Ils ont conclu un accord écrit de séparation en janvier 1998 qui prévoit que les montants payés du 1er février 1997 jusqu'en janvier 1998 sont réputés avoir été payés et reçus en vertu de cet accord. L'accord stipule également que le paiement mensuel demeure à 325 $. L'accord est réputé avoir été conclu le 1er février 1997, soit à la date du premier versement. Par conséquent, le montant payé n'est pas une pension alimentaire pour enfants, puisque l'accord a été conclu avant le 1er mai 1997. Ainsi, tous les montants versés en vertu de cet accord seront déductibles pour Tony et imposables pour Héléna.

Dans cet exemple, Tony et Héléna pourraient choisir conjointement, en remplissant les formulaires T1157 et TP-312, l'application du régime de non-imposition/non-déduction à l'égard de la pension alimentaire pour enfants.

Un jugement ou un accord écrit conclu en 2008, qui reconnaît des paiements précédents de **pension alimentaire pour enfants** faits en 2007 ou en 2008, est visé par les règles de non-imposition/non-déduction pour toutes les années.

Montants réputés être des allocations payables périodiquement

Une pension alimentaire est déductible, entre autres, lorsqu'il s'agit d'une allocation que l'ex-conjoint peut utiliser à sa discrétion. Or, il arrive souvent que les ententes de séparation prévoient que des montants seront versés à l'ex-conjoint ou en son nom pour acquitter des dépenses spécifiques, par exemple les frais d'études des enfants, les frais médicaux, le loyer, l'hypothèque, etc. Ces montants spécifiques peuvent être traités comme des versements de pension alimentaire si le jugement ou l'accord écrit l'indiquent clairement. À cette fin, assurez-vous d'inscrire que les paiements doivent être inclus dans le revenu du bénéficiaire en vertu de l'article 313.0.1 de la Loi sur les impôts et du paragraphe 56.1(2) de la Loi de l'impôt sur le revenu et que le payeur peut les déduire de son revenu en vertu de l'article 336.1 de la Loi sur les impôts et du paragraphe 60.1(2) de la Loi de l'impôt sur le revenu. De plus, si la date de conclusion de l'accord ou du jugement est ultérieure au 30 avril 1997, il s'agira d'une pension alimentaire pour enfants libre d'impôts, à moins que l'accord ne mentionne que les versements servent uniquement à subvenir aux besoins de l'ex-conjoint. Les versements hypothécaires de même que les dépenses relatives à la rénovation de la maison habitée par l'ex-conjoint peuvent également faire l'objet de ce traitement fiscal particulier, s'ils n'excèdent pas 20 % du prêt initial pour acheter ou pour rénover la maison.

Par exemple, Myriam est séparée de Tom depuis 1996. Myriam paie une somme de 500 $ par mois pour le versement hypothécaire de la maison dans laquelle habitent Tom et leurs deux enfants. Lorsque Tom et Myriam avaient acheté cette maison, ils avaient contracté une hypothèque de 50 000 $. Tom et Myriam ont convenu dans leur entente de séparation que les paiements versés par Myriam représentent une pension alimentaire. Puisque l'accord est intervenu avant le 1er mai 1997, il s'agit ici d'une pension alimentaire imposable pour le bénéficiaire et déductible pour le payeur. En 2008, Myriam peut déduire la somme de 6 000 $ (500 $ × 12). Si l'hypothèque contractée sur la maison était de 25 000 $, Myriam ne pourrait déduire que 5 000 $ en 2008, soit la limite de 20 % de l'emprunt initial de 25 000 $.

La fixation du montant de pension alimentaire pour enfants

Depuis le 1er mai 1997, des règles précises ont été introduites pour déterminer le montant de la pension alimentaire pour enfants. Il s'agit d'un barème qui tient compte des revenus gagnés par les deux parents et du temps de garde. Par exemple, le parent qui n'a pas la garde des enfants et dont le droit de visite et de sortie représente entre 20 % et 40 % du temps de garde aura un montant de pension alimentaire à verser moins élevé que s'il avait un droit de visite inférieur à 20 % du temps.

Pour toute demande de pension alimentaire faite au Québec, les deux parents doivent remplir le formulaire de fixation des pensions alimentaires pour enfants et y joindre leurs plus récentes déclarations de revenus. Le montant de pension alimentaire fixé par le barème ne peut être supérieur à 50 % du revenu disponible du parent tenu de la payer. Les parents peuvent s'entendre sur un montant différent de celui obtenu par le barème. Cependant, ils devront fournir des explications justifiant l'écart.

Le barème ne sert qu'à établir le montant de la pension alimentaire pour enfants. Il ne s'applique pas pour déterminer le montant d'une pension destinée uniquement au bénéfice de l'ex-conjoint.

Si vous désirez vous prévaloir du nouveau barème à l'égard d'une pension que vous recevez déjà à la suite d'une entente conclue avant le 1er mai 1997, il faudra modifier votre entente. Cette modification fait en sorte que la pension alimentaire pour enfants devienne non imposable et non déductible.

Consultez le site Internet du ministère de la Justice pour y trouver la table ainsi que le formulaire de fixation des pensions alimentaires pour enfants (www.justice.gouv.qc.ca).

Frais judiciaires liés à une séparation ou à un divorce

Au fédéral et au Québec, les frais juridiques payés pour les raisons suivantes sont déductibles :

- pour recouvrer des arriérés de pension alimentaire ;
- pour demander une augmentation de la pension alimentaire ;
- pour rendre non imposable une pension alimentaire pour enfants ;
- pour contester la réduction d'une pension alimentaire.

Au fédéral, les frais pour établir le montant d'une pension alimentaire que votre ex-conjoint doit vous payer sont déductibles. Toutefois, **les frais juridiques engagés par le payeur** de la pension alimentaire pour établir, négocier ou contester le montant de pension alimentaire ne sont pas déductibles. De même, les frais juridiques engagés pour mettre fin à une pension alimentaire ou en réduire le montant ne sont pas déductibles.

Au Québec, vous pouvez demander la déduction de frais juridiques payés dans le cadre d'un premier jugement rendu concernant votre **obligation initiale de payer** une pension alimentaire (déductible ou non) **ou votre droit d'en recevoir** une (imposable ou non). Les frais payés pour réviser cette obligation de payer ou ce droit de recevoir une pension alimentaire sont également déductibles, y compris les frais pour contester l'augmentation ou pour réduire le montant d'une pension alimentaire.

Que ce soit au fédéral ou au Québec, ni les frais pour obtenir un divorce ni les frais pour déterminer la garde des enfants ou les droits de visite ne sont déductibles.

N'hésitez pas à demander à votre conseiller juridique une note d'honoraires détaillée précisant leur nature.

La perception automatique des pensions alimentaires par le ministère du Revenu du Québec

La loi facilitant le paiement des pensions alimentaires a été adoptée le 1er décembre 1995. Elle permet au ministère du Revenu du Québec de percevoir la pension alimentaire directement du débiteur, c'est-à-dire de la personne qui doit la payer. Si le débiteur reçoit des sommes sur une base régulière et périodique, par exemple un salaire, une rente de retraite, une rente d'invalidité, etc., la perception sera faite par retenue à la source. La retenue ne peut excéder 50 % du montant brut versé au débiteur. Si le débiteur ne touche aucune somme sur laquelle la pension alimentaire peut être retenue à la source, par exemple s'il est travailleur autonome ou si la retenue à la source est insuffisante pour acquitter le montant de la pension alimentaire, il doit alors payer la pension due directement au Ministère et fournir une garantie, soit un montant, soit un titre négociable, équivalant à un mois de pension. Un débiteur pourra éviter les retenues à la source s'il paie directement le Ministère et dépose une garantie identique.

Le ministère du Revenu verse au bénéficiaire, deux fois par mois, la pension perçue en son nom. Si la pension n'est pas payée par le débiteur, le Ministère entreprend les procédures nécessaires et peut, dans certains cas, verser au bénéficiaire des sommes à titre de pension alimentaire pendant au plus trois mois, jusqu'à concurrence de 1 500 $. La loi s'applique à tous les jugements prévoyant le paiement d'une pension alimentaire rendus depuis le 1er décembre 1995. Il y a possibilité d'être exempté si les deux parties en font la demande conjointement et si le payeur de la pension dépose une garantie de paiement équivalant à un mois de pension.

S'il s'agit d'un jugement antérieur au 1er décembre 1995, les parties peuvent faire une demande conjointe afin que la perception automatique de la pension alimentaire s'effectue. À défaut, lorsqu'un bénéficiaire d'une pension alimentaire accordée dans un jugement antérieur au 1er décembre 1995 ne reçoit pas sa pension, il peut alors communiquer avec le ministère du Revenu qui entreprendra les procédures nécessaires.

Au fédéral : déduire la pension alimentaire payée ou réclamer des crédits personnels pour personnes à charge ?

Dans l'année de la séparation ou du divorce, le payeur de la pension alimentaire peut soit déduire la pension déductible versée durant l'année, soit réclamer le crédit pour conjoint ou pour équivalent de conjoint, s'il y a lieu.

Le crédit pour conjoint doit tenir compte du revenu net gagné par le conjoint avant la date de séparation seulement. Le crédit sera nul si le revenu net du conjoint est égal ou supérieur à 9 600 $.

Si le conjoint payeur ne réclame pas le crédit pour conjoint **pour l'année de la séparation,** il pourra réclamer le crédit d'équivalent de conjoint (voir le chapitre 11) s'il a un enfant sous sa garde et s'il ne déduit aucun versement de pension alimentaire à son égard.

Le conjoint bénéficiaire de la pension alimentaire peut aussi réclamer le crédit d'équivalent s'il a un enfant sous sa garde. Si un enfant fait l'objet d'une **garde partagée**, les ex-conjoints devront s'entendre pour déterminer lequel des deux peut réclamer le crédit d'équivalent ainsi que le crédit de 2 038 $ si l'enfant a moins de 18 ans, car le même enfant ne peut faire l'objet de deux crédits. De plus, le crédit d'équivalent et le crédit de 2 038 $ ne peuvent être fractionnés entre les ex-conjoints.

Dans les années qui suivent l'année de la séparation ou du divorce, le payeur ne peut réclamer aucun crédit pour son ex-conjoint. S'il est chef de famille monoparentale, il pourra réclamer le crédit d'équivalent pour un enfant sous sa garde ainsi que le crédit de 2 038 $ si l'enfant a moins de 18 ans s'il n'est pas **tenu** de verser une pension alimentaire à son égard. L'ex-conjoint bénéficiaire de la pension alimentaire pourra aussi réclamer le crédit pour équivalent s'il y a lieu ainsi que le crédit de 2 038 $ si l'enfant a moins de 18 ans. Lorsqu'un enfant fait l'objet d'une garde partagée, un seul des ex-conjoints peut réclamer le crédit pour équivalent ainsi que le crédit de 2 038 $ concernant cet enfant, dans la mesure où les autres conditions applicables à ce crédit sont satisfaites (voir le chapitre 11). Si une pension alimentaire à l'égard de l'enfant doit être payée malgré la garde partagée, le payeur ne peut réclamer aucun crédit concernant cet enfant.

Au Québec: déduire la pension alimentaire payée ou réclamer des crédits personnels pour personnes à charge?

Dans l'année de la séparation, le payeur de la pension alimentaire peut déduire la pension alimentaire déductible payée. Aucun transfert de crédits d'impôt non remboursables ne pourra s'effectuer entre les conjoints si la séparation dure au moins 90 jours et comprend le 31 décembre 2008.

Dans l'année de la séparation, les deux conjoints peuvent avoir droit au crédit pour enfant à charge de 18 ans ou plus s'il ne s'agit pas d'un étudiant admissible ainsi qu'au montant d'études postsecondaires d'un enfant de moins de 18 ans. Par exemple, le père peut réclamer pour la période avant la séparation, et la mère pour la période après, dans la mesure où chacun d'eux avait ces enfants à charge. Ces mêmes crédits s'appliquent aussi en cas de garde partagée. Quelle que soit la situation, **un enfant ne peut donner droit qu'à un seul crédit** et si les deux parents y ont droit, ceux-ci doivent alors se partager le crédit. Un étudiant admissible de 18 ans et plus peut transférer un montant au titre de la contribution parentale à l'un ou à l'autre de ses parents ou partager ce montant entre eux tel qu'expliqué au chapitre 9.

Un montant maximal de 1 485 $ pour famille monoparentale peut être réclamé si vous vivez avec un de vos enfants âgé de 18 ans ou plus qui est un étudiant à temps plein. Consultez le chapitre 11 à la page 299 pour connaître toutes les conditions à remplir pour obtenir ce montant.

Pour les années qui suivent l'année de la séparation, les montants pour enfants à charge de 18 ans ou plus qui ne sont pas des étudiants admissibles ainsi que le montant d'études postsecondaires d'un enfant de moins de 18 ans ne peuvent être réclamés que par l'ex-conjoint qui en a la garde. Les montants peuvent être fractionnés en cas de garde partagée. Un étudiant admissible de 18 ans et plus peut transférer un montant au titre de la contribution parentale à l'un ou à l'autre de ses parents ou partager ce montant entre eux. Lorsqu'une personne vit seule toute l'année avec des enfants à charge, elle peut réclamer le montant pour personne vivant seule sous réserve du montant de son revenu net (voir le chapitre 11).

Frais de garde d'enfants

Le traitement fiscal relatif aux frais de garde d'enfants est expliqué au chapitre 11. Les conjoints qui se sont séparés durant l'année 2008 pourront déduire au fédéral et réclamer un crédit d'impôt remboursable au Québec à l'égard des frais de garde admissibles qu'ils ont payés chacun de leur côté, s'ils ne se sont pas réconciliés dans les 60 premiers jours de 2009.

Les frais de garde admissibles ne comprennent que les frais payés à l'égard des enfants qui demeurent avec le payeur. Par exemple, si vous payez la totalité ou une partie des frais de garde pour vos enfants alors que ceux-ci habitent avec votre ex-conjointe, vous ne pourrez ni déduire ni demander un crédit à l'égard des frais de garde payés. Si vous payez des frais de garde alors que vous avez la garde partagée de vos enfants, les frais de garde seront alors admissibles.

Séparation ou divorce : prestation fiscale pour enfants et paiement de soutien aux enfants

La prestation fiscale pour enfants versée par le gouvernement fédéral et le paiement de soutien aux enfants provenant du gouvernement du Québec sont des montants payés mensuellement (trimestriellement au Québec) jusqu'à ce que l'enfant atteigne l'âge de 18 ans. Ces allocations sont établies en fonction du revenu familial indiqué sur les déclarations de revenus de l'année précédente.

Lorsque survient une séparation ou un divorce, il est très important de communiquer avec l'ARC et la Régie des rentes du Québec pour obtenir une révision du montant des allocations versées. En effet, celles-ci seront recalculées en fonction du revenu net de la personne qui a la garde des enfants.

Lorsqu'un enfant fait l'objet d'une garde partagée, l'ARC applique une politique administrative de paiement en alternance de la prestation fiscale pour enfants. Ainsi, chacun des parents est admissible à la PFE pour une période de six mois durant l'année. Le montant de la PFE est calculé en fonction du revenu du parent bénéficiaire de la PFE (et de son nouveau conjoint s'il y a lieu). Il peut arriver que l'un des parents ne reçoive rien pendant six mois si son revenu familial est trop élevé.

Au Québec, chacun des parents se partageant la garde d'enfants (à raison d'au moins 40 % du temps de garde chacun) est admissible à la moitié des paiements de soutien qu'il aurait autrement reçus s'il avait eu la garde exclusive des enfants. Tout comme au fédéral, le calcul tiendra compte du revenu familial de chacun.

Partage des gains du Régime de rentes du Québec

À la suite d'un divorce, d'une séparation légale ou d'une annulation civile de mariage, **la Régie des rentes est automatiquement avisée et procède au partage entre les ex-conjoints des gains sur lesquels ils ont versé des cotisations au RRQ**. Les gains partagés sont, de façon générale, ceux qui ont été accumulés durant la période de vie commune. Les conjoints peuvent renoncer au partage s'ils en conviennent dans leur jugement de divorce, de séparation légale ou d'annulation civile de mariage.

Lorsque des conjoints de fait mettent fin à leur union, la RRQ ne procède au partage des gains que si les conjoints en font la demande. Pour avoir droit au partage, les conjoints de fait doivent avoir vécu maritalement pendant au moins trois ans, ou un an si un enfant est né ou à naître de leur union. Avant de faire une demande de partage, ils devront être séparés depuis au moins 12 mois.

Le partage permet la répartition **moitié-moitié** des gains accumulés au compte des deux conjoints. La personne qui a le moins contribué au Régime ou qui n'a jamais contribué sera avantagée par le partage qui lui permettra de recevoir une rente de retraite plus élevée.

Le fait que l'un des ex-conjoints se remarie ou décède ne modifie en rien le droit au partage. Une fois ce dernier établi, ni le mariage ni le décès ne peut l'annuler.

Chapitre 13

Aurez-vous un remboursement d'impôts ou un solde à payer?

Tout au long de ce livre, nous vous avons indiqué les crédits d'impôt remboursables et non remboursables, les divers crédits tels que le crédit pour dividendes, le crédit pour impôts étrangers, le crédit pour contributions politiques, etc. Nous avons aussi fait mention de montants à ajouter à votre impôt à payer, tel le remboursement de la pension de sécurité de la vieillesse.

Nous terminerons ici l'étude du calcul des impôts à payer en revenant, notamment, sur certains crédits d'impôt remboursables dont nous avons discuté brièvement dans les chapitres précédents. Finalement, nous illustrerons avec un exemple complet ce qu'est l'impôt minimum de remplacement.

Les tables de taux d'impôt

La première étape de calcul des impôts à payer consiste à déterminer l'impôt de base en appliquant les différents taux. **Retenez que l'ensemble de votre revenu n'est pas assujetti à un taux unique.** L'impôt total est plutôt une combinaison de plusieurs tranches de revenus imposées à des taux différents indiqués dans les tableaux suivants:

Fédéral

Revenu imposable supérieur à	Jusqu'à	
0 $	37 885 $	15 %
37 885 $	75 769 $	22 %
75 769 $	123 184 $	26 %
123 184 $	et plus	29 %

Québec

Revenu imposable supérieur à	Jusqu'à	
0 $	37 500 $	16 %
37 500 $	75 000 $	20 %
75 000 $	et plus	24 %

Par exemple, si vous avez un revenu de 40 000 $, le taux applicable sera de 15 % au fédéral sur les premiers 37 885 $, et de 22 % sur l'excédent. Au Québec, la première tranche de 37 500 $ sera imposée à 16 % et le reste à 20 %.

La seconde étape de calcul consiste essentiellement à réduire l'impôt de base du montant des différents crédits d'impôt non remboursables tels que les crédits personnels, les crédits pour frais médicaux et dons de bienfaisance, etc.

Les appendices B et C vous indiquent tout le processus à suivre pour déterminer si vous aurez un remboursement d'impôts ou un solde à payer.

L'abattement pour résidents du Québec

Ce montant est une réduction de l'impôt fédéral à payer égale à 16,5 % de l'impôt fédéral de base (IFB). Cette diminution d'impôt est accordée pour tenir compte du fait que le gouvernement fédéral ne participe pas à certains programmes à frais partagés dans le cadre d'ententes fédérales-provinciales.

L'abattement réduit d'autant le taux marginal d'impôt fédéral. Ainsi, le taux de 15 % est réduit à 12,5 %, le taux de 22 % est réduit à 18,4 %, le taux de 26 % à 21,7 % et le taux de 29 % à 24,2 %.

La contribution au Fonds des services de santé du Québec

Vous savez probablement que la contribution au Fonds des services de santé du Québec (FSS) est assurée par les employeurs. En 2008, ceux-ci devaient verser entre 2,7 % et 4,26 % de leur masse salariale à ce Fonds.

Tous les contribuables doivent payer leur part au Fonds des services de santé. Cette contribution varie en fonction du revenu assujetti. Celui-ci correspond au total des revenus déclarés pour 2008, incluant les revenus nets d'entreprise, les revenus de placements, les revenus de pensions, les gains en capital imposables, etc.

Certains revenus sont exclus du revenu assujetti, dont les revenus d'emploi, puisque ceux-ci servent déjà à calculer la contribution payée par un employeur au FSS. De même, les revenus de pension alimentaire, la pension de sécurité de la vieillesse, les prestations d'assistance sociale ainsi que la majoration des dividendes sont exclus.

Le revenu assujetti est aussi réduit de certains montants, incluant les dépenses déduites pour gagner un revenu de placement, le montant admissible en déduction au titre d'une pension alimentaire payée, certains transferts à un REER tels que le transfert d'une allocation de retraite et la perte au titre d'un placement d'entreprise.

Aucune contribution au FSS n'est requise pour les premiers 12 775 $ de revenu assujetti. Si votre revenu assujetti se situe entre 12 775 $ et 27 775 $, la contribution au FSS est égale à 1 % du revenu excédant 12 775 $. Lorsque votre revenu assujetti varie entre 27 775 $ et 44 410 $, la contribution est égale à 150 $. Si votre revenu assujetti est supérieur à 44 410 $, la contribution au FSS est composée d'un montant fixe de 150 $ auquel s'ajoute 1 % du revenu assujetti excédant 44 410 $. Lorsque le revenu assujetti excède 129 410 $, la contribution est plafonnée à 1 000 $.

Vous trouverez dans le guide qui accompagne la déclaration de revenus du Québec une annexe vous permettant de calculer votre contribution au FSS. Celle-ci s'ajoute à votre solde d'impôt à payer ou réduit votre remboursement d'impôt, selon le cas.

Exemple

Marguerite exploite un petit commerce de détail et son revenu net pour l'année 2008 est de 18 000 $. Elle reçoit une pension alimentaire imposable de 6 000 $. Elle possède également un immeuble locatif à l'égard duquel le revenu net est de 2 675 $. Finalement, elle a inclus dans sa déclaration de revenus un montant de dividendes imposables égal à 580 $ (réels 400 $).

Son revenu assujetti aux fins du calcul de la contribution au FSS pour l'année 2008 est de :

Revenu net d'entreprise	18 000 $
Revenu net de location	2 675 $
Montant de dividendes imposables	580 $
Moins : majoration des dividendes	(180)
Revenu assujetti	21 075 $
Contribution au FSS à payer (21 075 $ − 12 775) × 1 %	83 $

Contribution à l'assurance-médicaments

Le régime d'assurance-médicaments du Québec s'applique à toutes les personnes qui ne sont pas couvertes par une assurance-médicaments de base offerte par un régime d'assurance collective. Le montant maximal de la prime et celui de la franchise dans le cadre du régime public varient en fonction du revenu et de la situation familiale. Pour l'année 2008, le montant de la prime varie de 0 $ à 563,50 $ par adulte. Cette prime est ajoutée à votre impôt du Québec à payer pour l'année 2008. Si vous étiez tenu de verser des acomptes provisionnels durant l'année 2008, ceux-ci ont dû être augmentés pour prévoir le coût de la prime.

Les personnes de moins de 18 ans, les étudiants, sans conjoint, âgés de 18 à 25 ans ainsi que les prestataires de l'assistance-emploi (aide sociale) n'ont pas à payer cette prime d'assurance.

Avant l'âge de 65 ans, lorsqu'une personne a accès à un régime privé, **elle doit y adhérer** et en faire bénéficier son conjoint de moins de 65 ans. Si votre conjoint ou vous n'avez pas accès à un régime privé, vous devez communiquer avec la Régie de l'assurance-maladie pour vous inscrire. Si vous changez d'emploi et que vous n'avez plus accès à un régime privé, vous devez également aviser la Régie. Le simple fait de payer la cotisation lorsque vous soumettez votre déclaration de revenus n'est pas une inscription. Assurez-vous auprès de la Régie que vous êtes bien inscrit.

Une personne qui atteint l'âge de 65 ans est inscrite automatiquement au régime public. Toutefois, plusieurs assureurs privés continuent d'offrir un régime d'assurance couvrant les médicaments aux personnes de 65 ans ou plus qui bénéficiaient déjà d'un tel régime. Deux types de couvertures peuvent alors être proposées : la couverture de base (au moins équivalente à celle qu'offre la Régie) et la couverture complémentaire (une couverture qui complète celle qu'offre la Régie). Si vous choisissez la couverture de base du régime privé, vous devrez communiquer avec la Régie pour annuler votre inscription, autrement vous devrez payer la cotisation au régime privé et au régime public. Il arrive souvent que la couverture de base du régime privé pour les gens de 65 ans ou plus soit plus coûteuse que celle offerte par la Régie. Ainsi, il n'est pas rare qu'une personne de 65 ans choisisse la couverture de base de la Régie et conserve la couverture complémentaire du régime privé parce que celle-ci couvre des médicaments non couverts par le régime public. Dans un tel cas, la personne doit payer sa cotisation annuelle à la Régie et inscrire à l'annexe K de sa déclaration de revenus du Québec qu'elle n'est pas couverte par une assurance-médicaments de base.

Il se peut que votre situation particulière fasse en sorte que vous n'ayez à contribuer que pour quelques mois durant l'année 2008. Consultez l'annexe K pour déterminer la période pour laquelle vous devez payer votre contribution au régime d'assurance-médicaments.

Le montant de la prime calculée dans votre déclaration de l'année 2008 est considéré comme payé le 31 décembre 2008 et peut donc être inclus dans le total des frais médicaux admissibles au crédit d'impôt pour frais médicaux au Québec en 2008. Au fédéral, la prime est considérée comme payée en 2009.

Retenues d'impôt à la source

Toutes les retenues d'impôt à la source effectuées sur votre salaire, sur votre revenu de pensions, sur vos retraits d'un REER, etc., sont applicables contre l'impôt, fédéral ou québécois selon le cas. Si vous êtes résident du Québec au 31 décembre 2008 et que vous avez travaillé dans une autre province durant l'année, vous devez inclure les revenus provenant de cet emploi dans votre déclaration de revenus du Québec. Cependant, puisque l'employeur de cette autre province a effectué des retenues d'impôt en fonction de la province où vous avez travaillé, vous ne recevrez qu'un feuillet T4 et le montant total des retenues qu'il a prélevées y sera indiqué. Vous pouvez transférer 45 % de ces déductions d'impôt à la source dans votre déclaration du Québec et réduire d'autant les retenues indiquées dans votre déclaration fédérale. Cela vous évite ainsi de payer un montant d'impôt au Québec, alors qu'un remboursement pourrait être versé par le fédéral.

Si vous avez choisi de fractionner vos revenus de retraite avec votre conjoint, vous devez aussi transférer à votre conjoint la proportion des retenues à la source applicables aux revenus de retraite transférés. Par exemple, si vous avez transféré 50 % de votre revenu de retraite, vous devez aussi transférer 50 % des retenues d'impôt prélevées sur ce revenu à votre conjoint.

Remboursement d'impôts fonciers au Québec

Que vous soyez propriétaire ou locataire de votre domicile, vous êtes admissible au remboursement d'impôts fonciers à l'égard de votre logement situé au Québec, sauf s'il est visé par l'une des cinq exceptions suivantes :

- le logement est une résidence secondaire ;
- le logement est un logement à loyer modique (HLM) ;
- le logement en est un pour lequel un organisme public a versé une somme pour acquitter le loyer ;
- le logement est situé dans un centre hospitalier, dans un centre d'accueil, dans un centre d'hébergement et de soins de longue durée ou dans un centre de réadaptation ;
- le logement est une chambre située dans une habitation où moins de trois chambres étaient offertes en location.

Si vous êtes propriétaire, les impôts fonciers à l'égard de votre logement comprennent les taxes foncières et les taxes scolaires que vous avez payées en 2008. Si vous êtes locataire au 31 décembre 2008, les impôts fonciers attribuables à votre logement sont calculés par votre propriétaire qui doit vous remettre un relevé 4 au plus tard le 1er mars 2009.

Les impôts fonciers attribuables à votre logement sont diminués d'un montant de 485 $ si vous n'avez pas de conjoint, et de 970 $ si vous en avez un.

Le remboursement maximum est plafonné à 40 % des impôts fonciers, sans excéder 588 $, diminué d'un montant égal à 3 % du revenu familial en sus de 29 645 $. Le **revenu familial** correspond au total de votre revenu net et de celui de votre conjoint, si vous en aviez un au 31 décembre 2008. Par conséquent, le remboursement d'impôts fonciers diminue au fur et à mesure que le revenu familial augmente.

N'oubliez pas de joindre votre relevé 4 ou une copie de vos factures de taxes si vous réclamez un remboursement d'impôts fonciers dans votre déclaration québécoise de 2008.

Le remboursement d'impôts fonciers est généralement demandé en joignant l'annexe pertinente à la déclaration de revenus. Si vous avez omis de réclamer ce remboursement durant les années antérieures, n'hésitez pas à communiquer avec Revenu Québec.

Prime au travail et prestation fiscale pour le revenu de travail

La prime au travail, accordée par le gouvernement du Québec, est un crédit d'impôt remboursable qui favorise les travailleurs à faible ou à moyen revenu. Pour y avoir droit, vous devez être âgé d'au moins 18 ans et avoir un revenu de travail annuel (provenant d'un emploi ou de l'exploitation d'une entreprise) d'au moins 2 400 $, ou 3 600 $ si vous avez un conjoint. À cet égard, si votre revenu d'emploi n'est constitué que de la valeur d'avantages imposables, ou si votre revenu d'entreprise ne provient pas d'une entreprise dans laquelle vous participez activement, vous ne pourrez pas bénéficier de la prime au travail. Par exemple, tel peut être le cas si votre ancien employeur continue à payer pour vous une couverture d'assurance-maladie et d'assurance-vie bien que vous soyez retraité. Si cet avantage imposable représente votre unique revenu d'emploi, vous ne serez pas admissible à la prime au travail. Un étudiant admissible de 18 ans ou plus à l'égard duquel un montant au titre de la contribution parentale reconnue est demandé n'est pas admissible à la prime au travail. Le tableau suivant indique la prime maximale qui peut être versée selon votre situation, le montant de revenu à partir duquel la prime est réduite et le montant de revenu annuel au-delà duquel vous n'êtes plus admissible.

Situation	Prime maximale	Revenu seuil de réduction	Revenu annuel familial maximum
Personne seule	518 $	9 796 $	14 973 $
Couple sans enfants	801 $	15 044 $	23 055 $
Famille monoparentale	2 219 $	9 796 $	31 984 $
Couple avec au moins un enfant	2 861 $	15 044 $	43 654 $

Afin de mieux soutenir les personnes présentant des contraintes sévères à l'emploi à intégrer le marché du travail, une **nouvelle prime au travail adaptée** est offerte pour 2008. Elle s'adresse aux personnes qui reçoivent ou qui ont déjà reçu au cours des cinq dernières années une aide financière de dernier recours du Programme de solidarité sociale et à celles qui réclament le crédit pour déficience mentale ou physique. Ces personnes ont droit à des montants plus importants que ceux apparaissant dans le tableau précédent.

Finalement, un **supplément à la prime au travail** (incluant la prime au travail adaptée) est versé aux prestataires de longue durée qui quittent l'aide financière de dernier recours (aide sociale) après le 31 mars 2008 pour intégrer le marché du travail. Ces derniers se verront accorder, à titre de supplément, un montant qui les aidera à assumer les dépenses, souvent importantes, reliées à leur transition vers le marché du travail. Le supplément, accordé sur une base individuelle pour une période maximale de 12 mois consécutifs, est de 200 $ pour chaque mois où le revenu de travail gagné par un ex-prestataire sera d'au moins 200 $.

Si vous croyez que votre situation en 2009 vous permettra de bénéficier de la prime au travail (incluant la prime au travail adaptée), vous pouvez la recevoir par anticipation tout au long de l'année 2009. Cela vous évitera d'avoir à attendre jusqu'au moment de préparer votre déclaration de l'année 2009. Les personnes seules et les couples sans enfants peuvent recevoir des versements anticipés équivalant à 75 % de la prime au travail estimée pour 2009, pour autant que celle-ci soit d'au moins 300 $. Les familles monoparentales et les couples avec enfants peuvent recevoir 50 % de la prime estimée si celle-ci est d'au moins 500 $. Vous devez remplir le formulaire TPZ-1029.8.P et le poster à Revenu Québec. Si votre demande a été postée avant le 1er janvier 2009, vous recevrez quatre versements anticipés. Revenu Québec acceptera les formulaires de demande de versements par anticipation jusqu'au 1er septembre 2009. En fait, plus vous agissez tôt dans l'année, plus vite vous recevrez votre prime. Les personnes admissibles au supplément à la prime au travail peuvent présenter une demande (TPZ-1029.8.PS) pour le recevoir au moyen de versements anticipés mensuels.

Si vous avez reçu un montant par anticipation pour 2008, vous avez l'obligation de produire une déclaration de revenus au Québec et d'ajouter le montant ainsi reçu et confirmé sur un relevé 19 au montant de votre impôt du Québec à payer pour 2008. Par ailleurs, vous calculerez la prime au travail et le supplément en fonction des revenus réalisés et de votre situation fiscale en

2008 et vous l'inscrirez à titre de crédit d'impôt remboursable sur votre déclaration de revenus 2008. De cette manière, si les versements anticipés que vous avez reçus sont inférieurs ou plus élevés que le crédit calculé en produisant votre déclaration de revenus, la différence sera prise en compte dans la détermination de votre solde d'impôt à payer ou de votre remboursement, selon le cas.

Au fédéral, la prestation fiscale pour le revenu de travail (PFRT) est un programme de crédit d'impôt remboursable semblable à celui du Québec. Les barèmes sont adaptés selon la province de résidence du bénéficiaire. Toute personne âgée d'au moins 19 ans y est admissible, à l'exception d'un étudiant à temps plein. Pour les résidents du Québec, une personne seule avec ou sans personne à charge a droit à une PFRT en 2008 égale à 12 % de son revenu de travail ou d'entreprise en sus de 2 400 $. La PFRT est limitée à un montant de 887 $ et est réduite d'un montant égal à 20 % du revenu net excédant 10 421 $. Par conséquent, la PFRT est réduite à 0 $ dès que le revenu net d'une personne seule atteint 14 856 $.

Dans le cas d'un couple, avec ou sans personne à charge, la PFRT est égale à 8 % du revenu de travail ou d'entreprise des conjoints en sus de 3 600 $. La PFRT peut atteindre un maximum de 915 $ et est réduite d'un montant égal à 20 % du revenu familial net excédant 16 004 $. Au-delà d'un revenu familial net de 20 579 $, la PFRT est nulle.

La PFRT prévoit un supplément de 242 $ lorsque le bénéficiaire ou son conjoint a droit au crédit d'impôt pour personne handicapée.

La PFRT peut faire l'objet d'une demande de versements anticipés (formulaire RC201). Ceux-ci sont alors faits trimestriellement et correspondent à la moitié de la PFRT estimée pour l'année courante. En produisant votre déclaration de revenus fédérale pour l'année courante, la PFRT sera recalculée en fonction des revenus inscrits pour l'année et toute différence entre le montant calculé et les versements anticipés sera prise en considération pour établir votre solde d'impôt dû ou votre remboursement. Le premier versement anticipé pour l'année 2009 est payable au début d'avril 2009. Assurez-vous de remplir le formulaire RC201 avant cette date pour maximiser vos versements anticipés.

Crédit d'impôt remboursable pour la taxe de vente du Québec

Une personne résidente du Québec au 31 décembre 2008 et âgée d'au moins 19 ans ou, si elle n'a pas atteint cet âge, est mariée ou vit en union de fait ou est parent d'un enfant, peut demander le crédit d'impôt remboursable pour la TVQ. Toutefois, cette personne n'est pas admissible s'il s'agit d'un étudiant ayant transféré un montant au titre de la contribution parentale reconnue à l'un de ses parents, ou encore si elle a été désignée à titre de personne à charge pour le calcul de la prime au travail.

Le crédit, qui sera versé en 2009, est égal au total des montants suivants :
  174 $ pour vous-même ;
+ 174 $ pour votre conjoint au 31 décembre 2008 ;
+ 118 $ si vous avez vécu seul (avec ou sans enfant à votre charge) pendant toute l'année ;
MOINS :
  3 % du **revenu familial** en sus de 29 645 $.

Vous n'avez pas à calculer vous-même le crédit pour la TVQ. En effet, vous n'aurez qu'à répondre à la question «Demandez-vous le crédit pour la TVQ ?» apparaissant sur votre déclaration de revenus de 2008, et Revenu Québec fera les calculs appropriés. Une seule demande par couple est acceptée.

Si vous y avez droit, compte tenu de vos revenus de 2008, le crédit sera versé en deux paiements égaux, l'un en août 2009 et l'autre en décembre 2009. Si le crédit est de 50 $ ou moins, il sera payé en totalité en août 2009.

Crédits d'impôt remboursables pour les aidants naturels, pour les frais d'adoption, pour le traitement de l'infertilité et pour les frais de garde

Consultez le chapitre 11 relativement à ces crédits d'impôt remboursables qui peuvent contribuer à réduire votre impôt au Québec ou à augmenter votre remboursement, s'il y a lieu.

Crédit d'impôt remboursable pour la taxe sur les produits et services (TPS)

Ce crédit remboursable accordé par le gouvernement fédéral n'est pas déduit de votre impôt à payer de l'année 2008. Vous devez plutôt en faire la demande lorsque vous produirez votre déclaration fédérale 2008. **Si vous êtes admissible au crédit, celui-ci vous sera versé en quatre versements égaux en juillet 2009, en octobre 2009, en janvier 2010 et en avril 2010.** Si le crédit total auquel vous avez droit est inférieur à 100 $, il sera payé en un seul versement, en juillet 2009.

Les crédits pour la TPS et pour la TVQ que vous avez reçus durant l'année 2008 ne doivent pas être inclus dans le calcul de votre revenu net. **Ces crédits ne sont pas imposables.**

Toute personne âgée de 19 ans au 31 décembre 2008 peut présenter une demande de crédit pour la TPS. Si vous êtes marié ou si vous habitez avec un conjoint de fait, vous ne devez présenter qu'une seule demande de crédit pour les deux.

Le crédit calculé pour les quatre versements de juillet 2008 à avril 2009 est égal au total des montants suivants :

242 $ pour vous-même ;

+ 242 $ pour votre conjoint ;

+ 242 $ pour un enfant donnant droit au montant d'équivalent de conjoint ;

+ 127 $ pour chaque personne de moins de 19 ans habitant avec vous ;

+ 127 $ si vous êtes sans conjoint et que vous avez un enfant à charge de moins de 19 ans ;

+ le moins élevé de 127 $ ou 2 % du revenu net excédant 7 851 $ si vous êtes seul ;

MOINS :

5 % du total de votre revenu net (excluant la PUGE) et de celui de votre conjoint excédant 31 524 $.

Exemple

Lucie est chef de famille monoparentale. Elle a deux enfants âgés de trois et de sept ans. Son revenu net de 2007 était de 33 684 $. Lucie a droit à un crédit pour TPS égal à 604 $ payable en quatre versements de 157,50 $ chacun, de juillet 2008 à avril 2009, dans la mesure où sa situation familiale demeure la même.

242 $ pour elle-même ;

+ 242 $ pour un enfant donnant droit au montant d'équivalent de conjoint ;

+ 127 $ pour le deuxième enfant ;

+ 127 $ pour un parent de famille monoparentale ;

= 738 $

MOINS :

108 $ soit 5 % $\times$ (33 684 $ − 31 524 $)

= 630 $

Le crédit pour la TPS est rajusté dans le trimestre suivant celui au cours duquel un changement dans la situation personnelle ou familiale survient. Par exemple, la naissance d'un enfant ou la séparation d'un couple sont des événements qui donnent lieu à une révision du crédit d'impôt pour la TPS.

Le tableau suivant vous indique le mois du premier versement de TPS pour lequel vous devenez admissible selon la date de votre 19e anniversaire, de même que l'année de la déclaration de revenus requise pour établir le montant du crédit en fonction des revenus déclarés.

Date du 19ᵉ anniversaire	Mois du premier versement de TPS	Déclaration de revenus requise pour l'année
Entre le 01/01/09 et le 31/03/09	Avril 2009	2007
Entre le 01/04/09 et le 30/06/09	Juillet 2009	2008
Entre le 01/07/09 et le 30/09/09	Octobre 2009	2008
Entre le 01/10/09 et le 31/12/09	Janvier 2010	2008
Entre le 01/01/10 et le 31/03/10	Avril 2010	2008

Par exemple, si vous n'avez pas rempli votre déclaration pour l'année 2007 et que votre 19ᵉ anniversaire survient le 16 février 2009, vous ne recevrez pas le versement de TPS prévu en avril 2009. Pour remédier à la situation, il faut envoyer la déclaration de revenus requise le plus rapidement possible même si votre revenu de l'année 2007 est nul. L'ARC vous remboursera tous les crédits qui vous sont dus même si vous avez produit vos déclarations de revenus en retard.

Devez-vous payer l'impôt minimum?

L'impôt minimum de remplacement (IMR) a fait son apparition dans la loi en 1986. À l'époque, en raison du grand nombre d'abris fiscaux disponibles, un particulier pouvait réduire considérablement, voire annuler, son impôt à payer en investissant dans ce genre de placements. Les autorités fiscales qui voyaient fondre leurs recettes ont réagi en introduisant l'impôt minimum pour les particuliers en invoquant la notion d'équité. Ce concept a permis d'établir un seuil d'impôt à payer même si un particulier a acquis certains abris fiscaux.

Toutefois, au lieu de restreindre la portée de l'IMR aux abris fiscaux traditionnels tels que les actions accréditives émises par des sociétés minières, les investissements dans des productions cinématographiques, etc., certaines déductions dites «préférentielles» ont elles aussi été prises en considération dans le calcul de l'IMR. Par exemple, la partie non imposable d'un gain en capital doit être incluse dans le calcul de l'IMR.

L'impôt minimum se calcule à un taux fixe de 15 % au fédéral et de 16 % au Québec, appliqué sur le revenu imposable modifié.

Le revenu imposable modifié est constitué du revenu imposable établi dans chacune de vos déclarations fédérale et québécoise auquel plusieurs montants sont ajoutés, dont les plus courants sont:

- un montant égal à 30 % (25 % au Québec) des gains en capital nets (gains moins pertes) de l'année ;
- la perte déduite relativement à une société en commandite ou une société de personnes dans laquelle vous n'êtes pas activement impliqué ;
- les frais financiers, tels les intérêts et les frais d'emprunt, déduits relativement à l'acquisition d'une participation dans une société en commandite ou une société de personnes dans laquelle vous n'êtes pas activement impliqué, dans la mesure où ces frais excèdent le revenu net déclaré dans l'année concernant cette participation ;
- les déductions relatives à l'exploration de ressources minières, pétrolières ou gazières et les frais financiers, tels les intérêts et les frais d'emprunt, déduits pour acquérir des actions accréditives de sociétés minières, pétrolières ou gazières, dans la mesure où ces frais excèdent le revenu net tiré de ressources déclaré dans l'année ;
- la perte causée par la déduction pour amortissement ou pour frais financiers, tels les intérêts et les frais d'emprunt, relativement à une production cinématographique ou à un bien de location, qu'il soit immeuble ou non ;
- un montant égal à 60 % de la déduction accordée à l'égard d'options d'achat d'actions (au fédéral seulement) ;
- aux fins du calcul de l'IMR au Québec, toutes les déductions relatives aux investissements stratégiques incluant, entre autres, les déductions à l'égard du régime Actions-croissance PME, d'une SPEQ ou d'un RIC. Toutefois, les déductions pour certains investissements stratégiques qui dépassent 100 % du coût de l'investissement (SPEQ, RIC, exploration minière, pétrolière ou gazière) sont accordées.

Le revenu imposable modifié est ensuite réduit par certains éléments dont les principaux sont :

- la majoration des dividendes ;
- un montant égal à 30 % (25 % au Québec) d'une perte au titre d'un placement d'entreprise ;
- 40 000 $.

La réduction de 40 000 $ a pour but d'exempter la majorité des particuliers de l'application de l'IMR. Par exemple, si votre seule «déduction préférentielle» est une perte dans une société en commandite égale à 5 000 $, vous n'aurez pas d'impôt minimum à payer car, d'une part, vous ajouterez 5 000 $ dans le calcul du revenu imposable modifié et, d'autre part, vous déduirez la somme de 40 000 $.

L'impôt minimum de l'année ne peut être réduit que par certains crédits d'impôt non remboursables, incluant les crédits pour personnes à charge, pour personne âgée de 65 ans ou plus, pour frais médicaux et pour dons de bienfaisance. Les crédits suivants ne peuvent servir à diminuer l'IMR au fédéral :

- les crédits transférés entre conjoints ;
- le crédit pour revenu de pension ;
- le crédit pour dividendes ;
- le crédit pour frais de scolarité et pour études transféré d'une personne à charge ;

- le crédit pour personne handicapée transféré d'une personne à charge;
- le crédit pour emploi à l'étranger.

Au Québec, tous les crédits d'impôt non remboursables inscrits dans votre déclaration peuvent servir à réduire l'IMR, à l'exception du transfert des crédits d'impôt non remboursables entre conjoints, du transfert de frais de scolarité d'un enfant et du crédit pour dividendes.

Un contribuable doit payer l'impôt le plus élevé entre l'impôt régulier et l'IMR. Le calcul de l'impôt régulier ne doit pas tenir compte des crédits pour les contributions politiques, le fonds de travailleurs et le Capital régional et coopératif Desjardins. L'excédent de l'impôt minimum sur l'impôt régulier est un impôt payé d'avance qui peut être récupéré au cours des sept années d'imposition qui suivent. La récupération de l'IMR est limitée à l'excédent de l'impôt régulier sur l'impôt minimum de l'année en question.

Les formulaires T691, au fédéral, et TP-776.42, au Québec, sont requis pour déterminer si vous devez payer un impôt minimum.

Exemple

David a 60 ans et est à la retraite. Ses revenus proviennent de placements. En raison d'un profit réalisé sur la vente d'un terrain en 2008, David a versé 10 000 $ dans son REER, soit le montant correspondant à ses droits inutilisés. Sa situation fiscale en 2008 est la suivante :

Gain en capital	90 000 $
Intérêts reçus	8 000 $
Dividendes imposables (10 000 $ × 145 %)	14 500 $
Perte d'une société en commandite	15 000 $
Contribution au Fonds des services de santé	186 $

La situation personnelle de David ne lui permet de réclamer que le crédit personnel de base de 1 440 $ au fédéral et de 2 043 $ au Québec.

David calcule ses impôts réguliers comme suit :

	Fédéral	Québec
Revenus d'intérêts	8 000 $	8 000 $
Gain en capital imposable (90 000 $ × 50 %)	45 000 $	45 000 $
Dividendes imposables	14 500 $	14 500 $
Contribution au REER	(10 000)	(10 000)
Perte d'une société en commandite	(15 000)	(15 000)
Revenu net et imposable	42 500 $	42 500 $
Impôt à payer	6 698 $	7 000 $
Crédit personnel de base	(1 440)	(2 043)
Crédit pour dividendes	(2 750)	(1 726)
Impôt régulier à payer	2 508 $	3 231 $

David procède ensuite au calcul de l'impôt minimum :

	Fédéral	Québec
Revenu imposable	42 500 $	42 500 $
Plus :		
Perte d'une société en commandite	15 000 $	15 000 $
30 % du gain en capital (25 % au Québec)	27 000 $	22 500 $
	84 500 $	80 000 $
Moins :		
Majoration des dividendes	(4 500)	(4 500)
Exemption de base	(40 000)	(40 000)
Revenu imposable modifié	40 000 $	35 500 $
x taux d'impôt minimum	15 %	16 %
	6 000 $	5 680 $
Moins :		
Crédit personnel de base	(1 440)	(2 043)
Impôt minimum	4 560 $	3 637 $

David devra payer l'impôt minimum, ce dernier étant plus élevé que l'impôt régulier. Ce surplus d'impôt payable pour l'année 2008 pourra être récupéré au cours des sept années subséquentes jusqu'à concurrence de l'excédent de l'impôt régulier sur l'impôt minimum des années en question.

	Fédéral	Québec
Impôt minimum à payer pour 2008	4 560 $	3 637 $
Impôt régulier	(2 508)	(3 231)
Excédent d'impôt minimum à récupérer	2 052 $	406 $

Supposons les résultats suivants pour 2009 :

	Fédéral	Québec
Impôt régulier à payer	2 875 $	2 468 $
Impôt minimum à payer pour 2009	(1 824)	(1 871)
Excédent de l'impôt régulier sur l'impôt minimum	1 051 $	597 $

David pourra réduire l'impôt régulier autrement payable pour 2009. Au fédéral, il pourra réduire jusqu'à concurrence de 1 824 $, soit l'impôt minimum payable pour 2009. Il récupère donc 1 051 $ d'impôt minimum payé pour 2008 et il lui reste un solde de 1 001 $ pour lui permettre de réduire son impôt fédéral de 2010 (2 052 $ − 1 051 $). Au Québec, tout l'impôt minimum payé en 2008, soit 406 $, peut être appliqué en réduction de l'impôt régulier à payer de 2009. David déboursera donc la somme de 2 062 $ en 2009 (2 468 $ − 406 $).

Transfert de crédits d'impôt non remboursables entre conjoints au Québec

Si le total de vos crédits d'impôt non remboursables est supérieur à l'impôt du Québec que vous devez payer, vous pouvez transférer à votre conjoint les crédits non utilisés. À l'inverse, si votre conjoint n'utilise pas tous ses crédits pour réduire son impôt à zéro, la fraction non utilisée peut vous être transférée. Si vous vivez séparé de votre conjoint au 31 décembre 2008 pour une période d'au moins 90 jours comprenant cette date, vous n'êtes pas considéré avoir de conjoint. Ainsi, dans une telle situation, aucun transfert de crédits ne peut se faire. Si votre conjoint est décédé au cours de l'année 2008, les transferts de crédits sont possibles.

Voici la liste des crédits d'impôt non remboursables visés par le transfert entre conjoints :

- crédit personnel de base ;
- crédits pour enfants et autres personnes à charge ;
- crédits pour la contribution parentale reconnue à l'égard d'étudiants admissibles ;
- crédit en raison d'âge, pour personne vivant seule et pour revenus de retraite ;
- crédit pour déficience ;
- crédit pour frais médicaux et dons de bienfaisance ;
- crédit pour frais de scolarité et intérêts sur prêt étudiant ;
- crédit pour cotisations syndicales et professionnelles ;
- crédit pour contributions politiques ;
- crédit pour dividendes ;
- crédit pour achat d'actions de Capital régional et coopératif Desjardins, du FSTQ et du Fondaction ;
- crédit pour impôt étranger payé.

Pour effectuer un transfert de crédits entre conjoints pour 2008, chacun d'eux doit produire une déclaration de revenus pour cette année.

L'indexation : une protection contre les augmentations indirectes d'impôt

Tout le monde sait que vivre avec 30 000 $ de revenus aujourd'hui ne permet pas d'avoir le même niveau de vie que pouvait procurer un revenu du même montant il y a 10 ans. L'indexation des revenus au coût de la vie assure le maintien du pouvoir d'achat. Parallèlement, la loi prévoit l'indexation des montants servant au calcul des crédits personnels ainsi que des différents paliers d'imposition. Est également indexé le niveau de revenus à partir duquel un retraité doit rembourser la pension de sécurité de la vieillesse. De même, les crédits remboursables pour la TPS et pour la TVQ, les montants de prestation fiscale pour enfants et les paiements de soutien aux enfants sont indexés.

Le facteur d'indexation qui sera appliqué au fédéral en janvier 2009 est égal à 2,5 %. Ce taux correspond au pourcentage de hausse du niveau moyen de l'indice des prix à la consommation (IPC) au Canada d'octobre 2007 à septembre 2008, comparativement au niveau moyen de l'IPC d'octobre 2006 à septembre 2007. Au Québec, le facteur d'indexation est déterminé de façon semblable, sauf que l'IPC retenu est celui du Québec et exclut les variations de prix des boissons alcoolisées et des produits du tabac. Il sera de 2,36 % pour 2009.

Chapitre 14

Quelques mesures administratives que vous devriez connaître

Qui doit produire une déclaration de revenus?

Nous avons mentionné dans l'introduction que l'assujettissement à l'impôt repose sur la notion de résidence. Il est toutefois utile de se poser la question suivante. Tous les résidents doivent-ils produire une déclaration de revenus? Que ce soit au fédéral ou au Québec, tous les particuliers qui ont un impôt payable pour 2008 doivent produire une déclaration. L'impôt payable signifie ici l'impôt calculé avant les déductions des retenues à la source et les autres crédits remboursables. Une déclaration est également requise lorsqu'un bien a été vendu et que cette transaction a généré un gain ou une perte en capital. De plus, au fédéral, vous devez produire une déclaration si:

- vous devez rembourser la totalité ou une partie de la pension de sécurité de la vieillesse ou des prestations d'assurance-emploi reçues;
- vous voulez réclamer un crédit pour la taxe sur les produits et services (TPS), un crédit remboursable pour les frais médicaux ou la prestation fiscale pour le revenu de travail (PFRT);
- votre conjoint ou vous, selon le cas, voulez bénéficier de la prestation fiscale pour enfants;
- vous voulez reporter la partie inutilisée de vos frais de scolarité et de votre montant relatif aux études à une année ultérieure;

- vous avez un solde de RAP ou de REEP non remboursé ;
- vous choisissez de fractionner votre revenu de pension avec votre conjoint.

Il est également avantageux de produire une déclaration pour toute personne qui gagne un revenu d'emploi, aussi minime soit-il, car cela permet d'accumuler des droits de cotisation à un REER qui pourront être utilisés dans une année subséquente.

Au Québec, une déclaration de revenus est requise si vous devez payer de l'impôt, une contribution au Régime de rentes du Québec, au Régime québécois d'assurance parentale ou au Fonds des services de santé, ou encore une cotisation au Régime d'assurance-médicaments du Québec. Vous devez également produire une déclaration de revenus au Québec si vous voulez bénéficier de certains crédits d'impôt remboursables tels que le crédit remboursable pour frais de garde d'enfants, le crédit remboursable pour la taxe de vente du Québec, le crédit remboursable pour aidants naturels, le remboursement d'impôts fonciers, etc.

Un étudiant admissible de 18 ans et plus doit produire une déclaration de revenus au Québec pour transférer un montant au titre de la contribution parentale à l'un de ses parents.

Les personnes qui ont reçu en 2008 des versements anticipés du crédit d'impôt remboursable pour les frais de garde d'enfants, pour le maintien à domicile ou pour la prime au travail, ont aussi l'obligation de produire une déclaration de revenus au Québec.

Une déclaration est également exigée au Québec lorsqu'une personne n'a aucun impôt à payer pour une année donnée en raison du report à cette année d'une perte subie antérieurement ou lorsqu'elle désire transférer des crédits d'impôt non remboursables à son conjoint. Finalement, une déclaration est requise pour maintenir l'admissibilité aux paiements de soutien pour enfants.

Dans le but de simplifier la tâche aux personnes âgées de 65 ans et plus, Revenu Québec a lancé un projet-pilote au printemps 2008 consistant à envoyer aux contribuables ciblés une déclaration pré-remplie qui tient sur deux pages. Comme son nom l'indique, il y a déjà des montants indiqués sur la déclaration et le calcul de l'impôt à payer est déjà effectué. Ce système est bien adapté aux personnes dont la situation fiscale est semblable d'une année à l'autre ; c'est pour cette raison que les déclarations préremplies pour l'année 2007 ont ciblé plus de 80 000 personnes âgées. Évidemment, **toute personne doit vérifier les montants inscrits sur la déclaration préremplie** et il est possible d'y indiquer certains montants qui pourraient être manquants, tels des revenus d'intérêts, des revenus de retraite et des frais médicaux. Si de tels ajouts sont faits, aucun calcul n'est à effectuer; Revenu Québec s'en occupera et vous en avisera. L'utilisation de la déclaration préremplie est volontaire; une personne qui l'a reçue peut choisir de remplir sa déclaration elle-même au moyen du formulaire habituel. Une déclaration préremplie ne peut pas être utilisée s'il y a un changement dans la situation fiscale. À titre d'exemple, Revenu Québec indiquait l'an dernier qu'une personne âgée qui ne recevait habituellement que des revenus de retraite ne pouvait pas utiliser la déclaration préremplie si elle avait gagné un revenu d'emploi en 2007 en plus de ses revenus de pension.

Nous ne savons pas si les résultats du projet-pilote mené l'an dernier ont été concluants. Par ailleurs, l'intention de Revenu Québec, lors du lancement de ce projet-pilote, était de pouvoir offrir l'utilisation de la déclaration préremplie à plus de un million de personnes en 2010. Autrement dit, la clientèle cible sera élargie. À ce stade-ci, le projet semble ambitieux compte tenu de la multitude de dispositions applicables en matière d'impôt personnel.

Quand faut-il produire une déclaration de revenus?

Les déclarations de revenus d'un particulier pour une année d'imposition doivent être présentées au plus tard le 30 avril de l'année suivante. **Les particuliers qui exploitent une entreprise à propriétaire unique ou qui sont associés dans une société de personnes exploitant une entreprise, ainsi que leur conjoint, peuvent bénéficier d'un délai prolongé pour présenter leurs déclarations de revenus, soit jusqu'au 15 juin.** Par ailleurs, peu importe la date limite de production qui s'applique à votre situation, vous devez payer tout solde dû au plus tard le 30 avril. À défaut, vous devrez payer des intérêts calculés depuis le 1er mai.

La transmission des déclarations de revenus par voie électronique est de plus en plus utilisée. Lorsqu'une déclaration est transmise électroniquement, il n'y a généralement aucun document à expédier aux autorités fiscales. Vous devez donc conserver une copie de vos déclarations ainsi que tous vos reçus et feuillets de renseignements, car les autorités fiscales procèdent à certaines vérifications. La **transmission électronique** est très intéressante pour ceux qui attendent un remboursement d'impôt, car les délais sont très courts.

Si vous ne produisez pas vos déclarations de revenus le 30 avril 2009, ou le 15 juin selon le cas, les gouvernements fédéral et du Québec vous imposeront une **pénalité de retard** égale à 5 % de

votre solde d'impôt à payer et une pénalité additionnelle de 1 %
par mois entier de retard, limitée à un maximum de 12 mois. Par
exemple, si vous avez un solde d'impôt à payer au fédéral pour
l'année 2008 égal à 500 $ et que vous produisez votre déclaration
le 20 octobre 2009, votre pénalité sera de 10 % (5 % plus 5 mois
entiers à 1 %) pour un total de 50 $, si votre délai de production
était le 30 avril 2009.

**Nous vous suggérons de produire tout de même vos décla-
rations de revenus au plus tard à la date limite, même s'il
vous est impossible d'acquitter le solde à payer. Vous éviterez
ainsi la pénalité.** Si vous les produisez en retard et que vous avez
droit à un remboursement, aucune pénalité ne vous sera imposée.

Au fédéral, la pénalité peut s'avérer plus coûteuse si vous soumettez votre déclaration après avoir reçu une mise en demeure
de le faire et que ce ne soit pas la première fois que vous la produisiez en retard. La pénalité est alors égale à 10 % du solde impayé
plus 2 % par mois entier de retard, jusqu'à concurrence de 20 mois.
Par conséquent, si votre retard est de 20 mois ou plus, la pénalité
est de 50 % du solde d'impôt impayé, sans compter les intérêts.

**Si vous avez un solde d'impôt à payer pour l'année 2008,
vous devrez le payer au plus tard le 30 avril 2009 afin qu'aucun
intérêt ne vous soit imputé.** Ainsi, si vous exploitez une entreprise, bien que vous puissiez présenter vos déclarations de revenus
le 15 juin, vous devrez quand même estimer et envoyer le paiement
du solde dû le 30 avril pour éviter de payer des intérêts. Si vous ne
payez pas le solde, des intérêts calculés aux taux prescrits par les
gouvernements seront calculés à compter du 1er mai 2009 et jusqu'à ce que le solde soit complètement remboursé. Les intérêts
sont composés quotidiennement et sont aussi calculés sur la pénalité, s'il y a lieu.

Les taux d'intérêts prescrits sur les montants dus aux gouvernements sont déterminés chaque trimestre. Voici le tableau des
taux qui étaient en vigueur en 2008:

	Fédéral	Québec
Du 1er janvier au 31 mars 2008	8 %	9 %
Du 1er avril au 30 juin 2008	8 %	9 %
Du 1er juillet au 30 septembre 2008	7 %	8 %
Du 1er octobre au 31 décembre 2008	7 %	8 %

Si vous avez droit à un remboursement d'impôt à la suite
de la production de votre déclaration de revenus 2008, vous rece-

vrez peut-être des intérêts. Toutefois, les intérêts s'accumulent seulement à compter du 31e jour au fédéral (46e jour au Québec) qui suit la date la plus éloignée entre le 30 avril 2009 et la date de production. Supposons que vous produisiez votre déclaration le 25 mars 2009. Les intérêts sur votre remboursement ne seront calculés qu'à compter du 31 mai 2009 au fédéral et du 15 juin 2009 au Québec, car aucun intérêt n'est calculé pour la période terminée le 30 avril 2009.

Au moment de la production des déclarations de revenus du Québec, il est possible pour tous les conjoints d'appliquer une partie ou la totalité du remboursement d'impôt de l'un contre le solde à payer de l'autre.

Les taux d'intérêts applicables à un remboursement d'impôt fédéral sont ceux indiqués dans le tableau précédent, moins 2 %.

Au Québec, le taux d'intérêt accordé sur un remboursement est ajusté trimestriellement selon le taux d'intérêt en vigueur des obligations d'épargne du Québec. Ce taux était fixé à 2,75 % pour le dernier trimestre 2008.

Les autorités fiscales fédérale et québécoise ont le pouvoir d'utiliser votre remboursement d'impôt pour payer toute autre dette due au gouvernement fédéral ou au gouvernement du Québec, selon le cas. Par exemple, votre remboursement d'impôt fédéral peut être appliqué contre une somme due à l'égard de prestations d'assurance-emploi reçues en trop. Au Québec, votre remboursement peut compenser une dette due en vertu de la Loi sur le soutien du revenu et favorisant l'emploi et la solidarité sociale, de la Loi facilitant le paiement des pensions alimentaires ou de la Loi sur l'aide financière aux études.

Votre remboursement d'impôt fédéral et du Québec, le crédit d'impôt remboursable pour la TPS et pour la TVQ, la prestation fiscale pour enfants ainsi que les paiements de soutien aux enfants peuvent être **déposés directement** dans votre compte bancaire si vous en faites la demande.

Devez-vous effectuer des acomptes provisionnels?

Vous savez bien que toute personne qui gagne un revenu d'emploi, que ce soit un salaire, des commissions ou une prime, se fait prélever des retenues d'impôt à la source au fur et à mesure que sa rémunération lui est versée. Qu'en est-il des gens qui gagnent des revenus d'entreprise ou qui vivent de leurs revenus de placement ou de retraite?

Vous êtes obligé d'effectuer des acomptes, tant au fédéral qu'au Québec, si la différence entre l'impôt à payer et l'impôt retenu à la source est supérieure à 1800 $ pour l'année courante et pour l'une des deux années précédentes.

L'impôt à payer au fédéral correspond à l'impôt fédéral net (voir l'appendice B) moins les crédits d'impôt remboursables et l'abattement pour résidents du Québec. L'impôt à payer ne comprend pas le remboursement de prestations d'assurance-emploi. Par contre, il faut ajouter le montant de la pension de sécurité de la vieillesse à rembourser.

L'impôt à payer au Québec tient compte de tous les crédits d'impôt remboursables, sauf le remboursement d'impôts fonciers (voir l'appendice C).

Les acomptes provisionnels d'impôt sont dus le 15e jour des mois suivants : mars, juin, septembre et décembre.

Trois méthodes de calcul sont permises pour déterminer les acomptes à verser en 2009. La première méthode est simple et convient généralement à la majorité : **il s'agit de la méthode sans calcul.** Ce sont les autorités fiscales qui vous avisent des versements que vous avez à effectuer en vous faisant parvenir des formules de versements. Cette méthode a été adoptée pour éviter que les contribuables aient à faire des calculs ; elle s'appuie sur le fait que les déclarations de revenus des années 2007 et 2008 ont été produites. De plus, la méthode sans calcul permet d'éviter les intérêts et les pénalités liés aux acomptes insuffisants. **Selon la méthode sans calcul, le montant total des acomptes à verser pour l'année 2009 sera égal au montant de l'impôt à payer de l'année 2008 réduit des retenues d'impôt à la source prélevées en 2008.** Chacun des versements du 15 mars et du 15 juin correspond à 25 % de l'impôt à payer de 2007 et les deux derniers versements seront déterminés en fonction de l'impôt à payer pour 2008 moins les deux premiers versements effectués.

Exemple

Lorsque Fatima a préparé ses déclarations de revenus de l'année 2008, elle a payé la somme de 2 660 $ au fédéral et de 2 820 $ au Québec. Pour l'année 2007, elle avait payé au fédéral la somme de 2 400 $ et de 2 700 $ au Québec. Fatima recevra en février 2009 des formules de versements d'acomptes pour les 15 mars et 15 juin 2009. Les montants indiqués auront été calculés comme suit :

	Fédéral	Québec
Solde d'impôt à payer pour l'année 2007	2 400 $	2 700 $
Montant des deux premiers versements de 2009 ($^1/_4$ × solde d'impôt de 2007)	600 $	675 $

En août 2009, Fatima recevra deux autres formules de versements pour les acomptes du 15 septembre et du 15 décembre 2009, calculés de la façon suivante :

	Fédéral	Québec
Solde d'impôt à payer pour l'année 2008	2 660 $	2 820 $
Moins les deux premiers acomptes versés	(1 200)	(1 350)
Solde à verser	1 460 $	1 470 $
Montant des deux derniers acomptes de 2009 ($1/2$ du solde à verser)	730 $	735 $

Au total, Fatima versera 2 660 $ au fédéral et 2 820 $ au Québec, soit l'impôt payé en 2008.

Les montants d'acomptes à verser sont augmentés au Québec pour tenir compte, s'il y a lieu, des contributions au FSS, au RRQ et au RQAP (si vous êtes travailleur autonome) que vous avez payées en 2008. Aussi, vous devez ajouter la contribution au régime d'assurance-médicaments si vous n'êtes pas couvert par un régime d'assurance collective.

Si 2008 est la première année pour laquelle vous avez dû payer 1 800 $ d'impôt (pour chaque palier de gouvernement) en sus de vos montants déduits à la source, vous n'aurez pas de versements à faire pour mars et juin 2009 selon la méthode sans calcul. Par ailleurs, le total des versements demandés pour septembre et décembre 2009 sera égal à l'impôt payé pour 2008. Dans l'exemple précédent, en supposant un solde d'impôt à payer nul en 2007, Fatima n'aurait aucun acompte à faire pour mars et juin 2009 et devrait verser 1 330 $ au fédéral et 1 410 $ au Québec pour chacun des acomptes dus en septembre et décembre 2009. Au total, elle aura donc payé un montant égal à ce qu'elle avait payé l'année précédente.

La méthode sans calcul peut aussi ne pas convenir à votre situation. Par exemple, **si vous savez que le solde d'impôt que vous aurez à payer pour l'année 2009 est inférieur à 1 800 $, vous n'êtes pas obligé de faire des acomptes**. Si le solde d'impôt que vous pensez devoir payer pour l'année 2009 est très inférieur (tout en étant plus élevé que 1 800 $) à celui que vous avez payé pour l'année 2008, vous pouvez réduire les montants des acomptes à effectuer en utilisant la **méthode de l'année en cours**.

> **Exemple**
>
> Fatima estime que le solde d'impôt qu'elle aura à payer pour l'année 2009 sera de 2 000 $ au fédéral et de 2 200 $ au Québec. Elle pourrait donc ignorer les montants indiqués sur les formules de versements et calculer ses acomptes à verser pour l'année 2009 de la façon suivante :
>
> | | Fédéral | Québec |
> |---|---|---|
> | Solde d'impôt estimé pour 2009 | 2 000 $ | 2 200 $ |
> | Montant de chaque acompte (¼ × solde) | 500 $ | 550 $ |

La troisième méthode de calcul des acomptes est la **méthode de l'année précédente**. Il s'agit de payer en quatre versements égaux l'impôt payé l'année précédente. Cette méthode permet d'éviter les fluctuations entre les deux premiers versements de l'année et les deux derniers.

> **Exemple**
>
> Le solde d'impôt payé par Germain relativement à sa déclaration de revenus du Québec pour l'année 2007 était de 6 400 $. Ses revenus de 2008 étant beaucoup plus bas, il a payé la somme de 3 800 $. Les montants des acomptes à verser en 2009 selon la méthode sans calcul sont de 1 600 $ pour les deux premiers acomptes et de 300 $ pour les deux derniers. Au total, il doit verser 3 800 $ pour l'année 2009 .
>
> Si Germain choisit la méthode de l'année précédente, il versera plutôt quatre versements de 950 $ chacun. Au total, cela équivaut aussi à 3 800 $, mais la méthode de l'année précédente convient mieux à Germain et facilite la gestion de son budget. La méthode de l'année précédente est également permise pour calculer les acomptes au fédéral.

Si vous choisissez **la méthode de l'année en cours ou celle de l'année précédente** et que vous versez moins que les montants indiqués sur les formulaires de versements transmis par l'un ou l'autre des gouvernements, **vous risquez de devoir payer des intérêts** si vos estimations sont inexactes. Évidemment, si la différence entre l'impôt à payer et les retenues d'impôt à la source de l'année courante n'excède pas 1 800 $, aucun intérêt ne sera dû puisqu'aucun acompte n'était requis.

Évitez de payer des intérêts sur les acomptes

Afin d'inciter les contribuables à respecter leurs obligations de versements d'acomptes, **les autorités fiscales exigent des intérêts composés quotidiennement sur les acomptes qui ne sont**

pas faits, qui sont faits en retard ou qui sont insuffisants. Par exemple, si l'acompte du 15 mars 2009 n'est pas effectué, des intérêts, selon les taux prescrits des gouvernements, seront calculés sur l'acompte non versé du 15 mars 2009 jusqu'au 30 avril 2010 (date où vous commencerez à payer des intérêts sur le solde d'impôt s'il demeure impayé à cette date). Si vous effectuez votre versement en retard, les intérêts seront calculés pour la période écoulée entre la date où le versement était dû et la date où le paiement a été effectué.

Si votre acompte est insuffisant, des intérêts seront calculés sur la fraction de l'acompte non versée jusqu'au 30 avril de l'année suivante ou jusqu'au moment où vous comblerez la différence, s'il survient avant.

Pour calculer les intérêts, les autorités fiscales déterminent que le montant minimum de chacun des acomptes que vous auriez dû verser est égal au plus petit montant obtenu en comparant les résultats des trois méthodes de calcul disponibles. Le gouvernement fédéral n'exige pas le paiement des intérêts lorsque ceux-ci sont de 25 $ ou moins.

Au Québec, un intérêt additionnel de 10 % s'ajoute aux intérêts normaux si l'acompte effectué est inférieur à 75 % du montant requis.

Au fédéral, vous pourrez devoir acquitter une pénalité si les intérêts à payer s'élèvent à plus de 1 000 $. Cette pénalité est égale à 50 % du montant des intérêts à payer qui dépasse le plus élevé de 1 000 $ ou de 25 % des intérêts qui auraient été payables si aucun versement n'avait été fait.

Vous pouvez diminuer ou éliminer ces intérêts et ces pénalités en augmentant les prochains acomptes de l'année courante ou en les devançant. En effet, des intérêts créditeurs s'accumulent dès qu'un acompte est effectué jusqu'au 30 avril de l'année suivante.

Notez cependant que si les intérêts créditeurs dépassent les intérêts dus, l'excédent ne sera pas remboursé.

Si vous choisissez la méthode sans calcul pour faire vos acomptes, et que vous respectez les dates d'échéance des versements ainsi que les montants qui sont indiqués sur les formules de versements, **aucun intérêt ni aucune pénalité pour acomptes insuffisants ou non effectués ne vous seront imputés.** Cela est vrai même si le montant des acomptes versés durant l'année est inférieur au montant d'impôt calculé lorsque vous produirez vos déclarations de revenus pour cette année-là. Voilà donc le principal avantage de la méthode sans calcul.

Si vous aviez l'habitude de ne pas payer vos acomptes ou de le faire en retard, nous espérons vous avoir convaincu de respecter les rappels d'acomptes que les gouvernements vous expédieront. Dans certains cas, considérez le fait de devoir emprunter pour effectuer vos acomptes, il vous en coûtera moins cher.

Êtes-vous d'accord avec votre cotisation?

À la suite de la production de vos déclarations de revenus, vous recevrez un avis de cotisation de la part de l'ARC et de Revenu Québec. **L'avis de cotisation confirme que votre déclaration a été acceptée telle quelle ou, le cas échéant, quelles sont les modifications qui y ont été apportées.** Vous y trouverez la confirmation de votre remboursement ou du solde d'impôt dû, de même que les intérêts et les pénalités s'il y a lieu. Au fédéral, votre avis de cotisation vous indiquera également le montant maximal que vous pourrez déduire à l'égard d'un REER pour l'année suivante (voir le chapitre 7).

Revenu Québec a instauré depuis quelques années un programme de remboursement anticipé. Ce programme permet à certaines personnes qui réclament un remboursement de 3 000 $ ou moins de recevoir leur chèque dans les trois semaines suivant la production de la déclaration. Notez bien qu'il s'agit ici d'un paiement à l'avance et que vous recevrez subséquemment un avis de cotisation.

Plusieurs croient que l'émission d'un avis de cotisation signifie que la déclaration est acceptée et qu'ils n'en entendront plus jamais parler. Si vous êtes parmi ceux-là, vous faites erreur. **En effet, les autorités fiscales disposent de trois ans à compter de la date qui apparaît sur l'avis de cotisation pour en émettre un nouveau.** C'est ce que l'on appelle le délai de prescription. Par exemple, vous avez reçu un avis de cotisation fédéral le 3 juillet 2007 acceptant votre déclaration de revenus de l'année 2006 telle que vous l'avez présentée. Ne soyez pas surpris si vous recevez une demande de la part de l'ARC de produire vos reçus et autres pièces justificatives en 2009 relatifs aux dépenses pour utilisation de votre automobile que vous avez réclamées en 2006. Dans cet exemple, l'ARC a jusqu'au 3 juillet 2010 pour examiner de nouveau la déclaration de l'année 2006. C'est d'ailleurs pour cette raison que vous devez conserver vos reçus. Revenu Québec dispose aussi d'un délai de trois ans à compter de l'émission d'une cotisation pour réviser votre déclaration. Revenu Québec se réserve aussi le droit d'émettre une nouvelle cotisation même si le délai de trois ans est expiré pour donner effet à une nouvelle cotisation fédérale. Dans ces circonstances, Revenu Québec peut émettre sa nouvelle cotisation dans un délai d'un an suivant l'émission de la nouvelle cotisation fédérale. Par exemple, supposons que l'ARC examine votre déclaration de revenus de l'année 2005 pour laquelle un avis de cotisation a été émis le 24 mai 2006. L'ARC vous émet une nouvelle cotisation pour l'année 2005 datée du 31 mars 2009 dans laquelle la déduction de certains frais financiers est refusée. Revenu Québec pourra émettre une nouvelle cotisation pour l'année 2005 pour refuser les mêmes dépenses et aura jusqu'au 31 mars 2010 pour le faire même si le délai normal de prescription de trois ans est écoulé.

Dans des circonstances bien particulières, notamment en cas de fraude ou de revenus non déclarés, le délai de trois ans ne s'applique plus. En effet, il n'y a pas de limite de temps pour émettre de nouvelles cotisations dans ces cas. Il en est de même pour quelqu'un qui ne produit pas de déclaration pour une année donnée.

Si vous n'êtes pas d'accord avec l'avis de cotisation que vous avez reçu, vous devez tout d'abord communiquer avec l'ARC ou Revenu Québec, par écrit, par téléphone ou en vous rendant à l'un de leurs bureaux afin d'obtenir les explications nécessaires. Vous pourrez peut-être régler votre différend de cette façon et obtenir un nouvel avis de cotisation qui corrigera la situation, s'il y a lieu.

Si vos discussions sont sans issue, vous devrez alors présenter un avis d'opposition. **Le délai pour présenter cet avis se termine à la plus éloignée des deux dates suivantes : un an après le jour où la déclaration de revenus devait être produite (30 avril ou 15 juin) ou 90 jours après la date d'émission de l'avis de cotisation.** Par exemple, si l'avis de cotisation pour l'année 2007 a été émis le 25 juin 2008, le délai pour faire opposition se terminera le 30 avril 2009, soit un an après le 30 avril 2008 (date limite de production pour l'année 2007). Si la personne avait déclaré un revenu provenant d'une entreprise en 2007, le délai pour faire opposition serait reporté au 15 juin 2009.

Si l'avis de cotisation pour l'année d'imposition 2006 est émis le 25 juillet 2008 (parce que la déclaration de revenus a été produite en retard), l'avis d'opposition devra alors être présenté au plus tard 90 jours après cette date.

Au fédéral, vous pouvez signifier votre opposition par une simple lettre adressée au chef des appels du bureau de district ou du centre fiscal. Vous pouvez aussi utiliser le formulaire T400A. Quelle que soit la façon de procéder, vous devez exposer, dans les deux cas, les faits et les raisons qui donnent lieu à l'opposition.

Autrement dit, vous ne pouvez pas simplement envoyer une lettre en indiquant que vous n'êtes pas d'accord.

Au Québec, vous pouvez également vous opposer à votre cotisation en envoyant une lettre ou en utilisant le formulaire MR-93.1.1. N'oubliez pas d'indiquer les faits et les motifs relatifs à votre opposition.

Si vous ne réussissez pas à régler votre dossier après avoir discuté avec un représentant du Service des oppositions, d'autres moyens vous sont offerts. Au fédéral, vous pouvez vous adresser en premier lieu à la Cour canadienne de l'impôt, puis à la Cour d'appel fédérale et, en dernier recours, à la Cour suprême.

Au Québec, vous pouvez vous adresser à la Cour du Québec ou, si vous y êtes admissible, à la Division des petites créances de cette même Cour. Par la suite, c'est à la Cour d'appel du Québec qu'il faut s'adresser. Si tous ces recours ont été épuisés, c'est la Cour suprême du Canada qui pourra ultimement rendre jugement.

Dès que vous signifiez un avis d'opposition, les procédures de recouvrement du solde impayé sont suspendues jusqu'au 90e jour qui suit la décision écrite prise par le Service des oppositions. Par exemple, les autorités fiscales ne peuvent entreprendre des procédures de saisie ni entamer une poursuite pour percevoir le montant d'impôt faisant l'objet du litige.

Pouvez-vous modifier votre déclaration après sa production?

Si vous recevez des renseignements supplémentaires (par exemple un feuillet T4 ou T5) après avoir soumis votre déclaration de revenus, ou encore si vous avez omis de réclamer une déduction, n'envoyez pas une déclaration modifiée. Remplissez plutôt les formulaires T1-ADJ au fédéral et TP-1.R au Québec, que vous ayez reçu ou non un avis de cotisation. Ces formulaires vous permettent de spécifier à quelle ligne de la déclaration vous voulez apporter une modification. Vous n'avez pas besoin de calculer de nouveau vos impôts, car les autorités fiscales s'en occuperont. Joignez à votre demande de correction les reçus nécessaires.

Avez-vous consulté « Mon dossier »?

«Mon dossier» est un service électronique offert par l'ARC qui vous permet de consulter votre dossier fiscal personnel. Vous devez vous inscrire auprès de l'ARC pour obtenir un code d'activation. Par la suite, vous pouvez accéder à «Mon dossier» aussi souvent que vous le voulez. À la fin de l'année 2008, les renseignements personnels suivants étaient disponibles :

- les déclarations et les avis de cotisation des six années antérieures ;
- le montant des pertes en capital nettes à reporter ;
- le montant inutilisé des frais de scolarité et du montant relatif aux études ;
- le montant des prestations fiscales pour enfants et le montant du crédit d'impôt remboursable pour la TPS auxquels vous avez droit s'il y a lieu ;
- votre état de compte indiquant si vous devez ou non un montant à l'ARC ;
- les montants d'acomptes provisionnels versés pour l'année 2008 ainsi que la copie des rappels d'acomptes qui vous ont été envoyés ;
- le montant maximum déductible au titre des REER pour 2008.

En plus de consulter «Mon dossier», vous pouvez l'utiliser pour modifier une déclaration de revenus pour l'une des trois années antérieures au lieu d'utiliser le formulaire T1-ADJ, ou pour signifier votre opposition à une cotisation dans les délais mentionnés dans une rubrique précédente de ce chapitre. Aussi, vous pouvez aviser l'ARC de votre changement d'adresse et de vos nouvelles coordonnées bancaires si vous utilisez le dépôt direct.

Vous pouvez également autoriser un professionnel possédant un numéro de représentant auprès de l'ARC à avoir accès à votre dossier. Une telle autorisation se fait soit en utilisant «Mon dossier» si vous êtes déjà inscrit à ce service électronique, soit en remplissant le formulaire T1013. C'est une façon très efficace de permettre à votre représentant d'avoir accès très rapidement à des renseignements fiscaux importants pour la préparation de vos déclarations de revenus.

Dispositions d'allègement pour les contribuables

Les dispositions d'allègement accordent toute discrétion à l'ARC lui permettant d'effectuer des remboursements d'impôts pour les années antérieures sans être limité au délai normal de trois ans suivant la date d'émission de l'avis de cotisation. Cette mesure vise principalement le cas de personnes qui n'étaient pas au courant de l'existence de certaines déductions ou de crédits remboursables tels que le crédit pour la TPS et qui ne les ont pas réclamés. Dans le cas où un remboursement est accordé, des intérêts seront payés à compter du 30e jour qui suit la date de production de la déclaration ou de la demande de remboursement.

Les dispositions d'allègement permettent aussi à l'ARC d'annuler les intérêts et les pénalités lorsque ceux-ci découlent de situations indépendantes de la volonté du contribuable. Par exemple, les événements suivants pourront être considérés par l'Agence :

- un désastre naturel, tels une inondation, une catastrophe ou un incendie ;
- des troubles civils ou l'interruption de services comme une grève des postes ;
- une maladie ou un accident grave ;
- des troubles émotifs sérieux tels que ceux causés par un décès dans la famille immédiate.

De plus, l'ARC pourra annuler les intérêts et les pénalités qui découlent de ses propres actions. Par exemple, s'il y a des erreurs dans les documents et les publications fournis par l'ARC qui ont amené une personne à établir son impôt de façon inexacte, et qui ont, par le fait même, occasionné une cotisation avec intérêts.

Une révision ne peut être demandée qu'à l'égard des 10 dernières années. Par conséquent, une demande présentée en 2009 ne sera acceptée que pour 1999 et les années suivantes. Pour ce faire, votre demande doit être écrite et doit indiquer les raisons pour lesquelles vous croyez que les intérêts et les pénalités établis découlent de circonstances hors de votre contrôle.

Revenu Québec accepte également les demandes de remboursements d'impôts pour les dix dernières années et peut renoncer, en totalité ou en partie, à des pénalités ou à des intérêts payables par un individu dans des circonstances semblables à celles qui sont énumérées précédemment.

Les gouvernements veulent percevoir ce qui leur est dû

Une des grandes préoccupations des gouvernements est de lutter contre l'évasion fiscale et le travail au noir. Le secteur de la construction est particulièrement visé. Depuis quelques années, toutes les entreprises dont l'activité principale est la construction doivent transmettre le nom, l'adresse, les montants versés, le numéro de TPS ou le numéro d'assurance sociale de leurs sous-traitants à l'ARC.

Au Québec, le Bureau de lutte contre l'évasion fiscale a été créé. Il s'agit d'une unité administrative qui se consacre à la lutte au travail au noir et à l'évasion fiscale. Au cours des dernières années, les secteurs de la restauration et de la construction ont fait l'objet de nombreuses vérifications. Différents stratagèmes utilisés par les restaurateurs pour dissimuler des ventes, telles l'utilisation de camoufleurs de ventes, l'absence de facture ou d'enregistrement de certaines factures et la réutilisation d'une même facture, ont permis à Revenu Québec de constater que ses moyens traditionnels d'intervention sont insuffisants pour récupérer les impôts et les taxes éludés. Par conséquent, de nouvelles mesures seront mises en place au cours des prochaines années. L'une d'elles obligera les restaurateurs à remettre une facture à chaque client et à en conserver une copie. Des amendes et des pénalités seront payables pour chaque infraction commise par le restaurateur. Toutes les précisions relatives à cette nouvelle obligation, notamment en ce qui a trait aux restaurateurs visés, à la forme de la facture et aux renseignements devant y apparaître, seront communiquées par Revenu Québec dans un avenir rapproché. Une autre mesure, qui entrera en vigueur au plus tard le 1er janvier 2011, obligera les restaurateurs à utiliser une caisse enregistreuse munie d'un micro-ordinateur contenu dans un boîtier sécurisé pour, d'une part, produire les factures et, d'autre part, tenir le registre des ventes. De plus, les restaurateurs inscrits dans le régime de la taxe de vente du Québec devront fournir, avec leur déclaration de taxe, un rapport des ventes enregistrées par le micro-ordinateur.

Sous réserve de l'accord de la Commission d'accès à l'information, le ministère du Revenu peut consulter les fichiers de certains organismes pour effectuer des croisements de données. Par exemple, le Ministère a établi des partenariats avec la Commission de la construction du Québec et la Régie du bâtiment du Québec. Les données de la Société de l'assurance automobile du Québec sont aussi utilisées. Par exemple, le ministère du Revenu pourrait s'intéresser à un contribuable qui roule en Jaguar et dont le revenu annuel déclaré est de 20 000 $.

La loi contient, bien entendu, des mesures dissuasives face à l'évasion fiscale. Notamment, une personne qui a déjà omis une première fois de déclarer un revenu et qui commet une seconde omission dans l'une des trois années suivantes pourra se voir imposer une pénalité égale à 10 % du revenu non déclaré.

Lorsque les autorités fiscales, tant fédérales que québécoises, jugent qu'il y a eu de faux énoncés ou une omission faits intentionnellement, ou encore dans des circonstances où il y a eu négligence flagrante, la pénalité est beaucoup plus sévère. Elle est égale à 50 % de l'impôt non payé et elle s'applique dès la première offense.

Il ne faut pas oublier que ces pénalités s'ajoutent aux impôts payables sur les revenus non déclarés ainsi qu'aux intérêts sur un solde d'impôt impayé.

La divulgation volontaire

La divulgation volontaire (DV) est un programme qui existe tant au fédéral qu'au Québec pour encourager les contribuables fautifs à corriger leurs omissions passées pour se conformer à la loi. Par exemple, les gens qui n'ont pas produit toutes leurs déclarations de revenus ou qui ont produit des déclarations incomplètes en ne déclarant pas tous leurs revenus ou en déduisant des dépenses non justifiées pourraient être admissibles à la DV. Les contribuables qui procèdent à une DV **valide** devront payer les impôts ainsi que les intérêts. Les autorités fiscales renonceront toutefois aux pénalités et à toute poursuite en justice.

Une DV valide doit d'abord être spontanée. Le contribuable doit prendre l'initiative volontairement. Autrement dit, s'il y a déjà une vérification ou une enquête en cours, ou encore si le contribuable est au courant qu'il y aura une telle vérification le concernant ou concernant des personnes qui lui sont liées (commercialement ou autrement), il ne pourra pas se prévaloir de la DV.

Une DV doit être complète. Elle doit contenir un compte rendu complet et exact de tous les **renseignements manquants qui seront vérifiables**. Si les autorités fiscales constatent des erreurs ou des omissions importantes dans les renseignements que vous dévoilez, vous ne serez plus admissible à la DV et devrez payer les impôts, les intérêts et les pénalités en plus d'être sujet à des poursuites.

La première approche pour une DV est généralement faite de façon anonyme par un contribuable qui utilise les services d'un représentant. Celui-ci exposera en premier lieu les faits et s'assurera auprès des autorités fiscales que les conditions préalables à l'acceptation d'une DV sont satisfaites.

Chapitre 15

Le décès : et si le fisc faisait partie de vos héritiers !

Devez-vous préparer les déclarations de revenus d'une personne décédée ? Il peut en être ainsi si vous êtes l'unique ou un des héritiers, ou encore si vous avez été nommé liquidateur. Le **liquidateur** est la personne désignée dans le testament du défunt qui doit, entre autres, faire l'inventaire des biens au décès, payer les dettes du défunt et exécuter ses dernières volontés. S'il n'y a pas de testament, les héritiers pourront répartir entre eux les tâches du liquidateur ou en désigner un.

Parmi les dettes du défunt, il faut établir l'impôt à payer sur les revenus gagnés jusqu'au jour du décès et certains autres revenus réputés réalisés en raison du décès. **Souvent, le traitement fiscal sera déterminé en fonction de l'identité des héritiers ;** par exemple, plusieurs allègements fiscaux existent lorsque le conjoint hérite.

Vous savez sans doute qu'il existe **trois formes de testament :** le testament olographe qui est entièrement écrit de la main du défunt, le testament devant témoins qui nécessite la signature du défunt et celles de deux témoins qui ne sont pas des héritiers, et le testament notarié. Si une personne meurt sans testament, ce sont les règles du Code civil qui régissent la distribution des biens. Si le défunt avait un conjoint et des enfants, la part du conjoint est de un tiers et les deux tiers sont attribués aux enfants. S'il n'y a pas d'enfants, la part du conjoint est de deux tiers et le tiers est attribué aux parents du défunt. Si ceux-ci sont tous les deux décédés, alors le tiers est distribué aux frères et aux sœurs du défunt.

Si vous êtes marié et vivez séparé de votre conjoint sans être divorcé, vous avez toujours un conjoint selon le Code civil. Par conséquent, si vous n'avez pas de testament, votre conjoint pourra hériter car ce sont les règles du Code civil qui s'appliqueront pour le règlement de votre succession et votre conjoint duquel vous n'êtes pas divorcé en sera bénéficiaire.

Si vous vivez en union de fait, un testament est requis si vous désirez que votre conjoint soit bénéficiaire de votre succession parce que les règles du Code civil ne s'appliquent pas aux conjoints de fait. Le Code civil ne reconnaît que les conjoints légalement mariés (incluant ceux qui ont choisi «l'union civile» au Québec).

Il peut arriver que les volontés exprimées dans votre testament ne puissent être réalisées si elles sont contraires à d'autres lois. Par exemple, si vous êtes marié et que votre testament prévoit que tous vos biens seront distribués à un ami d'enfance ou à vos enfants par exemple, sachez que votre conjoint pourra invoquer les dispositions relatives au patrimoine familial.

La déclaration de revenus finale

Certaines des dispositions fiscales que vous connaissez sont modifiées en raison du décès. Les prochaines rubriques vous indiqueront les principaux éléments auxquels vous devriez apporter une attention particulière.

Délai de production

La déclaration finale du défunt pour les revenus gagnés dans l'année du décès doit être produite au plus tard le 30 avril de l'année suivante, ou le 15 juin si le défunt exploitait une entreprise. Si le décès est survenu entre le 1er novembre et le 31 décembre, la déclaration pourra être produite six mois après le décès, si cette date suit la date normale de production (30 avril ou 15 juin). Si le décès survient entre le 1er janvier et le 30 avril (ou le 15 juin pour ceux qui exploitaient une entreprise), les déclarations de l'année précédant l'année du décès pourront être produites dans les six mois suivant le décès.

Exemple

Charles est décédé le 15 janvier 2009. Il exploitait une entreprise à propriétaire unique. La déclaration de revenus pour l'année du décès pourra être
produite au plus tard le 15 juin 2010. La déclaration de revenus pour l'année
2008, qui devrait normalement être déposée le 15 juin 2009 (puisque
Charles exploitait une entreprise), pourra être produite au plus tard le 15 juillet 2009, soit six mois après le décès.

Formulaire

La déclaration finale doit être présentée sur le formulaire habituel
de déclaration. Si ce dernier n'est pas disponible au moment où
vous désirez présenter la déclaration de la personne décédée, utilisez tout simplement un formulaire de l'année précédente et modi-
fiez l'année qui y est indiquée.

Reprenons l'exemple de Charles, et supposons qu'en mai 2009
le liquidateur soit prêt à faire la déclaration finale pour la période
du 1er janvier au 15 janvier 2009. Le liquidateur pourra utiliser
un formulaire de l'année 2008. Il se peut que les cotisations soient
émises comme s'il s'agissait d'une déclaration produite pour
l'année 2008. Des modifications pourront être demandées par la
suite pour tenir compte des changements applicables pour 2009,
qu'il s'agisse de nouvelles déductions ou de l'indexation des montants personnels de base ou de tout autre changement applicable.

Revenus à inclure

Les revenus à inclure dans la déclaration finale pour l'année du
décès comprennent toutes les sommes reçues avant le décès et
qui sont ordinairement imposables, par exemple les salaires, les
intérêts, les dividendes, la pension de sécurité de la vieillesse (PSV),
les prestations du Régime de rentes du Québec (RRQ), les prestations d'assurance-emploi, la pension alimentaire imposable, le
revenu provenant d'une entreprise, etc.

On doit aussi inclure les revenus non encaissés qui se sont
accumulés quotidiennement jusqu'au jour du décès, par exemple
le salaire gagné depuis la dernière période de paie jusqu'au jour
du décès, les intérêts courus sur les placements depuis la dernière
date de versement jusqu'au jour du décès, le revenu de location
d'immeubles, etc.

Les revenus devront comprendre aussi tous les revenus gagnés
et **payables avant le décès mais non encaissés,** appelés « **droits
ou biens** », tels des coupons d'intérêts échus non encaissés, des
dividendes déclarés non payés, un boni non payé, un solde impayé
d'allocation de retraite, un paiement pour des journées de vacances

accumulées, un paiement de PSV ou de RRQ pour le mois du décès mais reçu après la date du décès, etc. Nous verrons plus loin, dans ce chapitre, que ces droits ou ces biens peuvent être inclus dans une déclaration de revenus distincte de la déclaration finale.

Revenus à ne pas inclure

Les sommes reçues à titre de rajustements rétroactifs de salaires en vertu d'une **convention collective signée après le décès** ne sont pas imposables ni pour le défunt, ni pour la succession, ni pour le bénéficiaire. Il en est de même pour le montant d'assurance-vie reçu à la suite du décès. Toutefois, si des intérêts ont été ajoutés au montant de la prestation d'assurance-vie reçu, vous devrez inclure les intérêts dans le revenu du bénéficiaire.

La **prestation de décès** versée par le Régime de rentes du Québec doit être incluse dans le revenu de la succession au fédéral, seulement si la succession en est bénéficiaire. Au Québec, la succession doit inclure la prestation de décès dans le calcul de son revenu, peu importe à qui elle a été versée.

Une **prestation consécutive au décès** versée par l'employeur au conjoint survivant ou à toute autre personne, en reconnaissance des services rendus par l'employé décédé, est imposable pour le bénéficiaire. Les autorités fiscales acceptent qu'un paiement effectué par l'employeur à l'égard de journées de maladie accumulées par le défunt soit considéré comme une prestation consécutive au décès. Les premiers 10 000 $ d'une prestation consécutive au décès ne sont pas imposables. **Si plus d'une personne est bénéficiaire d'une prestation consécutive au décès**, la déduction de 10 000 $ au fédéral sera accordée prioritairement au conjoint et le solde non utilisé sera partagé entre les autres bénéficiaires en proportion des montants reçus. Au Québec, la déduction de 10 000 $ sera partagée entre tous les bénéficiaires proportionnellement aux montants de prestation reçus.

Contribution au REER du conjoint

Si le défunt a des droits de cotisation inutilisés à son REER, aucune contribution ne peut être versée à son REER après son décès. Toutefois, il est possible de déduire des contributions faites en son nom, après la date du décès et dans les 60 premiers jours de l'année suivante, au REER du conjoint survivant, dans la mesure où ce dernier n'a pas atteint l'âge de 71 ans. Ainsi, il peut être très intéressant de contribuer au maximum au REER du conjoint, tout en réduisant l'impôt payable sur la déclaration du défunt.

Fractionnement du revenu de pension

Les règles expliquées au chapitre 8 concernant le fractionnement des revenus de pension entre conjoints sont applicables même si l'un des conjoints est décédé dans l'année. Toutefois, le montant maximum de revenu de pension du **conjoint survivant** qui peut faire l'objet du partage doit être distribué au prorata pour ne tenir compte que des mois avant et incluant celui du décès. Par exemple, si vous avez reçu en 2008 une rente viagère provenant de votre RPA égale à 36 000 $ et que votre conjoint est décédé en septembre 2008, le montant maximum pouvant être fractionné avec votre conjoint est de 13 500 $ (50 % $\times$ 36 000 $ $\times$ $^9\!/_{12}$).

Frais de garde d'enfants

La déduction fédérale doit être calculée comme si la personne décédée n'avait pas eu de conjoint durant l'année du décès. Autrement dit, on considère que la personne décédée n'avait pas de soutien (voir à la page 307). Ainsi, seuls les frais payés par la personne décédée pourront être réclamés par elle. Au Québec, le crédit se calcule de la manière habituelle et il peut être partagé entre les conjoints même si l'un d'eux est décédé au cours de l'année. Le taux du crédit d'impôt est calculé en fonction du revenu familial, incluant les revenus inscrits dans la déclaration finale et les déclarations distinctes du conjoint décédé. Vous trouverez au chapitre 11 tous les détails relatifs aux frais de garde d'enfants.

Actions-croissance PME

Le décès n'a pas pour effet de considérer que les actions détenues par le défunt dans le régime d'Actions-croissance PME ont été retirées du régime. Par conséquent, il n'y a pas de revenu à ajouter à la déclaration finale du Québec dû au fait que le défunt n'aurait pas détenu les actions durant la période minimum requise de trois années civiles complètes. Toutefois, il faudra calculer le gain ou la perte en capital découlant de la disposition présumée au décès ; il en sera d'ailleurs question un peu plus loin dans ce chapitre.

Crédit pour frais médicaux

Tel qu'il a été indiqué au chapitre 10, les frais médicaux admissibles au crédit d'impôt doivent couvrir une période de 12 mois se terminant dans l'année d'imposition. Pour l'année du décès, la période de 12 mois est remplacée par une **période de 24 mois** incluant la date du décès. Cette modification permet de réclamer les frais de la dernière maladie souvent payés après le décès. Bien qu'il soit possible de faire plusieurs déclarations de revenus pour l'année du décès, le total des frais médicaux demandés ne peut dépasser le montant des frais que vous auriez pu indiquer si tous les revenus avaient été inscrits dans une seule et même déclaration.

De plus, la limite de 10 000 $ applicable aux frais de préposé aux soins est haussée à 20 000 $ pour l'année du décès lorsqu'il s'agit de choisir entre le crédit pour déficience mentale ou physique ou le crédit pour frais médicaux. Autrement dit, si les frais de préposé totalisent 20 000 $ ou moins, il sera possible de demander un montant pour frais médicaux et le montant pour déficience dans la mesure où les autres critères d'admissibilité sont satisfaits. Au Québec, les frais pour un préposé à temps partiel donnant des soins à une personne souffrant d'une déficience et qui sont inclus dans le calcul du crédit d'impôt pour maintien à domicile ne peuvent pas faire partie du total des frais médicaux.

Crédit pour dons de bienfaisance

Le défunt a peut-être indiqué dans son testament qu'il souhaitait que des sommes soient versées à certains organismes de bienfaisance. Ces sommes, qu'elles soient payées immédiatement après le décès ou quelques années plus tard, sont incluses dans le total des dons donnant droit au crédit d'impôt dans la déclaration finale. Bien entendu, si l'argent n'a pas été versé à l'organisme, vous n'aurez pas de reçu. Cependant, les autorités fiscales accepteront quand même ces dons si des exemplaires du testament et de la correspondance avec l'organisme sont annexés à la déclaration finale pour démontrer qu'il s'agit bien d'un montant à payer par la succession.

Si le défunt a nommé un organisme de bienfaisance à titre de bénéficiaire désigné d'une police d'assurance-vie, d'un régime enregistré d'épargne-retraite (REER) ou d'un fonds enregistré de revenus de retraite (FERR), la somme visée par ces désignations pourra être considérée comme un don de bienfaisance pour l'année du décès. Tous les dons effectués dans l'année du décès, incluant ceux faits par testament ou par désignation de bénéficiaire, peuvent servir à réduire les impôts calculés pour l'année du décès ou pour l'année précédente, à la discrétion du liquidateur. Que ce soit pour l'une ou l'autre de ces années, le montant total des dons n'est pas limité à 75 % du revenu net inscrit dans la déclaration. Le montant des dons est plafonné à 100 % du revenu net déclaré.

Crédits d'impôt et revenu familial au Québec

Plusieurs crédits d'impôt calculés aux fins de l'impôt du Québec sont fixés en fonction du revenu familial net. Tel est le cas du crédit pour revenu de retraite et en raison d'âge, le crédit pour frais médicaux et le remboursement d'impôts fonciers. Il faut tenir compte du revenu du conjoint de la personne décédée pour établir les crédits auxquels elle a droit. Aussi, il faut considérer le revenu du conjoint décédé pour établir les crédits du conjoint survivant. Le revenu du conjoint décédé comprend les revenus inscrits dans la déclaration finale et les déclarations distinctes.

Si l'un des conjoints a droit à un remboursement d'impôt au Québec, alors que l'autre a de l'impôt à payer, il n'est pas possible d'appliquer le remboursement de l'un pour réduire le solde à payer de l'autre.

Impôt minimum de remplacement

L'impôt minimum de remplacement ne s'applique pas dans l'année du décès. Cependant, si le défunt a un report d'impôt minimum provenant d'années antérieures, le crédit pourra être appliqué dans la déclaration finale sans excéder l'impôt régulier. Le report d'impôt minimum n'est pas applicable à l'impôt calculé dans des déclarations distinctes.

Prestation fiscale pour enfants et paiement de soutien aux enfants

La prestation fiscale pour enfants et le paiement de soutien aux enfants sont établis en fonction du revenu net des deux conjoints. À la suite d'un décès, une demande peut être faite par le conjoint survivant afin que les montants soient ajustés pour les mois suivant celui du décès. S'il y a lieu, les prestations seront augmentées puisque le revenu du conjoint décédé ne sera pas pris en compte.

Crédits d'impôt remboursables

Les versements à l'égard du crédit pour la TPS cesseront après la date du décès, sauf si le crédit visait une demande conjointe. Dans ce cas, le conjoint survivant doit communiquer avec l'ARC pour obtenir les paiements dus après le décès qui seront recalculés en ne tenant compte que du revenu net du conjoint survivant. Le conjoint survivant doit aussi communiquer avec Revenu Québec à l'égard du crédit pour la TVQ pour continuer à recevoir les versements s'il y a lieu.

Les crédits pour la TPS et la TVQ ainsi que le remboursement d'impôts fonciers ne peuvent être réclamés dans la déclaration finale du défunt.

Acomptes provisionnels

Les acomptes provisionnels qui deviennent dus le jour du décès ou après ne sont pas exigibles.

REER et FERR

De façon générale, la valeur des biens détenus dans un REER ou dans un FERR au moment du décès doit être incluse dans la déclaration finale. Si le conjoint (conjoint marié ou conjoint de fait) est bénéficiaire du régime ou de la succession, il est alors possible d'éviter l'imposition pour le défunt.

Notamment, **lorsque le conjoint survivant est l'unique bénéficiaire** désigné dans le contrat régissant le REER ou le FERR et qu'il demande, avant le 31 décembre de l'année qui suit l'année du décès, que **la totalité** des biens détenus dans ce régime soient transférés directement (donc non encaissés par le conjoint survivant) dans son REER ou dans son FERR, ou soient utilisés pour acheter une rente admissible, **la valeur du REER au décès ne sera pas incluse dans le calcul du revenu du défunt**. Il en est de même si les dispositions du testament permettent de déterminer clairement que le conjoint survivant est l'unique bénéficiaire du REER ou du FERR. Dans de telles circonstances, le conjoint survivant recevra un feuillet de renseignements pour inclure la somme ainsi transférée dans le calcul de son revenu et un reçu officiel pour appuyer la déduction équivalente pour transfert à son REER ou à son FERR ou pour l'achat d'une rente admissible. **Il s'agit ici d'un roulement**: l'impôt relatif au REER ou au FERR du défunt est reporté jusqu'au moment où le conjoint survivant encaissera les sommes de son REER, de son FERR ou de sa rente admissible.

Lorsque les conditions mentionnées précédemment ne sont pas satisfaites, par exemple si le conjoint survivant fait partie des bénéficiaires de la succession du défunt, il peut faire un choix conjoint avec le liquidateur de la succession pour appliquer les règles de roulement ci-dessus. Bien que le choix conjoint permette de transférer la totalité de la valeur du REER ou du FERR du défunt à son conjoint, il offre aussi des possibilités de planification fiscale. En effet, en choisissant un montant inférieur, il permet de répartir la valeur du REER ou du FERR au décès entre le défunt et le conjoint survivant. **Les formulaires** T2019 au fédéral et TP-930 au Québec doivent être remplis pour le choix relatif à un REER. Pour un FERR, ce sont les formulaires T1090 au fédéral et TP-961.8 au Québec qui sont applicables. Les résultats d'un tel choix sont les suivants:

- la valeur totale du REER ou du FERR au moment du décès est incluse dans le calcul du revenu du défunt;

- le montant indiqué sur les formulaires de choix est déduit dans le calcul du revenu du défunt et le conjoint survivant doit inclure ce même montant dans le calcul de son revenu;

- le conjoint survivant peut obtenir une déduction si le montant visé par le choix est transféré dans son REER, dans son FERR ou sert à l'achat d'une rente admissible.

La mécanique fait en sorte que le conjoint survivant puisse reporter, s'il le désire, la totalité de l'impôt payable sur le REER ou le FERR reçu à la suite du décès.

Pour l'application de ces mesures, une **rente admissible** est soit une rente viagère simple ou réversible au conjoint (s'il y a lieu), avec ou sans durée garantie, soit une rente à terme qui prévoit la fin des versements dans l'année au cours de laquelle le rentier (ou son conjoint s'il y a lieu) atteindra l'âge de 90 ans.

Si le défunt a nommé son enfant ou son petit-enfant financièrement à sa charge à titre de bénéficiaire de son REER ou de son FERR, il est également possible d'obtenir les mêmes résultats indiqués ci-dessus en utilisant les formulaires de choix mentionnés précédemment. Si l'enfant est handicapé, le REER ou le FERR du défunt pourra être transféré dans un REER ou dans un FERR, ou servir à l'achat d'une rente admissible au nom de l'enfant. Par ailleurs, **si l'enfant financièrement à charge n'est pas handicapé**, la seule option permise est l'achat d'une rente pour l'enfant dont la durée en années ne peut excéder la différence entre 18 et l'âge de l'enfant au moment où la rente est souscrite. Autrement dit, dans cette situation, la période de report d'impôt est plus courte. Par exemple, si l'enfant a huit ans le jour où la rente est achetée, celle-ci aura une durée de dix ans.

Les autorités fiscales supposent, à preuve du contraire, qu'un enfant ou un petit-enfant était financièrement à la charge du défunt si le revenu de l'enfant, durant l'année précédant l'année du décès, était égal ou inférieur à 9 600 $ ou à 16 490 $ dans le cas d'un enfant handicapé. Si le décès survient en 2009, le revenu de l'enfant pour 2008 ne doit pas dépasser 9 600 $ ou 16 621 $ s'il est handicapé.

Si le défunt avait déjà converti son REER ou son FERR en rente avant son décès, et que le contrat régissant le REER ou le FERR désigne le conjoint survivant à titre de rentier remplaçant, les rentes versées avant le décès sont incluses dans le calcul du revenu du défunt, et celles versées après le décès au conjoint survivant seront imposables au fur et à mesure qu'il les recevra. Dans toute autre situation, le défunt sera imposé sur la valeur de son REER ou de son FERR au jour de son décès, ou sur une valeur moindre s'il est possible de faire un des choix vus précédemment, soit avec le conjoint survivant, soit avec un enfant financièrement à charge.

Régime d'accession à la propriété (RAP) et régime d'encouragement à l'éducation permanente (REEP)

Si le défunt avait retiré un montant de son REER dans le cadre du régime d'accession à la propriété, le montant non remboursé au moment de son décès devra être inclus dans la déclaration finale. Il en est de même pour un défunt qui a retiré des sommes de son REER dans le cadre du régime d'encouragement à l'éducation permanente (REEP). De façon générale, cette situation pourra être évitée si le conjoint survivant choisit de continuer à faire les remboursements annuels.

RPA et RPDB

Un **paiement forfaitaire** provenant d'un régime de pension (RPA) ou d'un régime de participation différée aux bénéfices (RPDB) auquel l'employeur du défunt contribuait peut être versé au conjoint ou à un enfant du défunt, ou encore à sa succession. Dans tous les cas, le bénéficiaire doit inclure ce montant dans sa déclaration de revenus. Aucun montant n'est inclus dans la déclaration finale.

Si le conjoint est bénéficiaire, aucun montant ne sera inclus dans son revenu si le paiement forfaitaire provenant d'un RPA est transféré directement dans un REER, un RPA ou un FERR établi à son nom. S'il s'agit d'un montant forfaitaire provenant d'un RPDB, celui-ci peut être transféré directement soit à un REER, soit à un FERR, soit à un RPA, soit à un RPDB. Un transfert direct signifie que vous ne recevez pas d'argent. Les fonds sont transférés d'un régime à l'autre, et un formulaire T2151 doit être rempli.

Si l'enfant est bénéficiaire d'un montant forfaitaire provenant d'un RPA, ce dernier sera entièrement inclus dans le calcul de son revenu. Pour différer l'impôt s'il y a lieu, l'enfant pourra acquérir une rente dont la durée en années ne pourra excéder la différence entre 18 et l'âge de l'enfant au moment où la rente est souscrite.

Régime enregistré d'épargne-invalidité (REEI)

Lorsque le bénéficiaire du REEI décède, les SCEI et les BCEI reçus au cours des dix années précédentes, ainsi que le revenu de placement associé à ces sommes, devront être remboursés au gouvernement fédéral. Le solde restant dans le REEI (net du remboursement des SCEI et des BCEI) devra être versé à sa succession. Le montant total sera imposable pour la succession, à l'exception de la partie du REEI correspondant aux cotisations effectuées.

Compte d'épargne libre d'impôt (CELI)

À la suite du **décès du détenteur du CELI**, les revenus qui s'accumulent dans ce compte deviendront imposables alors que les revenus accumulés avant le décès demeurent exonérés. Comme dans le cas d'un REER, il est possible de transférer les actifs du CELI d'une personne décédée à son conjoint sans incidence fiscale. Ce transfert est possible même si le conjoint n'a pas de droit de cotisation à son CELI. De plus, un tel transfert ne réduit pas les droits de cotisation du conjoint à son propre CELI.

Disposition présumée de tous les biens

La loi présume qu'une personne a disposé de tous ses biens immédiatement avant son décès à leur valeur marchande. Ainsi, tous les profits accumulés et toutes les pertes latentes doivent être calculés et inclus dans la déclaration finale. Les gains et les pertes en capital sont établis selon les règles expliquées au chapitre 5. Si le défunt détenait des biens amortissables utilisés dans le cadre de l'exploitation d'une entreprise ou d'un immeuble locatif, la récupération d'amortissement ou la perte finale relative à chaque catégorie de biens devra être calculée. Consultez les chapitres 3 et 6, selon le cas.

Si les pertes en capital excèdent les gains en capital pour l'année du décès, deux possibilités sont alors offertes au liquidateur. La règle générale permet de reporter ces pertes nettes contre le gain en capital de l'une des trois années précédentes. S'il reste un solde de pertes en capital non utilisé, celui-ci peut être appliqué contre toute catégorie de revenus incluse dans la déclaration de l'année du décès ou dans celle de l'année précédant le décès. Toutefois, il faut d'abord réduire le solde de pertes en capital des montants d'exemption pour gains en capital réclamés dans les années antérieures. Le liquidateur peut aussi choisir de ne pas reporter la perte nette aux trois années antérieures et d'utiliser cette perte, diminuée de tous les montants d'exemption pour gain en capital réclamés dans les années antérieures, contre les revenus de l'année du décès ou de l'année précédente.

Si la personne décédée avait déjà des pertes nettes en capital à reporter provenant d'années antérieures, elles pourront aussi être déduites soit l'année du décès, soit l'année précédente, contre toutes sources de revenus, sous réserve de la réduction due aux montants d'exemption pour gains en capital réclamés antérieurement.

Biens transférés au conjoint ou à une fiducie au profit du conjoint

En faisant exception à la règle précédente, la loi prévoit que l'on ne doit pas calculer les gains et les pertes en capital découlant de la disposition présumée au décès lorsque les biens sont transférés au conjoint ou à une **fiducie en faveur du conjoint créée par testament**, dans un délai de 36 mois suivant la date du décès. La fiducie en faveur du conjoint doit prévoir spécifiquement que tant et aussi longtemps que le conjoint est vivant, aucune autre personne n'a droit aux revenus de la fiducie ni à son capital. Généralement, le testament indique à qui sera transmis le capital lorsque le conjoint survivant décédera.

Il y a donc un **roulement des biens au conjoint ou à la fiducie**, et ceux-ci assument toutes les caractéristiques fiscales des biens transférés comme s'il n'y avait pas eu de transfert. Par exemple, si la personne décédée avait des actions dont le coût fiscal était de 10 000 $ et qu'à son décès ces actions valent 15 000 $, le roulement fait en sorte que le conjoint survivant ou la fiducie, selon le cas, soit présumé avoir acquis les actions au coût de 10 000 $. C'est donc le conjoint ou la fiducie qui réalisera un gain en capital lorsque les actions seront vendues. Il n'y aura aucun gain en capital à inclure dans la déclaration finale du défunt. De même, la récupération d'amortissement ou la perte finale autrement calculée sur un bien amortissable, tel un immeuble locatif, n'est pas réalisée dans la déclaration finale du défunt et est reportée jusqu'au moment où le conjoint survivant ou la fiducie, selon le cas, disposera des biens transmis.

Le liquidateur peut renoncer à l'application des dispositions de roulement des biens entre conjoints. Il peut faire ce choix pour tous les biens ou pour certains d'entre eux seulement. Par exemple, cela permettrait de bénéficier de pertes en capital subies dans les années antérieures qui ne pourraient être utilisées autrement. Le liquidateur peut donc envisager plusieurs scénarios lors de la préparation de la déclaration finale dans le meilleur intérêt des bénéficiaires.

Déclarations distinctes

Certains revenus, qui seraient autrement inclus dans la déclaration finale, peuvent faire l'objet de déclarations distinctes. L'avantage de faire plusieurs déclarations consiste à profiter autant de fois de certains crédits d'impôt personnels. Par exemple, au fédéral, il est possible de réclamer dans chacune des déclarations distinctes les montants personnels de base, pour conjoint et personnes à charge, pour équivalent de conjoint, pour personne âgée de 65 ans ou plus dans la mesure où la réclamation de ces montants est permise dans la déclaration finale.

Au **Québec**, ce sont les montants personnels de base, pour personnes à charge, incluant le montant pour études postsecondaires à l'égard d'enfants mineurs, qui peuvent être réclamés plusieurs fois. Aussi, le transfert de crédits d'impôt non remboursables entre conjoints est réservé à la déclaration finale seulement; il n'est donc pas possible de transférer des crédits inutilisés indiqués dans une déclaration distincte en faveur du conjoint survivant.

La répartition du revenu entre plusieurs déclarations permet de profiter de la progressivité des taux d'impôt à plusieurs reprises. En effet, le calcul de l'impôt à payer démarre au plus bas taux pour chaque déclaration.

Droits ou biens

Nous avons établi, au début de ce chapitre, des revenus dits « droits ou biens ». Le liquidateur peut regrouper tous les droits ou biens et les inclure dans une déclaration séparée de la déclaration finale. Il s'agit d'un choix qui doit être présenté à la plus lointaine des dates suivantes : soit un an après le décès, soit 90 jours suivant la date d'émission de l'avis de cotisation relatif à la déclaration finale. Il est également possible de ne pas inclure les droits ou les biens ni dans la déclaration finale ni dans une déclaration distincte, si ceux-ci sont transférés aux bénéficiaires de la succession. Dans un tel cas, ce sont eux qui doivent acquitter les impôts concernant ces revenus.

Revenu d'entreprise

Une autre déclaration distincte peut être produite si **le défunt exploitait une entreprise à propriétaire unique** ou était membre d'une société de personnes. Cela est possible lorsque l'exercice de l'entreprise ne coïncide pas avec la fin de l'année civile et si la date du décès survient après la fin de l'exercice se terminant dans l'année du décès. Par exemple, supposons que l'exercice d'une entreprise se termine le 31 mars 2008 et que la date de décès soit le 5 mai 2008. La déclaration finale de l'année 2008 doit inclure les revenus de l'exercice terminé le 31 mars 2008 ainsi que le revenu réalisé après la fin de l'exercice régulier jusqu'au jour du décès.

Si une déclaration distincte est produite, la déclaration finale indiquera le revenu de l'exercice régulier (31 mars 2008) ainsi qu'une provision pour le revenu supplémentaire (pour la période du 1er avril 2008 au 5 mai 2008) calculée en proportion du revenu de l'exercice terminé le 31 mars 2008. Dans la déclaration distincte, le revenu réel du dernier exercice se terminant le jour du décès (du 1er avril 2008 au 5 mai 2008) sera inclus et une déduction pour la provision incluse dans la déclaration finale sera accordée. Par exemple, supposons que le revenu de l'exercice de 366 jours terminé le 31 mars 2008 soit de 54 900 $ et que le revenu pour les 35 jours suivants (jusqu'au décès) soit de 7 500 $. En faisant le choix de produire une déclaration distincte, la déclaration finale indiquera un revenu d'entreprise de 60 150 $, soit le revenu de l'exercice le 31 mars 2008 de 54 900 $ ainsi qu'une provision de 5 250 $ pour les 35 jours suivant la fin de l'exercice habituel (54 900 $ × 35/366). La déclaration distincte indiquera un montant de 2 250 $, soit la différence entre le revenu réel de la dernière période et la provision incluse dans la déclaration finale. Le revenu d'entreprise total de 62 400 $ est donc réparti sur deux déclarations. L'avantage du choix, c'est qu'un revenu de 2 250 $ est inscrit sur une déclaration distincte et qu'il n'y aura aucun impôt à payer sur cette somme en raison du fait qu'un montant personnel de base peut être demandé dans cette déclaration. Si le liquidateur ne fait pas de déclaration distincte, tout le revenu de 62 400 $ est à inclure dans la déclaration finale. Le délai accordé pour présenter cette déclaration distincte est le même que pour la déclaration finale.

Revenu provenant d'une succession

Une déclaration distincte peut également être produite si la personne décédée était elle-même **bénéficiaire d'une succession**. En fait, le même principe énoncé pour le revenu d'entreprise s'applique au revenu provenant d'une succession, puisque celle-ci peut avoir une date de fin d'exercice qui n'est pas le 31 décembre.

Étalement du paiement de l'impôt

L'impôt découlant de la disposition présumée des biens à leur juste valeur marchande (par exemple, l'impôt sur les gains en capital excédant les pertes en capital, l'impôt sur la récupération d'amortissement réduite de toute perte finale) et l'impôt relatif aux droits ou biens peuvent être payés en 10 versements annuels égaux et consécutifs ou sur une plus courte période. Cependant, des intérêts seront calculés pendant cette période et les autorités fiscales demanderont au liquidateur de déposer une garantie valable pour assurer les paiements.

L'administration de la succession

Le décès crée l'ouverture de la succession. Qu'il y ait testament ou non, il s'écoule généralement une certaine période de temps avant que les biens du défunt soient transmis aux héritiers. Pendant ce temps, le liquidateur encaisse des revenus, paie des dettes, vend des biens, etc., bref, il administre les biens du défunt selon les volontés exprimées. Sur le plan fiscal, **le décès crée une fiducie testamentaire**, une entité tout à fait distincte du défunt. Ainsi, tous les revenus gagnés, pendant l'administration de la succession, devront être inclus dans une déclaration de revenus spéciale (formulaire T3 au fédéral et TP-646 au Québec). La succession (ou fiducie testamentaire) pourra attendre jusqu'à un an après le décès pour fixer sa fin d'exercice ou pour choisir une date de son choix précédant cette date anniversaire. Le délai de production de la déclaration de revenus d'une fiducie testamentaire se termine 90 jours après la fin de l'exercice.

De façon générale, si les revenus de la fiducie sont remis ou attribués aux bénéficiaires de la succession, ce sont eux qui paieront les impôts sur ces revenus. Cependant, la loi offre plusieurs possibilités de planification en matière de fiducies testamentaires.

Si le seul revenu de la succession est la prestation de décès de 2 500 $ versée par le Régime de rentes du Québec ou le Régime de pensions du Canada, celle-ci peut être dispensée de faire des déclarations de revenus, à la condition que la prestation de décès soit incluse dans le revenu de la personne qui l'a reçue.

Au cours de son premier exercice, la succession peut réaliser des pertes en capital ou des pertes finales (à la suite de la vente de biens amortissables). Il est possible de considérer ces pertes comme ayant été subies par le défunt au cours de l'année du décès. Ce choix permet de réduire les impôts payés pour cette année-là. Par exemple, au moment de son décès en 2008, Juliette était propriétaire d'un portefeuille d'actions dont la valeur marchande était de 300 000 $ et dont la disposition présumée a résulté en un gain en capital imposable de 45 000 $ à inclure dans la déclaration de revenus de 2008. Le testament de Juliette prévoit que ses trois enfants sont bénéficiaires de tous les biens de sa succession en parts égales. Ceux-ci ne sont pas intéressés à conserver le portefeuille de placements et préfèrent que tout soit vendu afin de recevoir leur part en argent comptant. La succession vend tous les placements durant son premier exercice et réalise une perte en capital déductible de 30 000 $. Un choix peut alors être fait pour que cette perte de 30 000 $ soit appliquée contre le gain en capital inclus dans la dernière déclaration de Juliette. Ce choix est sans aucun doute bien intéressant. Toutefois, plusieurs pièges guettent le liquidateur non averti. Il vaut donc mieux consulter son conseiller fiscal car même après le décès, la planification fiscale a encore sa place.

Les certificats de décharge

Avant de procéder à la transmission des biens du défunt aux héritiers, il est fortement recommandé au liquidateur d'obtenir, auprès des autorités fiscales, les certificats de décharge. Ces certificats sont accordés lorsque tous les impôts du défunt et de la fiducie testamentaire ont été payés ou couverts par une garantie valable. Si le liquidateur distribue les biens de la succession sans avoir obtenu les certificats, il pourra être tenu personnellement responsable des impôts, des intérêts et des pénalités non payés par le défunt ou la fiducie jusqu'à concurrence de la valeur des biens distribués. Les formulaires TX 19 au fédéral et MR-14A au Québec doivent donc être remplis. Notez que l'obtention des certificats de décharge n'empêche pas les autorités fiscales de réviser les déclarations de revenus visées. Si une ou de nouvelles cotisations devaient être émises, celles-ci seront payables par les héritiers jusqu'à concurrence de la valeur des biens qu'ils auront reçus.

Appendice A

Calcul du revenu imposable

Étape 1

CALCUL DU REVENU	
	Chapitre
Revenus d'emploi	2
Prestations d'assurance-emploi	2
Revenus de retraite	8
Revenus de placements	4
Revenus de location d'immeubles (− pertes)	6
Gains en capital imposables	5
Pension alimentaire reçue	12
Revenus d'entreprise ou de profession (− pertes)	3
Prestations de la CSST ou SRG	1
PUGE[1]	11
= REVENU TOTAL	

Étape 2

REVENU TOTAL	
	Chapitre
MOINS :	
Cotisation à un régime de pension (RPA)	2
Cotisation à un REER	7
Cotisations syndicales et professionnelles[2]	2
Dépenses liées à l'emploi	2
Frais de garde d'enfants[3]	11
Frais de déménagement	10
Frais financiers	4
Pension alimentaire payée	12
Perte au titre d'un placement d'entreprise (PTPE)	5
Abris fiscaux	4
= REVENU NET AVANT RAJUSTEMENTS	

Étape 3

REVENU NET AVANT RAJUSTEMENTS	
	Chapitre
MOINS:	
Remboursement de pension de sécurité de la vieillesse	8
Remboursement de prestations d'assurance-emploi	2
= REVENU NET	

Étape 4

REVENU NET	
	Chapitre
MOINS:	
Exemption pour gains en capital	5
Report de pertes en capital	5
Report de pertes autres qu'en capital	3
Déductions pour Actions-croissance PME, SPEQ et RIC[4]	10
Déduction pour options d'achat d'actions	2
Déduction pour prêt à la réinstallation	2
Déduction de prestations de la CSST ou SRG	1
Déduction pour emploi à l'étranger[4]	2
= REVENU IMPOSABLE	

1. Au Québec, la PUGE est ajoutée à l'étape 4.
2. Crédit non remboursable au Québec.
3. Crédit d'impôt remboursable au Québec.
4. Déduction non applicable au fédéral.

Calcul de l'impôt fédéral à payer

Étape 1

IMPÔT À PAYER		
Revenu imposable		Impôt à payer
de	à	
0 $	37 885 $	15 % du revenu
37 886 $	75 769 $	5 683 $ + 22 % des revenus en sus de 37 885 $
75 770 $	123 184 $	14 017 $ + 26 % des revenus en sus de 75 769 $
123 185 $	et plus	26 345 $ + 29 % des revenus en sus de 123 184 $
= IMPÔT AVANT CRÉDITS		

Étape 2

IMPÔT AVANT CRÉDITS	
	Chapitre
MOINS CRÉDITS NON REMBOURSABLES :	
Crédit de base	11
Crédit pour personnes à charge	11
Crédit pour revenus de pensions	8
Crédit pour 65 ans ou plus	8
Crédit pour déficience mentale ou physique	8
Crédit pour frais de scolarité, pour études et pour manuels	9
Crédit pour intérêts sur prêt étudiant	9
Crédit pour laissez-passer de transport	10
Crédit pour la condition physique des enfants	11
Crédit pour frais médicaux	10
Crédit pour dons de bienfaisance	10
Crédit pour aidants naturels	11
Crédit pour frais d'adoption	11
Crédit pour cotisations à l'assurance-emploi, RRQ et RQAP	2
Crédit pour dividendes	4
= IMPÔT FÉDÉRAL DE BASE	

Étape 3

IMPÔT FÉDÉRAL DE BASE	
	Chapitre
MOINS :	
Crédit pour impôts étrangers	4
Crédit pour emploi à l'étranger	2
Crédit pour contributions politiques	10
Crédit pour fonds de travailleurs	10
= IMPÔT FÉDÉRAL NET	

Étape 4

IMPÔT FÉDÉRAL NET	
	Chapitre
PLUS :	
Remboursement de pension de sécurité de la vieillesse	8
Remboursement de prestations d'assurance-emploi	2
MOINS CRÉDITS REMBOURSABLES :	
Abattement pour résidents du Québec	13
Crédit d'impôt remboursable pour frais médicaux	10
Prestation fiscale pour le revenu de travail	13
Remboursement de la TPS pour employés et associés	2-3
= IMPÔT À PAYER OU À RECEVOIR (si négatif)	
MOINS :	
Retenues d'impôt à la source	13
Acomptes provisionnels	14
= SOLDE DÛ OU REMBOURSEMENT (si négatif)	

Appendice C

Calcul de l'impôt du Québec à payer

Étape 1

IMPÔT À PAYER		
Revenu imposable		Impôt à payer
de	à	
0 $	37 500 $	16 % du revenu
37 501 $	75 000 $	6 000 $ + 20 % des revenus en sus de 37 500 $
75 001 $	et plus	13 500 $ + 24 % des revenus en sus de 75 000 $
= IMPÔT AVANT CRÉDITS		

Étape 2

IMPÔT AVANT CRÉDITS	
	Chapitre
MOINS CRÉDITS NON REMBOURSABLES :	
Crédit de base	11
Crédit pour personnes à charge	11
Crédit pour transfert de la contribution parentale	9
Crédit pour 65 ans ou plus, revenus de retraite et personne vivant seule	8
Crédit pour déficience mentale ou physique	8
Crédit pour frais de scolarité	9
Crédit pour intérêts sur prêt étudiant	9
Crédit pour frais médicaux	10
Crédit pour dons de bienfaisance	10
Crédit pour cotisations syndicales	2
Crédit pour dividendes	4
Crédit pour nouveaux diplômés	2
Crédit pour impôts étrangers	4
Crédit pour contributions politiques	10

	Chapitre
Crédit pour fonds de travailleurs (FSTQ) ou Fondaction	10
Crédit pour Capital régional et coopératif Desjardins	10
Transfert entre conjoints de crédits d'impôt non remboursables	13
PLUS :	
Contribution au RRQ et au RQAP pour un travailleur autonome	3
Contribution au FSS	13
Contribution au régime d'assurance-médicaments	13
Versements anticipés du crédit pour frais de garde d'enfants	11
Versements anticipés de la prime au travail	13
Versements anticipés du crédit d'impôt pour maintien à domicile	8

= IMPÔT AVANT CRÉDITS REMBOURSABLES

Étape 3

IMPÔT AVANT CRÉDITS REMBOURSABLES

	Chapitre
MOINS CRÉDITS REMBOURSABLES :	
Remboursement d'impôts fonciers	13
Crédit pour frais d'adoption	11
Crédit pour frais de garde d'enfants	11
Crédit pour aidants naturels	11
Crédit pour traitement de l'infertilité	11
Remboursement de la TVQ pour employés et associés	2-3
Crédit d'impôt remboursable pour frais médicaux	10
Crédit d'impôt pour maintien à domicile	8
Prime au travail	13

= IMPÔT À PAYER OU À RECEVOIR (si négatif)

Étape 4

IMPÔT À PAYER OU À RECEVOIR (si négatif)

	Chapitre
MOINS :	
Retenues d'impôt à la source	13
Acomptes provisionnels	14

= SOLDE DÛ OU REMBOURSEMENT (si négatif)

Appendice D

Table d'impôt 2008

Revenu imposable	Impôt fédéral	Impôt du Québec	Impôt total*	Taux effectif	Taux marginal Fédéral	Québec	Total
4 000	—	—	—	—	—	—	—
6 000	—	—	—	—	—	—	—
7 000	—	—	—	—	—	—	—
8 000	—	—	—	—	—	—	—
10 000	50	—	50	0,5 %	12,5 %	—	12,5 %
12 000	301	—	301	2,5 %	12,5 %	—	12,5 %
14 000	551	197	748	5,3 %	12,5 %	16,0 %	28,5 %
16 000	802	517	1 319	8,2 %	12,5 %	16,0 %	28,5 %
18 000	1 052	837	1 889	10,5 %	12,5 %	16,0 %	28,5 %
20 000	1 303	1 157	2 460	12,3 %	12,5 %	16,0 %	28,5 %
22 000	1 553	1 477	3 030	13,8 %	12,5 %	16,0 %	28,5 %
24 000	1 804	1 797	3 601	15,0 %	12,5 %	16,0 %	28,5 %
26 000	2 054	2 117	4 171	16,0 %	12,5 %	16,0 %	28,5 %
28 000	2 305	2 437	4 742	16,9 %	12,5 %	16,0 %	28,5 %
30 000	2 555	2 757	5 312	17,7 %	12,5 %	16,0 %	28,5 %
32 000	2 806	3 077	5 883	18,4 %	12,5 %	16,0 %	28,5 %
34 000	3 056	3 397	6 453	19,0 %	12,5 %	16,0 %	28,5 %
36 000	3 307	3 717	7 024	19,5 %	12,5 %	16,0 %	28,5 %
37 500	3 495	3 957	7 452	19,9 %	12,5 %	20,0 %	32,5 %
37 885	3 543	4 034	7 577	20,0 %	18,4 %	20,0 %	38,4 %
38 000	3 564	4 057	7 621	20,1 %	18,4 %	20,0 %	38,4 %
40 000	3 931	4 457	8 388	21,0 %	18,4 %	20,0 %	38,4 %
42 000	4 299	4 857	9 156	21,8 %	18,4 %	20,0 %	38,4 %
44 000	4 666	5 257	9 923	22,6 %	18,4 %	20,0 %	38,4 %
46 000	5 033	5 657	10 690	23,2 %	18,4 %	20,0 %	38,4 %
48 000	5 401	6 057	11 458	23,9 %	18,4 %	20,0 %	38,4 %

50 000	5 768	6 457	12 225	24,5 %	18,4 %	20,0 %	38,4 %
52 000	6 136	6 857	12 993	25,0 %	18,4 %	20,0 %	38,4 %
54 000	6 503	7 257	13 760	25,5 %	18,4 %	20,0 %	38,4 %
56 000	6 870	7 657	14 527	25,9 %	18,4 %	20,0 %	38,4 %
58 000	7 238	8 057	15 295	26,4 %	18,4 %	20,0 %	38,4 %
60 000	7 605	8 457	16 062	26,8 %	18,4 %	20,0 %	38,4 %
62 000	7 973	8 857	16 830	27,1 %	18,4 %	20,0 %	38,4 %
64 000	8 340	9 257	17 597	27,5 %	18,4 %	20,0 %	38,4 %
66 000	8 707	9 657	18 364	27,8 %	18,4 %	20,0 %	38,4 %
68 000	9 075	10 057	19 132	28,1 %	18,4 %	20,0 %	38,4 %
70 000	9 442	10 457	19 899	28,4 %	18,4 %	20,0 %	38,4 %
72 000	9 810	10 857	20 667	28,7 %	18,4 %	20,0 %	38,4 %
74 000	10 177	11 257	21 434	29,0 %	18,4 %	20,0 %	38,4 %
75 000	10 361	11 457	21 818	29,1 %	18,4 %	24,0 %	42,4 %
75 769	10 502	11 642	22 144	29,2 %	21,7 %	24,0 %	45,7 %
76 000	10 552	11 697	22 249	29,3 %	21,7 %	24,0 %	45,7 %
78 000	10 986	12 177	23 163	29,7 %	21,7 %	24,0 %	45,7 %
80 000	11 421	12 657	24 078	30,1 %	21,7 %	24,0 %	45,7 %
82 000	11 855	13 137	24 992	30,5 %	21,7 %	24,0 %	45,7 %
84 000	12 289	13 617	25 906	30,8 %	21,7 %	24,0 %	45,7 %
86 000	12 723	14 097	26 820	31,2 %	21,7 %	24,0 %	45,7 %
88 000	13 157	14 577	27 734	31,5 %	21,7 %	24,0 %	45,7 %
90 000	13 592	15 057	28 649	31,8 %	21,7 %	24,0 %	45,7 %
92 000	14 026	15 537	29 563	32,1 %	21,7 %	24,0 %	45,7 %
94 000	14 460	16 017	30 477	32,4 %	21,7 %	24,0 %	45,7 %
96 000	14 894	16 497	31 391	32,7 %	21,7 %	24,0 %	45,7 %
98 000	15 328	16 977	32 305	33,0 %	21,7 %	24,0 %	45,7 %
100 000	15 763	17 457	33 220	33,2 %	21,7 %	24,0 %	45,7 %
102 000	16 197	17 937	34 134	33,5 %	21,7 %	24,0 %	45,7 %
104 000	16 631	18 417	35 048	33,7 %	21,7 %	24,0 %	45,7 %
106 000	17 065	18 897	35 962	33,9 %	21,7 %	24,0 %	45,7 %
108 000	17 499	19 377	36 876	34,1 %	21,7 %	24,0 %	45,7 %
110 000	17 934	19 857	37 791	34,4 %	21,7 %	24,0 %	45,7 %
112 000	18 368	20 337	38 705	34,6 %	21,7 %	24,0 %	45,7 %
114 000	18 802	20 817	39 619	34,8 %	21,7 %	24,0 %	45,7 %
116 000	19 236	21 297	40 533	34,9 %	21,7 %	24,0 %	45,7 %
118 000	19 670	21 777	41 447	35,1 %	21,7 %	24,0 %	45,7 %
120 000	20 105	22 257	42 362	35,3 %	21,7 %	24,0 %	45,7 %
122 000	20 539	22 737	43 276	35,5 %	21,7 %	24,0 %	45,7 %
123 184	20 796	23 021	43 817	35,6 %	24,2 %	24,0 %	48,2 %
124 000	20 993	23 217	44 210	35,7 %	24,2 %	24,0 %	48,2 %
126 000	21 478	23 697	45 175	35,9 %	24,2 %	24,0 %	48,2 %
128 000	21 962	24 177	46 139	36,0 %	24,2 %	24,0 %	48,2 %

130 000	22 446	24 657	47 103	36,2 %	24,2 %	24,0 %	48,2 %
132 000	22 931	25 137	48 068	36,4 %	24,2 %	24,0 %	48,2 %
134 000	23 415	25 617	49 032	36,6 %	24,2 %	24,0 %	48,2 %
136 000	23 899	26 097	49 996	36,8 %	24,2 %	24,0 %	48,2 %
138 000	24 384	26 577	50 961	36,9 %	24,2 %	24,0 %	48,2 %
140 000	24 868	27 057	51 925	37,1 %	24,2 %	24,0 %	48,2 %
142 000	25 352	27 537	52 889	37,2 %	24,2 %	24,0 %	48,2 %
144 000	25 836	28 017	53 853	37,4 %	24,2 %	24,0 %	48,2 %
146 000	26 321	28 497	54 818	37,5 %	24,2 %	24,0 %	48,2 %
148 000	26 805	28 977	55 782	37,7 %	24,2 %	24,0 %	48,2 %
150 000	27 289	29 457	56 746	37,8 %	24,2 %	24,0 %	48,2 %

* Dû à l'arrondissement des chiffres, le montant indiqué dans la colonne Impôt total peut différer de plus ou moins 1 $ s'il est comparé à la somme de l'impôt fédéral et de l'impôt du Québec.

Cette table tient compte du crédit personnel de base de 1 440 $ au fédéral (9 600 $ × 15 %) et du crédit personnel de base de 2 043 $ au Québec (10 215 $ × 20 %).

Cette table ne doit pas être utilisée si le revenu imposable comprend un revenu de dividendes.

Les niveaux de revenus ombrés indiquent une augmentation du taux marginal d'imposition.

Liste des abréviations courantes

ARC: Agence du revenu du Canada
AE: Assurance-emploi
BCEI: Bon canadien pour l'épargne-invalidité
CELI: Compte d'épargne libre d'impôt
CSST: Commission de la santé et de la sécurité du travail
DPA: Déduction pour amortissement
DV: Divulgation volontaire
FE: Facteur d'équivalence
FER: Facteur d'équivalence rectifié
FERR: Fonds enregistré de revenu de retraite
FSS: Fonds des services de santé
FSTQ: Fonds de solidarité des travailleurs du Québec
IFB: Impôt fédéral de base
IMR: Impôt minimum de remplacement
PAE: Paiement d'aide aux études
PFE: Prestation fiscale pour enfants
PFRT: Prestation fiscale pour le revenu de travail
PNCP: Perte nette cumulative sur placements
PSV: Pension de la sécurité de la vieillesse
PTPE: Perte au titre d'un placement d'entreprise
PUGE: Prestation universelle pour la garde d'enfants
RAP: Régime d'accession à la propriété
REEE: Régime enregistré d'épargne-études
REEI: Régime enregistré d'épargne-invalidité
REEP: Régime d'encouragement à l'éducation permanente
REER: Régime enregistré d'épargne-retraite
REQ: Registre des entreprises du Québec
RIC: Régime d'investissement coopératif

RPA: Régime de pension agréé
RPDB: Régime de participation différée aux bénéfices
RQAP: Régime québécois d'assurance parentale
RRQ: Régime de rentes du Québec
SAAQ: Société de l'assurance-automobile du Québec
SCEE: Subvention canadienne pour l'épargne-études
SCEI: Subvention canadienne pour l'épargne-invalidité
SEPE: Société exploitant une petite entreprise
SERT: Système électronique de renseignements par téléphone
SPEQ: Société de placement dans l'entreprise québécoise
SRG: Supplément de revenu garanti
TPS: Taxe sur les produits et services
TVQ: Taxe de vente du Québec

Index

Danièle Boucher, CGA, D. Fisc.

Danièle Boucher est membre de l'Ordre professionnel des comptables généraux licenciés (CGA) depuis 1980. Elle détient également un diplôme de deuxième cycle en fiscalité (D. Fisc.) de HEC Montréal.

Établie à Laval, elle compte plus de vingt ans d'expérience en fiscalité. Elle a son propre cabinet depuis 1991. Ses services s'adressent aux particuliers et aux dirigeants d'entreprises qui recherchent un service personnalisé pour la préparation de leurs déclarations de revenus et qui apprécient de pouvoir obtenir des conseils tout au long de l'année, que ce soit en matière de planification fiscale, successorale ou de la retraite. Elle a également développé une expertise relative aux Canadiens vivant à l'étranger et aux liquidateurs impliqués dans le règlement de successions.

André Boulais, CGA, D. Fisc.

André Boulais est associé chez Boulais Derrien CGA, cabinet d'experts-comptables en Montérégie. Il détient un diplôme de deuxième cycle en fiscalité de l'Université de Sherbrooke. Il est également membre du Groupe de travail en fiscalité de l'Ordre des CGA du Québec, de l'Association canadienne d'études fiscales et du comité des professionnels et fiscalistes de la Rive-Sud de Montréal de l'Agence du revenu du Canada (ARC) et de Revenu Québec. Il est aussi chargé de cours en fiscalité à HEC Montréal.

À titre de fiscaliste, M. Boulais est l'associé responsable, entre autres, des dossiers d'impôts des particuliers et des sociétés, des planifications successorales ainsi que des dossiers de réorganisation, d'achat et de vente d'entreprises.

Il a donné plusieurs conférences pour l'Association de planification fiscale et financière, et a rédigé plusieurs articles de nature fiscale.

Ordre des CGA du Québec
500, place d'Armes
Bureau 1800
Montréal (Québec)
H2Y 2W2
Tél.: 514 861-1823
Téléc.: 514 861-7661
www.cga-quebec.org